PAPUS

Die Kabbala

mit 23 Abbildungen
und 22 Tabellen

ANSATA-VERLAG
Schwarzenburg
1977

autorisierte deutsche Übersetzung
der Originalausgabe »La Cabbale«

Titelbild: Aus Henricus Khunrath »Amphitheatrum«
Umschlaggestaltung: Paul A. Zemp
ISBN 3-7157-0001-7
Druck: Hain-Druck KG, Meisenheim/Glan

Inhaltsverzeichnis

Erster Teil.

Die Einteilung der Kabbala.

Erstes Kapitel.

§ 1. Die hebräische Tradition und die Klassifikation der Werke, die sich auf sie beziehen.

Derjenige, der anfängt, sich mit dem Studium der Kabbala zu befassen, wird kaum wissen, welche Stellung er den eigentlich kabbalistischen Werken, wie dem Sepher Jèsira und dem Zohar, im Verhältnis zu den anderen Abhandlungen, die sich auf die hebräische Tradition beziehen, anweisen soll.

Man weiss im allgemeinen, dass man in der Kabbala die Auseinandersetzung von Normen über theoretische und praktische Mystik zu sehen hat; aber es ist schwierig, die Beziehung zwischen dem eigentlichen heiligen Text und der esoterischen Tradition zu beurteilen.

Alle diese Schwierigkeiten resultieren aus der Verwirrung, die sich des Geistes bemächtigt, sobald man diese ungeheuer zahlreichen hebräischen Literaturwerke, die meistens selbst wieder Kompilationen sind, irgendwie klassifizieren soll.

Wir wollen uns nun bemühen, im Folgenden eine möglichst klare Klassifikation dieser Werke zu geben, die eine schriftliche Fixierung mündlicher Tradition darstellen, denn bis jetzt gibt es keine auch nur annähernd vollständige Bibliographie der kabbalistischen Literatur. Allerdings ist es auch beinahe unmöglich, in dieser Beziehung etwas völlig Erschöpfendes zu bieten.

Alle diejenigen, die sich auch nur ein wenig mit israelitisch-hebräischer Wissenschaft befassen, wissen, dass parallel mit der Bibel, wenn nicht seit jeher, so doch seit ferner Vorzeit, eine mündliche Tradition existierte, die bestimmt war, einen gewissen Kreis von Eingeweihten in den Stand zu setzen, das Gesetz d. h. die Thora zu erklären und zu verstehen.

Diese Tradition, die sich durch lange Zeiträume fast nur mündlich fortgepflanzt hatte, zeigt mehrere Zweige.

Da war zunächst alles, was sozusagen den materiellen Körper der Bibel betraf. Wie im Mittelalter gewisse Körperschaften bestimmte geheimgehaltene Regeln besassen, die sich auf die Baukonstruktion von Kathedralen bezogen, ebenso war die Konstruktion eines jeden Exemplars der hebräischen Bibel bestimmten Regeln unterworfen, die einen Teil der Tradition bilden.

Ferner kommt alles in Betracht, was sich auf den Geist des heiligen Textes bezog. Die Kommentare und Interpretationen dieses Textes zerfallen wieder in zwei grosse Teile: einerseits das Gesetz, die Gesamtheit der Normen, die die sozialen Beziehungen der Israeliten zueinander, zu den Nachbarn und zu Gott regeln; andererseits die Geheimlehre, die Gesamtheit theoretischer und praktischer Kenntnisse, mit Hilfe welcher man die Beziehungen zwischen Gott, dem Menschen und dem Universum erkennen konnte.

Also der äusserliche Körper des heiligen Textes, sein gesetzgeberischer Inhalt und die in ihm enthaltene „Lehre" bilden die drei grossen Teile der esoterischen Tradition, die sich so gewissermassen als grosser Organismus aus Körper, regelndem Lebensprinzip und eigentlicher Seele zusammensetzt.

Als man sich — gemäss dem Kommentar, der an der Spitze des Sepher Jesira steht — „angesichts des schlechten Standes der Lage Israels" entschliessen musste, diese mündliche Tradition schriftlich zu fixieren, entstanden mehrere grosse Werke, bestimmt jeden Teil der Tradition fortzupflanzen.

Auf Grund des Gesagten wird sich nun eine klare Anordnung dieser Werke ergeben.

Alles, was sich auf den äusserlichen Körper, auf den Buchstaben des Textes bezog, die Regeln für das Lesen und Niederschreiben der Thora, die besonderen Erwägungen über den mystischen Sinn der heiligen Charaktere, alles dieses wurde in der Mashora fixiert.

Die auf der Tradition beruhenden Kommentare zu dem gesetzgeberischen Inhalt der Thora bildeten die Mishna, und der Zuwachs zu diesen Kommentaren, der zuletzt entstanden war, heisst Gemara und entspricht unserer heutigen Jurisprudenz. Die Vereinigung von Mishna und Gemara bildet den Talmud.

Die Geheimlehre umfasst Theorie und Praxis, die ihrerseits wieder in einen historischen, sozialen und mystischen Teil zerfallen. Theorie und Praxis zusammen bilden die Kabbala im engeren Sinn.

Nur der theoretische Teil der Kabbala ist in Schrift und Druck fixiert; er umfasst zwei Richtungen des Studiums. Die eine bezieht sich auf die Schöpfung und ihre geheimnisvollen Gesetze, heisst Bereschit und ist im Sepher Jesira dargelegt; die andere, die metaphysische, bezieht sich auf das Wesen der Gottheit und die Arten seiner Offenbarung; sie wird von den Kabbalisten Mercava d. h. „Himmlischer Wagen" genannt und ist im Zohar dargelegt.

Über den praktischen Teil der Kabbala finden sich nur Andeutungen, und diese nur in seltenen Manuskripten, die in grossen öffentlichen und privaten Bibliotheken zu finden sind. Die Bibliothèque Nationale zu Paris besitzt eines der schönsten, das auf Salomo zurückgehen soll. Derartige Manuskripte sind unter dem Namen „Clavicula Salomonis" bekannt und bilden die Grundlage der landläufigen Zauberbücher, wie „Albertus magnus", „Roter Drache" und „Zauberbuch des Honorius".

Bevor wir die eben erwähnten Werke im einzelnen behandeln, wollen wir ihre Namen in einer Tabelle zusammenfassen, die einen raschen Überblick gewähren soll:

Überlieferungen, die sich auf die Thora, das heilige Gesetz, beziehen	Überlieferung über die materielle Gestalt des Textes. (Fixierung des Textes.)	Wort. — Schrift. — Art und Weise, den Text zu lesen und zu schreiben. Mystischer Sinn der heil. Buchstaben. Materieller **Körper.**			Mashora	
	Überlieferung über den geistigen Inhalt des heiligen Textes. (Erklärung u. Deutung des Textes.)	Gesetzgeberischer Inhalt. Das Gesetz. Verschiedene Normen. Gebräuche. Ceremonien Bürgerliches Leben. Regelndes **Lebensprinzip.**		Uralte Überlieferung des Moses und der grossen Propheten.	Misna.	Talmud (Kodifikation der Überlieferungen im Bezug auf das Gesetz.)
				Kommentare zu dieser Tradition. (Jurisprudenz.)	Gemara.	
		Religiöser und philosophischer Inhalt. Die Geheimlehre. Esoterismus bezüglich der Bibel. **Seele.**	Theorie.	Bereschit. Schöpfung, mystische Zusammensetzung jeder der drei Welten und ihre Beziehungen zu einander.	Sepher Jesira.	Theoretische Kabbala.
				Mercava. Mystische Darstellung der göttlichen Welt und ihrer Beziehungen.	Zohar.	Kabbala.
			Praxis.	Synthetische Hieroglyphik. Entwicklung. — Einteilung. Mystische Buchstabenversetzung.	(Fast nichts veröffentlicht und gedruckt.) Tarot.	Praktische Kabbala.
				Magische Manuskripte, die dem Salomo zugeschrieben werden. (Praktische Magie.)	Clavicula (Schemamphoras.)	

§ 2. Mashora.

Die Mashora umfasst die Überlieferungen, die sich auf den materiellen Körper der Thora beziehen.

Die Mashora oder M'sora unterrichtet:

1. über die Art und Weise, wie zweifelhafte Stellen mit Hilfe der Punkte und der Vokale zu lesen sind und wie man Wörter und Sätze nach den Regeln der Akcentuation zusammenzufassen und auszusprechen hat;

2. über die Bedeutung der Konsonanten als äusserlicher und materieller Körper der Bibel, überdies enthält sie ein Verzeichnis gewisser Hieroglyphen, allerdings ohne deren Sinn anzugeben[1]), Angaben über die Einteilung in Bücher, Kapitel, Verse u. s. w.

Forscher, die sich ganz speziell mit der Kabbala befasst haben, wie Saint-Ives d' Alveydra[2]), Fabre d' Olivet[3]) und Claude de Saint-Martin behaupten, die Mashora, eine Sammlung ganz exoterischer Regeln, sei nur bestimmt, den geheimen Sinn der heiligen Sprache der Thora zu verschleiern.

Man teilt auch die Mashora oft in eine kleine und grosse ein. Die nach ihr hergestellte „Rabbinische Bibel" wurde zum ersten Mal bei Daniel Bemberg in Venedig 1525, dann in Amsterdam 1724—1727 gedruckt.

§ 3. Mishna.

Ausser der Bibel und dem darin niedergelegten schriftlichen Gesetz erkennen die orthodoxen Juden auch noch gewisse mündliche Überlieferungen an, die sie mit derselben Verehrung betrachten wie die Vorschriften in den fünf Büchern des Moses. Anfangs nur von Mund zu Mund fortgepflanzt, wurden diese Überlieferungen dann unter dem Namen Mishna d. h. Wiederholung von Judas dem Heiligen gesammelt und redigiert, schliesslich aber von den talmudischen Autoren derart vermehrt, dass sie mit ihrem starren System von Vorschriften für Überlegung und Freiheit nicht den geringsten Spielraum mehr lassen.

Die Mishna umfasst sechs Abteilungen (sedarim), die in sechzig Paragraphen (M'sachot) eingeteilt werden; jeder dieser Paragraphen umfasst wieder verschiedene Kapitel (Perakim).

---

[1]) Molitor, Philosophie de la tradition. Trad. française, Paris, 1834, p. 249.

[2]) Mission des Juifs, p. 646.

[3]) La langue Hebraique restituée.

Um den Leser eine Vorstellung vom Inhalt der Mishna zu geben, sei im Folgenden eine gedrängte Inhaltsübersicht geboten:

I. Abteilung: Über Samen. 1. Das Gebet und der tägliche Segen; 2. Das Stückchen Feld, das den Armen gehört; 3. Wie man die Früchte verwenden soll, von denen man den Zehnten verweigert; 4. Über Ungleichgeschlechtige oder Tiere, die man nicht sich paaren lassen darf; über Samen, die man nicht zusammen aussäen darf; Fäden, die man nicht miteinander verweben darf; 5. Die Erträgnisse des Sabbatjahres; 6. Über die Geschenke an Priester; 7. Über den Zehnten der Leviten; 8. Über den zweiten Zehnten, den der Eigentümer nach Jerusalem zu bringen hat; 9. Über die Nahrung der Priester; 10. Über das Verbot, die Früchte eines Baumes während der drei ersten Jahre zu essen; 11. Über die Erstlinge von Früchten, die man in den Tempel bringen soll.

II. Abteilung: Festtage. 1. Bedeutung des Sabbat; 2. Dass die ganze Stadt als eine einzige Familie zu betrachten ist; 3. Das Pascha-Fest; 4. Der Sekel[1]), den jeder alljährlich für den Gottesdienst abzugeben hat; 5. Die Funktionen an den Versöhnungsfesten; 6. Das Laubhüttenfest; 7. Verschiedene Speisen, die an Fasttagen verboten sind; 8. Der Neujahrstag; 9. Die verschiedenen Festtage; 10. Über die Lesung des Buches Esther; 11. Halbfesttage; 12. Über das jährliche Opfer; die drei Erscheinungen in Jerusalem.

III. Abteilung: Heirat und Scheidung. 1. Erlaubnis und Verbot, die Frau seines Bruders zu heiraten; 2. Der Ehevertrag; 3. Die Verlobung; 4. Über die Art und Weise der Ehescheidung; 5. Gelübde; 6. Personen, die Gott geweiht sind; 7. Frauen, die des Ehebruches verdächtig sind.

IV. Abteilung: Über verursachten Schaden. 1. Rechtsansprüche für erwachsenen Schaden; 2. Rechtsansprüche auf gefundene, geliehene, in Verwahrung gegebene Gegenstände; 3. Verkauf, Kauf, Erbschaft, Bürgschaft und andere ähnliche Verhältnisse; 4. Rechtsprechung im allgemeinen und Strafen; 5. Vierzig Schläge weniger einen; 6. Eidschwüre; 7. Allgemeine Schlussfolgerungen, das Recht und die Zeugenschaft; 8. Was der Richter zu tun hat, wenn er irrtümlicherweise ein falsches Urteil gefällt hat; 9. Götzendienst und Handel mit den Heiden; 10. Moralische Sprichwörter.

V. Abteilung: Opfergaben. 1. Opfergaben; 2. Opfergaben an Mehl; 3. Die Erstgeburten; 4. Opferung gesunder

---

[1]) Eine Münze bei den alten Juden.

oder kranker Tiere; 5. Die Steuer von Dingen, die Gott geweiht sind und ihre Zahlung; 6. Austausch der Opfergabe; 7 Verletzung geweihter Dinge; 8. Die 36 Sünden, derentwegen die Strafe der Ausrottung erfolgt; 9. Die tägliche Opfergabe; 10. Über den Tempelbau; 11. Tauben und Turteltauben.

VI. Abteilung: Reinigungen. 1. Hausgeräte und deren Reinigung; 2. Das Zelt des Todes; 3. Der Aussatz; 4. Asche vom Kuhmist zur Reinigung; 5. Verschiedene Reinigungen; 6. Reinigungsbäder; 7. Die monatliche Reinigung der Frauen; 8. Dass man nichts Unreines essen darf; 9. Samenfluss; 10. Derjenige, der ein Bad genommen hat, ist noch unrein bis Sonnenuntergang; 11. Händewaschungen; 12. Wie der Stengel der Frucht sie unrein macht.

§ 4. Gemara.

Die Gemara[1]) bildet eine Sammlung juristischer Abhandlungen, die auf der Mishna beruht. Mishna und Gemara zusammen bilden den Talmud.

Saint-Ives d' Alveydra sagt in seinem Werke „Mission des Juifs" S. 650 über den Talmud:[2])

„Die Sammlung der kasuistischen und scholastischen Literatur, die nach der Rückkehr aus dem Exil die hohe geistige Kraft der Propheten ersetzte und sich nach der Zerstörung des dritten Tempels noch vermehrte, wird gewöhnlich unter dem allgemeinen Namen Midras, d. h. Kommentar, zusammengefasst.

Zwei Hauptteile dieser ungeheuren Sammlung heissen Hallacha[3]), d. h. Gang, Wandel und Haggada[4]), d. h. Überlieferung.

In diesem letztgenannten Teile des Talmud liessen die esoterischen Kollegien und Schulen ein wenig von ihrem Wissen durchsickern: die Kabbala, die Shemata.

Die ersten Sammlungen der Hallacha sind ein unentwirrbares Gemenge von bürgerlichem und kanonischem Recht, von nationaler Politik und individuellen Lehrsystemen, von göttlichen und menschlichen Gesetzen, das sich in unzähligen, oft kleinlichen Einzelheiten verliert.

[1]) Vollständige Erklärung oder Überlieferung.

[2]) Studium, Wissenschaft.

[3]) Bedeutet Regelung der gesetzlichen Praxis, wörtlich im Aramäischen, der aus dem babylonischen Exil von den Juden mitgebrachten Sprache „Gang, Wandel."

[4]) Wörtlich im Aramäischen. „Erzählung oder Belehrung".

Dieses in vielen Punkten äusserst interessante Literaturwerk knüpft an die berühmten Namen Hillel, Akiba und Simon Gamaliel an.

Aber die endgiltige Redaktion dieser Überlieferungen verdanken wir dem Juda Hamassi, der auch der heilige Judas genannt wird und um 220 nach Chr. Geburt lebte. Sie bildet die Mishna; das Wort ist von shana, lernen abzuleiten; die dazu gehörigen Supplemente sind unter den Namen Tosiftha und Boraitha bekannt.

Die Theologen, die die Redaktion der mishnaitischen Periode vollzogen, sind nach den Soferim [1]) des Reformators Esras [2]) die Tannim oder Thannaïm, was „Organe der Tradition“ bedeutet, der Tradition, kraft deren man alles lehrte, was nicht klar in der heiligen Schrift zum Ausdruck gelangte.

Die Thannaïm, die ältesten und geachtetsten der jüdischen Gelehrten, bilden eine lange Kette, deren letztes Glied der heilige Judas ist, der in der Mishna der Nachwelt alle Aussprüche seiner Vorgänger sammelte und überlieferte.

Unmittelbar nach dem Tode des Judas beginnt eine neue Gelehrtengeneration, welche den Namen Amoraim (אמוראים) führt, weil sie für sich selbst keine Autorität beanspruchen, sondern nur als Erklärer die Aussprüche ihrer Vorgänger wiederholen; auch sammelten sie alle noch nicht in die früheren Redaktionen aufgenommenen Sentenzen derselben.

Die gesammelten Diskussionen und Erläuterungen zur Mishna, die auf die Armoraim zurückgehen, bilden die Gemara, d. h. vollständige Erklärung und Ergänzung. Denn in den Akademien Palästinas bildete die Mishnah die Grundlage der Forschung.

Die Mishnah, vor allem eine Sammlung jener mündlich überlieferten Hallacha, der Speise-, Ehe-, Opfer-, Zivil-, Straf- und anderer Gesetze und Gebräuche, bildet, mit den als Gemara bezeichneten erklärenden Abhandlungen vereinigt, den Talmud.

In Palästina wurde der im westaramäischen Idiom (eine Sprache, die das Althebräische verdrängt hatte) abgefasste jerusalemitische Talmud in dieser Redaktion zu Beginn des 4. nachchristlichen Jahrhunderts abgeschlossen; im 5. Jahr-

[1]) Eine Zunft von Schriftgelehrten.

[2]) Esra und Nehemia unter dem Perserkönig Artaxerxes Longimanus um 458 v. Chr. Geburt, die Reorganisatoren des jüdischen Staates und Begründer der jüdischen Liturgie.

hundert nach Chr. Geburt liegt der auf dem Boden Babylons entstandene babylonische Talmud, also eine zweite Redaktion des ungeheuren Materials, im ostaramäischen Idiom vor.

Der Talmud umfasst also die in der Tradition enthaltene Regelung der gesetzlichen Praxis, die regelnden Prinzipien für das religiöse, soziale und bürgerliche Leben.

Ausser der Mishna und Gemara enthält aber der Talmud noch eine Reihe von Kommentaren, Medrashim und Supplementen, die Boraitha und Tosiftha. Denn die von Rabbi Jehuda Hamassi in seine Mishna nicht aufgenommenen Gesetze und Vorschriften wurden später von seinen Jüngern gesammelt und führten den Namen Boraitha, d. h. ausserhalb (des Kanons) stehende. Eine noch spätere Sammlung sind die Tosiftha oder Tossefta[1]; sie umfassen 60 Traktate und 452 Abschnitte und sind ein der Mishna ähnliches Sammelwerk. — Es ergibt sich also folgender Überblick über die Sammlungen, die den Talmud bilden:

Mishna Gemara Medrashim und Boraitha Tosiftha	Talmud.

Leser, die sich noch genauer über die Geschichte und den Inhalt des Talmud unterrichten wollen, verweisen wir auf die citierten Werke von Molitor „Philosophie de la tradition", Saint-Ives „Mission des Juifs" und Dr. Erich Bischoff „Talmud-Katechismus."

§ 5. Die Kabbala.

Wir kommen jetzt zu dem wertvollsten Teil der Überlieferung, zur Geheimlehre oder Kabbala, die die Seele dieser Überlieferung ist. Wir haben schon erwähnt, dass nur die Lehren der theoretischen Kabbala in Schrift und Druck verbreitet wurden, während über den praktischen oder magischen Teil dieser Geheimlehre, der stets ängstlich geheim gehalten wurde, nur in sehr seltenen Manuskripten Andeutungen zu finden sind.

1. Theoretische Kabbala.

Die theoretische Kabbala wurde von den Autoren, die sich mit ihr befassten, in sehr verschiedener Weise klassifiziert;

---

[1]) Bedeutet im Chaldäischen „Zusatz, Ergänzung".

wir wollen daher einiges über die wichtigsten Punkte auf diesem Gebiete bemerken.

Eine zahlreiche Gruppe von Forschern folgte dem Einteilungsprinzip, das durch die Kabbalisten selbst gegeben wurde. Unter ihnen sind vor allem Adolf Frank (La Cabbale, Paris, 1843), Eliphas Levi in seinen verschiedenen Werken und Isidor Loeb (in verschiedenen Werken und besonders in seinem Artikel in der „Grande Encyclopédie") zu nennen.

Die Hauptgegenstände der mystischen Spekulation hiessen „Die Geschichte des Wagens" (maasse mercaba) in Anspielung auf den Thronwagen Gottes beim Propheten Ezechiel (Kap. 1) und „Die Geschichte der Genesis oder der Schöpfung" (maasse bereschit).

Die Geschichte des Wagens, die auch „das grosse Werk" (dabar gadol) genannt wird, befasst sich mit den Wesen der übernatürlichen Welt, mit Gott, den Urideen und intellektuellen Potenzen, der „himmlischen Familie", wie man sie oft nennt. Die Geschichte der Schöpfung behandelt die Entstehung und die Natur der irdischen Welt. Es ergibt sich folgende Einteilung:

Kabbala	Maasse Mercaba.	— Zohar (Geschichte des Wagens).
	Maasse Bereschit.	— Sepher Jesira (Gesch. d. Schöpfung)

Andere Autoren, wie M. S. Munk[1]), der sich darin Kircher nähert, geben folgende Einteilung:

Kabbala	1. Symbolik	Mystische Berechnung. — Themura. — Gematria. — Notarikon.
	2. Positive Dogmatik.	Engel und Dämonen. Einteilung. Seelenwanderung.
	3. Metaphysische Spekulation	Die Sefirot.

Die vollständigste Einteilung gibt unseres Erachtens Molitor (Philosophie de la Tradition) und wir sind ihm in dieser Beziehung gefolgt.

[1]) „Melanges de philosophie juive et arabe", 1859 und Artikel im Konversations-Lexikon.

Kabbala	Theorie	Bereschit. Sepher Jesira. Mercaba. Zohar.	1. Stufe. Legenden, Haggada 2. Stufe. Praktische Moral.
	Praxis	Nichts oder fast nichts schriftlich fixiert. Magische Manuskripte. (Clavicula.)	3. Stufe. Mystik. (Praktische Magie.)

Die Lehre der Überlieferung, dreifach wie die menschliche Natur und ihre Bedürfnisse, war zugleich *historisch*, *moralisch* und *mystisch*; daher enthielt die heilige Schrift einen dreifachen Sinn:

1. *Den buchstäblichen historischen Sinn* (pashut), der dem Körper und der Vorhalle des Tempels [1]) entspricht;

2. *den durch moralische Erklärung gefundenen Sinn* (drusch), entsprechend der Seele oder dem Heiligen des Tempels [1]);

3. *den durch mystische Erklärung gefundenen Sinn* (sod), entsprechend dem Geiste und dem Allerheiligsten [1]).

Der historische Inhalt, der aus Berichten über das Leben der alten Patriarchen bestand, pflanzte sich wie eine volkstümliche Legende von Generation zu Generation fort. Man findet darauf bezügliche Erklärungen in Form von Glossen in den biblischen Manuskripten und den chaldäischen Paraphrasen.

Der moralische Sinn betrachtete alles vom Gesichtspunkt des praktischen Lebens aus, während die mystische Erklärung sich über die sichtbare, vergängliche Welt hinaushob und unaufhörlich in der Sphäre des Ewigen schwebte.

Die Mystik verpflichtete zu einer strengen Lebensweise, die eine ungewöhnliche Frömmigkeit erforderte.

Daher konnte man einen Schüler ohne Rücksicht auf Alter oder Stand einweihen.

Man nennt diese erhabene Überlieferung Kabbala, von dem hebräischen Kibbel, vereinigen. Das Wort schliesst aber auch noch die Eignung der Seele ein, die übernatürlichen Ideen zu erfassen.

---

[1]) Der Tempel Salomos bestand aus einer Vorhalle, einem Heiligen und einem Allerheiligsten.

Die Kabbala enthielt:

1. Traditionen der Patriarchen über das verborgene Wesen Gottes und der göttlichen Personen;

2. über die geistige Schöpfung und den Fall der Engel;

3. über den Ursprung des Chaos und der Materie und über die Erneuerung der Welt in den sechs Schöpfungstagen;

4. über die Schöpfung des Menschen, seinen Fall und die göttlichen Wege, die zu einer Wiedereinsetzung in seinen früheren Zustand führen.

Doch müssen wir wieder auf unsere frühere Einteilung der ganzen Lehre in zwei Hauptgegenstände der mystischen Spekulation: „Geschichte der Schöpfung" und „Geschichte des Wagens" zurückgreifen.

Die „Geschichte der Schöpfung" ist in dem Werke Sepher Jesira enthalten, von dem besonders zwei französische Übersetzungen zu erwähnen sind. Die eine, von Papus, erschien im Jahre 1887. Die zweite, die auf vollständigere Originale zurückgeht, rührt von Mayer-Lambert her [1]).

Die „Geschichte des himmlischen Wagens" ist in dem Werke, das den Namen Zohar führt, niedergelegt. Von diesem Werke existieren lateinische und englische Übersetzungen.

Wir wollen uns zunächst damit begnügen, eine kurze Inhaltsanalyse des Zohar zu geben, die auf dem Artikel von Isidor Lòeb in der „Grande Encyclopédie". („Cabbale") beruht.

Der Zohar ist ein kabbalistischer Kommentar zu den fünf Büchern Mosis; es ist nicht sicher, dass wir ihn in seiner ursprünglichen Form erhalten haben, und es ist möglich, dass mehrere Personen an ihm gearbeitet haben. Es ist eigentlich eine grosse Kompilation verschiedener älterer und neuerer Werke, in der natürlich die Ideen verschiedener Redaktoren enthalten sind. Neben dem wahrscheinlich ältesten Teile, der die Form eines Kommentars zum Pentateuch hat, wollen wir noch folgende Stücke nennen:

Siphra di-zniutha (Das Buch der Geheimnisse),
Idra rabba (Die grosse Versammlung),
Idra suta (Die kleine Versammlung),
Raaja mehemna (Der treue Hirt) [2]),

---

[1]) Mayer Lambert, Commentaire sur le Sepher Jesira, par le Gaon Saadya de Fayoum, publie et traduit par Mayer Lambert, professeur au séminaire Israélite (Paris, Bouillaud, 1891.)

[2]) Diese Bezeichnung, die im Neuen Testament auf Christus angewendet wird, bezieht sich hier auf Moses.

Tikkunê Zohar (Supplemente zum Zohar),
Zohar chadasch (Der neue Zohar).

Nach der Lehre des Zohar ist Gott die Quelle des Lebens und der Schöpfer des Universums, aber er ist unendlich (en sof), unnahbar, unbegreiflich; er ist das Unbekannte (aïn, nichts, für unsere Intelligenz das „nicht Seiende"), weil für sie unbegreiflich, er ist das grosse Problem (mi oder qui). Er würde entheiligt werden, wenn er in direkter Verbindung mit der Welt stünde; zwischen ihm und der Welt stehen die 10 Sefirot, mittelst welcher er die Welt geschaffen hat, die seine Werkzeuge (kélim) sind und die Kanäle (cinnorot), durch welche sein Wirken auf die Sefirot vermittelt wird.

Die zehn Sefirot bilden in ihrer Gesamtheit symbolisch den himmlischen oder idealen Menschen [1]), Adam Kadmoni, den ewigen Adam oder Prae-Adam (ein Symbol der göttlichen Wesenheit), als dessen Gliedmassen, wie später noch dargelegt werden soll, sie in kabbalistischen bildlichen Darstellungen erscheinen. Es ist damit der Makrokosmos, der geistig-intellektuelle Typus der materiellen Welt, oder das gemeint, was die neueren Kabbalisten die Emanationswelt nennen. Allerdings ist die gewöhnlichste bildliche Darstellung der Sefirot die, welche die Kabbalisten den Baum der Sefirot nennen und die wir schematisiert in Fig. 1 wiedergeben.

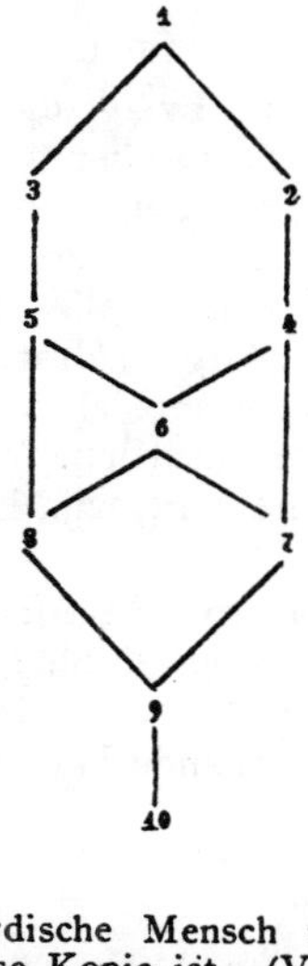

[1]) Von dem der irdische Mensch nach der Auffassung der Kabbalisten nur eine blasse Kopie ist. (Vgl. Okkultismus des Altertums, Karl Kiesewetter, Bd. 1, S. 387. Verlag von M. Altmann, Leipzig.)

Ihre Namen sind, entsprechend den Zahlen der Figur, folgende: 1. Krone (kéter); 2. Weisheit (hokma)[1] [theoretische Vernunft]; 3. Intelligenz (bina oder binah) [praktische Vernunft]; 4. Liebe[2] (hésed oder Chèsed); 5. Gerechtigkeit (dim)[3]; 6. Schönheit (Herrlichkeit)[4] (tifèret); 7. Triumphierende Festigkeit (Nèzach oder néça); 8. Pracht (hod); 9. Fundament (iesod); 10. Reich oder Königsherrschaft (malkhut).

Die neun ersten Sefirot teilen sich in Triaden, von denen jede zwei entgegengesetzte Prinzipien und ein Prinzip der Vereinigung enthält. Mit dem letzteren ist das Gleichgewicht oder die Ausgleichung gemeint, von der im Buche Sepher Jesira oder der Schöpfung die Rede ist.

Die erste Triade (1, 2, 3) stellt die metaphysischen Attribute Gottes dar und drückt die absolute Identität der Existenz und des Gedankens aus; sie bildet das, was die neueren Kabbalisten die intellegible Welt nennen. (Vernunftreich.)

Die zweite Triade (4, 5, 6) zeigt einen moralischen Charakter und lässt Gott als die Identität der Güte und Gerechtigkeit erscheinen; andererseits zeigen sie uns in der Güte oder vielmehr im höchsten Wesen den Ursprung der Schönheit oder Erhabenheit. Man nennt sie auch „Die Tugenden" oder moralische Welt oder aber „Die sensible Welt" in der erhabensten Bedeutung dieses Wortes. (Seelenreich oder Reich des Fühlens und Empfindens.)

Die dritte Triade (7, 8, 9) zeigt die allgemeine Vorsehung als den höchsten Künstler, welcher auch die absolute Kraft, die „Festigkeit", das Vermögen des Beharrens, das Stoffprinzip und „Pracht", d. h. das Vermögen der Entwicklung, das weiblich-zeugende Element alles Seienden ist und die höhere Einheit der allmächtigen Ursache, das „Fundament", d. h. die Substanz zugleich in sich schliesst. Dies sind die letzten Sefirot, welche die natürliche Welt oder die Natur in ihrer Wesenheit und in ihrem Prinzip, Natura naturans, bilden. (Reich der Natur).

Die letzte der Sefirot (10) „Das Reich" ist nach der übereinstimmenden Meinung aller Kabbalisten kein neues Attribut Gottes, sondern nur die Vereinigung der anderen, die zwischen den übrigen bestehende Harmonie der Welt.

---

[1]) Auch Chochma geschrieben.
[2]) oder Grösse (Gedulla).
[3]) oder Stärke (Gebura).
[4]) oder Barmherzigkeit (Rachamim).

Die erste und erhabenste unter den göttlichen Offenbarungen, den Sefirot, ist die erste Sefira (1) [1]), „Die Krone", welche so genannt wird, weil sie über allen anderen Sefirot steht und diese und die ganze Welt geschaffen hat. Sie ist das Métatron der alten Kabbala, eine Art von schöpferischem Demiurg. Da sie aber fast ebenso unfassbar und immateriell ist wie Gott selbst, wird sie auch manchmal das Unendliche oder das Nichtseiende (אין) [En sof oder aïn] genannt.

Sie ist der „primitive Punkt", weil sie unter einem Standpunkt betrachtet wird, den keine Untersuchung mehr ergründet, der keine Qualifikation mehr zulässt und in welchem alles in einem unteilbaren Punkt zusammenfliesst.

Es bildet der Gedanke des Seins oder des Absoluten von diesem Standpunkt aus eine absolute Form oder, um in der Sprache der Kabbalisten zu reden, einen Kopf, ein „Gesicht."

Man bezeichnet es im allgemeinen mit dem Ausdruck „Das grosse Gesicht" oder „Das heilige Gesicht", zweifelsohne deshalb, weil es alle Eigenschaften, alle intellektuellen und moralischen Qualitäten, alle Formen in sich schliesst. Alle übrigen Sefirot zusammen bilden dem gegenüber nur das „kleine Gesicht".

Die erste Sefira ist auch der Wille Gottes, es sei denn, dass der Wille nicht in Gott selbst und mit ihm identisch wäre.

Die Triade, deren Haupt die erste Sefira ist, bildet den Plan des Universums; die sieben folgenden Sefirot sind ihr untergeordnet und werden nur Sefirots der „Ausführung" oder „Die Sefirot der Konstruktion" genannt, offenbar weil sie bei der Ausführung der Schöpfung am meisten in Tätigkeit traten.

Nach einem anderen Gesichtspunkt teilen sich die Sefirot in die der rechten (2, 4, 7) [1]), der linken (3, 5, 8) [1]) Seite und die der Mitte (1, 6, 9) [1]).

Die Sefirot der rechten Seite stellen das „männliche", überlegende, positive, aktiv-bewirkende Prinzip dar, die der linken das „weibliche", das passive, empfangende Prinzip; die zwei Extreme sind stets durch ein einigendes Mittelglied verbunden. („Säule der Mitte.")

Wie kommt es nun, dass auffallenderweise gerade die ruhigen Prinzipien (2, 4, 7) [Chochma, Chèsed, Nèzach], die auch „Säule der Gnade" genannt werden, als „männliche", die beweglichen, intensiv sich äussernden (3, 5, 8) [Bina, Din,

[1]) Vgl. Fig. 1.

Hod] oder „Die Säule der Stärke", als „weibliche" bezeichnet werden?

Die letztgenannten werden eben als aus den erstgenannten hervorgehend gedacht, gleichwie Eva aus dem Leibe Adams; denn Beweglichkeit hat Ruhe, Bina, die praktische Vernunft, die die Ideen als Wille verarbeitet, hat Chochma, die theoretische Vernunft, welche diese Ideen ausdenkend ordnet, die Welt als Vorstellung, zur Voraussetzung, ebenso setzt Intensität [Stärke] (5) die Extensität [Grösse] (4) voraus, die Kraft [Hod] (8) den Stoff [Nèzach] (7).

Da die „weiblichen" Prinzipien die „männlichen" nicht nur zur Voraussetzung haben, sondern auch von ihnen erst den Stoff ihrer Tätigkeit erhalten, wie z. B. auch die Liebe und Güte (Chésed) 4 erst die strenge Gerechtigkeit (Din) 5 zur Betätigung bringt, so sind die „weiblichen" den „männlichen" Prinzipien gegenüber rezeptiv, empfangend, wie das Weib gegenüber dem Manne, daher trotz ihres Namens „Säule der Stärke" weiblicher Art. Übrigens ist auch die Natur des Weibes, namentlich in östlichen und südlichen Ländern, beweglicher und heftiger als die des Mannes.

Wir können diese drei Prinzipien auch als positive oder thetische, negative oder antithetische und ausgleichende, synthetische nach dem Verhältnis von Satz, Gegensatz und Vermittlung bezeichnen.

Die drei Triaden (1—9), welche die oben erwähnten drei Welten oder Reiche bilden, entsprechen auch drei Teilen der menschlichen Seele, wie man das auch bei den Neuplatonikern findet: der Intelligenz (dem „Ich"), dem Gefühl (Psyche) und dem vegetativen Prinzip (Physis).

Ein sehr bemerkenswerter Zug der Kabbala ist die symbolische Einführung des Gegensatzes zwischen Mann und Weib in das Wesen der Gottheit, sowie auch der Unterschied der Triaden nach Farben: die rechte Reihe, die „Säule der Gnade" ist weiss, die linke, die „Säule der Stärke" ist rot, die „Säule der Mitte" hat eine vermittelnde Farbe: grün, gelb oder blau.

Die Sefira 6 ist auf eine ganz bestimmte Weise mit dem seitlichen Sefirot verbunden, was wieder verschiedene Kombinationen ergibt. (Vgl. Fig. 1.)

Die 10 Sefirot[1]) sind als die „Logoi", d. h. als wir-

---

[1]) Sefirot (oder: Sephirot) ist die Mehrzahl von Sephira (Sefira). Dieses ist wahrscheinlich mit dem griechischen σφαῖρα (Sphäre) verwandt, bedeutet aber im Hebräischen auch „Zahl".

kende Ur-Ideen aufzufassen. Sie bilden zusammen eine Welt, die unmittelbar von Gott stammt, die „Welt der ersten Emanation", Azila oder Aziluth genannt; sie sind die metaphysischen Elementarkräfte, welche die Vermittlung zwischen der absoluten Gottheit und den anderen niedrigeren Welten bilden, die aus dieser emanieren d. h. „ausströmen"

Es haben sich nämlich nach der kabbalistischen Ausstrahlungs- oder Ausströmungslehre (Emanationstheorie) noch drei andere Welten gebildet, jede von ihnen wieder durch die 10 Sefirot „versorgt".

Die Namen dieser Welten sind dem Bibelverse Jesaja 43,7 entnommen.

Unter der Azila-Welt als erster steht zunächst als zweite die Welt der Schöpfung (Beria), die auch die Welt der himmlischen Sphären ist, als dritte die Welt der Ausgestaltung (Jezira), die Welt der Engel oder Geister, die die Sphären beleben, und als vierte endlich die Welt der Verfertigung (Asijja), die materielle Welt, die Welt der Erscheinungen[1]), die „Schale", die äusserste, säfteärmste „Haut" der übrigen Welten.

Gott hat sich mit vielen Welten vor der gegenwärtigen Welt versucht und schon der Talmud kennt die vor der gegenwärtigen Welt geschaffenen und wieder zerstörten Welten. Dieser Mythus ist ein Symbol der fortdauernden Betätigung der schöpferischen Kraft, die unaufhörlich zeugt und niemals ruht. Es ist das aber auch zugleich die Theorie des Optimismus, nach welchem diese Welt „die beste aller möglichen Welten" ist.

Trotzdem enthält diese Welt das Übel, das Böse, das mit der Materie unzertrennlich verbunden ist. Das Böse ist die Folge der allmählichen Abschwächung des göttlichen Lichtes, das durch seine Ausstrahlung und Ausströmung das Universum geschaffen hat.[2])

---

[1]) Jede dieser Welten zerfällt analog der Welt der Sefirot (Azila) in 10, den Sefirot entsprechende „Differenzierungen" von Untersphären; es haben diese Welten also eine gleiche Organisation, nur dass jede folgende, tieferstehende „Welt" minder geistigrein, daher gröberer Natur ist als die vorhergehende, über ihr stehende, und so deren „Schale" (Kelippa) ist. — Man denke hierbei etwa an die den innersten Kern und eine die andere umhüllenden „Häute" der Zwiebel, deren äusserste, saftärmste die eigentliche „Schale" bildet. (Vgl. „Die Kabbala", von Dr. Erich Bischoff, Leipzig, Griebens Verlag, 1903, § 115 u. § 108.)

[2]) Die kabbalistische Ausstrahlungslehre oder Emanationstheorie ist philosophische Energielehre, metaphysische

Das Materielle, das Böse ist also nicht ein Etwas an und für sich, sondern nur Mangel an göttlichem Licht, an reinem Sein, abgeschwächte Urenergie — oder der Rest und der Niederschlag, das Residuum, der versuchsweise geschaffenen und schlecht befundenen Welten. Diese Reste sind die „Häute"; das Böse oder das Übel wird stets als „Schale" dargestellt (vgl. Anmerkung 1, Seite 17) und bildet auch noch eine besondere Welt des Bösen, die von gefallenen Engeln oder Dämonen bevölkert wird, die auch ihrerseits mit dem Namen „Häute" oder „Hüllen" (הלימות) bezeichnet werden und nichts weiter sind als die Materie selbst und die von ihr abhängigen Leidenschaften.[1])

Der irdische Mensch ist das höchste Wesen der Schöpfung, das Abbild des Proto-Adam, der „Idee des Menschen", der Mikrokosmus. Die kosmische Dreiheit, die wir bei den Sefirot gefunden haben, zeigt sich auch in den drei „Teilen" der Seele, die trotzdem ein organisches Ganze bilden.

Der Sitz der drei Teile wird nach manchen Kabbalisten in Hirn, Herz und Leber verlegt. Die menschliche Seele sei das Resultat der Vereinigung der Sefira 6 (vgl. Fig. 1), des „Königs", mit der Sephira 10 (vgl. Fig. 1), der „Königin", und durch eines ihrer bedeutungsvollsten Attribute vermöge die „Königin" bis zum „König" emporzusteigen, der Mensch vermöge durch seine ihm innewohnenden Kräfte auf die höhere Welt einzuwirken. Daher die Bedeutung des Gebetes, durch welches der Mensch auf die höheren Kräfte wirkt, um sie sich günstig zu stimmen; durch das Gebet setzt er sie gewissermassen in Bewegung und vermag sie zur Wirkung zu bringen.

Die Seele ist unsterblich, aber sie erreicht das himmlische Glück erst dann, wenn sie vollkommen geworden ist, und zur Erreichung dieses Zieles, um einen geistig-sittlichen Vervollkommnungsprozess durchzumachen, ist die aufeinanderfolgende Verpflanzung der Seele in mehrere Körper nötig, d. h. die Theorie der Metempsychose, der Seelenwanderung.[2])

Dynamik, in der die Gottheit oder das Absolute als reines Sein zugleich höchste Energie (actus purus) ist. (Dr. Erich Bischoff, l. c. § 106.)

[1]) Vgl. „Der Okkultismus des Altertums" (Karl Kiesewetter) I. Bd., S. 405. Verlag M. Altmann in Leipzig.

[2]) Es wird dies auch als Lehre von der Reinkarnation d. h. Wiederverkörperung bezeichnet, und die Majorität der Kabbalisten ist der Ansicht, dass eine solche Seelenwanderung nur in menschliche

Wenn eine Seele trotz redlichen Wollens oder aus Unkenntnis sich nicht genügend zu vervollkommnen vermag, gesellen sich zu ihr, in den einen Leib zugleich, eine oder mehrere nach dem Tode ihres eigenen Leibes umherwallende Seelen, die bereits einen höheren Grad der Vollkommenheit erreicht haben, um jener ersterwähnten schwächeren Seele beizustehen und deren sittliche Vervollkommnung durch ihre Einwirkung herbeizuführen. Man nennt das die Lehre vom „sod ha ibbur."

Alle Seelen sind seit dem Ursprung der Welt geschaffen, und wenn alle im Zustand der Vollkommenheit sein werden, wird der Messias erscheinen.

Der Sohar berechnet sogar, wie auch andere hebräische Literaturwerke, das Datum der Erscheinung des Messias.

2. Praktische Kabbala.

Die praktische Kabbala erklärte

a) den geistigen Sinn des Gesetzes;

b) sie schrieb die Art und Weise der Reinigung vor, die die Seele der Gottheit ähnlich machte und annäherte, und machte aus ihr ein betendes Wesen, das auf die sichtbare und unsichtbare Sphäre wirkte.

So wurde sie fähig, sich in die Meditation über die heiligen Namen zu versenken, da die Schrift nach den Kabbalisten der sichtbare Ausdruck der göttlichen Kräfte ist, die Gestalt, in der sich der Himmel der Erde offenbart.

Man wird wohl begreifen, dass nichts oder fast nichts von dem niedergeschrieben oder gar gedruckt wurde, was mit diesem Teile der Kabbala im Zusammenhange steht.

Man hat zwar die Kabbalisten, die auf magische Kenntnisse Anspruch erhoben, verurteilt und angegriffen, aber man muss doch zugeben, dass diese Urteile und Angriffe sich in Ermangelung schriftlicher Aufzeichnungen eben nur auf unbestimmte Gerüchte stützen und daher unmöglich ein günstiges Urteil ergeben konnten.

Die Theorie der praktischen Kabbala schliesst sich der allgemeinen Theorie der Magie an, d. h. sie lehrt die Einheit von Symbol und Idee in der Natur, im Menschen und im Universum Mit und auf die Symbole wirken, heisst auf die Ideen und

---

Körper stattfinden kann, während manche auch die Möglichkeit einer Aufnahme der Seele durch Tierkörper, Pflanzen u. dgl. annehmen.

die rein geistigen Wesen (Engel) wirken; das ist das Prinzip aller mystischen Beschwörung.[1])

Das Studium der praktischen Kabbala umfasste vor allem spezielle Kenntnisse betreffs der hebräischen Buchstaben, der Buchstaben-Mystik und verschiedener Veränderungen und Ersetzungen des einen durch einen anderen auf Grund der drei bekannten kabbalistischen Operations-Methoden: Gematria, Notarikon oder Notaria, Themura oder Themuria.[2])

Diese Buchstabenmystik [3]) ist von der grössten Bedeutung, aber sie bildet doch nur den äusserlichsten, exoterischesten Teil der praktischen Kabbala, und doch wollten mehrere, allerdings wohl nur oberflächliche Beurteiler in dieser Wissenschaft der Anagramme und Charaden das Wesen der Kabbala sehen, weil sie sich eben nicht die Mühe genommen hatten, den Problemen auf den Grund zu gehen.

Um diesen der Kabbala eigentümlichen Hieroglyphismus kennen zu lernen, wollen wir dem von uns schon zitierten Werke von Molitor einige Beispiele entlehnen.

Wie wir erwähnten, war es ebenso schwierig, die Thora zu lesen, wie sie zu schreiben. Bei manchen Worten findet sich ein Buchstabe zu wenig oder zu viel, manchmal einer statt eines anderen, oft die Schlussbuchstaben an Stelle der mittleren und umgekehrt.[4])

Abgesehen von diesem rein äusserlichen Hieroglyphismus enthält der Bibeltext noch einen anderer Art, demzufolge die Worte und die sie zusammensetzenden Buchstaben ebensoviele mystische Chiffern oder Zahlen sind.

Diese Art des Hieroglyphismus ist wieder entweder synthetisierend oder identisierend.

Synthetisierend ist sie dann, wenn ein Wort mehrere andere in sich birgt, die man durch Erweiterung, Teilung oder Versetzung der Buchstaben entdeckt.

Identisierend oder pleonastisch ist sie, wenn man feststellen kann: mehrere Worte der Schrift be-

---

[1]) Vgl. Dr. Wolfgang Schultz, Altgriechische Mystik, S. 324.

[2]) Vgl. Dr. Erich Bischoff, l. c. §§ 35—44.

[3]) Vgl. Dr. Wolfgang Schultz, Altgriechische Mystik (Akademischer Verlag, Wien), S. 324—327.

[4]) All das hängt höchstwahrscheinlich damit zusammen, dass den alten Hebräern besondere Zeichen für die Vokale fehlten.

ziehen sich auf denselben Gegenstand oder dieselbe Person. Diese Identität der Sache in mehreren Worten beruht entweder auf der mystischen Beziehung, die zwischen den Buchstaben besteht, oder auf ihrem numerischen Wert [1]), wovon wir deutliche Spuren bei den Propheten finden. Die Mischna nennt diese Art des Hieroglyphismus die Essenz oder das Parfüm der Weisheit.

Wir wollen zunächst einige Beispiele des inhaltlichen synthetisierenden Hieroglyphismus geben, und zwar zuerst einen Fall, wo die Erweiterung und Ergänzung von Buchstaben und Worten in Betracht kommt.[2])

David ruft in seinem Testament für seinen Sohn Salomon: „Er hat mich verflucht mit harten Flüchen." (Nimrezet.)

Das hebräische Wort „Nimrezet" birgt in sich die schmähenden Vorwürfe, die der Prophet dem König David machte:

Noeph: Ehebrecher,
Moabi: Moabiter, weil er von Ruth abstammte,
Rozeach: Mörder,
Zores: Gewalttätiger,
Thoeb: Grausamer.

An zweiter Stelle ein synthetisierender Hieroglyphismus durch Teilung (auch eine Art „Notarikon").

Wenn man das Wort B'reschit zerteilt, erhält man Bara-Schith d. h. er schuf sechs, nämlich sechs Fundamentalkräfte, die dem geheimnisvollen Sechs-Tagewerke zu Grunde liegen. — Diese Teilungsmethode verwendet man aber auch zur Rekonstruierung ganzer Sätze und Satzperioden.

Schliesslich sei noch synthetisierender Hieroglyphismus durch Versetzung an einem Beispiel erläutert.

Gott sagt im Exodus (Mose II, 23,23): „Ich will vor dir (מלאכי, maleachi) meinen Engel einhersenden!" Durch Umstellung der Buchstaben erhält man מיכאל, d. h. Michael, den Schutzengel des hebräischen Volkes.

[1]) Jeder Buchstabe des hebräischen Alphabetes wurde auch als Zeichen für eine bestimmte Zahl verwendet.

[2]) Diese Methode wird auch Notarikon-Notaricum genannt d. h. Abbreviatur oder Verkürzung, wenn die Buchstaben eines Wortes als geheime Abkürzung und Zusammenfassung der Anfangsbuchstaben mehrerer Worte oder eines Satzes betrachtet werden.

Diese Umstellung der Buchstaben bei einem bedeutsam oder erklärungsbedürftig erscheinenden Worte, so dass ein neues Wort entsteht, nennt man in der Kabbalistik „Themura".

Eine Art Unterabteilung der „Themura" ist die Gilgul-Methode, die in einer regelmässigen Vertauschung der verschiedenen Buchstaben eines Wortes besteht, sowie sie bei dem heiligen Namen Jeve (Iéovah) vorgenommen wird. Die zwölf mystischen Vertauschungen, die man mit den vier Buchstaben dieses Namens vornehmen kann, versinnbildlichen das ununterbrochene Wirken dieser absoluten Macht, das die Mannigfaltigkeit aus der Einheit hervorgehen lässt.[1])

Ausser dem von uns jetzt behandelten synthetisierenden Hieroglyphismus gibt es den identisierenden Hieroglyphismus, der sich auf den Zahlenwert der Buchstaben stützt.

Die Zahlen bilden drei Klassen und jede Klasse wird mit 9 entsprechenden Buchstaben bezeichnet. Die erste Klasse enthält die neun einfachen Zahlen von 1 bis 9. Man nennt sie die kleinen Zahlen.

Die zweite Klasse, die mit 10 beginnt und mit 90 schliesst, bilden die mittleren Zahlen.

Die dritte Klasse endlich wird aus den Produkten von Einern und Zehnern gebildet, die man auch die grossen Zahlen nennt.

Was die Tausender betrifft, die für die Israeliten höchste Stufe der Zahlenreihe[2]), so kann man tausend leicht auf eins zurückführen: $1{,}000 = 1{,}10^3$; daher haben die alten Israeliten für 1 und für 1,000 dasselbe Zeichen, nämlich א (Aleph), verwendet.

Man ersetzt nun die Buchstaben durch Zahlen und umgekehrt und nimmt mit den Zahlen verschiedene Rechenoperationen vor.

Man nennt diese kabbalistische Methode Gematria (von γεωμετρία = Geometrie oder Mathematik im allgemeinen). Sie beruht auf der Einteilung der Zahlen in die erwähnten drei Klassen, und darauf, dass die ersten 10 Buchstaben des hebräischen Alphabetes den Zahlen 1—10 ent-

---

[1]) Molitor, l. c. p. 31, 32 u. 35.

[2]) Die hebräische Sprache hat kein eigenes Wort, um 10,000 zu bezeichnen. „Ribbo", das man dafür verwendet, geht auf die Wurzel „Robh" zurück, die eigentlich Menge bedeutet.

sprechen, der 11.—19. Buchstabe den Zahlen von 20—100, der 20.—22. Buchstabe den Zahlen von 200—900 [1]).

Als Beispiel für diese Rechenoperationen wollen wir das Wort *Adam* wählen:

m	d	a
40	4	1

Die Quersumme der einzelnen drei Ziffern bildet 45 und die gewissermassen quadrierte Quersumme dieser Zahl wieder 9, die man auch durch rein mechanische Addition von $4 + 0 + 4 + 1$ erhält; zerlegt man aber die ursprüngliche Quersumme $4 + 0 + 4 + 1$ in zwei äusserlich gleiche Hälften, so erhält man $\underbrace{4 + 0} + \underbrace{4 + 1} = 40 + 41 = 81$ und zieht man hier die Quadrat-Wurzel, so hat man wieder 9: die geheimnisvolle *analytische* Zahl für den Menschen (Adam) im allgemeinen.[2])

Nach dieser Theorie der Zahlenmystik ergibt sich auch eine mystische Beziehung zwischen Worten, deren Buchstaben den gleichen Zahlenwert repräsentieren, was natürlich in engerem Sinne *identisierender Hieroglyphismus* ist.

So ist z. B. bei *Achad* und *Ahabha* der entsprechende Zahlenwert 13; das erstere bedeutet Einheit, das letztere Liebe, die in höherem Sinne die gestörte Eintracht durch Harmonie wieder in eine Einheitlichkeit verwandeln kann. Übrigens ist 13 auch die Zahl für Jakob und seine 12 Söhne, für Jesus Christus und seine Apostel, die beide ein Symbol der ewigen Liebe sind. Wunderbarer Weise gelangt man durch die Quersumme von 13: $(1 + 3 = 4)$ zur Zahl 4, die den 4 Buchstaben des heiligen Namens Jeve entspricht, dem Prinzip des Lebens und der Liebe.

Den allgemeinen Schlüssel für diese merkwürdigen Operationen, die man nach der Kabbala mit Worten, Buchstaben und Zahlen vorzunehmen hat, gibt das in seinen wissenschaftlichen Grundlagen noch so wenig bekannte auf Hieroglyphismus und Zahlenmystik bezügliche Buch Tarot.[3])

Die mystische Erklärung dieses Tarot bildete die Grundlage für den mündlichen Unterricht in der praktischen Magie, die dem eingeweihten Kabbalisten die Gabe der Prophezeiung verlieh. Unseres Wissens ist über diesen Gegenstand in den sogenannten Kabbalistischen Büchern nichts gedruckt

---

[1]) Vgl. Dr. Erich Bischoff, l. c. S. 17, Anm. 1 zu § 36.

[2]) Vgl. über diese *analytische* Zahl des Menschen: Papus (in der französischen Zeitschrift) *Lotus*, Bd. II, n⁰ 12, S. 327—328.

[3]) Vgl. Eliphas Levi, Rituel de Haute Magie, Kap. XXI, und Papus, Le Tarot des Bohemiens.

worden. Unsere grossen öffentlichen Bibliotheken enthalten Manuskripte, die man Salomon zuschreibt und die aus dem Hebräischen ins Lateinische und dann ins Französische oder Deutsche übersetzt wurden. Diese Manuskripte enthalten unter dem Namen „Talismane“ die Reproduktionen der Tafeln dieses Tarot oder der „clavicula“ und andererseits die Erklärung und Gebrauchsanweisung dieser „clavicula“. Sie sind unter dem Namen „clavicula Salomonis“ d. h. „der kleine Schlüssel Salomons“ bekannt, oder unter dem Namen „Schemamphoras“; allerdings muss man zugeben, dass die Angaben dieser Manuskripte ziemlich unvollständig sind.

Jedenfalls aber war es notwendig, sie anzuführen, um so genau als möglich die Einteilung festzustellen, die man auf diesem Gebiet der geheimen Überlieferung der Juden vornehmen kann. Es ergibt sich für uns also folgende Einteilung der Kabbala:

Die Kabbala.		Einteilung.	Bücher u. Manuskripte.	Bezeichnungen der Autoren.
	Theorie	Bereschit. Werk der Schöpfung.	Sepher Jesira	Für diesen Teil der Kabbala sind unsere Beziehungen in Übereinstimmung mit Ad. Franck, der Mehrzahl der zeitgenössischen Autoren u. d. Kabbalisten selbst. M. Munck sagt: Dogmatischer Teil.
		Mercava. Werk des Wagens.	Sohar	M. Munck: Metaphysik. Molitor: Erster Grad.
	Praxis	Synthetisiernder u. identisierender Hieroglyphismus. — Notarikon Themurah Gematria.	Tarot	M. Munck: Symbolik. Molitor: Zweiter Grad.
		Magische Manuskripte. Esoterismus des Tarot.	Clavicula Schemamphoras	Molitor: Mystik oder: Dritter Grad.

Zweiter Teil.

Die Lehren der Kabbala.

Die Elemente der Kabbala in zehn Abschnitten.

Briefe von Eliphas Lévi.[1])

---

1. Abschnitt.

Allgemeine Prolegomena.

Verehrter Bruder!

Gestatten Sie mir, Sie so zu nennen, da Sie mit aufrichtigem Herzen die Wahrheit suchen und bereit sind, Opfer zu bringen, um sie zu finden.

Die Wahrheit, das wahre Wesen des Seins, ist nicht schwer zu finden: sie ist in uns und wir sind in ihr. Sie ist wie das Licht und nur die Blinden sehen sie nicht.

Das Sein ist. Das ist ein unbestreitbar und absolut wahrer Satz. Die exakte Idee des Seins ist Wahrheit; ihre Erkenntnis ist Wissenschaft; ihr idealer Ausdruck ist die Vernunft; ihre Betätigung ist die Schöpfung und die Gerechtigkeit.

Sie möchten glauben, sagen Sie. Dazu braucht man nur zu wissen und die Wahrheit zu lieben. Denn der wahre Glaube ist eine übermächtige Anziehungskraft, mit der die notwendigen Schlüsse der Wissenschaft betreffs des vermuteten Unendlichen den menschlichen Geist anziehen.

Die okkulten Wissenschaften allein geben Gewissheit, weil sie Wirklichkeiten, nicht Träume als Grundlagen benutzen.

Sie lassen in jedem religiösen Symbol die Wahrheit und

---

[1]) Diese Briefe hat Eliphas Levi an einen Schüler, M. Montaut, gerichtet. Sie erschienen in der Zeitschrift „L'Initiation, 1891.

den Irrtum erkennen. Die Wahrheit ist überall dieselbe, der Irrtum aber je nach Ort, Zeit und Person verschieden.

Es gibt drei solcher okkulten wissenschaftlichen Systeme: die Kabbala, die Magie und der Hermetismus.

Die Kabbala oder die Tradition der Hebräer könnte man auch die Mathematik des menschlichen Denkens nennen. Sie ist die Algebra des Glaubens. Sie löst alle Seelenprobleme wie Gleichungen, indem sie die Unbekannten eliminiert. Sie gibt den Gedanken die Deutlichkeit und strenge Genauigkeit der Zahlen; sie erreicht für den Geist Unfehlbarkeit (soweit es diese für das menschliche Erkenntnisvermögen gibt) und tiefen Frieden für das Herz.

Die Magie oder die Wissenschaft der Magier fand im Altertum ihre Vertreter in den Schülern und vielleicht auch in den Lehrern Zoroasters. Sie ist die Kenntnis der geheimen und besonderen Gesetze der Natur, die die verborgenen Kräfte erzeugen, die natürlichen oder künstlichen Magnete, die auch ausserhalb der Welt des Metalls existieren. Kurz, sie ist die Wissenschaft des Magnetismus im Universum.

Der Hermetismus ist die Wissenschaft von der Natur, die die Welt des Altertums in ihren Hieroglyphen und Symbolen angedeutet hat. Er ist das Suchen nach dem Lebensprinzip mit dem Traume (für die, die noch nicht am Ziele angelangt sind), das grosse Werk zu vollenden, das Streben des Menschen danach, das göttliche Feuer der Natur, das die Wesen erzeugt und wiederbelebt, selbst erzeugen zu können.

Das sind die Gegenstände, die sie zu studieren wünschen. Der Umfang ist ein unermesslicher, aber die Prinzipien sind so einfach, dass sie in den Zeichen der Zahlen und den Buchstaben des Alphabets eingeschlossen und enthalten sind. „Es ist eine Herkulesarbeit, die einem Kinderspiel ähnelt“, sagen die Meister der heiligen Wissenschaft.

Die für dieses Studium erforderlichen Anlagen sind grosse Billigkeit im Urteil und völlige Unabhängigkeit des Geistes. Man muss sich von jedem Vorurteil und jeder vorgefassten Meinung befreien, und deshalb sagte Jesus Christus: „Wenn ihr nicht einfältig seid wie Kinder, werdet ihr nicht in das „Reich“ kommen,“ d. h. in das Königreich des Wissens.

Wir werden mit der Kabbala beginnen, für die ich folgende Einteilung gebe: Bereschit, Mercava, Gematria und Lemura.

Im Zeichen der heiligen Wissenschaft usw.

2. Abschnitt.

Die Kabbala. — Zweck und Methode.

Beim Studium der Kabbala soll man tiefen Frieden für Geist und Herz erstreben.

Die Ruhe des Geistes ist die Folge der Gewissheit, der Friede des Herzens die Wirkung der Geduld und des Glaubens.

Ohne den Glauben führt die Wissenschaft zum Zweifel; ohne die Wissenschaft wird der Glaube zum Aberglauben. Aber Wissenschaft und Glaube vereint geben Gewissheit, und um sie zu vereinigen, darf man sie nicht vermengen.

Der Gegenstand des Glaubens ist die Hypothese, und diese wird Gewissheit, wenn sie auf Grund der Evidenz, d. h. unmittelbar einleuchtender Wahrheit oder infolge von wissenschaftlichen Beweisen nötig erscheint.

Die Wissenschaft konstatiert Tatsachen. Aus der Wiederholung von Tatsachen erschliesst sie Gesetze. Das allgemeine Auftreten von Tatsachen beim Wirken der oder jener Kraft beweist die Existenz von Gesetzen. Vernünftige Gesetze sind notwendigerweise gewollt und gelenkt durch die Vernunft. Die Einheitlichkeit in den Gesetzen lässt die Einheitlichkeit der gesetzgebenden Vernunft voraussetzen. Diese höchste Vernunft, die wir angesichts ihrer deutlich sichtbaren Werke anzunehmen gezwungen sind, die wir aber unmöglich definieren können, nennen wir — Gott!

Sie erhalten meinen Brief, das ist eine Tatsache von unmittelbar einleuchtender Gewissheit; Sie erkennen meine Schrift und meine Gedanken, und daraus schliessen Sie, dass ich es bin, der den Brief geschrieben hat. Das ist eine vernunftgemässe Hypothese, aber die notwendige Hypothese ist, dass überhaupt jemand diesen Brief geschrieben hat. Wir haben keinen vernünftigen Grund, anzunehmen, dass die vernunftgemässe Hypothese falsch ist. Wenn Sie das grundlos annehmen, stellen Sie eine sehr zweifelhafte Hypothese auf. Wenn man aber behaupten wollte, dass der geschriebene Brief vom Himmel gefallen ist, so macht man eine absurde, eine widersinnige Hypothese.

Folgende Stufenleiter ergibt sich also nach kabbalistischer Anschauung:

Evidenz (unmittelbare einleuchtende Wahrheit	**Gewissheit**
Wissenschaftlicher Beweis	
Notwendige Hypothese	
Vernünftige Hypothese	**Wahrscheinlichkeit**
Zweifelhafte Hypothese	**Zweifelhaftigkeit**
Absurde Hypothese	**Irrtum.**

Wenn er von den dargelegten Denkprinzipien nicht abgeht, gewinnt der Geist eine Art Unfehlbarkeit, da er bejaht, was er weiss, glaubt, was er notwendigerweise annehmen muss, nur vernünftige Annahmen zulässt, zweifelhafte Annahmen prüft und widersinnige Annahmen verwirft.

Das Wesen der Kabbala ist nun in dem enthalten, was die Meister die zweiunddreissig Wege und die fünfzig Tore nennen.

Die zweiunddreissig Wege sind zweiunddreissig absolute und wirkliche Ideen, die an den Zeichen der 10 Zahlen und den 22 Buchstaben des hebräischen Alphabets haften.

Es bedeuten:

Die Zahlen:

1. Höchste Macht
2. Absolute Weisheit
3. Unendliche Vernunft
4. Güte
5. Gerechtigkeit oder Strenge
6. Schönheit
7. Sieg
8. Ewigkeit
9. Fruchtbarkeit
10. Wirklichkeit.

Die Buchstaben.

Aleph.	Vater	Lamed	Opfer
Beth	Mutter	Mem	Tod
Ghimel	Natur	Nun	Rückfälligkeit
Daleth	Gesetzmässige Macht	Samech	Allgemeines Wesen
He	Religion	Gnain	Gleichgewicht
Vau	Freiheit	Phe	Unsterblichkeit
Dzain	Eigentum	Tsade	Schatten und Reflex
Cheth	Verteilung	Koph	Licht
Theth	Klugheit	Resch	Dankbarkeit
Jod	Ordnung	Shin	Syllepsis [1])
Caph	Kraft	Thau	Synthese.

3. Abschnitt.

Anwendung der Methode.

In dem vorausgehenden Abschnitte habe ich nur von den zweiunddreissig Wegen gesprochen; später werde ich die fünfzig Tore behandeln.

Die in den Zahlen und Buchstaben ausgedrückten Ideen sind unbestreitbare Realitäten. Diese Ideen verketten und vereinigen sich wie die Zahlen selbst. In logischer Weise geht man von einem zum andern über. Der Mensch ist der Sohn des Weibes, aber das Weib geht aus dem Manne hervor, wie die Zahlen aus der Einheit.

---

[1]) Einheitlichkeit oder Einheit.

Das Weib versinnbildlicht die Natur, die Natur offenbart die gesetzmässige Macht, schafft die Religion, die der Freiheit zur Grundlage dient und die den Menschen zum Herrn über sich selbst und über das Universum macht usw.

Verschaffen Sie sich ein Spiel Tarok-Karten und ordnen und schlagen Sie davon zwei Reihen zu 10 Karten auf. Sie werden alle die Figuren sehen, die die Buchstaben erklären. Auch die Erklärung der Zahlen von eins bis zehn werden Sie in vierfacher Variante finden. Das Tarok oder Tarot ist in dem hieroglyphischen Buche der zweiunddreissig Wege enthalten und eine kurze Erklärung desselben findet sich in dem Buche, das dem Patriarchen Abraham zugeschrieben und Sepher-Jezira genannt wird.

Der Gelehrte Court de Gebelin hat zuerst die Bedeutung des Tarot entdeckt, das der Schlüssel zu den hieratischen Hieroglyphen ist. Man findet die Symbole und Zahlen dafür in den Weissagungen des Ezechiel und des heiligen Johannes. Die Bibel ist ein inspiriertes Buch, aber das Tarot ist das inspirierende Buch. Man hat es auch das Rad, lateinisch r o t a genannt, woher tarot und tora kommt. Die alten Rosenkreuzer kannten es und der Marquis de Suchet spricht davon in seinem Buche über die Illuminaten.

Auf dieses Buch gehen unsere Kartenspiele zurück. Die spanischen Karten tragen noch die wichtigsten Zeichen des ursprünglichen Tarot und man bedient sich ihrer, um das Lombre-Spiel zu spielen, was eigentlich L'Hombre-Spiel, das heisst das Spiel des Mannes oder des Menschen bedeutet, eine unbewusste Erinnerung an die ursprüngliche Benützung eines geheimnisvollen Buches, das die Verheissungen und Gebote aller göttlichen Wesenheiten enthielt.

Die ältesten Tarok-Karten waren eine Art Medaillen, die man später als Talismane benützte. Die „clavicula" oder kleinen Schlüssel Salomons bestanden aus sechsunddreissig Talismanen, auf denen sich zweiundsiebzig symbolische Figuren befanden, die den hieroglyphischen Zeichen des Tarot entsprechen. Diese Figuren, vielfach durch die Schreiber verändert, finden sich noch in den alten Clavicula-Manuskripten, die in der National-Bibliothek und in der Bibliothek des Arsenals in Paris existieren. Die wahrhaft authentischen, auf die echten, alten Quellen zurückgehenden unter diesen Clavicula-Manuskripten sind die, welche die Reihe der sechsunddreissig Talismane mit den zweiundsiebzig geheimnisvollen Namen wiedergeben; die übrigen enthalten, so alt sie auch sein mögen, nur die Selbsttäuschungen der schwarzen Magie.

Eine nähere Erklärung des Tarot ist in meinem Buche „Dogma und Ritual der höheren Magie“ enthalten.

Im Zeichen der heiligen Wissenschaft
ganz der Ihrige
Eliphas Lévi.

4. Abschnitt.

Die Kabbala.

I.

Verehrter Bruder!

Bereschit bedeutet „Genesis“ oder Schöpfung. Mercava bedeutet „Wagen“ in Anspielung auf den Wagen und die geheimnisvollen Tiere in den Weissagungen des Ezechiel.

Bereschit und Mercava enthalten das Wissen über Gott und die Welt.

Ich sage „das Wissen über Gott“, und doch ist uns Gott unendlich unbekannt. Seine Natur entzieht sich völlig unseren Forschungen. Absolutes Urprinzip des Seins und aller Wesen, darf man ihn nicht mit dem von ihm Bewirkten verwechseln, und man kann sagen, indem man doch dabei seine Existenz behauptet, dass er weder das Sein noch auch ein Wesen ist. Das macht alle Bemühungen der Vernunft eitel, ohne sie auf Irrwege zu bringen, und befreit uns für immer von aller Götzendienerei.

Gott ist ein absolutes Postulat der ganzen Wissenschaft, die absolut notwendige Hypothese, die aller Gewissheit zur Grundlage dient, und im folgenden Satz haben unsere alten Meister diese sichere Hypothese des Glaubens auf der Wissenschaft aufgebaut:

Das Sein ist. Im Sein ist das Leben.

Das Leben offenbart sich in der Bewegung. Die Bewegung dauert durch das Gleichgewicht der Kräfte. Die Harmonie ergibt sich durch die Analogie und den Ausgleich der Gegensätze. Es gibt in der Natur ein unveränderliches Gesetz und einen unbegrenzten Fortschritt. *Ewige Veränderung in den Formen, Unzerstörbarkeit der Substanz* — zeigt die genaue Beobachtung *der physischen Welt.*

Die Metaphysik zeigt analoge Gesetze und Tatsachen, sei es in der intellektuellen, sei es in der moralischen Welt, einerseits die unveränderliche Wahrheit, andererseits die Phantasie und die Erdichtung, einerseits das Gute, das die Wahrheit, andererseits das Böse, das die Lüge ist. Auf diesen offenbaren Gegensätzen beruhen Urteilskraft und Tugend. Die Tugend setzt sich aus Güte und Gerechtigkeit zusammen. Als Güte ist die Tugend nachsichtig, als Gerechtigkeit streng; gütig, weil sie gerecht ist, und gerecht, weil sie gut ist, ist sie ebendadurch schön.

Diese grosse Harmonie in der physischen und in der moralischen Welt, die in sich selbst eine höhere Ursache nicht haben kann, offenbart und beweist uns die Existenz einer unveränderlichen Weisheit als Prinzip und ewiges Gesetz und einer ewig wirksamen schöpferischen Intelligenz.

Auf dieser Weisheit und Intelligenz, die mit einander untrennbar verbunden sind, beruht diese höchste Macht, die die alten Israeliten die Krone nennen. Die Krone und nicht den König; denn die Vorstellung eines Königs würde die eines Götzenbildes in sich schliessen.

Die höchste Macht ist für die Kabbalisten die Krone des Universums und die ganze Schöpfung ist das Reich und der Besitz dieser Krone.

Niemand kann geben, was er nicht hat, und wir können nur in der Ursache virtuell, als wirkende Kraft annehmen, was sich in den Wirkungen offenbart.

Gott [1]) ist also die Macht oder höchste Krone (Keter)[2]), die auf der unveränderlichen Weisheit (chocma) und der schöpferischen Intelligenz (bina) beruht; in ihm ist die Güte (hesed) und die Gerechtigkeit (gebura), die sich in dem Ideal des schönen Ebenmasses oder harmonischer Schönheit (tiphereth) vereinigen. In ihm ist die stets siegreiche Bewegung (netza oder nézach) [Stoffprinzip] und die grosse ewige

---

[1]) Oder die höchste und erste Emanation Gottes.
[2]) Die alle Vernunftkraft in sich fassende und alle Ideen unmittelbar aus sich heraussetzende höchste Intuition.

Ruhe (hod) [Vermögen der Entwicklung oder Kraftprinzip]. Sein Wille ist eine ewige Zeugung (jesod) und sein Reich (malchuth) die von Welten bevölkerte Unermesslichkeit.[1])

Halten wir ein: wir kennen Gott!

Ganz der Ihrige
im Zeichen der heiligen Wissenschaft
Eliphas Levi.

5. Abschnitt.

II.

Verehrter Bruder!

Dieses erreichbare Erkennen der Gottheit, gegliedert nach den zehn Ziffern, aus denen sich alle Zahlen zusammensetzen, enthält die ganze Methode der kabbalistischen Philosophie. Diese Methode besteht aus zweiunddreissig Mitteln oder Werkzeugen der Erkenntnis, die man die zweiunddreissig Wege nennt, und fünfzig Gegenständen, auf welche sich die Wissenschaft beziehen kann, die man die fünfzig Tore nennt.

Die universelle synthetische Wissenschaft wird aber wie ein Tempel betrachtet, zu dem zweiunddreissig Wege führen und den man durch fünfzig Tore betreten kann.

Das Zahlensystem, das man auch das dekadische oder decimale nennen kann, weil die Zahl 10 (Griech. deka, Lat. decem) ihm zu Grunde liegt, stellt im Wege der Analogie [2]) eine genaue Klassifikation aller Zweige der menschlichen Erkenntnis auf. Nichts ist sinnreicher, aber auch nichts logischer und genauer.

Geht man von den 10 absoluten Begriffen oder Ideen des Seins in der göttlichen, metaphysischen und natürlichen Welt aus, so wiederholt sich diese Dekade oder „Zehnzahl" dreimal und wir erhalten so dreissig Mittel der Analyse. Fügt man noch die Syllepsis und die Synthese dazu, das heisst die natürliche Einheit, die sich dem Geiste von selbst aufdrängt, und jene, die man durch allgemeine Zusammenfassung gewinnt, so erhält man zweiunddreissig Wege.

Die fünfzig Tore sind eine Klassifikation aller Wesen oder Dinge in fünf Zehnerreihen, die alle erdenkliche Erkenntnis umfasst.

---

[1]) Vgl. die Sefirot-Lehre in ihrer Darstellung auf S. 1.

[2]) Verhältnismässige Ähnlichkeit.

Aber es genügt nicht, eine exakte mathematische Methode gefunden zu haben; um vollkommen zu sein, muss sie heuristisch [1]) sein, d. h. muss sie uns das Mittel geben, genau alle irgend möglichen Deduktionen abzuleiten, die geeignet sind, neue Erkenntnisse zu ergeben und den Geist zu entwickeln, ohne dass hierbei irgend etwas den Launen der Einbildungskraft überlassen bleibt.

Dieses Mittel bietet die Gematria und Temura, die eine Mathematik der Ideen bilden. Die Kabbala hat nämlich ihre Geometrie der Ideen, ihre Algebra der Philosophie und ihre Trigonometrie der Analogien. So zwingt sie gewissermassen die Natur, ihr ihre Geheimnisse zu enthüllen.

Hat man diese erhabenen Kenntnisse erworben, so kann man zu den letzten Offenbarungen der transzendentalen Kabbala übergehen und im Schemetnamphorasch [2]) die Quelle und die Grundlage aller Dogmen studieren.

Das also, lieber Freund, wäre zu studieren. Werden Sie davor nicht erschrecken? Meine Briefe sind nur kurz, aber es sind Auszüge, die in wenigen Worten viel sagen. Um Ihnen Zeit zum Nachdenken zu lassen, habe ich bisher stets in längeren Zwischenräumen geschrieben; wenn Sie es jedoch wünschen, kann ich Ihnen öfter schreiben.

Erfüllt von dem aufrichtigen Wunsche, Ihnen nützlich zu sein, verbleibe ich im Zeichen der heiligen Wissenschaft

ganz der Ihrige

Eliphas Lévi.

6. Abschnitt.

III.

Verehrter Bruder!

Die Bibel gibt dem Menschen zwei Namen. Der erste, Adam, bedeutet „aus Erde gemacht“ oder „Mann aus Erde“; der zweite, Enos oder Henoch, bedeutet „göttlicher“ oder „zu Gott emporgehobener“. Nach der Genesis hat Enos zuerst dem Urprinzip der Dinge Huldigungen dargebracht; und dieser Enos oder Enoch wurde, wie erzählt wird, lebend zum Himmel entrückt, nachdem er auf zwei Steine, die man „Säu-

[1]) Auf das Entdecken (griech. Heuriskein) neuer Erkenntnisse angelegt.

[2]) Andere Schreibung: Schêm ha-mephorasch, d. h. der ausgesprochene Name Gottes.

len Henochs“ nennt, die Grundelemente der Religion und des Wissens eingemeisselt hatte.

Dieser Henoch aber ist keine Person, sondern eine Personifikation der Menschheit, die durch die Religion und das Wissen zum Bewusstsein der Unsterblichkeit emporgehoben wird. In jenem Zeitalter, das durch den Namen Enos oder Henoch bezeichnet wird, begann die Verehrung Gottes und das Priestertum auf der Erde, begann auch mit der Schrift und den hieratischen Wissenschaften die Zivilisation.

Den Geist der Zivilisation, den die Israeliten in Henoch personifizieren, haben die Ägypter Trismegistos genannt und die Griechen Kadmos. Von ihrem Kadmos erzählen die Griechen, er habe gesehen, wie die Steine der Königsburg von Theben, durch die Klänge der Lyra Amphions gleichsam lebendig geworden, sich von selbst erhoben und aneinander reihten.

Das älteste heilige Buch, das Buch, das Postel die Genesis Henochs nennt, ist die Urquelle der Kabbala, der zugleich göttlichen und menschlichen religiösen Tradition. Darin zeigt sich uns in ihrer ganzen erhabenen Einfachheit die Offenbarung der höchsten Intelligenz, die sich der Vernunft und der Liebe des Menschen zu Gott enthüllt, das ewige Gesetz, das die unendliche Ausbreitung der Unermesslichkeit regiert, die Zahlen in der Unermesslichkeit, die Unermesslichkeit in den Zahlen, die Poesie in der Mathematik und die Mathematik in der Poesie.

Wer hätte geglaubt, dass das Buch, das die Inspiration für alle religiösen Theorien und Symbole enthält, uns erhalten würde und in der Gestalt seltsamer Spielkarten bis auf uns gekommen ist? Und doch ist das ganz augenscheinlich so; Court de Gebelin hat zuerst im verflossenen Jahrhundert diese Entdeckung gemacht, und alle, die sich gründlich mit der Symbolik dieser Karten befasst haben, haben dies anerkannt.

Das Alphabet und die 10 Zahlzeichen — gibt es etwas Elementareres? Man füge noch die Zeichen für die vier Kardinalpunkte am Himmel oder die vier Jahreszeiten hinzu — und man hat das Buch Henochs seinem Hauptinhalte nach! Aber jedes Zeichen ist das Sinnbild einer absoluten und wesentlichen Idee.

Die Gestalt jeder Ziffer und jedes Buchstabens hat ihren mathematischen Grund und ihre hieroglyphische Bedeutung. Die Ideen, die unzertrennlich mit den Zahlen verknüpft sind, folgen je nach Addition, Multiplikation, Division u. s. w. den Zahlenoperationen und erreichen so deren Genauigkeit. Das Buch Henochs ist also die Arithmetik der Gedanken.

Im Zeichen der heiligen Wissenschaft

ganz der Ihrige

Eliphas Lévi.

7. Abschnitt.

IV.

Verehrter Bruder!

Court de Gebelin sah in den zweiundzwanzig Schlüsseln des Tarot die Darstellung der ägyptischen Mysterien und schrieb deren Erfindung dem Hermes oder Mercurius Trismegistos zu, der auch Thaut oder Thoth genannt wurde. Es ist gewiss, dass die Hieroglyphen des Tarot sich auf den alten Denkmälern Ägyptens wiederfinden; es ist auch gewiss, dass die Zeichen dieses Buches, in übersichtlicher Gesamtdarstellung auf viereckigen Säulen oder Metalltafeln, ähnlich wie die Isistafel von Bembo, eingraviert, auch auf geschnittenen Steinen oder Medaillen gesondert wiedergegeben wurden, so dass diese dann Amulette oder Talismane wurden.

So trennte man die Seiten dieses Buches, unerschöpflich in ihren Kombinationen, voneinander, um sie wieder zu vereinigen oder in immer wieder anderer Art anzuordnen, um dadurch zahllose Orakel der Wahrheit zu erhalten.

Ich besitze einen dieser alten Talismane, der mir von einem meiner Freunde aus Ägypten mitgebracht wurde. Dieser Talisman stellt die Verbindung zweier Kreise dar, die auf französischen Karten „le deux de deniers“ genannt wird. Das ist die figürliche Darstellung des grossen Gesetzes der Polarisation und des Gleichgewichtes, dass nämlich durch die Analogie der Gegensätze Harmonie erzeugt wird. Auf den französischen Tarokkarten findet sich dieses Symbol gewöhnlich in folgender Gestalt: **S**

Das Relief der Gravierung tritt infolge des Alters auf meiner Medaille weniger scharf hervor; die Grösse ist die eines Fünf-Frank-Stückes, die beiden polaren Kreise sind hier als Lotusblüte mit einem Strahlenkranz zur Darstellung gebracht.

Der astrale Strom, der die beiden polaren Herde zugleich anzieht und trennt, ist hier durch den Ziegenbock von

Mendes versinnbildlicht, der sich zwischen zwei Vipern befindet, die den Schlangen am Stabe des Gottes Hermes oder Merkur gleichen. Auf dem Revers der Medaille sieht man einen Adepten oder ägyptischen Priester, der, wie auf der anderen Seite der Bock, zwischen den beiden Kreisen des Gleichgewichtes im Universum angebracht ist und auf einer mit Bäumen bepflanzten Strasse den Bock daherführt, der jetzt unter dem Stock des Menschen, der der Gottheit zustrebt, ganz zahm geworden ist.

Die 10 Zahlzeichen, die 22 Buchstaben des Alphabets und die vier astronomischen Zeichen der Jahreszeiten sind die Grundlage der Kabbala.

Die 22 Buchstaben und die 10 Zahlen ergeben die zweiunddreissig Wege des Buches Sepher Jezira; die anderen vier Zeichen beziehen sich auf Mercava und Schemamphorasch.

Das ist einfach wie ein Kinderspiel und doch kompliziert wie die schwierigsten Probleme der höheren Mathematik, einfach und doch unergründlich wie die Wahrheit und die Natur.

Die vier astronomischen Zeichen sind in den Gestalten der vier Sphinxe und der vier Tiere bei Ezechiel und dem heiligen Johannes erhalten.

Im Zeichen der heiligen Wissenschaft

ganz der Ihrige

Eliphas Lévi.

8. Abschnitt.

V.

Verehrter Bruder!

Die Kenntnis der Kabbala macht religiösen Zweifel unmöglich, weil sie allein die Vernunft mit dem Glauben versöhnt, indem sie zeigt, dass ein allgemeines Dogma, das zwar verschieden formuliert, aber im Grunde genommen immer und überall dasselbe ist, zum reinsten Ausdruck der sehnsuchtsvollen Erhebung des Menschengeistes zu Gott wird, wenn dieser durch den notwendigen Glauben erleuchtet wird.

Sie lässt den Nutzen religiöser Übungen verstehen, die, die Aufmerksamkeit fesselnd, auch den Willen stärken, und wirft gleichmässig ein neues Licht auf alle Kulte. Sie beweist, dass der wirksamste aller dieser Kulte der ist, der offenkundig die Gottheit dem Menschen näher bringt, sie ihn sehen, berühren und gewissermassen in sich verkörpern lässt. Es ist klar, dass ich damit die katholische Religion meine.

So, wie sie allerdings gewöhnlich betrachtet wird, ist sie die widersinnigste unter allen; das scheint aber nur deshalb so, weil sie die am meisten verschleierte ist. Sie wissen, dass es im Evangelium heisst, in der Todesstunde Christi habe der Tempel-Vorhang einen ungeheuren Riss bekommen. Die ganze dogmatische Arbeit der Kirche im Verlaufe der Jahrhunderte war nur darauf gerichtet, einen neuen solchen Vorhang und Schleier zu weben.

Allerdings haben die Priester des Heiligtums selbst, da sie dessen Herren sein wollten, seit langer Zeit die Schlüssel zur Einweihung verloren; trotzdem ist das Dogma heilig und die Sakramente wirksam. Ich habe in meinen Werken die Meinung ausgesprochen, dass der christlich-katholische Kultus nur höhere Magie ist, organisiert und geregelt durch die Symbolik und die Hierarchie. Es ist nur ein System von Hilfsmitteln, das der menschlichen Schwäche dargeboten wird, um den Willen zum Guten zu festigen.

Und in der Tat, es fehlt nichts, weder der Tempel mit seinem geheimnisvollen Halbdunkel, noch der Weihrauch, der zugleich beruhigt und in einen Zustand der Verzückung versetzt, noch auch die langen monotonen Gesänge, die das Gehirn in einen halbsomnambulen Zustand einwiegen. Das Dogma, dessen dunkel gehaltene Formeln scheinbar die Vernunft zur Verzweiflung bringen, bildet eine Schranke für die Dreistigkeiten einer unerfahrenen und unbesonnenen Kritik. Unergründlich tief erscheint der Inhalt der Dogmen, um besser das Unendliche darzustellen. Der Gottesdienst selbst, in einer Sprache abgehalten, die die grosse Menge des Volkes nicht versteht, erhebt so die Gedanken des Betenden in eine höhere Sphäre und lässt ihn im Gebete all das finden, was den Bedürfnissen seines Geistes und seines Herzens entspricht.

Deshalb gleicht die katholische Religion der Sphinx der Sage, die von Jahrhundert zu Jahrhundert gleichsam aus ihrer eigenen Asche wiedergeboren wird, und dieses grosse Mysterium des Glaubens ist einfach das Mysterium der Natur.

Es erscheint ungeheuer paradox, wenn man behauptet, die katholische Religion sei die einzige, die mit Recht eine natürliche genannt werden könne, und doch ist es wahr, da sie allein vollständig das natürliche Bedürfnis des Menschen befriedigt, soweit es sich auf sein religiöses Gefühl bezieht.

Im Zeichen der heiligen Wissenschaft

ganz der Ihrige

Eliphas Lévi.

9. Abschnitt.

VI.

Verehrter Bruder!

Ist das christlich-katholische Dogma völlig kabbalistisch, so muss man dasselbe auch von den Dogmen der grossen Tempel der alten Welt sagen. Die Legende von Krishna, wie sie das Bhagavadam gibt, ist ein wahres Evangelium, den unsrigen ähnlich, aber einfacher und grossartiger.

Zehn sind der Inkarnationen Vishnus, wie der Sefirot der Kabbala, und sie bilden in gewisser Beziehung eine vollkommenere Offenbarung als die unsere.

Osiris, der, von Typhon getötet, durch Isis aber wieder zum Leben erweckt wird, ist der von den Juden verleugnete Christus, der dann in der Person seiner Mutter verehrt wird.

Die Thebais ist eine grosse religiöse Epopee, die man der grossartigen Symbolik der Prometheis an die Seite stellen muss. Antigone ist ein ebenso reiner Typus des göttlichen Weibes wie Maria. Überall triumphiert das Gute infolge freiwilliger Aufopferung, nachdem es eine zeitlang die heftigen Angriffe des Bösen erduldet hat.

Die Riten selbst sind symbolisch und übertragen sich von einer Religion auf die andere. Die Tiaren, die Mitren, die langen Priestergewänder gehören allen grossen Religionen an. Man schliesst daraus, dass alle falsch sind, und doch ist es diese Schlussfolgerung, die falsch ist. Die Wahrheit ist, dass es nur eine Menschheit und nur eine Religion gibt, fortschreitend und doch stets dieselbe, obwohl sie sich stetig verändert.

Wenn bei den Ägyptern Jesus Christus Osiris heisst, so wird bei den Skandinaviern Osiris Balder genannt. Er wird durch den Wolf Jeuris getötet, aber Wodan oder Odin erweckt ihn wieder zum Leben und die Walküren selbst kredenzen ihm in der Walhalla den Meth. Die Skalden, Druiden und Barden besingen den Tod und die Wiederauferstehung des Tarenis oder Tetenus, verteilen an ihre Gläubigen die heilige Mistel, wie wir zum Fest der Sommersonnenwende geweihte Zweige, und erweisen der inspirierten Jungfräulichkeit der Priesterinnen von der Insel Seyna Verehrung.

Wir können also bewusst und vernünftig die Pflichten erfüllen, die uns unsere Religion auferlegt. Die religiösen Formen und Übungen sind einander verstärkende und mit einer bestimmten, dauernden Absicht wiederholte Akte. Es ist stets nützlich sie auszuüben, und indem sie den Willen stärken, dessen Gymnastik sie sind, lassen sie uns zu dem geistigen Ziel gelangen, das wir erreichen wollen. Die magischen Gebräuche und die magnetischen Striche haben denselben Zweck und sie ergeben analoge, aber unvollkommenere Resultate wie die religiösen Übungen.

Wieviele Menschen haben nicht die Energie, das zu tun, was sie möchten und was sie tun sollten? Und doch gibt es Frauen in grosser Zahl, die sich ohne Zagen den widerwärtigen und mühseligen Arbeiten der Krankenpflege und der Erziehung widmen! Wo finden sie die Kraft dazu? In den wiederholten religiösen Übungen. Sie beten täglich ihren Rosenkranz, knieen zu ihrem Gebete nieder und erforschen ihr Gewissen.

Ganz der Ihrige

im Zeichen der heiligen Wissenschaft

Eliphas Lévi.

10. Abschnitt.

VII.

Verehrter Bruder!

Die Religion ist nicht eine dem Menschen auferlegte Knechtschaft, sie ist eine Stütze, die ihm dargeboten wird. Die Priesterkasten haben stets danach gestrebt, diese Stütze zu verkaufen und in ein unerträgliches Joch zu verwandeln, und das evangelische Werk Jesu hatte nur den Zweck, die Religion vom Priester zu trennen oder wenigstens ihn an den ihm gebührenden Platz zu stellen, d. h. ihn zum Werkzeug und Diener der Religion zu machen, aber dem Gewissen des Menschen Freiheit und Vernunft zu geben.

Den Beweis liefern die Parabel vom barmherzigen Samaritaner und Aussprüche wie: „Das Gesetz ist für den Menschen gemacht und nicht der Mensch für das Gesetz“ oder „Wehe euch, die ihr bindet und auf die Schultern der anderen Lasten legt, die ihr nicht einmal mit der Fingerspitze anrühren wolltet“.

Die offizielle Kirche erklärt sich für unfehlbar; aber die Apokalypse ist der kabbalistische Schlüssel der Evangelien und stets gab es im Christentum eine okkulte oder dschvanuitische Kirche, die zwar die Notwendigkeit der offiziellen Kirche anerkannte, aber doch eine ganz andere Interpretation des Dogmas sich bewahrte als die, die man gewöhnlich gibt.

Die Templer, die Rosenkreuzer, die Freimaurer der hohen Grade gehörten schon vor der französischen Revolution dieser Kirche an, deren Apostel Pasqualis Martinez, Saint Martin und Madame Krüdener gewesen sind.

Charakteristisch für diese Schule ist, dass sie die Öffentlichkeit mied und sich niemals zu einer besonderen Sekte konstituierte. Graf Joseph de Maistre, dieser entschiedene Katholik, sympathisierte doch mehr als man glaubt mit den Martinisten und verkündigte eine Regeneration des Dogmas durch das Licht, das den Tempeln des Okkultismus entströme. Es gibt auch jetzt noch eifrige Priester, die in die alte Lehre eingeweiht sind, und vor kurzem starb ein Bischof, der mich um Mitteilung kabbalistischer Geheimnisse bitten liess.

Die Schüler Saint-Martins liessen sich die unbekannten Philosophen nennen. Jesus hat gesagt, dass der Sauerteig am Grunde des Gefässes, das den Teig enthält, verborgen werden muss, damit der Sauerteig in aller Stille arbeite, bis die Gährung die ganze Masse ergriffen hat, die das Brot werden soll.

Ein Eingeweihter kann in aller Aufrichtigkeit die Religion ausüben, in welcher er geboren ist, denn alle die Riten versinnbildlichen doch nur das eine gleiche Dogma, aber nur Gott allein braucht er sein Gewissen zu eröffnen und niemand schuldet er Rechenschaft über seinen innersten Glauben. Kein Priester würde das zu beurteilen wissen, was nicht einmal der Papst versteht. Die äussren Zeichen des Eingeweihten sind bescheidenes Wissen, stille Menschenfreundlichkeit, Gleichmässigkeit des Charakters und unveränderliche Güte.

Im Zeichen der heiligen Wissenschaft

ganz der Ihrige

Eliphas Lévi.

Allgemeine Bemerkungen über die Kabbala von Sédir.

Die Kabbala ist einer der berühmtesten unter den Wissenszweigen des Okkultismus der Tradition; sie ist die esoterische Philosophie der alten Hebräer. Nach den Rabbis ist der Patriarch Abraham ihr Begründer, und die Bücher, in denen sich die Darlegung aller ihrer Geheimnisse findet, sind eben nur die Bücher Moses.

Die modernen Gelehrten schreiben der Kabbala ein viel geringeres Alter zu. Nicolas lässt sie bis ins erste vorchristliche Jahrhundert zurückgehen.[1]) Andere behaupten, dass sie im 13. Jahrhundert durch Rabbi Mose de Leon erfunden worden sei; aber A. Franck hält sie in seinem berühmten Buche für viel älter als die Kompilationen der Mishna und des Talmud. Das ist die Meinung aller Eingeweihten, die über die Frage geschrieben haben, und Fabre d'Olivet sagt das ganz deutlich:

„Nach der Ansicht der berühmtesten Rabbis scheint es, dass Moses selbst, der das Los voraussah, das sein Buch treffen würde, die falschen Interpretationen, auf die man notwendigerweise im Laufe der Zeiten kommen werde, zu einem mündlichen Gesetz Zuflucht nahm, das er Männern überlieferte, deren Zuverlässigkeit er erprobt hatte und denen er auftrug, es in der Verborgenheit des Heiligtums wieder anderen zu übermitteln, die es dann, da sie es ihrerseits von Jahrhundert zu Jahrhundert fortpflanzten, bis auf die fernsten Nachkommen gelangen lassen mussten. Dieses mündliche Gesetz, das auch heute noch die Juden zu besitzen glauben, heisst Kabbala, nach einem hebräischen Worte, das „das Empfangene" bedeutet, das von Hand zu Hand überliefert wird.[2])

Unser Werk soll die Theorieen derer darstellen, die nicht nur auf archäologische Beweise sich stützen, sondern auch der geheimen Stimme der Eingeweihten Vertrauen schenken.

Da Moses ein ägyptischer Eingeweihter war, muss die Kabbala eine vollständige Darlegung der Mysterien Mizraïms[3]) enthalten; aber man darf nicht vergessen, dass auch Abraham viel zur Begründung dieser Wissenschaft beigetragen hat. Und da der Name[4]) dieser symbolischen Persönlichkeit und deren Legende andeuten, dass er ein Collegium chaldäischer Priester versinnbildlicht, kann man sagen, dass die Kabbala auch die Mysterien des Mithras enthält.

Ich kann hier nicht für alles das, was ich vorbringe, die Beweise geben; man müsste die ganze Sprachwissenschaft und die alte Geschichte heranziehen. Ich wiederhole nur, meine Absicht ist, in aller Kürze und mit möglichster Klarheit wenig bekannte Ideen darzulegen.

Die Überlieferung lehrt, dass vor der weissen Rasse drei andere Menschenrassen nacheinander auf der Erde erschienen waren, indem immer eine Vernichtung durch Wasser

---

[1]) Encyclopädie des sciences relig. von Lichtenberger; Artikel „Kabbala".

[2]) D'Olivet, Langue Hébraique restituée, S. 92.

[3]) Alter Name für Ägypten.

[4]) Abraham bedeutet „Vater der Menge".

oder durch Feuer den Fall der einen und das Aufkommen der folgenden bezeichnete. Zwei dieser Rassen hatten auf Kontinenten gelebt, die heute verschwunden sind, und da gelegen waren, wo sich jetzt der pacifische und der atlantische Ozean ausdehnen.

Man wird in den Werken Elisée Reclus und Ignatius Donnellys geographische, geologische, ethnographische und historische Beweise finden, die für diese Theorie sprechen.

Ohne uns auf die Einzelheiten der bei diesen verschwundenen Völkern herrschenden Vorstellungen einzulassen, begnügen wir uns damit, zu wissen, dass in der Epoche, in der der junge, aus dem Nil errettete Hebräer lebte, die Tempel Thebens die Priesterarchive der Atlanten und die der Kirche von Ram umschlossen. Die letzteren waren der Ausdruck des Esoterismus der schwarzen Rasse, der im alten Indien seinen Sitz hatte, bevor dieses von den Weissen überschwemmt wurde. Andererseits empfing Moses in den Tempeln Jethros, des letzten der schwarzen Priester, die Mysterien dieser Rasse. So umfasste die mündliche Überlieferung, die der Führer der Hebräer 70 Auserwählten hinterliess, die gesamten geheimen Traditionen, die es jemals gegeben hatte.

So haben wir in der Kabbala eine Emanationslehre wie in Ägypten, einen Pantheismus wie in China; wie Pythagoras kannte sie die mystischen Kräfte der Buchstaben und Zahlen; sie lehrte psychurgische Künste wie die indischen Yogis; sie enthüllt die geheimen Kräfte der Pflanzen, der Steine oder der Planeten wie die Astronomen Chaldäas und die Alchemisten Europas. Deshalb haben sie die Altertumsforscher mit Lehren verwechselt, die viel späteren Ursprungs sind und einen viel beschränkteren Umfang haben.

Aus einer Stelle des Exodus weiss man, dass Moses dem Josua die Schlüssel der mündlichen Überlieferung anvertraute. Aber diese Schlüssel verrosteten, wie Saint-Yves sagt, während der Schrecken der Kriege und Umwälzungen, die über Israel bis zu den Zeiten Esdras kamen; aber sie wurden nicht durch den Priesterstand der Israeliten, sondern in dem Schoss der Propheten- und Seherschulen, deren bekannteste die Essenier sind erhalten. Die Vorlesung der Bücher Moses geschah jeden Sabbat öffentlich vor dem Volke. Die Kommentare, die dazu gegeben wurden, die Targums, waren anfangs mündlich, wurden aber später niedergeschrieben.

Diese ganze casuistische und scholastische Literatur, die sich nach der Rückkehr aus dem Exil bis zur Zerstörung des dritten Tempels anhäufte, wurde Midrashim oder „Kommentare" genannt. Man unterscheidet hier die „Hallachah", Wandel oder Regelung des Wandels, und „Haggadah", Erzählung.

In diesem letzteren Teile, sagt Saint-Yves [1]), haben die esoterischen Schulen ein wenig von ihrem Wissen — Shemata, Kabbala — durchsickern lassen. Das Wort Kabbala, das man gewöhnlich als Überlieferung erklärt, scheint noch eine andere, vielleicht richtigere Etymologie zuzulassen.

Gewöhnlich leitet man es von dem hebräischen Worte québil ab, das „empfangen" bedeutet, und übersetzt es mit „Überlieferung". Doch ist das Wort „Kabbala" vielleicht chaldäo-ägyptischen Ursprungs.

Die ägyptische Wurzel Khepp, Khop oder Kheb, Khob, im Hebräischen: gab, Khebb oder Khebet, bedeutet verbergen, einschliessen, und al oder ol im Ägyptischen „nehmen": so würde das Wort bedeuten „Wissenschaft", die aus geheimen Prinzipien abgeleitet ist.[2])

Nach Esdras wurde die Interpretation der esoterischen Texte des Moses aus einer dreifachen eine vierfache, das heisst aus einer solaren eine lunare, oft eine polytheistische. Infolge dieser letzteren, auf fremdländische Einflüsse sich stützenden Interpretationsart kam auch das berühmte persische Wort „Paradies" auf, in seinen Konsonanten: P. R. D. S., der Schlüssel für die Lehre in den Synagogen, ganz verschieden von den Schlüsseln, die durch Moses dem Josua übergeben wurden.

Diese vier Arten oder Stufen der Interpretation lassen sich nach Molitor in folgender Weise charakterisieren:

Die niedrigste, Pashut, ist der wörtliche Sinn, die zweite heisst Remmez, die den Text als Allegorie auffasst; die dritte, Derash, beruht auf einem Symbolismus höherer Art, der nur als Geheimnis unter dem Siegel der Verschwiegenheit mitgeteilt wird; die vierte endlich, Sod, was Mysterium oder Analogie bedeutet, ist unbeschreiblich und unaussprechlich; sie lässt sich nur auf Grund direkter Offenbarung verstehen.

Die theoretische Kabbala umfasste:

1. Die Überlieferungen der Patriarchen über das heilige Mysterium Gottes und der göttlichen Personen;
2. über die geistige Schöpfung und über die Engel;

---

[1]) Mission des Juifs, S. 651.
[2]) F. S. Contancin, Encyclopädie de XIXe siècle.

3. über das Chaos, den Ursprung der Materie, und über die Erneuerung der Welt im Sechstage-Werk der Schöpfung.

4. über die Schöpfung des sichtbaren Menschen, seinen Fall und die göttlichen Wege, die auf seine Wiedereinsetzung in seine frühere Stellung abzielen.

Das Werk der Schöpfung heisst Maasse Bereschit. Der himmlische Wagen heisst Maasse Mercaba. Im Folgenden geben wir nach Molitor die theoretische Darlegung, die sich auf die Schöpfung bezieht: Die Kosmogonie.

Die mündliche Überlieferung im Zeitalter von Tohu.

Das Wesen alles geschaffenen Seins beruht auf drei Kräften; die mediane oder mittlere Kraft ist das Lebensprinzip der Kreaturen, die sie in ihrer Gleichförmigkeit erhält.

Die Kreatur ist als solche nur Kraft eines realen Prinzips, das in einer Tendenz zur Invidualisierung sich offenbart, um dadurch auf die Aussenwelt zu wirken.

Diese Aktion ist ganz verschieden von jener bösen, die die Kreatur aus ihrem Einssein mit der Gottheit losgelöst hat.

Der Akt, durch den die Kreatur entsteht, ist seinem ursprünglichen Wesen nach nur ein blinder Instinkt der Natur.

Dieses negative Sichzusammenziehen und Loslösen der Kreatur ist aber eine Aktion, die nur in ihrer Kontinuität Existenz hat und nur bis zu einem gewissen Wendepunkt anwächst. Hat sie diesen erreicht, so lechzt dann die Kreatur wieder dem Prinzip entgegen, aus dem sie hervorgeht.

Die Offenbarung hat auch zwei Aktionsformen, entsprechend denen der Kreatur, und man nennt sie Schiur Koma (Exteriorisation des Typus).

Die eine erzeugt das Sein, erhält ihm das Leben und gibt ihm eine eigene Sonderexistenz (der Sohn). Das ist die Schöpfung; die andere vereinigt wieder, das ist die Erlösung, die Offenbarung des Sohnes in Gnade und Liebe (der Geist), die darauf ausgeht, die Kreatur aus ihrem Nichts, aus ihrer Nichtigkeit emporzuheben, und so mit dem sehnenden Verlangen in Einklang steht, mit dem diese eine Vereinigung mit dem Urprinzip anstrebt, aus dem sie hervorgegangen ist.

Das Leben der Kreatur ist dann am vollkommensten, wenn in dem Augenblick, wo ihre Sonderexistenz anfängt, auch ihre Vereinigung mit Gott erfolgt. Um das zu erreichen, muss sie freiwillig auf ihre Sonderexistenz verzichten; denn Seligkeit ist für sie Verschmelzung der doppelten Wonne, der des Seins und der des Nichtseins.

Das Leben, Mrchaba, „der Wagen“, umfasst drei Welten oder Funktionsprinzipien:

1. Neschamma, das Innere — der Geist — umfasst die Intelligenzen oder Entelechinen, die Gott so nahe stehen, dass die Sonderwirkung und Sonderexistenz als Kreatur durch das Göttliche fast völlig aufgehoben ist, derart, dass diese Wesenheiten fähig sind, in Gott völlig aufzugehen;

2. Ruach, ein vermittelndes und verbindendes Prinzip; die Hierarchie der unsichtbaren Wesen, die sogenannten „Kanäle“, die empfindende Seele;

3. Nephesch, das zum äusseren Ausdruck gebrachte oder Geoffenbarte, der Körper der Schöpfung, in dem die Sonderwirkung der Kreatur ihren höchsten Grad erreicht.

Jede Kreatur hat ihren Anteil an diesen drei Prinzipien. Abgesehen von dem vermittelnden Ruach ist es Neschamma, das sie mit ihrem letzten Ursprung, mit ihrer letzten Ursache verbindet, wo sie bereits in der Idee existiert hat. Nephesch aber ermöglicht der Kreatur die Sonderexistenz.

Neschamma und Nephesch äussern sich in zwei entsprechenden Kraftströmen: Or Hajaschor, das aus eigener Kraft ausstrahlende Licht, und Or Hachoser, das reflektierte Licht.

Das Leben strebt unaufhörlich der Einheit, der Vereinigung entgegen. Die elementaren Wesen sind keines geistigen Lebens fähig, sie suchen emporzusteigen, können aber keine höhere Entwicklung erreichen; bei keinem von ihnen kann das Äussere im Innern, das Reale im Idealen aufgehen.

Das Wesen, das das Ganze krönt und ihm seine hohe Weihe gibt, ist der Mensch, der auch an den erwähnten drei Prinzipien Anteil hat. Er vereinigt gewissermassen wie im Brennpunkt einer Linse alle Formen des Seins, um so der Welt eine Art Verklärung zu verleihen.

Gott bedient sich des Menschen, um sich durch ihn mit der Natur zu verbinden. Der Mensch dient als Band und Verbindung zwischen Gott und der Natur, zwischen Schöpfer und Schöpfung. Beide reflektieren ihn in seiner doppelten Natur.

Der Mensch stellt das Streben des Lebens nach Vereinheitlichung, nach Wiedervereinigung dar.

Der innere, geistige Mensch ist „Zeelan Alohim‘. Der äussere, körperliche Mensch ist „D’muth Alohim‘. Im Gegensatz zum Menschen strebt der Engel danach, die Idee in der Form des Realen zu offenbaren.

Der Mensch als Ganzes hat drei Teile, zwölf Organe und 70 Glieder. Die Entwicklung seiner Teile ist die Geschichte der Schöpfung und seiner allmähligen Vereinigung mit Gott. Der doppelte Beruf der Kreatur besteht darin, dass sie

1. in Freiheit auf ihre Vereinheitlichung und Wiedervereinigung hinarbeitet;

2. ihren Existenzbedingungen und den unendlich erhabenen Absichten der göttlichen Liebe gerecht werden soll.

Diese Vereinigung des Individuums mit dem Unendlichen erfolgt nur vermittels des Willens, der in der Seele seinen Sitz hat, und durch zwei Arten der Erkenntnis:

Schimusch Achorajin, Annäherung und erkennendes Anschauen „von hinten“ [1]), entsprechend dem Zustand der Kreatur nach ihrem Hervorgehen aus der Gottheit, wenn sie sich im All verliert.

Siwug Panim Al Panim, Annäherung und erkennendes Anschauen von Angesicht zu Angesicht, ein Zustand der Verklärung, der der Kreatur ein übernatürliches Leben gibt und sie Gott ähnlich macht.

Die Kreatur will sich dem Unendlichen beständig nähern, ohne es jemals erreichen zu können. Das Unendliche ist das Ain Soph, das der Mensch nur in seinen Offenbarungen nach aussen, in seinen Spiegelungen, den Sephirot, begreifen kann. Die 10 Sephirot bilden wieder nur drei Personen oder Prinzipien.

Adam hatte (gemäss den positiven und negativen Vorschriften) eine doppelte Mission:

1. den Garten Eden zu bebauen;

2. sich vor dem Einfluss der Finsternis zu hüten.

Wenn der Mensch gehorcht hätte, hätte die Vereinigung und Einheit der beiden Adam, des himmlischen und des irdischen, für alle Ewigkeit bestanden und dasselbe wäre auch in der ganzen Natur der Fall gewesen. [2]) Einmal in Gott erstarkt, hätte Adam ohne Egoismus seine Sonderentwicklung

---

[1]) Als Gott zu Moses sagte, dass er ihn nie von Angesicht, sondern nur „von hinten“ sehen werde, spielte er auf diese beiden Arten des Erkennens an, welche ausserdem noch durch den Baum des Lebens dargestellt werden, welcher die Erkenntnis des Guten und Bösen gibt. Es ist mit einem Wort das, was wir heute die Intuition und die Reflexion nennen.

[2]) Alles Begrenzte, Endliche ist anfänglich in der absoluten Substanz, dem Unendlichen, vereinigt, mit welcher es sich dereinst aufs neue verbinden muss, damit sie für die noch möglichen Entwicklungen vorbereitet sei. Aber man muss die absolute und universelle Form

vollführt (Vgl. Fabre d'Olivet, Caïn). Das Ende wäre nur das Bewusstsein der völligen Nichtigkeit der Kreatur gewesen, eine Erkenntnis, die ein notwendiges Durchgangsstadium ist. Das Wort, der Logos, wäre erschienen, um die Bebauung des Gartens zu verinnerlichen, und dann hätte der Heilige Geist den grossen Sabbat verkündet.

Aber die Schlange liess im Herzen der Menschen die Liebe zur Kreatur, das Verlangen entstehen, die unteren Dinge kennen zu lernen und in ihre Mitte herabzusteigen. Das Gleichgewicht der Pole des Lebens wurde gestört; das Prinzip des Sichzusammenziehens erstarb allmählig, das der Expansion nahm chaotischen Charakter an (Vgl. Boehme, Übergang vom Licht zur Finsternis).

Das Mass der Gnade und Barmherzigkeit, middath-hachesed und Rachmim, verwandelte sich so in das Mass der Strenge, middath-hadin.

Der Mensch, der aber den Gnadenmitteln, die auf seine Umkehr abzielen, hartnäckigen Widerstand entgegensetzt, wird in eine Sphäre verbannt, die ausserhalb des harmonischen Kreislaufes liegt.

Fassen wir das alles zusammen:

Die Wirkungen des höchsten Wesens erstrecken sich in allmäliger Abschwächung in alle Sphären der Schöpfung.

Aber während im Buche Sepher Jezira die Abschwächung der Urenergie des Unendlichen sich in drei Graden der Ausstrahlungen des reinen Seins vollzieht, schliesst sich der Zohar enger an das allgemeine Prinzip seines Systems an und spricht von vier verschiedenen und aufeinander folgenden Welten.

Die erste ist die Welt der (ersten) Emanation, olam essicuth, abzuleiten von dem Zeitwort „assul", das „emanere ex alio et se ab illo separare certo modo"[1]) bedeutet. Unter „Emanation" ist hier das innere Arbeiten gemeint, durch das die in der absoluten Ursubstanz (ain = nihil) schlummernden Möglichkeiten erst Realitäten werden (die zweiunddreissig Wege der Weisheit).

Die zweite ist die Welt der Schöpfung, olam

---

des Menschen (den himmlischen Adam) von der der einzelnen Menschen unterscheiden, welche nur eine schwache Wiedergabe der ersteren ist. Die erstere, der himmlische Adam genannt, ist durchaus untrennbar von der göttlichen Natur und deren erste Offenbarung.

[1]) D. h. „Ausströmen aus einem andern und sich davon in gewisser Weise absondern."

beria, abzuleiten von dem Zeitwort „bara“ [1]), das „aus sich herausgehen“ bedeutet. Es ist damit die Bewegung gemeint, durch die der Geist aus seiner Isolierung heraustritt und sich als Geist offenbart, ohne dass noch damit die geringste Spur einer Individualisierung sich zeigen würde.

Der Zohar betrachtet diese Welt als eine Art Vorhang, der dem „unteilbaren Punkt“ als Schleier, als Bekleidung dient und der, obwohl von weniger reinem Licht als der „Punkt“ selbst, doch noch immer zu hell strahlt, um betrachtet werden zu können.

Die dritte ist die Welt der Ausgestaltung, olam jezira, abzuleiten von „jazor“, dem lateinischen „formari“ entsprechend, was „sich gestalten,“ „sich bilden“ bedeutet; es ist die Welt der reinen Geister, aber doch schon mit der Intelligenz begreiflicher Wesen, wo durch einen gewissen Prozess der Geist als Allgemeinwesen sich in eine Menge individueller Geister auflöst.

Die vierte ist die Welt der Verfertigung, olam assija, abzuleiten von assa, dem lateinischen „conficere“ entsprechend, was „verfertigen“ bedeutet. Es ist die Welt des Universums oder die sinnlich wahrnehmbare Welt. Sepher Jezira betrachtet die Entwicklung des absoluten Seins als „eine beständig herniedersteigende Bewegung“ von den höchsten Stufen der Existenz bis zu den allerniedrigsten.

Der Zohar lehrt uns, dass diese Expansions-Bewegung des Seins, der Ursubstanz, von einer Bewegung der Konzentrierung auf sich selbst abgelöst wird. Diese Bewegung der Konzentrierung ist sogar der Endzweck aller Dinge. Die Seelen (reine Geister), die aus der Welt der Ausgestaltung in die der Verfertigung gelangt seien, werden in ihre ursprüngliche Heimat zurückkehren, wenn sie alle die Vollkommenheiten entwickelt haben werden, zu denen sie die unzerstörbaren Keime in sich tragen. Wenn es erforderlich ist, wird es mehrere Existenzen geben. Man nennt dies den Kreislauf der Wanderung.[2])

Nach der Kabbala, die dabei der allgemeinen Tradition des Okkultismus folgt, setzt sich der Mensch aus drei Teilen zusammen: Körper, Seele und Geist. In Uebereinstimmung mit dem Gesetz der Schöpfung, das in dem System der Sephiroth verkündigt wird, ist jeder dieser Teile eine Spiegelung der anderen und enthält ein Abbild der beiden anderen, und

---

[1]) encidit.
[2]) Encyklopädie von Lichtenberger.

diese dreifachen Gliederungen lassen sich nach der Lehre der eingeweihten Rabbis bis in die kleinsten physiologischen Details verfolgen, bis in die allerfeinsten Prozesse des psychischen Wesens. Ganz im Gegensatz zu dem, was die katholischen Theologen annehmen, sowie zu dem, was die atheistischen Philosophen und die gnostischen Haeretiker gelehrt haben, da sie den wahren Sinn der Texte nicht verstanden, die sie vor Augen hatten, findet sich diese dreifache Gliederung, die die Existenz Gottes und die Unsterblichkeit der Seele mit sich bringt[1]), in vollster Deutlichkeit in den Büchern Moses und besonders im Buche Sepher Jezira.

Der niederste Teil (oder richtiger: Funktionsprinzip) des menschlichen Wesens heisst hebräisch Nephesch; eine mittlere Stellung nimmt das Prinzip Ruach ein und der erhabenste Grad seiner Existenz ist Neschama. Jedes dieser Zentren steht in einer gewissen Verbindung mit der entsprechenden Sphäre des Universums: Nephesch durchdringt die physische Welt, nährt sich von ihren Energien und hat in ihr seine Geschöpfe; für Ruach gilt das gleiche betreffs der astralen, für Neschama betreffs der göttlichen Welt.

Aber diese Teile des Menschen oder vielmehr diese drei Grade der menschlichen Existenz sind in beständiger Wechselwirkung mit den entsprechenden Sphären des Universums und mit den beiden anderen Prinzipien des Menschen selbst.

„Diese drei fundamentalen Prinzipien des Menschen", sagt ein neuerer Kabbalist, Karl v. Leiningen[2]), „sind nicht völlig von einander verschieden und getrennt; im Gegenteil, man muss sich vorstellen, dass eines in das andere allmählich übergeht wie die Farbbänder eines Spektrums, die zwar aufeinander folgen, aber doch nicht scharf von einander getrennt werden können, da eines mit dem andern verschmilzt.

Steigt man vom Körper, d. h. von dem mit dem Körper eng verbundenen niedrigsten Prinzip Nephesch durch Ruach bis zum erhabensten Grad der Existenz, Neschama, empor, so findet man alle Abstufungen, gleich wenn man aus dem Dunkel durch Halbdunkel zum Lichte geht; und umgekehrt durchläuft man von den erhabensten Stufen der geistigen

[1]) An sich selbst betrachtet, das heisst, unter dem Gesichtspunkt der Seele und verglichen mit Gott, bevor derselbe in der Welt sichtbar wurde, ruft uns das menschliche Wesen durch seine Einheit, seine substanzielle und dreifache Natur vollkommen die höchste Trinität ins Gedächtnis zurück. (Vgl. S. 18.)

[2]) Zeitschrift „Sphinx", April 1887.

Existenz bis zu den materiellsten physischen alle Abschwächungen der Lichtstrahlung, so wie wenn man vom Licht durch die Dämmerung zur Finsternis übergeht. Dank dieser inneren Vereinigung, dieser gegenseitigen Verschmelzung der Prinzipien, geht die Zahl Neun[1]) in der Einheit auf, um den Menschen hervorzubringen, einen verkörperten Geist, der in sich zwei Welten[2]) vereinigt."

Wie sich diese drei Prinzipien oder Grade der menschlichen Existenz ungeachtet des sie trennenden Abstandes zu einem einzigen Wesen verbinden, geht besonders klar aus einer Stelle des Zohar hervor, wenn wir für Nephesch, Ruach und Neschama die Terminologie „sinnliches Leben", „Seele" und „Geist" annehmen. Es heisst dort[3]) (Zohar, Tl. II, Fol. 142):

„In den drei Dingen, dem Geist, der Seele und dem sinnlichen Leben finden wir ein getreues Bild von dem, was von oben herabsteigt; denn alle drei bilden nur ein einziges Wesen, in welchem alles zu einer Einheit verbunden ist. Das sinnliche Leben besitzt an sich selbst kein Licht und ist deshalb mit dem Körper eng verbunden, welchem es die Freuden und die Nahrung, deren es bedarf, beschafft. Man kann es mit den Worten des Weisen erklären: „Es bereitet seinem Haus die Nahrung und weist den Knechten ihr Tagewerk an." Das Haus ist der zu ernährende Körper und die Knechte sind die Glieder, welche ihm gehorchen. Ueber das sinnliche Leben erhebt sich die Seele, welche es unterjocht, ihm Gesetze auferlegt und erleuchtet, soviel es die Natur bedarf. Das animalische Prinzip steht also unter der Herrschaft der Seele. Ueber die Seele endlich erhebt sich der Geist, welcher alles beherrscht und auf sie ein Licht des Lebens wirft. Die Seele wird durch dieses Licht erleuchtet, und alles hängt vollkommen vom Geist ab."

Wenn wir diese Darlegungen mit den auf Molitor beruhenden [4]) zusammenstellen, sieht man die Analogie zwischen Mensch, Universum und Gottheit hervortreten, die sich in allen Traditionen wiederfindet. Die folgende Tabelle wird das vielleicht noch deutlicher machen:

---

[1]) Vgl. S. 23 dieses Werkes, Anm. 2.

[2]) D. h. die göttliche und die physische durch ein vermittelndes Prinzip.

[3]) Obwohl ich nur die bescheidene Rolle des Bearbeiters und Uebersetzers habe, darf ich wohl hier, um das Verständnis dieser Theorien zu erleichtern, diese Stelle des Zohar einschalten. (Julius Nestler).

[4]) Vgl. S. 45 dieses Werkes u. S. 18.

10	Das Allgemeine	Das Besondere	Das Konkrete
Neschama	9 Jechidad	8 Chaija	7 Die Erkenntnis
Ruach	6 Das Qualitative	5 Das Äussere	4 Das Quantitative
Nephesch	3 Das Prinzip (Der Urgrund)	2 Die gestaltende Kraft	1 Die gestaltete Materie

Diese Tabelle[1]), die nur eine Anwendung des Schemas der Sephiroth ist, soll uns zu einer kurzen Darlegung des praktischen Teiles der Tradition hinüberführen.

Die praktische Kabbala beruht auf folgender Theorie. Die hebräischen Buchstaben entsprechen ganz genau den göttlichen Gesetzen, die die Welt gebildet haben. Jeder Buchstabe vertritt ein hieroglyphisches Wesen, eine Idee und eine Zahl. Diese Buchstaben kombinieren heisst die Gesetze oder die wesentlichen Prinzipien der Schöpfung erkennen [2]).

Dieses System von 22 Buchstaben, die der göttlichen Trinität, den zwölf Zeichen des Tierkreises und den sieben Planeten entsprechen (3+12+7=22) entwickelt sich in 10 Kategorien, die die zehn Sephiroth sind. (Vgl. S. 32.) Dieses System, mit dem die Lehren des Pythagoras vielfach Verwandtschaft zeigen, hat Eliphas Levi in treffender Weise charakterisiert [3]).

Wir zitieren hier nur die Meister der Wissenschaft, weil es uns nicht erlaubt ist, mehr als einige allgemeine Grundsätze zu geben; wir wollen nur einen Ueberblick über diese Wissenschaft geben, die viel komplizierter und schwieriger ist als man gewöhnlich glaubt. Als Beweis mögen die folgenden Zeilen dienen, die wir einem der bedeutendsten neueren Kabbalisten [4]) entlehnen:

---

[1]) Jechidad und Chaija bilden mit Neschama, Ruach und Nephesch zusammen fünf mystische Personen oder Prinzipien, die in allen vier Welten auftreten; doch gehören besonders die beiden ersten den Lehren der höheren Kabbala an, denen wir einen gewissen Schleier lassen müssen, den nur eigenste und persönlichste Bemühung des Einzuweihenden lüften kann. (Vgl. Schluss von „Drittes Kapitel" und „Sechstes Kapitel" der später folgenden „Method. Darst. d. Kabbala," S. 108.

[2]) Vgl. S. 19, 20 u. ff.; S. 28 und 32.

[3]) Vgl. S. 32 (5. Abschnitt).

[4]) Marc Haven: Stanislas de Guaita als Kabbalist; „Initiation", 1898, S. 33—36.

„Es gibt zwei Arten der Kabbala und ich muss mit besonderem Nachdruck auf den Unterschied zwischen ihnen verweisen. Die eine, die Kabbala des Buchstabens, ist die, die alle Philologen kennen, die manche analysiert und klassifiziert haben. Sie ist es, die mit ihrem Anschein von Präzision und Mathematik manchen verblüfft, die sich noch nach dem Tode der wahren Wissenschaft erhält, während diese einem Gerippe gleicht, das unter dem furchtbaren Wust der talmudistischen Studien begraben ist. Es gibt keinen Rabbiner, so unwissend er auch sein mag, der nicht einige Brocken davon kennen würde, von dieser Kabbala, die sich auf Zaubertalismanen findet, auf den Pergamentamuletten der Juden u. s. w. Diese Kabbala hatte ein wirkliches Leben nur durch die Ideen, die sie zum Ausdruck brachte, und vor Alters, zur Zeit der Entstehung des Zohars, und selbst in der Epoche der neueren Kabbalistik im 17. Jahrhundert, war sie nur das Ausdrucksmittel einer besonderen und schwer fassbaren Mystik, die ihre eigene Sprache und ihre eigenen Symbole hatte.

Diejenigen, die die Bücher des Zohar, die kabbalistischen Traktate aller Epochen studiert haben, wissen, welche Geduld, welche Bemühungen nötig sind, zunächst nur, um in den Sinn der Symbole einzudringen und um ihren Ursprung festzustellen, dann aber auch, um bei ihren Zusammenstellungen den Erklärungen zu folgen, die die weisen Kabbalisten gegeben haben.

Einige wenige Gelehrte unter den Juden, einige auserwählte Geister besitzen diese Wissenschaft, deren Studium so lange Zeit beansprucht und schwieriger ist als das Wronskis, die weitläufiger ist als die spanische Mystik und komplizierter als die Theorien der Gnostiker. Zehn Jahre des Studiums und der Einsamkeit sind erforderlich, um in sie einzudringen. Man darf nur für sie und in ihr leben, man darf die Gedanken nur auf das eine Ziel hinlenken und sie so fest darauf heften, dass nichts sie davon ablenken kann, und schliesslich ist es notwendig, dass diese Bemühungen durch den Beistand irgend eines Schutzgeistes gekrönt werden, der durch beständiges Anrufen und durch die Würdigkeit des Jüngers gewonnen wird.

Diese Art der Kabbala freilich verdient infolge der hohen Auffassung des Gegenstandes die ganze Aufmerksamkeit und die eifrige Bemühung derer, die ans Ziel gelangen wollen. Aber sehr oft lassen sich die Forscher schon am Anfang durch Mangel an angestrengter Aufmerksamkeit und Ermüdung zurückhalten, kommen nicht recht von der Stelle, werden mutlos und bleiben nur oberflächlich unterrichtet, wohl imstande, Unwissenden Sand in die Augen zu streuen, aber einer höheren Vollendung unfähig und unwert der Beachtung.

Ein Kabbalist soll ohne jede Vorbereitung ein beliebiges Werk der rabbinischen Literatur lesen können und dabei imstande sein, in derselben Sprache der jüdischen Mystik eine Erklärung der gelesenen Stelle zu geben d. h. sie durch Texte zu stützen, die von einer Autorität gerade auf diesem Gebiete herrühren, und überdies eigene Erläuterungen auf Grund eigener Erwägung und Forschung zu geben. Bei dem dazu erforderlichen Studium würde der Jünger neunzig Jahre alt, da ein Leben gerade noch genügen würde, um eine solche Vollendung zu erlangen. — Und der Lehrer? — Wo würde man ihn dann suchen müssen — —?

Diese erhabene und edle Wissenschaft der Kabbala sollte nicht durch dünkelhafte Unwissenheit profaniert und lächerlich gemacht werden, und es ist ein ebenso klägliches Schauspiel, wenn irgendwelche Ignoranten einige Worte Molitors zitieren oder einige Formeln Francks deklamieren, als wenn Knaben mühsam eine Bruchrechnung ausführen oder eine trigonometrische Gleichung auflösen und dann behaupten wollten, sie verständen die höhere Mathematik.

Was ist also zu tun? Gibt es noch eine andere Kabbala? Gewiss, und das will ich im Folgenden darlegen. Es gibt noch eine andere theologische Wissenschaft als die offizielle, da es stets Haeretiker und Mystiker gegeben hat; es gibt noch eine andere Mystik als die des Talmud und andere Interpretationen der Thora, da es selbst unter den Kabbalisten Meister gab, die geächtet und verfolgt wurden und schliesslich zum Christentum übertraten. In der christlichen und in der jüdischen Welt sind Männer aufgetreten, die jede Fessel brachen und sich von jedem Zwang befreiten, um selbständig nach bestem Wissen und Können die Wahrheit zu suchen. Männer wie Wilhelm Postel, Reuchlin, Khünrath, Nicolas Flamel, Saint-Martin und Fabre d'Olivet, das sind die Meister der Kabbala, wie sie Stanislas de Guaita auffasste, wie er sie zu lehren und zu erklären verstand. Diese Männer waren kühne Helden auf der Suche nach dem goldenen Vliess; sie verschmähten jeden Titel und die Anerkennung ihrer Zeitgenossen; sie konnten eine stolze Sprache führen, weil ihr Stolz berechtigt war, und sie rechneten nur auf die Anerkennung, die uns die Nachwelt zollt. Denn, wie ägyptische Symbolik lehrt, — „wir sollen selbst unsere Richter sein"[1].

[1]) Marc Haven: Guaita Stanislas de Guaita, Initiation, 1898, S. 33—36.

Die praktische Kabbala kann entweder *eine geistige* oder *eine magische* sein. *Wenn sie geistig ist, ist die Lehre von den Sephiroth ihr Schlüssel.* Da wir auf diese hier nicht eingehen können, möge es genügen, zu wissen, dass ihr Gesetz dasselbe ist wie das der Zahlen. Eine vortreffliche Erklärung wird man im „Traité élémentaire de Science occulte“ von Papus finden.

Wir wollen hier *zwei Anwendungen dieser Lehre* geben; *die erste* bezieht sich auf psychurgische Tatsachen und auf die Ausübung der Macht, Wunder zu wirken. Die Grundelemente dafür, die sich in dem „Apodictique Messianique“ von Wronski finden, dessen System völlig kabbalistisch ist, sind in folgender Tabelle dargestellt:

	Zustand des Wach-Seins	
Lethargie		Extase
Schlaf		Verklärung (Verzückung)
	Traumzustand	
Katalepsie		Epilepsie
	Somnambulismus	
	Thaumaturgie (Die Macht, Wunder zu wirken)	

Die *zweite Anwendung* der Sephirothlehre bezieht sich auf Psychologie und Ethik. Khunrath [1]) hat sie in folgender Tabelle zusammengefasst:

---

[1]) Amphitheatrum sapientiae verae, Hanau 1609.

Sephiroth	Modi (Erkenntnisformen)	Fähigkeiten	Attribute Gottes (absteigend)	Tugenden (aufsteigend)
Cheter	Fides (Glaube)	Mens (Geist)	Optimus; omnia videns (Allgütig; alles sehend)	Castitas (Keuschheit)
Bina	Meditatio (Nachdenken)	Intellectus (Verstand)	Multus benignitate (Reich an Güte)	Benignitas (Güte)
Hochma	Cognitio (Erkennen)	Ratio (Vernunft)	Solus sapiens (Der allein Weise)	Prudentia (Klugheit)
Gedula	Amor (Liebe)	Judicium superius (Höhere Urteilskraft)	Misericors (Barmherzig)	Misericordia (Barmherzigkeit)
Gebura	Spes (Hoffnung)	Judicium inferius (Niedere Urteilskraft)	Fortis (Stark)	Fortitudo (Tapferkeit)
Tiphereth	Oratio (Gebet)	Phantasia (Phantasie)	Longanimis (Langmütig)	Patientia (Geduld)
Netza	Coniunctio (Verbindung)	Sensus interior (Innerer Sinn)	Justus (Gerecht)	Justitia (Gerechtigkeit)
Hod	Frequentia (Vielheit)	Sensus exterior (Äussérer Sinn)	Maximus (Der Erhabenste)	Humilitas (Demut)
Jesod	Familiaritas (Verwandschaft)	Medium (Subjektive Erkenntnis)	Verax Zelotes (Der wahrhaft Eifrige)	Temperantia (Mässigkeit)
Malchut	Similitudo (Ähnlichkeit)	Objectum (Objektive Erkenntnis)	Terribilis (Der Furchtbare)	Timor Dei (Gottesfurcht)

Die Kabbala ist aber auch eine Art Magie. Nach dem berühmten deutschen Theosophen Boehme beruht sie auf der sechsten Form, dem Klange; ihr Mittelpunkt ist das Tetragrammaton [1]), das die Kräfte birgt, durch die das Übersinnliche auf das sinnlich Wahrnehmbare wirkt. Eine solche Stellung nimmt auch das Gesetz des Moses ein, dessen Übertretung mit ewiger Strafe belegt wird.

Die Kabbala ist auch die Wissenschaft der Verwandlungen, die die Engel des Lichtes und des Feuers annehmen; denn

[1]) Der heilige, aus vier Buchstaben bestehende Namen Gottes.

sie vermögen durch die Einbildungskraft ihren Wünschen wirkliche Gestalt zu geben. Das ist die Seligkeit der Wissenschaft [1]).

Nach dieser kurzen Darlegung über die Magie der Kabbala wollen wir noch einige Angaben über die sogenannte Reintegration, eine Art Erlösung und Verbesserung des Menschen machen, die wir Eliphas Levi [2]) verdanken.

Die Kabbalisten nennen die sündhaften Handlungen eine Schale oder Rinde. Die Rinde, sagen sie, bildet einen Auswuchs, der sich in Runzeln und Falten absetzt, wenn der Saft, statt seinen Kreislauf auszuführen, an der Aussenseite erstarrt; die Rinde vertrocknet und fällt dann ab. Ebenso ist es mit dem Menschen; wenn er, der berufen ist, am Werke Gottes mitzuarbeiten und zur Vollendung zu gelangen, indem er sich durch die Betätigung seiner Freiheit vervollkommnet, statt dessen den göttlichen Saft in sich vertrocknen lässt, der doch dazu dienen soll, seine Fähigkeiten zum Guten zu entwickeln, dann macht sich bei dem Menschen ein Rückschritt bemerkbar, er entartet und fällt nieder wie eine abgestorbene Rinde. Aber nach den Kabbalisten kann das Böse niemals den Abschluss bilden; stets wird es durch das Gute wieder aufgehoben; die abgestorbenen Rinden können noch nützlich sein, wenn sie der Landmann sammelt, verbrennt und sich an ihrem Feuer wärmt, die Asche aber als nährenden Dünger für den Baum verwendet, oder wenn sie, an den Wurzeln des Baumes vermodernd, diese ernähren und so wieder in den Kreislauf des Saftes zurückkehren.

Nach den Ideen der Kabbala ist das ewige Feuer, in dem die Bösen brennen, doch ein Reinigungsfeuer, das sie durch schmerzvolle, aber notwendige Umwandlungen dem allgemeinen Wohl dienen lässt und sie in der Ewigkeit wieder dem Guten zuführt, das schliesslich triumphieren muss.

Gott, sagen die Kabbalisten, ist das absolut Gute, es kann aber nur ein Absolutes geben: Das Böse ist daher nur der Irrtum, der durch die Wahrheit aufgehoben werden wird; es ist die Rinde, die, vermodert oder verbrannt, sich wieder in Saft verwandelt und von neuem dem grossen Leben des Universums dient. — Doch die Rinden zu verbrennen, ist eine schwierige und mühsame Ar-

---

1) Quest. theos. III., 34; II., 11.
2) Eliphas Levi, Initiation, 1894, S. 109—110.

beit; der Eingeweihte wird diesen gewundenen, steilen Pfad rascher durcheilen.

„Wähle Dir einen Lehrer“, sagt der Talmud (Pir. Aboth, 1,6); und der Kommentar fügt hinzu: „Er soll sich einen einzigen Lehrer wählen und stets von ihm den Unterricht in der Überlieferung erhalten, er soll aber nicht diesen Unterricht heute von diesem, morgen von jenem Lehrer erhalten.“

Zu den heiligen Mysterien der Kabbala wird nur der zugelassen,[1]) der in jeder Beziehung volles und festes Vertrauen seinem Lehrer und dessen Lehren entgegenbringt, der dessen Worte niemals bezweifelt und sie erfüllt. Das könnte viele von der geheiligten Wissenschaft abschrecken, aber wir erinnern daran, dass wir hier nicht von den okkulten Wissenschaften im allgemeinen sprechen; man kann auch ohne Befolgung dieser Lehre das Od erfassen, wie de Rochas, oder den Hermetismus, wie Berthelot. Es handelt sich hier nicht um irgend einen Zweig der menschlichen Erkenntnis, sondern um die hohe Magie des Guten und Bösen, um die Wissenschaft von Leben und Tod, die der Jünger erlangen will, und hier gilt, was Eliphas Levi gesagt hat: „Von dem, der fast ein Gott werden will, kann man verlangen, ein wenig mehr als ein Mensch zu sein.“ Diese scheinbare Passivität, die soviel Eitle abschrecken wird, ist nur eine vorläufige und persönliche.

Wie in den Schulen der Pythagoraeer [2]) soll der Schüler nur hören und muss sich jeder Diskussion, jedes Kommentars enthalten; er muss durch seine Worte und seine Handlungen den Beweis für seine Ergebenheit erbringen. Die Offenbarungen, die die Kabbala übermittelt, sind göttlich und stehen auf einer Stufe, die sich über das Niveau der menschlichen Vernunft erhebt; die vorhandenen Fähigkeiten werden durch die Aufnahme dieser Geheimnisse erschöpft und gleichsam vernichtet. Man hat wohl ein Recht, ja sogar die Pflicht, dieses Opfer zu verlangen, denn die ganze Seele des Neophyten, die Aufrichtigkeit seiner Bestrebungen, die Stärke seines Wunsches und seines Willens sollen durch diese Probe beurteilt werden. Wenn er sich so gering schätzt und an seinen Fähigkeiten so sehr zweifelt, dass er in dieser Be-

---

[1]) Diese Vorschriften und Lehren sind überliefert, man wird sie zerstreut in verschiedenen Texten und Kommentaren finden. Die Hauptquellen sind unter den Texten; der „Shar aorah“ des Rabbi Joseph Castebensis, unter den Kommentaren: Reuchlin; Reuchlin, De Cabbalâ; Paul Ricceus: De coelesti agricultura; Rob. Fludd: Tractatus apologeticus.

[2]) Vgl. Gellius, Noct. Att. I., Sh. IX.

schränkung einen völligen Tod erblickt, ist er unwürdig und wird von selbst zurückweichen.

Ferner soll der Kabbalist auch in den profanen Wissenschaften und Künsten bewandert sein, denn derjenige, der die hohe Ehre der Einweihung ersehnt, soll sich früher mit all dem geistigen Schmuck zieren, dessen Anlegung ihm seine geistigen Fähigkeiten gestatten. „Doch, um alles zu erwähnen," sagt Reuchlin —, und die Vernunft erklärt es und die Erfahrung bestätigt es jeden Tag —, nicht mit einem geringen Mass von Kenntnissen, nicht mit einem oberflächlichen Einblick in die Wissenschaften, nicht mit einer oberflächlichen Ausbildung darf sich derjenige einstellen, dessen Arbeitsfähigkeit, dessen Eifer, dessen Willen überdies noch mit der Betrachtung besonderer Formen beschäftigt werden soll, der sozusagen gewaltsam in die Heiligtümer der Gottheit selbst eindringen will."

Aber dieses profane Wissen wird nicht der Stoff und der Ausgangspunkt des absoluten Wissens sein. Leere und Tod muss in der Seele herrschen, es muss in ihr alles finster und leer werden, wie in Moses [1]), als er in der Wüste weilte, damit der sonst fruchtbare Boden zu neuen Ernten bereit sei.

Doch derjenige, der nicht die Wissenschaften der Vergangenheit und Gegenwart studiert hat, hat nicht das Recht, sie unbeachtet zu lassen; derjenige, der nicht das ganze Räderwerk der Mathematik, alle die Sprungfedern der Naturwissenschaften und alle Saiten der Phantasie in seinem Geiste spielen liess, der nicht geweint, nicht überlegt hat, der hat nicht das Recht, Tränen oder Nachdenken, wissenschaftliche Behauptung oder künstlerische Gemütsbewegung gering zu schätzen. Er schläft noch; er suche nicht das Licht; er wird ein Stümper bleiben, wenn er nicht ein Zauberer wird.

Ich könnte unter den Alten mehrere Namen von Männern nennen, die Gelehrte waren, bevor sie Schüler in der hohen Wissenschaft wurden. Ein Beispiel aus unseren Tagen ist besonders bedeutungsvoll: Ein grosser Künstler, ein Meister der Literatur weicht nicht vor den Unannehmlichkeiten und ermüdenden Arbeiten im Laboratorium zurück, um sich das Adeptat zu verdienen.[2])

Solche Beispiele beweisen schon an und für sich, dass die Kette der Tradition nicht abgerissen ist.

Überdies, als dritte Forderung, verlangen die Kabbalisten, dass die Schüler, die nach ihrem Wissen streben, im reiferen

---

[1]) Zirolde de Mose, Introd. ad Hist. Eccles., Kap. I., p. 26.

[2]) Es ist damit Stanislas de Guaita gemeint, der Verfasser zahlreicher gelehrter Arbeiten über dogmatische und magische Kabbala.

Alter stehen; sie sind überzeugt, dass niemand des Verständnisses einer so erhabenen und so tiefen Religion fähig sei, wenn er nicht ein gewisses Alter erreicht hat, wenn er nicht die Leidenschaften, das Ungestüm der Jugend in sich zu Ruhe kommen sah, und so sein Charakter sich gefestigt und gereinigt hat.

Das war auch die Ansicht Rabbi Eleazars, als er seinem Lehrer Jochanan, der ihn in seiner Güte recht bald in die Geheimnisse der Mercaba einweihen wollte, antwortete: „Ich bin noch nicht weiss geworden." Es vollzieht sich eine Reinigung, eine allmählige Verklärung an dem, der meditiert und die in ihm vorhandenen Anlagen entwickelt. Es ist nicht eine Periode des Stillstandes, noch weniger eine des Verfalls, die die Überlieferung fordert, es ist ein Punkt der Entwicklung, wo sich die stürmische und unruhige Jugend geklärt und beruhigt hat, wo der Engel des Todes — der auch der der Zeugung ist — vom Menschen bezwungen wurde, wo mit einem Worte das Wirken möglich, wo der Mensch bereit ist, die Erkenntnis zu empfangen und sie zu gebrauchen.

Die vierte Bedingung ist eine vollkommene Reinheit; diese ergibt sich beinahe von selbst aus dem Vorangegangenen und ihre Aufstellung ist ein Zeichen dafür, dass das erwähnte reife Alter je nach der Persönlichkeit schwankt. Wenn er diese Reinheit gering schätzt, seinen Gelüsten nachgeht, den materiellen Genuss als Ziel, als Selbstzweck betrachtet, dann gibt sich der Mensch der allergefährlichsten Täuschung hin und macht jede seelische Erhebung unmöglich. Man muss wählen, nicht zwischen Genuss und Tugend, was der Irrtum vieler Sekten ist, sondern zwischen Liebe und Sieg, und nach getroffener Wahl daran denken, dass die Schönheit,[1]) der Wiederschein der Krone,[1]) zwischen den beiden Wegen ist. Die zweiunddreissig Wege der Weisheit eröffnen sich nur denen, die reinen Herzens sind.[2])

Ein ruhiger Geist, von jedem weltlichen Vorurteil befreit, ist eine ebenso wichtige Bedingung; der Geist sei ein See, worin sich alle die Inspirationen, alle die höheren Wei sungen spiegeln können, ohne dass eine Bewegung von unten das Wasser trübt und plötzlich in Aufruhr bringt. „Verlasst eure Weiber, Eltern und Kinder und folget mir nach," sagte Christus. „Verkauft eure Güter und verteilt euer Gold unter die Armen," sagte Joachim von Flora zu seinen Schülern; „Fürchtet Freundschaft und Familie bis zum Egoismus, sagen

[1]) Die sechste und erste Sephira.
[2]) Isaak ben Eljakim. Amst. 1700.

die Meister: Stellt euch allein Gott gegenüber, um wahrem Menschentum näher zu kommen." Das ist die Stille, die Sabbath-Ruhe der Autoren, damit sich dann umso lauter und tönender die Stimme erhebe. Aber wehe denen, die stets Stillschweigen bewahren, wehe den „Stummen" für die Ernte, die sie gesät haben, die schmerzvollen Leiden der künftigen Erneuerer! [1])

Wir schliessen mit diesen schönen Worten unseren flüchtigen Entwurf, der uns beim Wiederlesen nur eine Zusammenstellung ziemlich verschiedenen Materials zu sein scheint. Doch geben wir ihn, so wie er ist; denn Zeit und Mittel fehlen uns, um von dieser so verehrungswürdigen Überlieferung eine Vorstellung zu geben, die ihrer würdig ist, und dann hoffen wir auch, eine gewisse Neugier anzustacheln und einige Sehnsucht nach dem Wahren, Guten und Schönen zu erregen.

Sédir.

---

[1]) Marc Haven, Initiation, Februar 1894, S. 136—141.

Methodische Darstellung der Kabbala.

Vorläufige Einführung. — Einteilung des Gegenstandes.

Erstes Kapitel.

In dem Folgenden wollen wir nach bestem Wissen und Können die Lehren und Überlieferungen der Kabbala in methodischer Weise behandeln.

Diese Aufgabe ist ziemlich schwierig, denn die Kabbala umfasst einerseits ein ganz besonderes System, das auf dem Studium der hebräischen Sprache beruht, andererseits eine philosophische Lehre von höchster Bedeutung, die sich auf diesem System aufbaut.

Wir wollen uns bemühen, diese beiden Hauptpunkte nacheinander und getrennt von einander zu behandeln. Unsere Arbeit umfasst demnach:

1) Eine einleitende Darlegung über den Ursprung der Kabbala;

2) Eine Darlegung über das System der Kabbala und seine Teile, eine Art Lehrkurs der Kabbala;

3) Eine Behandlung der Philosophie der Kabbala und deren Anwendung;

4) Die wichtigsten kabbalistischen Texte, auf die sich diese Ausführungen stützen.

Es ist das erste Mal, dass ein Werk dieser Art der Oeffentlichkeit vorgelegt wird. Wir werden uns dabei stets auf die massgebenden Autoren stützen.

Die Kabbala ist der Schlüssel zu der okkulten Ueberlieferung des Okzidents. Jeder Philosoph, mag er nun Raimundus Lullus,[1]) Spinoza [2] oder Leibniz [3]) heissen, nähert sich den Anschauungen der Kabbala, wenn er sich mit den erhabensten Ideen zu befassen beginnt, deren der menschliche Geist fähig ist. Ebenso war z. B. der berühmte Dichter des verlorenen Paradieses, Milton, mit den Anschauungen der Kabbala wohl vertraut.

Alle Alchimisten sind Kabbalisten; alle geheimen Gesellschaften oder Sekten, die im Abendland aufgetreten sind, Gnostiker, Templer, Rosenkreuzer, Martinisten und Freimaurer, lehnen sich an die Kabbala an und lehren mehr oder weniger ihre Theorien. Wronski Fabre d'Olivet und Eliphas Levi danken das Tiefste ihrer Erkenntnisse der Kabbala und gestehen das auch freimütig zu.

W o h e r k o m m t n u n d i e s e g e h e i m n i s v o l l e L e h r e? Selbst ein flüchtiger Blick auf die Geschichte der Religionen zeigt uns, dass der einweihende Meister eines Volkes oder einer Rasse stets seine Lehre in zwei Teilen gibt: der eine ist durch Mythen, Parabeln und Symbole verhüllt und für die grosse Menge bestimmt. D a s i s t d e r e x o t e r i s c h e T e i l. Der eigentliche Kern der Lehre wird nur wenigen Lieblingsschülern enthüllt und darf, wenn überhaupt niedergeschrieben, niemals völlig klar wiedergegeben werden, sondern soll seinem Wesen nach mündlich von Generation zu Generation fortgepflanzt werden. D a s i s t d i e e s o t e r i s c h e L e h r e.

Ebensowenig wie Buddha, macht Jesus von dieser Regel eine Ausnahme; die Apokalypse ist der Beweis dafür. Warum hätte Moses allein davon abweichen sollen?

Moses, der den Kern der ägyptischen Mysterien bewahrte, wählte ein Volk, um sein Buch zu erhalten, einen Stamm, und zwar den Levis, um den Kultus zu erhalten. Warum hätte er nicht den Schlüssel zu seinem Buche einigen zuverlässigen Schülern übergeben sollen?

---

[1]) Die Adepten dieser Wissenschaft, der Kabbala, unter welche man auch mehrere christliche Mystiker zählen muss, wie z. B. Raimundus Lullus, Pico von Mirandola (1463—1494), Reuchlin (1455—1522), Wilhelm Postel und Heinrich Morus, betrachten sie als eine göttlich erhabene Überlieferung, die ebenso alt sei wie das Menschengeschlecht selbst. („Dictionnaire philosophique" von Franck).

[2]) Die Werke Spinozas bekunden eine tiefe Kenntnis der Kabbala.

[3]) Leibniz wurde durch Merkur von Helmont, den Sohn Johanns v. Helmont (1577—1644), des grossen Kabbalisten und Alchemisten, in die Kabbala eingeweiht. Die Monaden-Theorie, mit der Franz Merkur v. Helmont der Vorgänger von Leibniz wurde, ist aus kabbalist. Grundanschauungen hervorgegangen. Seine Monaden sind, gleich denen von Leibniz und den Emanationen der Kabbala, beseelt.

Wir werden tatsächlich sehen, dass die Kabbala vor allem einen besonderen Gebrauch der hebräischen Buchstaben lehrt, die als Ideen oder sogar als wirksame Kräfte betrachtet werden. Auf diese Weise wollte Moses den wahren Sinn seines Buches kund tun.

Diejenigen, die behaupten, dass die Kabbala von Adam stamme, erzählen einfach in symbolischer Art die Uebertragung der Ueberlieferung von einer Rasse auf die andere, ohne auf eine besondere Art der Ueberlieferung Rücksicht zu nehmen.

Einige neuere Gelehrte, die das Altertum nicht gründlich kennen, sind darüber erstaunt, hier tiefe Ideen über die Wissenschaften zu finden, und sie verlegen den Ursprung des ganzen Wissens in das zweite nachchristliche Jahrhundert; andere lassen sich herab, bis auf die Alexandriner zurückzugehen.

Einige hyperkritischen Köpfe behaupten sogar, dass die Kabbala im 13. Jahrhundert von Mose de Léon erfunden sei. Aber ein wahrer Gelehrter, der unsere ganze Bewunderung verdient, Ad. Franck, hat diese Kritik auf ihrem eigenen Felde geschlagen.[1])

Wir werden uns Fabre d'Olivet anschliessen, indem wir den Ursprung der Kabbala in die Zeit des Moses selbst verlegen.[2])

Es ist schon darauf verwiesen worden, dass die Kabbala nach der Ansicht der berühmtesten Rabbis auf eine mündliche Überlieferung zurückgeht, die Moses erprobten Männern hinterlassen hat.

Die berühmten Bücher, Zohar, Bahir, die Medrashim und die beiden Gemara, die den Talmud bilden, sind beinahe völlig kabbalistisch.

Es wäre sehr schwer heute zu sagen, ob Moses wirklich diese mündliche Überlieferung hinterlassen hat und ob, wenn er sie hinterlassen hat, sie sich nicht im Laufe der Zeiten verändert hat, wie es der weise Maimonides zu vermuten

---

[1]) Wenn man die Kabbala für sich allein untersucht, wenn man sie mit ähnlichen Lehren vergleicht und wenn man den unermesslichen Einfluss berücksichtigt, den sie ausgeübt hat, nicht nur auf das Judentum, sondern auf den menschlichen Geist im allgemeinen, so ist es unmöglich, in ihr ein bedeutungsvolles und vollkommen originelles System zu verkennen. Ebensowenig kann man ohne sie die zahlreichen Texte der Mischna und des Talmud erklären, die die Existenz einer Geheimlehre der Juden über die Natur der Gottheit und des Universums zu einer Zeit erweisen, in die auch wir die kabbalistische Wissenschaft zurückreichen lassen. (Ad. Franck).

[2]) Vgl. S. 41. Die hier zitierte Ansicht Fabre d'Olivets.

scheint, wenn er schreibt, dass die Gelehrten seiner Nation die Kenntnis zahlloser Dinge verloren haben, ohne welche es beinahe unmöglich sei, das Gesetz zu verstehen. Wie dem auch immer sei, man wird sich nicht verhehlen können, dass eine solche Institution vollkommen im ägyptischen Geiste wäre, dessen Neigung zu Mysterien hinlänglich bekannt ist.

So wie wir die Kabbala auffassen, ist sie die vollständigste Zusammenfassung dessen, was von der Lehre der ägyptischen Mysterien auf uns gekommen ist. Sie enthält den Schlüssel zu den Lehren aller derer, die sich mit Gefahr ihres Lebens einweihen liessen, der philosophischen Gesetzgeber und Theurgen.

Ebenso wie die hebräische Sprache hat möglicherweise auch diese Lehre verschiedene Veränderungen erfahren, wie es eben der Verlauf vieler Zeitalter mit sich bringt; immerhin ist das, was uns von ihr geblieben ist, noch einer ernsten Beachtung wert.

So, wie wir sie heute besitzen, umfasst die Kabbala zwei grosse Teile. Der erste bildet eine Art Schlüssel, der auf der hebräischen Sprache beruht und zu verschiedener Anwendung geeignet ist, der zweite gibt ein philosophisches System, das mit diesen sozusagen technischen Mitteln erbaut ist.

In den meisten Abhandlungen über dieses Thema bezeichnet man nur den ersten Teil mit dem Namen Kabbala; das andere wird in den grundlegenden Texten der Lehre dargelegt.

Von diesen Texten sind vor allem zwei zu nennen: 1) Sepher Jezira, „das Buch der Ausgestaltung“, das in symbolischer Form die Geschichte der Genesis enthält: Maasseh bereschit; 2) Der Zohar „das Buch des Lichtes“, das in gleichfalls symbolischer Form alle die esoterischen Lehren enthält, deren Synthese unter dem Namen „Geschichte des himmlischen Wagens“, Maasseh merkaba, bekannt ist.[1])

Es sind die Bezeichnungen Kabbala Mercava und Kabbala Bereschit symbolisch zu verstehen: Die Kabbala Mercava liess den erleuchteten Juden in die tiefsten und innersten Mysterien der Wesenheit, der Eigenschaften Gottes und der Engel eindringen; die Kabbala Bereschit zeigte ihm, je nach dem nummerischen Wert, durch besondere Wahl und Zusammensetzung der Buchstaben, die die Worte seiner Sprache bildeten, die grossen Entwürfe Gottes und die erhabensten religiösen Lehren, die Gott in diese Worte gelegt hatte. (De Brière.)

[1]) Fabre d'Olivet, p. 29, tom. I. Langue hebr.

Die Einteilung in Merkaba und Bereschit ist auch von allen klassischen Autoren der Kabbala angenommen worden.

Bevor man sich mit den Lehren der Kabbala Merkaba befasst, ist es notwendig, bereits Bereschit zu kennen, und um dieses zu erreichen, muss man vorher das hebräische Alphabet und die Geheimnisse seiner Bildung verstehen.

Indem wir von diesem Alphabet ausgehen, befassen wir uns der Reihe nach mit den verschiedenen Teilen, die den von uns erwähnten, allgemeinen Schlüssel bilden, und dann wollen wir von dem philosophischen System der Kabbala sprechen.

Man kann die Kabbalisten in zwei Kategorien einteilen. Die einen haben die Prinzipien der Lehre angewendet, ohne sich dabei aufzuhalten, die elementaren Grundbegriffe zu entwickeln, die anderen haben von der Grundlage ausgehende klassische Lehrbücher der Kabbala geschrieben.

Unter den letzteren können wir Picus von Mirandola, Kircher und Lenain anführen.

Picus von Mirandola teilt das Studium der Kabbala in das der Numerationen (oder Sephirot) und das der göttlichen Namen (oder Schenroth) und wirklich sind diese beiden Hauptpunkte der ganze Schlüssel.

Der Jesuit Kircher ist einer der Autoren, die diese Frage am erschöpfendsten behandelt haben; er nimmt eine Einteilung in drei grosse Teile an:

1) Gematria oder Studium der Umsetzungen;

2) Notaria oder Studium der Kunst der Zeichen;

3) Themuria oder Studium der Vertauschung und Zusammensetzung.

Lenain, der Verfasser des Werkes „Science cabalistique" behandelt besonders die göttlichen Namen und ihre Kombinationen.

Wir werden den Plan, der diesen Werken zu Grunde liegt, erst nach unserer eigenen Darlegung behandeln, denn zunächst würden noch die meisten Untereinteilungen nicht leicht verstanden werden.

Zweites Kapitel.

Das hebräische Alphabet.

Den Ausgangspunkt für die ganze Kabbala bildet das hebräische Alphabet.

Das hebräische Alphabet setzt sich aus zweiundzwanzig Buchstaben zusammen; doch sind die Buchstaben nicht etwa in einer zufälligen Reihenfolge angeordnet, sondern jeder von ihnen entspricht je nach seinem Rang einer Zahl, je nach seiner Form einer Hieroglyphe und je nach seinen Beziehungen zu den anderen Buchstaben einem Symbol.

Alle die Buchstaben sind von einem unter ihnen, dem Jod, abgeleitet, wie wir das an späterer Stelle darlegen werden.[1]) Nach folgendem Schema sind die Buchstaben aus dem Jod entstanden:

1) Drei Mütter:

A (Aleph) א
M (Mem) מ
Sh (Shin) ש

2) Die sieben doppelten (doppelt, weil sie zwei Klänge oder Laute ausdrücken, einen positiven starken und einen negativen sanften):

B (Beth) ב
G (Ghimel) ג
D (Daleth) ד
Ch (Caph) כ
Ph (Phe) פ
R (Resch) ר
T (Thau) ת

3) Die zwölf einfachen, die durch die anderen Buchstaben gebildet werden.

Jeder der hebräischen Buchstaben vertrat drei Begriffe:

1) einen Buchstaben, d. h. eine Hieroglyphe;
2) eine Zahl;
3) eine Idee.

Aus der folgenden Tabelle wird sich das mit grösserer Anschaulichkeit ergeben:

---

[1]) Vgl. S. 78 und ff. unseres Werkes und die Darlegung über das Buch Sepher Jezira.

Zahl in d. Reihenfolge	Hieroglyphe	Name	Lautwert in unseren Buchst.	Kabbalistischer Wert	Zahlenwert
1.	א	aleph	A	Mutter	1
2.	ב	beth	B	doppelt	2
3.	ג	ghimel	G	doppelt	3
4.	ד	daleth	D	doppelt	4
5.	ה	he	E	einfach	5
6.	ו	vau	V	einfach	6
7.	ז	zain	Z	einfach	7
8.	ח	chet	H	einfach	8
9.	ט	theth	T	einfach	9
10.	י	iod	I	einfach u. Ursprung	10
11.	כ	caph	Ch	doppelt	20
12.	ל	lamed	L	einfach	30
13.	מ	mem	M	Mutter	40
14.	נ	noun	N	einfach	50
15.	ס	samech	S	einfach	60
16.	ע	hain	Gh	einfach	70
17.	פ	phe	Ph	doppelt	80
18.	צ	tsade	Ts	einfach	90
19.	ק	coph	K	einfach	100
20.	ר	resch	R	doppelt	200
21.	ש	shin	Sh	Mutter	300
22.	ת	thau	Th	doppelt	400

Die hebräischen Buchstaben kombinieren heisst also Zahlen und Ideen kombinieren; daraus ergibt sich die Entstehung des Tarot.[1])

Jeder Buchstabe ist als eine Macht mehr oder weniger eng mit den schöpferischen Kräften des Universums verbunden. Indem er diese Kräfte in drei Welten, der psychischen, astralen und physischen, auslösen kann, ist jeder Buchstabe der Ausgangs- und Endpunkt einer Menge von Beziehungen. Hebräische Wörter kombinieren heisst infolgedessen auf das Universum

---

[1]) Vgl. Tarot des Bohemiens, Papus.

selbst einwirken; deshalb finden wir die hebräischen Wörter in den magischen Formeln und Ceremonien.

Jetzt, wo wir das Alphabet im allgemeinen kennen, müssen wir noch die Bedeutung und die Beziehungen eines jeden der zweiundzwanzig Buchstaben kennen lernen.

Wir schliessen uns an Lenain an, indem wir im Folgenden die Beziehungen eines jeden Buchstaben zu den Namen Gottes, den Engeln und den Sephirot darlegen.

Die alten Rabbis, die Philosophen und die Kabbalisten erklären gemäss ihrem System die Ordnung, die Harmonie und die Einflüsse der Himmelsphären auf die Welt durch die 22 hebräischen Buchstaben, die das mystische Alphabet der Hebräer umfasst.[1])

Dieses Alphabet bezeichnet:

1. Vom Buchstaben Aleph א bis zum Buchstaben Jod י die unsichtbare Welt, d. h. die Welt der Engel (erhabene Intelligenzen, die die Ströme des ersten ewigen Lichtes empfangen, das dem Vater zugeschrieben wird, von dem alles emaniert.)

2. Vom Buchstaben Caph כ bis zum Buchstaben Hain ע verschiedene Ordnungen oder Gruppen der Engel, die die sichtbare Welt bewohnen, d. h. die Welt der Gestirne, die Gott Sohn zugeteilt ist, der die göttliche Weisheit ist, die in der Unermesslichkeit des Raumes die zahllosen kreisenden Himmelskörper geschaffen hat, und jeder von diesen ist unter der Obhut einer Intelligenz, die vom Schöpfer damit betraut wurde, den Himmelskörper in seiner Bahn zu erhalten, damit keines der Gestirne die vom Schöpfer hergestellte Ordnung und Harmonie stören könne.

3. Vom Buchstaben Phe פ bis zum Buchstaben Thau ת die elementare Welt, die durch die Philosophen dem heiligen Geist zugeteilt wird. Er ist das innere Sein der Wesen, das allen Kreaturen Seele und Leben gibt.

Im Folgenden geben wir zu jedem einzelnen Buchstaben die entsprechende Erklärung:

1. א Aleph

entspricht dem ersten Namen Gottes, Eheieh אהיה, was man als „Wesen Gottes" erklärt. Die Kabbalisten nennen ihn den, den das Auge wegen seiner Höhe nicht gesehen hat. Er thront in der Welt des Ensoph, des Unendlichen, sein Attribut heisst Kether, כתר, Krone oder Diadem: er ge-

[1]) Le Tarot des Bohémiens, Papus.

bietet über die Engel, die die Hebräer Haioth-Nakodisch, היתנהקידש, d. h. Tiere der Heiligkeit nennen [1]); er bildet die ersten Chöre der Engel, die man Seraphim nennt.

2. ב Beth

entspricht dem zweiten Namen Gottes, Bachour, בחור, der Klarheit und Jugend bedeutet; er bezeichnet die Engel zweiter Ordnung, die Ophanim אופנים (die himmlischen Formen oder Räder) und die Cherubims, durch deren Dienstleistung Gott das Chaos ordnete. Als Numeration oder Sephirot entspricht חכמה, Chokma, theoretische Vernunft.

3. ג Ghimel

entspricht dem Namen Gadol גדול (magnus, der Grosse), bezeichnet die Engel Aralym, אראלים, d. h. die Grossen und Starken, die Throne; durch sie erhält Gott Tetragrammaton [2]), Elohim, die Form der Materie. Als Numeration entspricht Bina בינה, die praktische Vernunft.

4. ד Daleth

entspricht dem Namen Dagoul, דגול (insignis, der Erhabene); bezeichnet die Engel Hasmalim, חשמלים (Herrschaften); durch sie lässt Gott El אל die Bilder der Körper und alle die verschiedenen Gestalten der Materie darstellen. Als Attribut entspricht Chesed, חסד Liebe und Güte.

5. ה He

entspricht dem Namen Hadom, חדום (formosus, majestuosus, der Schöne, der Majestätische); bezeichnet die Engel Seraphim שרפים; mit ihrer Dienstleistung erzeugte Gott Elohim Lycbir die Elemente; Numeration ist Pachad, פחד, Furcht und Urteil, Attribut גבורה Gebura, Stärke und Macht.

6. ו Vau

entspricht dem Namen וזיו, Vezio (cum splendore, mit Glanz versehen), bezeichnet die sechste Ordnung der Engel מלאכים, Malakim, Chor der Tugenden; durch ihre Dienstleistung erzeugte Gott Eloah die Metalle und alles das was im Mineralreiche existiert; Attribut ist תפארת, Tiphereth, Sonne, Glanz.

---

[1]) Man vergleiche für die Engelsnamen die Tabelle am Schluss des „Vierten Kapitels", die die Beziehungen der Sephiroth zu den Chören der Engel darstellt.

[2]) D. h. der Vierbuchstabige.

7. ז Zain

entspricht dem Namen, זכי Zakai, (mundus clarus, herrliche Welt); bezeichnet die siebente Ordnung der Engel, die Kinder Elohims; durch ihre Dienstleistung hat Gott Tetragrammaton Sabahot die Pflanzen erzeugt, und alles das, was im Vegetations-Reiche existiert; Attribut ist חוצ Wezat, Triumph, Gerechtigkeit.

8. ח Heth

entspricht dem Namen chased, חסיד (misericors), der Barmherzige; bezeichnet die achte Ordnung der Engel, Bené Elohim, die Söhne Gottes (Chor der Erzengel); durch ihre Dienstleistung erzeugte Gott Elohim Sabahot die Tiere und das Tierreich. Attribut ist חוד, Hod, Lob oder Pracht.

9. ט Teth

entspricht dem Namen טוד, Tehor (reine Welt); bezeichnet die neunte Ordnung der Engel, die die Menschen von ihrer Geburt anleiten; sie entsendet Saday und Elhoi als Schutzengel für die Menschen; Attribut ist יסוד, Jesod, Fundament.

10. י Iod

entspricht dem Namen Jah יה (Deus, Gott); Attribut ist Reich und Tempel Gottes; bezeichnet die Heroen, durch deren Dienstleistung die Menschen Intelligenz, Strebsamkeit und die Kenntnis der göttlichen Dinge erhalten.

(Damit endigt die Welt der Engel.)

11. כ Caph

entspricht dem Namen כביר potens, der Mächtige; bezeichnet den ersten Himmel, das „primum mobile", das heisst die erste Ursache, die alles, was beweglich ist, in Bewegung setzt, und sich auf den Namen Gottes י bezieht, der durch einen einzigen Buchstaben ausgedrückt wird. Die erste der höchsten Intelligenzen, die das „primum mobile" leitet, d. h. den ersten Himmel der Welt der Gestirne, die der zweiten Person der Trinität zugeteilt ist, heisst מטטרזנ, Mittatron.

Sein Attribut bedeutet Fürst der Gesichter; seine Aufgabe ist es, alle die vorzuführen, die vor dem Antlitz des erhabenen Gottes erscheinen dürfen; er hat den Fürsten Orifiel unter sich mit einer unendlichen Zahl untergeordneter Intelligenzen; die Kabbalisten sagen, dass durch die Vermittlung Mittatrons Gott mit Moses gesprochen hat, und durch ihn erhalten alle die niedrigen Mächte der sinnlich wahrnehmbaren Welt die Kräfte Gottes.

Caf, als Endbuchstabe in dieser Form: ך dargestellt, entspricht den beiden grossen Namen Gottes, von denen sich jeder aus zwei hebräischen Buchstaben zusammensetzt: El אל und Jah יה; diese gebieten über die Intelligenzen zweiter Ordnung, die den Himmel der Fixsterne lenken, besonders die zwölf Zeichen des Tierkreises, den die Hebräer Galgol hamnazeloth nennen; die Intelligenz des zweiten Himmels heisst Raziel. Sein Attribut bedeutet Vision Gottes und Lächeln Gottes.

12. ל Lamed

entspricht dem Namen Lummed למד (doctus, der Gelehrte); bezieht sich auch auf den Namen Sadaï, den Namen Gottes in fünf Buchstaben und gebietet über den dritten Himmel und die Intelligenzen der dritten Ordnung, die die Sphäre des Saturns leiten.

13. מ Mem

entspricht dem Namen Meborake (מברך), benedictus, der Gesegnete, bezieht sich auf den vierten Himmel und auf den vierten Namen, Jehovah, והיה gebietet über die Sphäre Jupiters. Die Intelligenz, die Jupiter leitet, heisst Tsadkiel. Tsadkiel empfängt die Ausstrahlungen Gottes durch die Vermittlung Schebtaïls, um sie auf die Intelligenzen der fünften Ordnung zu übertragen. Mem, מ, ein Hauptbuchstabe, entspricht auch dem fünften Himmel und dem fünften Namen Gottes und gebietet über die Sphäre des Mars. Die Intelligenz, die Mars leitet, ist Samaël. Samaël empfängt die Ausstrahlungen Gottes durch Vermittlung Tsadkiels und überträgt sie auf die Intelligenzen sechster Ordnung.

14. נ Noun

entspricht dem Namen Nora, נירא, formidabilis, d. h. der Schreckliche, bezieht sich aber auch auf den Namen Emmanuel, nobiscum Deus d. h. Gott mit uns; er gebietet dem sechsten Himmel, der Sonne; die höchste Intelligenz der Sonne ist Raphael.

Die Form des Buchstabens, die am Schlusse verwendet wird: ן bezieht sich auf den siebenten Namen Gottes, Ararita, der Unveränderliche, der aus sieben Buchstaben zusammengesetzt ist; er gebietet über den siebenten Himmel und über Venus; die Intelligenz der Venus ist: Haniel (Liebe Gottes, Gerechtigkeit und Grade Gottes).

15. ס Samech

entspricht dem 8. Namen Gottes, Sameck סומך (fulciens, firmans), der Stützende, der Stärkende; als Stern entspricht Merkur und die erste Intelligenz des Merkur, Mikael.

16. ע Haïn

entspricht dem Namen עזד, Hazad (fortis, der Tapfere, der Starke) und bezieht sich auf Jehova-Sabahot; gebietet über den 9. Himmel; als Stern entspricht der Mond und die Intelligenz des Mondes, Gabriel.

(Hier schliesst die Welt der Erzengel.)

17. פ Phé

entspricht dem 18. Namen, פידה, Phode (redemptor, der Erlöser, und die „intellektuelle Seele“) (Kircher, II, 227).

Dieser Buchstabe bezeichnet das Feuer, das Element, wo die Salamander wohnen, die Intelligenz des Feuers, Séraphin und mehrere niedere Grade. Sie gebietet im Sommer über den Süden.

Das am Schluss verwendete Zeichen ף bezeichnet die Luft, Chérubin und mehrere untere Grade. Die Intelligenzen der Luft gebieten im Frühling über den Westen.

18. צ Tsade

entspricht der universellen Materie, dem Namen צדק, Tsedek (justus, der Gerechte); dieser Buchstabe bezeichnet das Wasser, wo die Nymphen wohnen, die Intelligenz Tharsis. Diese gebietet im Herbst über den Westen.

19. ק Coph

entspricht dem Namen קדש Kodesch (sanctus, der Heilige); dieser Buchstabe bezeichnet die Erde, wo die Gnomen wohnen, die Intelligenz der Erde, Ariel. Im Winter gebietet sie über den Norden; ihr unterstehen die Gesteine, das Unbelebte (Kircher).

20. ר Resch

entspricht dem Namen רודה Rodeh, (imperans) der Herrschende, und den Vegetabilien. Er wird dem ersten göttlichen Prinzip zugeteilt, das sich auf das animalische Reich bezieht und allem animalischen Wesen das Leben gibt.

21. ש Shin

entspricht dem Namen Schaday, שדי, (omnipotens) der Allmächtige, der dem zweiten göttlichen Prinzip (die Tiere) zukommt, das nach Kircher allen vegetabilischen Substanzen den Lebenskeim spendet.

22. ת Thau

entspricht dem Namen Thechinah תחנה, (gratiosus) der Gnädige, dem Mikrokosmus (Kircher), dem dritten göttlichen Prinzip, das allem, was im Mineralreich existiert, sein Leben gibt.

Dieser Buchstabe ist das Symbol des Menschen, weil er den Zweck alles dessen, was existiert, bezeichnet, wie auch der Mensch der Zweck und die höchste Vollendung der ganzen Schöpfung ist.

Einteilung des Alphabets nach Zahlen:

Einheit	**9**	**8**	**7**	**6**	**5**	**4**	**3**	**2**	**1**
Erste Welt	ט	ח	ז	ו	ה	ד	ג	ב	א
Zehner	**90**	**80**	**70**	**60**	**50**	**40**	**30**	**20**	**10**
Zweite Welt	צ	פ	ע	ס	נ	מ	ל	כ	י
Hunderter	**900**	**800**	**700**	**600**	**500**	**400**	**300**	**200**	**100**
Dritte Welt	ע	פ	ז	ם	ד	ת	ש	ר	ק

Die folgenden Tabellen deuten an, welche B e z i e h u n g e n z w i s c h e n d i e s e n B u c h s t a b e n bestehen[1]) und was deren m y s t i s c h e B e d e u t u n g ist.

1. Beziehung	2. Beziehung	3. Beziehung
אלפ Aleph, d. h. Brust. בית Beth, d. h. Haus. ג Ghimel, d. h. Fülle, Verteilung. Das deutet an, wie beschaffen das Haus Gottes ist, das in den heiligen Büchern als Fülle bezeichnet wird.	ה He (ista) die Strasse oder „diese da." ו Vau (uncinus), der Widerhaken. ז Zain (haec) „diese dort," die Waffen. ח Leben. Das bedeutet nach dem Grundsatz der Analogie dieses und jenes Leben, und zugleich wird durch dieselbe Schrift, mit der Christus selbst das Leben der Gläubigen verkündet, angedeutet, wie jenes andere Leben beschaffen sein kann.	ט Thet, das Gut, gut, die Abweichung. י Iod, das Prinzip. Das deutet nach dem Grundsatze der Analogie an, dass, obwohl wir jetzt „die Gesamtheit der geschriebenen Dinge wissen, wir doch nur einen Teil davon kennen und nur einen Teil prophetisch ahnen; wenn wir es aber verdient haben werden, bei Christus zu sein, so wird die Lehre der Bücher aufhören und wir werden das Prinzip des Guten, so wie es ist, von Angesicht zu Angesicht erkennen.

Welt der Engel.

[1]) D. h. durch welche Zusammenhänge ihre Reihenfolge gefordert wird.

4. Beziehung	5. Beziehung	6. Beziehung
כ Caph, die Hand, die Führung. ל Lamed, die Zucht, das Herz. Unter den Händen ist das Werk zu verstehen, unter Herz und Führung die Überlegung auf Grund der sinnlichen Wahrnehmungen; denn wir können nichts tun, ohne dass wir vorher wüssten, was zu tun ist.	מ Mem, ex ipsis d. h. aus ihnen selbst. נ Noun, sempiternum d. h. das Ewige ס Samech, adiutorium d. h. die Hilfsquelle. Das bedeutet nach dem Grundsatz der Analogie, dass die Menschen aus den verschiedenen Arten der Schrift selbst die notwendigen Hilfsmittel für das ewige Leben entnehmen müssen.	ע Haïn, Augenbraue, Auge. פ Phé, Mund. צ Tsade, Gerechtigkeit. Das bedeutet, dass die Schrift die Quelle oder Auge und Mund der Gerechtigkeit ist, die Quelle, die den Ursprung aller der Dinge in sich birgt, die durch den Mund Gottes geschaffen würden.

Welt der Sphären und Elemente.

7. Beziehung	
ק Coph	Berufung, Stimme.
ר Resch	Haupt.
ש Shin	Zähne.
ת Thau	Zeichen, Mikrokosmus.

Das bedeutet: Die Berufung des Hauptes erfolgt durch die Bezeichnung der Zähne; und wirklich beruht die artikulierte Sprache auf den Zähnen und durch die Zeichen der Sprache gelangt man zu Christus, dem Haupte von Allem, und zu dem ewigen Reiche.

Irdische Welt.

Drittes Kapitel.

Die göttlichen Namen.

Wenn man sich vor Augen hält, dass jeder Buchstabe dreierlei zum Ausdruck bringt, eine Hieroglyphe, eine Zahl und eine Idee, so kennt man damit die Elemente der Kabbala.

Wir können uns daher jetzt mit den Kombinationen dieser Elemente befassen.

Da jeder der Buchstaben eine wirkende[1]) Macht ist, so lässt eine Gruppierung dieser Buchstaben nach gewissen mystischen Regeln Centra wirkender Kraft entstehen, die der Mensch nach seinem Willen benützen kann. Solche Gruppierungen sind die zehn göttlichen Namen.

Jeder dieser Namen bezeichnet ein besonderes Attribut Gottes, d. h. ein wirkendes Gesetz der Natur und ein Aktions-Zentrum.

Da alle die Arten der göttlichen Offenbarung, d. h. alle Handlungen und Wesen, so miteinander verbunden sind, wie die Zellen des Menschen in ihm selbst verbunden sind, so wird, wenn irgend eine dieser Arten der Offenbarung in Wirksamkeit gesetzt wird, ein wirklicher Kraftstrom erzeugt, der im ganzen Universum reflektiert wird; ebenso lässt oft eine Empfindung, die dem Menschen an irgend einem Punkt seiner Haut vermittelt wird, den ganzen Organismus vibrieren.

Das Studium der göttlichen Namen umfasst also:

1) Die besonderen Eigenschaften die diesen Namen zugeschrieben werden;

2) Die Beziehungen dieser Namen zu der übrigen Natur.

Zunächst wollen wir diese zehn Namen aufzählen, die man auf allen Talismanen und in allen Beschwörungsformeln wiederfinden wird.

Wir setzen die Buchstaben unseres Alphabets in umgekehrter Stellung unter die hebräischen Buchstaben:

1	אהיה	**Ehieh.**
	ƎIƎ∀	
2	יה	**Iah.**
	∀I	
3	יהוה	**Ieovah.**
	ƎΛƎI	
4	אל	**El.**
	T∀	
5	אלוה	**Eloha.**
	ƎOTƎ	
6	אלהים	**Elohim.**
	MIƎT∀	

[1]) Vgl. S. 67 unten.

7	יהוה[1] ƎΛƎI	Tetragrammaton.
	צבאות ꓕOVBVSꓕ	Sabaoth.
8	אלהים WIƎ⅂V	Elohim.
	צבאות ꓕOVBVSꓕ	Sabaoth.
9	שדי IꓷS	Shadai.
10	אדני INꓷV	Adonai.

Das Gebäude der Kabbala zeigt eine so wunderbare Konstruktion, dass alle ihre Begriffe nur verschiedene Seiten desselben inneren Wesens zeigen. So müssen wir bei der geringen Abstraktionsfähigkeit unserer europäischen Sprachen besonders die Bedeutungen und Beziehungen der zehn göttlichen Namen studieren und dann erst die Bedeutungen und Beziehungen der 10 Zahlen.

Nun findet sich aber das Ganze, Name, Idee und Zahl, in jeder der Hieroglyphen synthetisch vereinigt, sei es, dass man einen göttlichen Namen ausspricht oder eine Sephirot dadurch ausdrückt.

Diese Namen, die alle einen geheimen Sinn haben, der in seinen Einzelheiten in den Schriften der Kabbalisten dargelegt wird, verdienen ganz besonders unsere Aufmerksamkeit.

Vorher wollen wir aber noch eine Tabelle geben, die oft das Folgende deutlicher machen kann.[2])

---

[1]) Der Name Jeve oder Joha durfte nicht in profanen Kreisen ausgesprochen werden und wurde durch das Wort (tetragrammaton) „der Vierbuchstabige“ oder „adonai“ (Der Herr) ersetzt.

[2]) Die Tabelle bezieht sich vor allem auf den dritten göttlichen Namen.

die alle die grossen Geheimnisse zusammenfasst und die Möglichkeit bietet, sofort den Sinn irgend eines dieser Geheimnisse zu bestimmen.

Schaffendes Prinzip (י) Aktiv י	Gott Vater	Wille	Der Vater	Notwendigkeit	Universelles Umgestaltungs-Prinzip	Die Zerstörung	Die Elemente
Schaffendes Prinzip Passiv ה	1 Adam	4 Schöpfungs-Vermögen	7 Realisation (Verwirklichung)	10 Die Kraft d. Fähigkeit, n. aussen z. wirken	13 Der Tod	16 Der Fall Adams	19 Die Ernährung
Schaffendes Prinzip Ausgleichend ו	Natura naturans Die Natur in ihr. Wesenh.	Universelles Fluidum	Astral. Licht	Mag. Macht	Die universelle plastisch-gestaltende Kraft	Die sichtbare Welt	Das Mineral-Reich
Erhaltendes Prinzip (ה) Aktiv י	Gott Sohn	Intelligenz	Die Mutter	Die Freiheit	Einhüllung	Die Unsterblichkeit	Die Eigenbewegung
Erhaltendes Prinzip Passiv ה	2 Eva Natura naturata	5 Ansehen	8 Gerechtigkeit	11 Dei Mut (Wagen)	14 Das körperliche Leben	17 Die Hoffnung	20 Die Atmung
Erhaltendes Prinzip Ausgleichend ו	(Die durch ihr inneres Prinzip ausgestaltete Natur)	Das universelle Leben	Elementare Existenz	Vergänglich. reflektiertes Leben (Leben der Ausstrahl.)	Das individuelle Leben	Die physischen Kräfte	Das vegetative Reich
Realisierendes Prinzip (ו) Aktiv י	Gott Heiliger Geist	Schönheit	Liebe	Wohltätigk.	Das Schicksal	Das Chaos	Die Bewegung von relativer Dauer
Realisierendes Prinzip Passiv ה	3 Adam-Eva Die Menschheit.	6 Liebe	9 Klugheit (Schweigen)	12 Hoffnung (Wissen)	15 Die Bestimmung	18 Der materielle Körper	0 Die Innervation
Realisierendes Prinzip Ausgleichend ו	Der Kosmos	Universelle Anziehung	Astrales Fluidum	Ausgleichende Kraft	Nahash Astrales Licht, das zirkuliert.	Die Materie	Das animalische Reich
	Sein Wesen (י) +	nach aussen geoffenbart −	Sein Wesen (ה) +	nach aussen geoffenbart −	Sein Wesen (ו) +	nach aussen geoffenbart −	Rückkehr (ה) zur Einheit
	Gott	(21)	**Der Mensch** Die Menschheit	(21)	**Das Universum**	(21)	

Der erste göttliche Name.

Ehieh, der erste göttliche Name, wird oft durch den einfachen Buchstaben „Iod" (י) ausgedrückt. In diesem Falle bedeutet er „ich".

Lacour hat in seinem Buche „Aeloïm oder Götter des Moses" dargetan, dass Ehieh im Griechischen zu ἀεὶ (d. h. „immer") geworden ist. Bei dieser Bedeutung wird es verständlich, dass Ehieh („Das Immer") durch den Buchstaben „Iod" ausgedrückt wird, der Anfang und Ende von Allem bedeutet.

In mystischer Weise wurde dieser Name in Form eines Dreiecks durch drei „Iod" dargestellt:

י

י　　　י

Das deutet zugleich die drei ersten wichtigsten Attribute der Gottheit an, die die Schöpfung emaniert, d. h. aus sich ausströmen lässt, des ewigen „Immer", das das Zeitmass entstehen lässt. Das erste „Iod" bedeutet die Ewigkeit, in der die Zeit in ihrer dreifachen Einteilung: Vergangenheit, Gegenwart und Zukunft entsteht; es ist die Zahl; es ist der Vater.

Das zweite „Iod" bedeutet das Unendliche, in dem der Raum mit seiner dreifachen Beziehung nach Länge, Breite und Tiefe entsteht; es ist das Mass, der Sohn.

Das dritte „Iod" bedeutet die ewige Substanz, die die Materie als Festes, Flüssiges und Gasförmiges entstehen lässt; das ist das Gewicht; es ist der heilige Geist.[1])

Vereinigt man Zeit, Raum, Materie und die ewige, unendliche Substanz zu Einem, so erhält man das ewige „Immer", das die Kabbalisten zu folgender Darstellung dieses göttlichen Namens veranlasste:

[1]) Vergl. S. 68, Absatz 3.

Die Beziehungen dieses Namens gibt Agrippa, einer der bedeutendsten Okkultisten, in folgender Weise an:[1])

Eheie ist der Name der göttlichen Wesenheit; als Numeration oder Sephirot entspricht „keter" (die Krone oder Diadem); es bedeutet das das völlig einfache Wesen der Gottheit, das, was das Auge nicht gesehen hat. Man legt diesen Namen Gott Vater bei und er wirkt auf die Seraphin, oder, wie die Hebräer sagen: Haioth Hakadosch, im Lateinischen: animalia sanctitatis, die berühmten Tiere der Heiligkeit, und durch die Seraphin vermittels des primum mobile verleiht er das Wesen des Seins allen Dingen, die das Universum in seinem ganzen Umfang erfüllen. Die ihm besonders zugehörige Intelligenz heisst Mithatron „Fürst der Gesichter", dessen Amt es ist, andere vor das Antlitz des Herrn zu bringen, und durch seine Vermittlung hat der Herr zu Moses gesprochen.[2])

Der zweite göttliche Name.

Der zweite Name ist Iah; er wird ausgedrückt durch Iod oder das Tetragrammaton in Verbindung mit Iod; als Sephiroth oder Numeration entspricht Hochma (sapientia). Er bedeutet die von Ideen erfüllte Gottheit, das Ersterzeugte, und wird dem Sohn zugeschrieben. Er wirkt durch die Cherubins, die die Hebräer Ophanim nennen, auf die Formen oder die „Räder" und dadurch auf den Sternenhimmel und bildet soviel Gestalten, als er Ideen in sich enthält, indem er das Chaos oder die Verwirrung der Stoffe durch die Dienstleistung seiner besonderen Intelligenz, Raziel, der auch der Leiter Adams war, ordnet.[3])

Der dritte göttliche Name.

Der dritte göttliche Name ist Ieve (יהוה). Es ist dies einer der geheimnisvollsten Namen der hebräischen Theologie und drückt eines der wunderbarsten Naturgesetze aus, die wir kennen.

Dank der Entdeckung einiger seiner Eigentümlichkeiten lässt sich eine vollständige Erklärung des Tarot geben. Zugleich ergibt sich folgende Analyse dieses göttlichen Namens, des kabbalistischen Wortes יהוה (iod-he-vau-he).

Wenn man der alten mündlichen Tradition der Hebräer, der Kabbala, Glauben schenken will, so existiert ein geheiligtes Wort, welches dem Sterblichen, der seine wahre Aus-

---

[1]) H. C. Agrippa, Philosophia occulta, t. II, p. 36.

[2]) Vgl. S. 68, 1. א und S. 70 11. כ. [3]) S. 69, 2. ב.

sprache entdeckt, den Schlüssel aller göttlichen und menschlichen Wissenschaften gibt. Dieses Wort, das die Israeliten niemals aussprachen, und das der Hohepriester nur einmal jährlich unter dem Geschrei des profanen Volkes sagte, ist das, das man auf der höchsten Stufe aller Einweihungen findet, das beim dreiunddreissigsten schottischen Hoch-Grad der Freimauerei im Mittelpunkt des leuchtenden Dreiecks erstrahlt, das unterhalb des Portals unserer alten Kathedralen angebracht ist; es ist aus vier hebräischen Buchstaben gebildet und wird iod-he-vau-he (יהוה) gelesen.

Es dient im Sepher Bereschit oder der Genesis des Moses dazu, die Gottheit zu bezeichnen, und seine grammatische Bildung ist derart, dass es schon dadurch an die Attribute erinnert, die die Menschen stets der Gottheit gegeben haben. Fabre d'Olivet sagt darüber in seinem Werke „Langue hébraïque restituée“: „Dieser Name zeigt zunächst verdoppelt das Zeichen, das das Leben bedeutet und eine wirklich lebende Wurzel bildet: E E (וח). Diese Wurzel ist niemals als Wort verwendet worden und es ist die einzige, die dieses Vorrecht genoss. Sie ist ihrer Bildung nach nicht nur ein Verbum, sondern ein ganz besonderes Verbum, von dem alle die anderen nur abgeleitet sind: es ist das Verbum הוה (Eve) „seiendes Sein“. Hier ist, wie man sieht und wie ich es auch in meiner Grammatik dargelegt habe, das Zeichen des übersinnlichen Lichtes ו (Vo) in der Mitte der Wurzel des Lebens. Moses verwendete dieses Verbum, um daraus den Eigennamen des Wesens der Wesen zu bilden, und er fügt noch das Zeichen der potentiellen Manifestierung[1]) und der Ewigkeit (י) dazu und erhält so יהוה (Ieve), wo die Möglichkeit des Seins zwischen eine Vergangenheit ohne Ursprung und eine Zukunft ohne Grenze gestellt ist. Dieser wunderbare Namen bedeutet also ganz genau: „Sein-das-ist-das-war-das-sein-wird.“

Nun werden wir sehen, dass die Eigenschaften, die diesem Worte zugeschrieben werden, bis zu einem gewissen Grade wirklich vorhanden sind, da es uns leicht den Zugang zu der ganzen alten Weisheit eröffnet.

Betrachten wir zunächst den Zahlenwert des Wortes, da, wie wir wissen, jedem hebräischen Buchstaben eine Zahl entspricht:

י (Jod) = 10
ה (He) = 5
ו (Vau) = 6

---

[1]) D. h. der inneren Fähigkeit, sich nach aussen zu offenbaren.

Es ergibt sich also für יהוה

$$10+5+6+5=26.$$

Betrachten wir nun einzeln jeden der Buchstaben.

Das Iod.

Das Iod, das eigentlich nur durch einen Punkt dargestellt wird, bedeutet das Prinzip, d. h. den Uranfang und das letzte Wesen der Dinge.

Alle Buchstaben des hebräischen Alphabets sind nur durch verschiedene Gruppierungen des Iod entstanden. Das synthetische Studium der Natur brachte die Alten auf den Gedanken, dass es nur ein einziges Gesetz gebe, das alle Produktion der Natur beherrsche. Dieses Gesetz liess vermöge der Analogie eine Ur-Einheit am Anfang aller Dinge voraussetzen und diese nur als Ausstrahlungen verschiedener Grade dieser Ur-Einheit auffassen. Ebenso war das Iod, aus dem allein sich alle Buchstaben und folglich alle Worte, alle Sätze gebildet hatten, das Bild und die Darstellung dieser Ur-Einheit, deren Erkenntnis den Profanen verschleiert blieb.

So ist das Gesetz, nach dem sich die Entstehung der Sprache der Hebräer vollzogen hat, dasselbe wie dasjenige, das für die Schöpfung des Universums massgebend war; das sucht auch eines der ältesten kabbalistischen Bücher, Sepher Iesira, zu beweisen.

Nach der Anschauung der Kabbalisten ist der erste Buchstabe des hebräischen Alphabets, das Aleph (א) durch kreuzweise Gegenüberstellung von vier Iod gebildet, und Aehnliches gilt auch für alle übrigen Buchstaben.

Der Zahlenwert des Iod führt noch zu anderen Betrachtungen. *Die Ureinheit am Anfang aller Dinge* ist nach den Lehren der Kabbalisten auch *zugleich der Urzweck am Ende aller Dinge*,[1]) und die Ewigkeit ist von diesem Gesichtspunkte aus betrachtet nichts als eine ewige Gegenwart. Die alte Symbolik suchte diesen Gedanken in folgender Weise darzustellen:

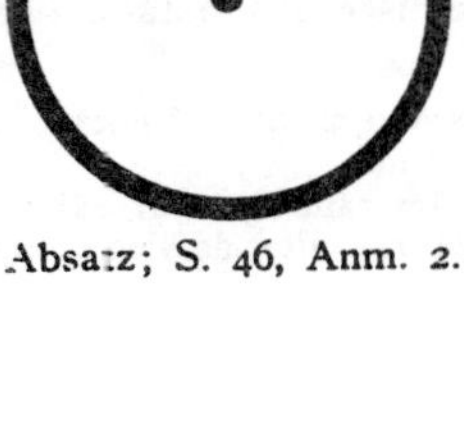

[1]) Vgl. S. 44, 10. Absatz; S. 46, Anm. 2.

Der Punkt im Zentrum des Kreises versinnbildet die Ureinheit im Mittelpunkt der Ewigkeit, die durch den Kreis, die Linie ohne Anfang und Ende, dargestellt wird.[1])

Die Einheit aber wird aufgefasst als eine Summe, deren einzelne Glieder alle die geschaffenen Wesen bilden, ebenso wie die Einheit „Mensch" durch die Summe von Millionen von Zellen gebildet wird.

An den Anfang aller Dinge stellt die Kabbala die absolute Bejahung des Seins durch sich selbst, das Ur-Ich oder die Ich-Einheit, die das Iod symbolisch, die Zahl 10 numerisch zum Ausdruck bringt. Die Zahl 10, die den All-Anfang, 1, an das nicht-seiendeNichts, 0, anschliesst, entspricht so allen Bedingungen, die sich an die Darstellung dieser absoluten Bejahung des Seins knüpfen können.[2])

Das He.

Aber das Ich kann sich nur begreifen durch Gegenüberstellung des Nicht-Ich. Kaum ist die Bejahung des Ich vollzogen, so tritt sofort eine Gegenwirkung des absoluten Ich auf sich selbst ein, wodurch vermittelst einer Art Teilung der Einheit eine Erkenntnis seiner eigenen Existenz erfolgt. Das ist der Ursprung der Dualität, der Gegenüberstellung, der Zweiheit, das Sinnbild des weiblichen Wesens, wie die Einheit das Sinnbild des männlichen Wesens ist. Teilt sich die Zehn, sich selbst sich gegenüberstellend —— $\frac{10}{2}$ —— so erhalten wir 5, den Zahlenwert für den Buchstaben He, den zweiten Buchstaben des grossen heiligen Namens.

Das He wird also das Passive darstellen, wenn Jod das Symbol des Aktiven ist, ebenso das Nicht-Ich in Beziehung zum Ich, das Weib in Beziehung zum Mann, die Substanz in Beziehung zum inneren Wesen, das Leben in Beziehung zur Seele, u. s. w.

Das Vau.

Die Gegenüberstellung des Ich und des Nicht-Ich lässt sofort einen anderen Faktor entstehen, eben die Beziehung, die zwischen diesem Ich und Nicht-Ich besteht.

Das Vau, der sechste Buchstabe des hebräischen Alpha-

---

[1]) Kircher, Oedipus Aegyptiacus; Lenain, La Science kabbalistique; I. Déc, Monas Hieroglyphica.

[2]) Saint. Martin, Des rapports qui existent entre Dieu, l'Homme et l'Univers; Lacuria, Harmonies de l'être exprimées par les nombres.

bets, entstanden aus 10 (Jod) + 5 (He) = 15 = 1 + 5 = 6, bedeutet auch Beziehung, ursprünglich einen Haken, der zwei Gegenstände verbindet. Es ist der Haken, das Mittelglied, das alle gegensätzlichen Faktoren in der ganzen Natur verbindet, das auch der dritte Begriff dieser mystischen Trinität ist:

Ich — Nicht-Ich.

Beziehung zwischen Ich und Nicht-Ich.

Das zweite He.

Ausserhalb dieser Trinität, die als Gesetz betrachtet wird, existiert nichts. Die Trinität ist die synthetische und absolute Formel, auf der alle Wissenschaften beruhen, und diese Formel wurde, nachdem ihr wissenschaftlicher Wert vergessen war, durch alle Religionen unversehrt bis auf uns überliefert, da diese unbewusst die Trägerinnen der Weisheit der ursprünglichsten Zivilisation waren.[1])

So bilden in Wahrheit nur drei Buchstaben den grossen heiligen Namen. Der vierte Buchstabe, das He, ist nur eine Wiederholung des zweiten.[2])

Diese Wiederholung ergibt eine neue Anwendung des Trinitätsgesetzes; sie bedeutet den Übergang von der metaphysischen Welt zur physischen, oder im allgemeinen von irgend einer Welt zu der nächstfolgenden.[3])

So sagt auch Malfatti (Mathèse p. 25): „Der Übergang von 3 in 4 entspricht dem der Trimurti in Maja, und wie diese letztere die zweite Dreiheit der progenesetischen Dekade eröffnet, so eröffnet die Ziffer 4 die zweite Dreiheit unseres genesetischen Dezimalsystems."

Die Kenntnis dieser Eigenschaft des zweiten He ist der Schlüssel zu dem ganzen göttlichen Namen in allen seinen Anwendungen.

Fassen wir nun alles, was uns über das Wort Jod-He-Vau-Hé bekannt ist, zusammen. Vier Buchstaben sind darin enthalten:

---

[1]) Eliphas Levi, Dogme et Rituel de haute magie; la Clef des grands mystères; — Lacuria, Harmonies l. c.

[2]) Fabre d'Olivet, La Langue hébraique restituée.

[3]) Luis Lucas, Le Roman alchimique: praeter haec tria numera non est alia magnitudo, quod tria sunt omnia, et ter undecunque, ut pythagorici dicunt; omne et omnia tribus determinata sunt. (Aristoteles, citiert bei Ostrowsky, Mathése, p. 24.)

Das Jod — Das aktive Prinzip.
Das Ich = 10.
Das He — Das passive Prinzip.
Das Nicht-Ich = 5.
Das Vau — Das Mittelglied, der Haken, der das Aktive an das Passive befestigt.
Die Beziehung zwischen Ich und Nicht-Ich = 6.

Diese drei Begriffe bringen das Trinitätsgesetz des Absoluten zum Ausdruck.

Das zweite He — Es bedeutet den Übergang von einer Welt in eine andere.

Das zweite He schliesst das vollständige Sein ab, das in einer absoluten Einheit Ich-Nicht-Ich-Beziehung umfasst, zugleich bedeutet es den Übergang vom Noumenon zum Phänomenon d. h. vom Gedachten oder der Idee zur Erscheinung und dient so dazu, von einer Stufe zur anderen zu steigen.

Das Wort Jod-He-Vau-He lässt sich in verschiedener Art darstellen; sehr gewöhnlich ist die folgende:

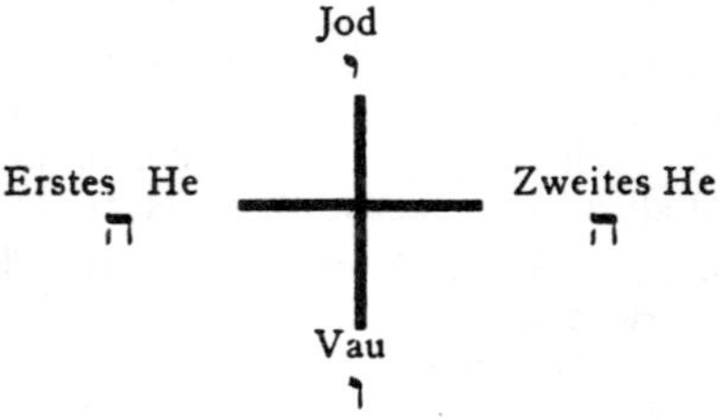

Da aber das zweite He, als Sinnbild des Überganges, zugleich das aktive Prinzip der folgenden Stufe wird, d. h. da dieses He eigentlich nur ein Jod im Keime ist, kann man das geheiligte Wort auch so zur Darstellung bringen, dass man das zweite He unter das Jod stellt:

iod 1. he vau
2. he.

Man kann das zweite He mit dem *Verhältnis* vergleichen, das *zwischen einem Getreidekorn und einer Ähre* besteht. Die Ähre, die manifestierte Dreiheit oder Jod-He-Vau, verwendet ihr ganzes Wirken auf die Erzeugung des Getreidekornes oder des zweiten He. Aber dieses Getreidekorn ist nur der *Übergang* von der einen Ähre, die es geboren hat, zu der anderen, die ihm seine Entstehung verdankt und gleichsam die zweite Generation bildet. Es ist der Übergang von einer Generation zur andern und deshalb kann man das zweite He auch ein Jod im Keime nennen.

Eine dritte Darstellung des heiligen Wortes besteht darin, dass die Trinität Jod-He-Vau von dem abschliessenden Begriffe He eingeschlossen wird:

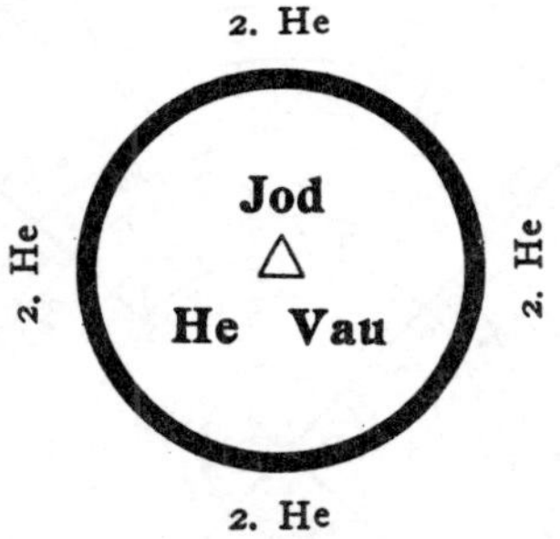

Das Studium des Tarot ist nichts anderes als das Studium der Umgestaltungen des göttlichen Namens, wie sich dies aus Fig. 2 ergibt. Bezüglich des näheren Zusammenhanges dieser Figur mit den Bildern auf den Tarock- (französisch Tarots) und -Lhombre-Karten sei auf Schwetschke, Geschichte des Lhombre (Halle 1863), Eliphas Levi, Dogme et Rituel de haute magie, und Papus, Tarot des Bohemiens, verwiesen.[1]) Der innerste Kreis zeigt die Buchstaben des heiligen Namens Iod-He-Vau-He, vierfach neben einander gestellt kehren sie wieder im dritten Kreis, der vierte und fünfte Kreis zeigt die Zahlen und die Buchstaben, der sechste Kreis enthält die Worte „Stäbe, Pfennige, Schwerter, Becher"; auf französischen Karten heisst das „Batons, Deniers, Epees, Coupes," auf den alten italienischen „Bastoni, Denari, Spade, Coppe"; auch von deutschen Spielern werden die „Schwerter" oft als „Spadille" bezeichnet. Ebenso geht das im siebenten Kreise unserer Figur vorkommende „Cavall" auf das französische Wort „Cavalier", d. h. Reiter oder Ritter zurück. Der siebente, achte, neunte und zehnte Kreis stellt die Beziehungen der Tafeln des Buches Tarot oder der Tarok-Karten zu dem Worte יהוה (Iod-He-Vau-He) dar. Wollten wir alle die

---

[1]) Vgl. auch die Ausführungen in den Briefen Eliphas Levis, die wir aufgenommen haben, S. 29, S. 34, 35.

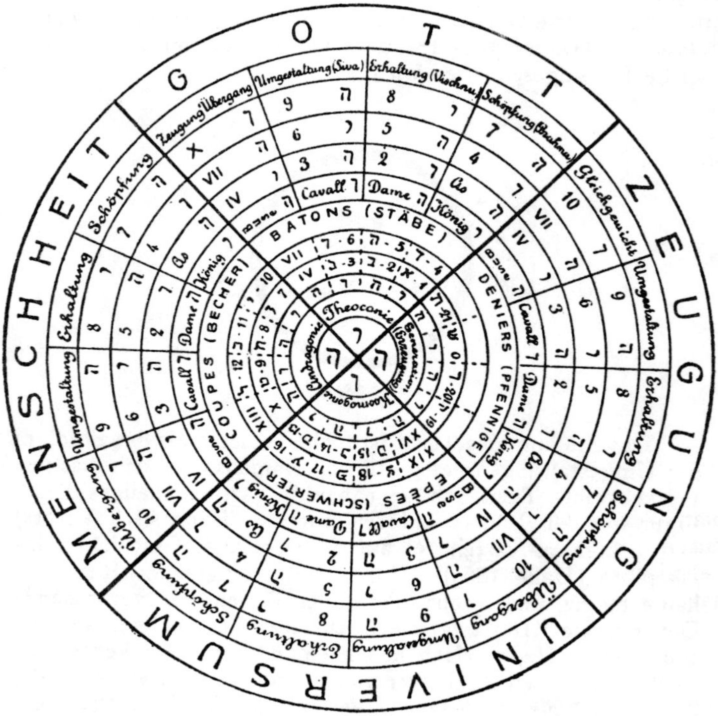
GOTT
ZEUGUNG
UNIVERSUM
MENSCHHEIT
BATONS (STÄBE)
COUPES (BECHER)
DENIERS (PFENNIGE)
EPÉES (SCHWERTER)
Theoconie
Androgonie
Kosmogonie
Umgestaltung (Siva)
Erhaltung (Vischnu)
Schöpfung (Brahma)
Zeugung Übergang
Gleichgewicht

Fig. 2.

Betrachtungen der Kabbalisten über diesen dritten Namen auch nur in kurzem Auszug wiedergeben, so bedürften wir eines eigenen Buches dafür. Eliphas Levi gibt in allen seinen Werken ausgezeichnete Darlegungen über diesen Gegenstand und auch Kircher ergeht sich in ausführlichen Betrachtungen darüber.[1])

Der Name der 72 Buchstaben. — Die 72 Genien. Aus diesem dritten Namen Gottes gewinnt man auch durch das folgende Verfahren den kabbalistischen Namen der 72 Buchstaben.

Man schreibt das Wort J e v e in ein Dreieck, wie folgt:

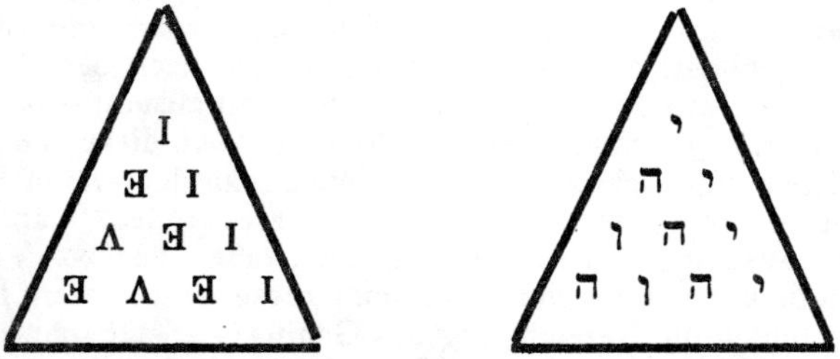

Das ist die erste Art, das heilige Wort zu schreiben. Das man dadurch den Namen der 72 Buchstaben erhält, ergibt sich durch folgende Erklärung: addiert man die Zahlen, die den hebräischen Buchstaben in jeder Reihe entsprechen, so haben wir:

יהוה	- 10 + 5 + 6 + 5	- 26
יהו	- 10 + 5 + 6	- 21
יה	- 10 + 5	- 15
י	- 10	- 10
	Summe	- 72

Die zweite Schreibart des dritten Namen Gottes ist die folgende:

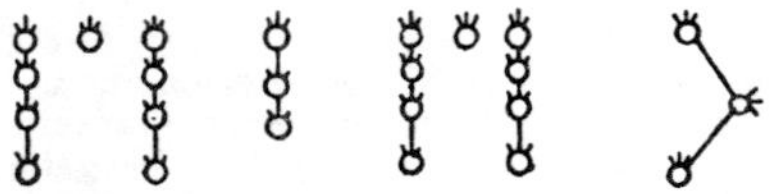

[1]) Hier sei nur auf folgende Beziehung der Bezeichnungen in der Reihenfolge „Stäbe, Becher, Schwerter, Pfennige" verwiesen; der Stab ist das Szepter des Vaters (das aktive Prinzip-Jod), der Becher enthält die Wonnen der Mutter (das passive Prinzip - 1. He), die

Zählt man die mit drei Zacken versehenen Kugeln zusammen, die das auf diese Weise geschriebene Wort יהוה bilden, so wird man 24 Kugeln finden, die den vierundzwanzig Greisen der Apokalypse entsprechen.

Jede dieser Kugeln oder Kronen zeigt drei Zacken; multipliziert man nun die Zahl der Kugeln, 24, mit 3, so erhalten wir die 72 mystischen Buchstaben:

$$24 \times 3 = 72.$$

In der praktischen Kabbala, die Magie ist, bedient man sich der 72 Namen der Genien, die in folgendem Verfahren der Bibel entnommen sind:

Die Namen der 72 Engel sind aus drei mystischen Versen (19, 20, 21) des 14. Kapitels des Exodus, des zweiten Buches Moses, gebildet, da jeder dieser Verse sich nach dem hebräischen Texte aus 72 hebräischen Buchstaben zusammensetzt.

Um die 72 Namen zu erhalten, werden diese Verse in drei Zeilen aufgeschrieben; dann nimmt man den ersten Buchstaben des 19. Verses und des 20. Verses, indem man von links ausgeht, und den ersten Buchstaben des 20. Verses, indem man von rechts beginnt; diese drei ersten Buchstaben bilden die Bezeichnung des Genius.[1] Setzt man dieses Verfahren bis zum Ende der Verse fort, so erhält man die 72 Attribute der göttlichen Kräfte.

Fügt man jedem dieser Namen einen der zwei grossen göttlichen Namen יה, Jah, oder אל, El, bei, so erhält man die 72 Namen der Engel, die aus drei Silben bestehen und deren jeder in sich den Namen Gottes enthält.

Was sich sonst noch auf den dritten Namen Gottes bezieht, wurde bereits bei der Besprechung der hebräischen Buchstaben[2]) angedeutet. Der dritte Name heisst auch Tetragammaton Elohim d. h. Gott, der aus vier Buchstaben besteht; als Numeration oder Sephiroth entspricht Bina (providentia et intelligentia), was auch Jubelfeier, Nachlass und Ruhe, Auslösung oder Erlösung der Welt und künftiges Leben bedeutet. Der Name steht in Beziehung zum heiligen Geist und wirkt durch die Thron-Engel[3]) (die die Hebräer

---

Schwerter bedeuten den Kampf in den Beziehungen der Liebe (Beziehung-Vau), die Pfennige bedeuten die Fruchtbarkeit, die den Übergang zur folgenden Generation hervorruft (Übergang 2. He).

[1]) Manche Kabbalisten beobachten bezüglich dieser Verse ein anderes Verfahren.

[2]) Vgl. S. 69,3. ג Ghimel.

[3]) Für die Engelsnamen auch im Folgenden vergleiche man die Tabellen am Schluss des „Vierten Kapitels", die die Beziehungen der Sephiroth zu den Chören der Engel darstellen.

Aralim, d. h. grosse und starke, nennen) und durch die Sphäre des Saturn, indem er die Form der flüssigen Materie schafft; die besondere Intelligenz ist Zaphohiel, der Schutzgeist des Noë, und Jophiel, der Schutzgeist des Sem. Die drei höchsten Numerationen oder Sephirot bilden gewissermassen die Throne der göttlichen Personen, durch deren Gebot alles geschieht; aber die Ausführung erfolgt durch die sieben anderen Numerationen, und weil diese auch besonders bei der Schöpfung in Tätigkeit traten, nennen sie die Kabbalisten „Die Sephiroth der Konstruktion." (Vgl. unsere Darlegungen auf S. 15.)

Der vierte Name. [1]) **(Vgl. S. 69,4. ד Daleth.)**

Der vierte Namen ist El; als Numeration entspricht Chesed (clementia Milde, bonitas Güte); sie wird auch Gnade, Barmherzigkeit, Erbarmen, Pracht, Szepter und rechte Hand Gottes genannt. Er wirkt durch die Klasse der Engel, die die Hebräer Hasmalim d. h. Herrschaften nennen, auf die Sphäre des Jupiter und bildet die Urbilder oder Ideen der Körper; er verleiht allen Menschen Barmherzigkeit und friedliche Gerechtigkeit; seine besondere Intelligenz heisst Zadkiel, der Lenker Abrahams.

Der fünfte Name. **(Vgl. S. 69,5. ה He.)**

Der fünfte Name ist Elohim Gibor (Deus robustus puniens culpas improborum d. h. der starke Gott, der die Frevel der Ruchlosen straft). Als Numeration entspricht Gebura (Macht, Ernst, Kraft, Reinheit, Urteil, das durch Verheerungen und Kriege straft). Man bezeichnet sie auch als Tribunal, Gürtel, Schwert oder linken Arm Gottes. Man nennt den Namen auch Pechad (Furcht) und er wirkt durch die Ordnung der Engel, die man die Mächte nennt, die Hebräer aber Seraphim, auf die Sphäre des Mars, der besonders die Stärke zusteht. Durch diesen Namen werden Krieg, Trübsal und Ortsveränderung der Elemente bewirkt.

Seine besondere Intelligenz ist Gamael, der Lenker Samsons.

Der sechste Name. **(Vgl. S. 69,6. ו Vau.)**

Der sechste Name ist Eloha (oder der Name der vier Buchstaben) in Verbindung mit Vaudahat. Als Numeration entspricht Tiphereth (Zier, Schönheit, Ruhm, Freude). Der

---

[1]) Bei diesen Namen ist auch die früher gegebene Behandlung und Erklärung der einzelnen Buchstaben des Alphabets zu vergleichen.

Ordnung der Engel, die Kräfte (Tugenden) genannt werden und die die Hebräer Malachim nennen, auf die Sphäre der Sonne, der sie Klarheit und Leben geben und so die Metalle erzeugen. Seine besondere Intelligenz ist Raphael, der Schützer Isaks und des jungen Tobias, und der Engel Feliel, der Lenker Jakobs.

Der siebente Name. (**Vgl. S. 70,7. ז Zain.**)

Der siebente Name ist Tetragrammaton Sabaoth oder Adonai Sabaoth, d. h. „der Herr der Heerscharen".

Als Numeration entspricht Nezah (Triumph, Sieg); man bringt diesen Namen mit der rechten Säule [1]) in Beziehung und er bedeutet auch Ewigkeit und Gerechtigkeit der strafenden Gottheit. Er wirkt durch die Ordnung der Engel, die Fürstentümer heisst (bei den Hebräern Elohim), auf die Sphäre der Venus und bedeutet auch Eifer und Liebe zur Gerechtigkeit; er erzeugt die Vegetabilien, seine Intelligenz heisst Haniel, sein Engel Cerirel, der Lenker Davids.

Der achte Name. (**Vgl. S. 70,8. ח Heth.**)

Der achte Name ist Elohim Sabaoth, den man auch als „Herr der Heerscharen" deutet, aber nicht der Heerscharen des Krieges und der Gerechtigkeit, sondern der Liebe und Eintracht. Als Numeration entspricht Hod (Lob und Bekenntnis, Sittsamkeit und Ansehen); man bringt ihn mit der linken Säule in Beziehung. (Säule der Stärke.) Er wirkt durch die Ordnung der Erzengel, die die Hebräer Bene Elohim, d. h. Söhne der Gottheit nennen, auf die Sphäre des Merkur; er verleiht Glanz, passenden Schmuck und erzeugt die Tiere. Seine Intelligenz ist Michael, der der Lenker Salomons war.

Der neunte Name. (**Vgl. S. 70,9. ט Teth.**)

Der neunte Name ist Sadai (der allmächtige und allbefriedigende) oder Elhoi (der lebendige Gott).

Als Numeration entspricht Jesod (Basis oder Fundament). Er bedeutet Einverständnis, Bündnis, Erlösung und Ruhe. Er wirkt durch die 9. Ordnung der Engel, die die Hebräer Cherubim nennen, auf die Sphäre des Mondes, die Wachstum und Abnahme allen Dingen verleiht; durch sie waltet er bei der Geburt der Menschen und teilt ihnen Schutzengel zu.

[1]) Der Sephiroth (Säule der Gnade).

Seine Intelligenz ist Gabriel, der der Lenker Josefs, Josuas und Daniels war.

Der zehnte Name.

Der zehnte Name ist Adonai Melech (Herr und König). Als Numeration entspricht Malchut („Das Reich"); er bedeutet Kirche und Tempel Gottes und Pforte. Er wirkt durch die animastische Ordnung, d. h. durch die der selig gewordenen Seelen, die die Hebräer Issim nennen, d. h. die Edlen, oder Eliros und Fürst; sie stehen über den Hierarchien der niederen Engel; den Kindern der Menschen verleihen sie Erkenntnis, gewähren ihnen ein wunderbares Wissen und die Gabe der Weissagung. Seine Intelligenz ist Metalhin, der den Namen der ersten Schöpfung trägt oder auch Weltseele heisst; er war der Leiter des Moses.

Die Kabbala.

Moses gab seine Lehre in zwei Teilen, die durch ein Bindeglied miteinander verbunden waren.

Der erste Teil ist der geschriebene; er besteht aus Buchstaben, gebildet durch ideographische Charaktere mit dreifachem Sinn und ist so der Körper der Lehre.[1])

Der zweite Teil ist der mündliche, der Geist oder die Seele der Lehre, und bildet den Schlüssel für den ersten Teil.

Zwischen diesen beiden Teilen vermittelt ein Kanon von Regeln, der sich auf eine skrupulöse Erhaltung des Textes bezieht; er bildet so das Leben der Überlieferung mit der Jurisprudenz als regelndem Lebensprinzip.

Der Körper der Tradition erhielt den Namen Massora oder Mashora.

Das Leben der Überlieferung teilte sich in Misna und Gemara, deren Vereinigung den Talmud bildet.

Der Geist der Überlieferung, die Geheimlehre, ergab die Werke Sepher Jesira, Zohar mit Tarot und Clavicula als Anhang. Das Ganze ist die Kabbala.

Die Kabbala (oder mündliche Überlieferung) ist die erleuchtende Offenbarung

---

[1]) Vgl. Tabelle auf S. 4. und die dort vorausgehenden und folgenden Darlegungen.

eines mystischen Seins oder Wesens, projiciert von Moses auf die „Ebene" oder Sphäre der geschaffenen Wesen. Es ist nach dem Stand unserer Kenntnis die einzige Überlieferung, die diesen erhabenen und synthetischen Charakter zeigt, das ist auch der Grund ihrer Einheitlichkeit und dafür, dass sie sich so leicht dem philosophischen Denken des Abendlandes anschmiegen lässt.

Die Kabbala ist die Wissenschaft von der Seele und von Gott und allen den Beziehungen, die zwischen ihnen bestehen. Sie lehrt und beweist, dass Alles in Einem ist und Eines in Allem, und vermöge des Grundsatzes der Analogie lässt sie zugleich vom Abbild zum Urprinzip emporsteigen und vom Urprinzip zur äusseren Form zurückkehren. Für den Kabbalisten ist ein hebräischer Buchstabe ein Universum mit all seinen komplizierten Beziehungen im kleinen und das Universum mit seinen ineinander verketteten Lebensabstufungen ein kabbalistisches Alphabet. So ist nichts leichter zu verstehen und doch nichts schwerer zu studieren als die heilige Kabbala, die den wahren Kern aller abendländischen Mystik bildet.

Drei Ebenen des Daseins, auch die drei Welten genannt, offenbaren die schöpferische Einheit, wenn diese aus sich heraustritt. Diese drei Welten finden wir überall: in Gott, im Universum und im Menschen zeigt sich die dreifache Daseins-Ebene. Wir finden die drei Welten in entsprechendem Massstab in einem Getreidekorn ebenso wie in einem Planeten, in einem Wurm wie in einer Sonne, in einem gesprochenen Wort wie in einem Schriftzeichen.

So ist es nicht zu verwundern, dass die Kabbalisten von Pedanten und Ignoranten als kühne Träumer, von Eingeweihten aber als erhabene Weise betrachtet wurden.

Der Besitz der kabbalistischen Schlüssel eröffnet jeder Religion, jeder Brüderschaft von Eingeweihten die Zukunft, den Erfolg, den Himmel.

Der Verlust dieser Schlüssel verurteilt diejenigen zum Tode, die das so kostbare Licht erlöschen liessen.

Zur Zeit der Ptolemäer verstehen die Juden das Buch Moses nicht mehr, bald darauf verlieren sie ihre Existenz als selbständiges Volk, und nur die Essäer, die die Schlüssel der Kabbala besitzen, vererben dank dem Christentum deren Geist.

Heute bleibt die Apokalypse für Katholiken und Protestanten, für die griechisch-orthodoxen wie für die armenischen

Christen ein verschlossenes Buch; die Schlüssel sind verloren.

In gar vielen Freimaurer-Logen kennt man die Akazie nicht mehr, das Herz Hirams hat sich in seinem mystischen Gefäss nicht mehr erhalten; denn Freimaurer wie Priester haben die Überlieferung verloren, die allein zu Eingeweihten machen kann.

Gerade deshalb wollen wir im Folgenden noch einige besonderen Punkte der Kabbala hervorheben, und zwar zunächst die drei Welten mit den sie bildenden Prinzipien und in ihrer dreifach abgestuften Ebene, ferner die idealen Abbilder dieser Gesetze, Beziehungen und Prinzipien, wie sie durch die ideographischen (d. h. die Ideen symbolisierenden) Schriftzeichen der hebräischen Sprache wiedergegeben werden, die mystischen 10 Numerationen oder Sephirot und endlich die Operationen der heiligen Arithmetik.

Die Kabbala stellt ein allgemeines Gesetz auf, und die ganze Schöpfung ist nichts als dessen Anwendung. Dieses Gesetz ist die Dreiheit,[1] die sich aus einer ursprünglichen Einheit ableitet, wenn man auf den Uranfang zurückgeht, einer Verschmelzung in der Einheit entgegengeht, wenn man den Endzweck ins Auge fasst, und sich in vierfachem Kreise[2]) entwickelt, wenn man das Leben oder den Zustand berücksichtigt.

Diese Dreiheit besteht schon in dem Urprinzip der ganzen Schöpfung und wird folgendermassen dargestellt:

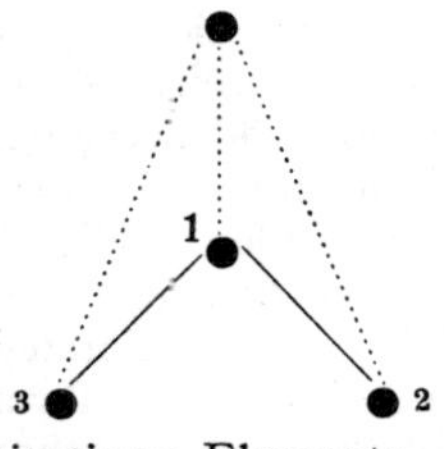

Jedes der konstitutiven Elemente dieser Dreiheit oder Trinität besitzt das Vermögen zur Schöpfung oder Zeugung, das das uranfängliche Unendliche besass; aber dieses Ver-

[1]) Vgl. für das Folgende die Darlegungen auf S. 44. und 45, sowie 81—85. [2]) Die 4 Welten S. 17 und 47.

mögen zeigt in jedem der drei Elemente einen besonderen Charakter, der entsprechend den weiteren Ebenen der Betätigung Affinität oder Geschlecht genannt wird.

Es gibt nun drei Ebenen der Betätigung oder Wirkung, in welchen allein die Wirkung jeder Kreatur ausgeübt werden kann. Diese drei Ebenen oder Hierarchien werden nach der Kabbala die drei Welten genannt und sind in der allergeringsten wie in der unermesslich grössten der Kreaturen vorhanden.

So ist ein hebräischer Buchstabe ein intellektuelles Wesen, das die drei Welten in seinem dreifachen hierarchisch-hieroglyphischen Sinn enthält; ein Blutkügelchen ist ein Lebewesen, das die drei Welten in Hülle, mittlerer Substanz und Kern darstellt; der Körper des Menschen ist eine physische Schöpfung, die ebenso die drei Welten (Kopf, Brust und Unterleib) an sich zeigt.

Die drei Welten setzen sich zusammen:

1. aus einer oberen,
2. aus einer mittleren,
3. aus einer unteren,

die je nach der Kreatur, in der man sie betrachtet, ganz verschiedene Namen haben, und das ist die Quelle einer Menge von Unklarheiten und Irrtümern beim Studium der Kabbala, die allerdings die Kabbalisten nach bestem Wissen und Können zu beseitigen suchten.

So zeigt ein Blutkügelchen die drei Welten in der Seele des Kügelchens, die in seinem Kerne arbeitet, in dem Leben, das in der mittleren Substanz kreist, und in dem Körper, den die äussere Hülle bildet.

Im Menschen wird die obere Welt der Geist sein, das unsterbliche Wesen, das sich des sogenannten animalischen Nervensystems bedient, die mittlere ist das Lebensprinzip, das sich des sympathischen oder vegetativen Nervensystems bedient; die untere Welt endlich ist der Körper, der Träger und Erneuerer der materiellen Hülle des Menschen.

Aber es ist leicht einzusehen, dass auch der Körper seinerseits die drei Welten zur Darstellung bringt ebenso wie das Lebensprinzip und der Geist ihrerseits an und für sich die Dreiheit wiederspiegeln. Wie schwer ist es dann, das darzulegen, jede Dunkelheit zu vermeiden und Missverständnissen beim Einzuweihenden vorzubeugen!

Wir wollen jede Welt durch einen Raum darstellen, der durch zwei horizontale Linien begrenzt wird, deren eine die oben befindliche, deren andere die unten befindliche Welt berührt:

Obere Welt
Mittlere Welt
Untere Welt

Aber jede Welt hat in jeder anderen eine Spiegelung oder Ausstrahlung ihrer selbst. So hat das zentrale oder animalische System, obwohl es besonders im Gehirn, im Kopfe zentralisiert erscheint, doch Ausläufer in Brust und Bauch. Das sympathische und Blutgefässsystem sendet doch, obwohl in der Brust zentralisiert, Arterien und Venen zu den Systemen der beiden anderen Welten des menschlichen Wesens, und obwohl das lymphatische und Verdauungssystem im Bauche zentralisiert ist, versendet es doch Kügelchen und Gefässe durch den ganzen Organismus.

Drei neue Unterabteilungen werden sich in jeder Welt ergeben, die wir in der folgenden Tabelle veranschaulichen wollen:

Lokalisierungs-Zentrum der oberen Welt	Obere Welt
Spiegelung der mittleren Welt	
Spiegelung der unteren Welt	
Spiegelung der oberen Welt	Mittlere Welt
Lokalisierungs-Zentrum der mittleren Welt	
Spiegelung der unteren Welt	
Spiegelung der oberen Welt	Untere Welt
Spiegelung der mittleren Welt	
Lokalisierungs-Zentrum der unteren Welt	

Aber um anzudeuten, d a s s d i e s e W e l t e n u n d i h r e S p i e g e l u n g e n s i c h g e g e n s e i t i g d u r c h d r i n g e n, verwenden die Kabbalisten eine Darstellung in vertikalen Linien, die in folgender Weise die gegenseitigen Beziehungen der drei Centra zueinander zu erkennen geben:

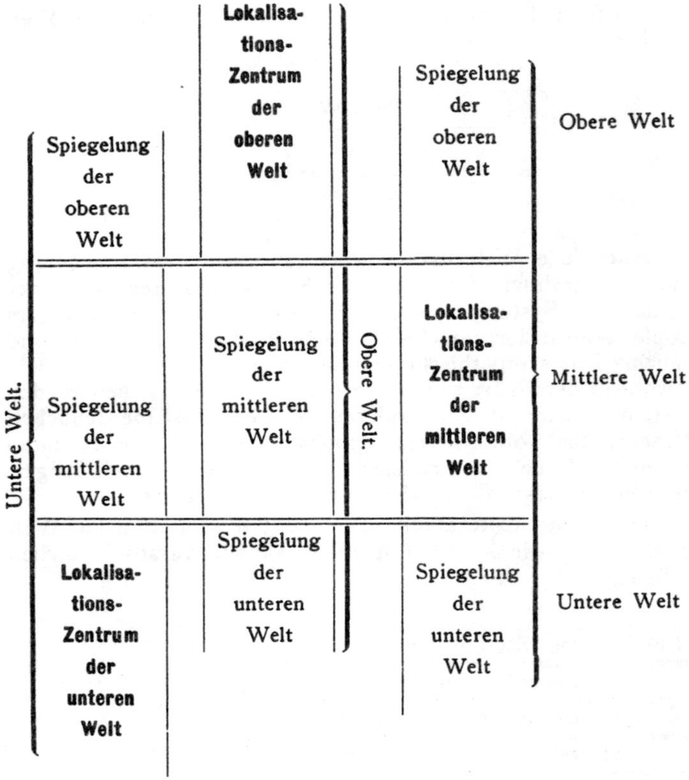

Das ist das Feld, auf dem die Kreaturen ihre Wirksamkeit entfalten, und es ist klar, dass das Wirkungsgebiet je nach der darin tätigen Kreatur seinen Namen ändern wird.

So haben wir beim Menschen in der oberen Ebene oder Welt (Kopf) zu unterscheiden:

1. Geist, der hier lokalisiert ist;
2. Lebensprinzip, das sich hier nur wiederspiegelt;
3. Körper, d. h. materielles Prinzip, das sich hier nur wiederspiegelt.

In der mittleren Ebene (Brust) gibt es:

1. Spiegelung des Geistes;
2. Lokalisations-Zentrum des Lebensprinzipes;
3. Spiegelung des materiellen Prinzips, des Körpers.

Analog ist es in der unteren Ebene (Unterleib).

Es ergibt sich dann weiter folgende Tabelle:

Kopf Nerven	Geist	Psychisches Wesen Intellektuelles Leben
Brust Blut	Gefühl	Organisches Leben
Bauch Lymphe	Instinkt	Zell-Leben

Aber man darf nicht vergessen, dass diese neun Centra Emanationen des **einen** grossen Urendlichen sind, das auch die erste Trinität entstehen liess. Diese Tabelle wird nur dann vollständig, wenn sie oberhalb der oberen Welt dieses erste schöpferische Prinzip und unterhalb der unteren Welt die direkte Spiegelung dieses Prinzips aufweist, d. h. das Element, durch welches **die zweite Schöpfung** oder Zeugung sich vollenden konnte; so erhalten wir, wenn wir den Menschen als Vorbild betrachten, folgende Gestalt der Tabelle:

	Schöpferisches Prinzip Gott	
Kopf	Geist	Psychisches Wesen
Brust	Gefühl	Organisches Leben
Bauch	Instinkt	Zell-Leben
	Zeugung Spiegelung des schöpferischen Prinzips in der Materie	

Es bleibt noch zu erwähnen, dass diese Tabelle, die sich auf den Menschen als geistiges und physisches Wesen bezieht, sich auch auf die anatomische Analyse des menschlichen Körpers anwenden liesse. Das will besagen, dass diese Tabelle nur der Ausdruck des allgemeinen Gesetzes der Konstitution überhaupt ist und dass es genügt, die Namen der Elemente zu ändern, um die Namen der entsprechenden Ebenen oder Welten zu erhalten und umgekehrt. Mit Hilfe dieser Tabelle kann man auf Grund des Zehnerschlüssels (3 gewissermassen durch Grundakkorde abgetönte Dreiheiten) ebenso gut für die Zelle tief ins Wesen eingreifende Einteilungen aufstellen, wie wir es hier für den Menschen als Ganzes getan haben. Eine Anwendung auf die Analyse des menschlichen Körpers zeigt die Tabelle in folgender Gestalt:

Mesoderma: Endoderma — Befruchtetes Ei — Ectoderma

Kopf Ectoderma	Nerven	Gehirn	Nerven- Fluidum
Brust Mesoderma	Blutgefässe	Herz	Blut
Bauch Endoderma	Eingeweide	Magen	Lymphe
		Zeugungs- Organe	

Doch als die Kabbalisten *dieses allgemeine Gesetz* festgestellt hatten, wollten sie nicht, dass es durch die Wahl eines beliebigen Beispiels zur Erklärung an Klarheit verliere; man musste jeder Bestimmung des Gesetzes eine möglichst allgemein gehaltene Gestaltung geben, um Irrtümer zu vermeiden; daher wurden in dem Schema, das das Gesetz darstellte und so für alle Anwendungen als Muster dienen sollte, die *Numerationen* eingesetzt; denn es gibt ja nichts Abstrakteres als diese „Urzahlen", *die die allgemeinen und essentiellen Formen der Dinge, der Kategorien des Weltalls repräsentieren.* So müssen wir uns die Lehre von den Sephiroth[1]) oder Numerationen entstanden denken.

[1]) „Sephirot" ist die Mehrzahl von „Sephira", vgl. S. 16, Anm. 1.

Die zehn Sephiroth oder Numerationen.

Jeder dieser Sephirot oder Numerationen wurde in dem ersten Anwendungsschema eine der Eigenschaften Gottes zugeteilt; so erhielt man das klassische Sephiroth-Schema, dessen Genesis aus der Dreiheit wir im unmittelbar Vorausgehenden besprochen haben, während der Zusammenhang mit den Qualitäten Gottes bereits S. 13—19 und S. 31 dargelegt wurde.

Doch sind diese zehn wirkenden metaphysischen Elementarkräfte, die der Gottheit zunächst stehenden Urideen und geistig-sittlichen Kräfte, zugleich auch auf jede beliebige Realität anwendbare Kategorien.

Sie sind nicht von einander isoliert, sondern ausser dem Beziehungszusammenhange der „Säulen“,[1]) bestehen zwischen ihnen noch „Verbindungswege“, die auch „Kanäle“ genannt werden. Durch diese wirkt die unendliche, absolute Gottheit auf die Welt der ersten Emanation, auf die Sephirot, und diese wiederum gegenseitig auf einander ein.[2])

Jeder dieser Kanäle wird durch eine geschaffene Realität, d. h. wirklich existierende Wesenheit, durch ein übersinnliches oder dem Lebensprinzip angehöriges oder materielles Wesen gebildet, je nach der Welt, der die Kreatur angehört, auf die man das Schema der Numerationen anwendet.

Ebenso wie die Numerationen d. h. die abstrakten Zahlen jedes einzelne der konstitutiven Elemente des allgemeinsten Schemas andeuteten, so symbolisierten die hebräischen Buchstaben jeden einzelnen der mystischen „Wege“, die diese konstitutiven Elemente verbanden.

Aber auch hier war das Gesetz der Dreiheit zu befolgen und die Kabbalisten haben das auch bei der Ausbildung dieses wunderbaren Werkzeuges, das das hebräische Alphabet ist, nicht verabsäumt.

Das hebräische Alphabet setzt sich aus 22 hieroglyphischen Buchstaben zusammen, deren jeder ein übersinnliches Wesen von tiefer Bedeutung ist.[3]) Diese Buchstaben entsprechen in folgender Weise den drei Welten:

---

[1]) Vgl. S. 15 und 16.
[2]) Vgl. S. 13 und Fig. 3 und 4.
[3]) Vgl. S. 75, S. 67 unten.

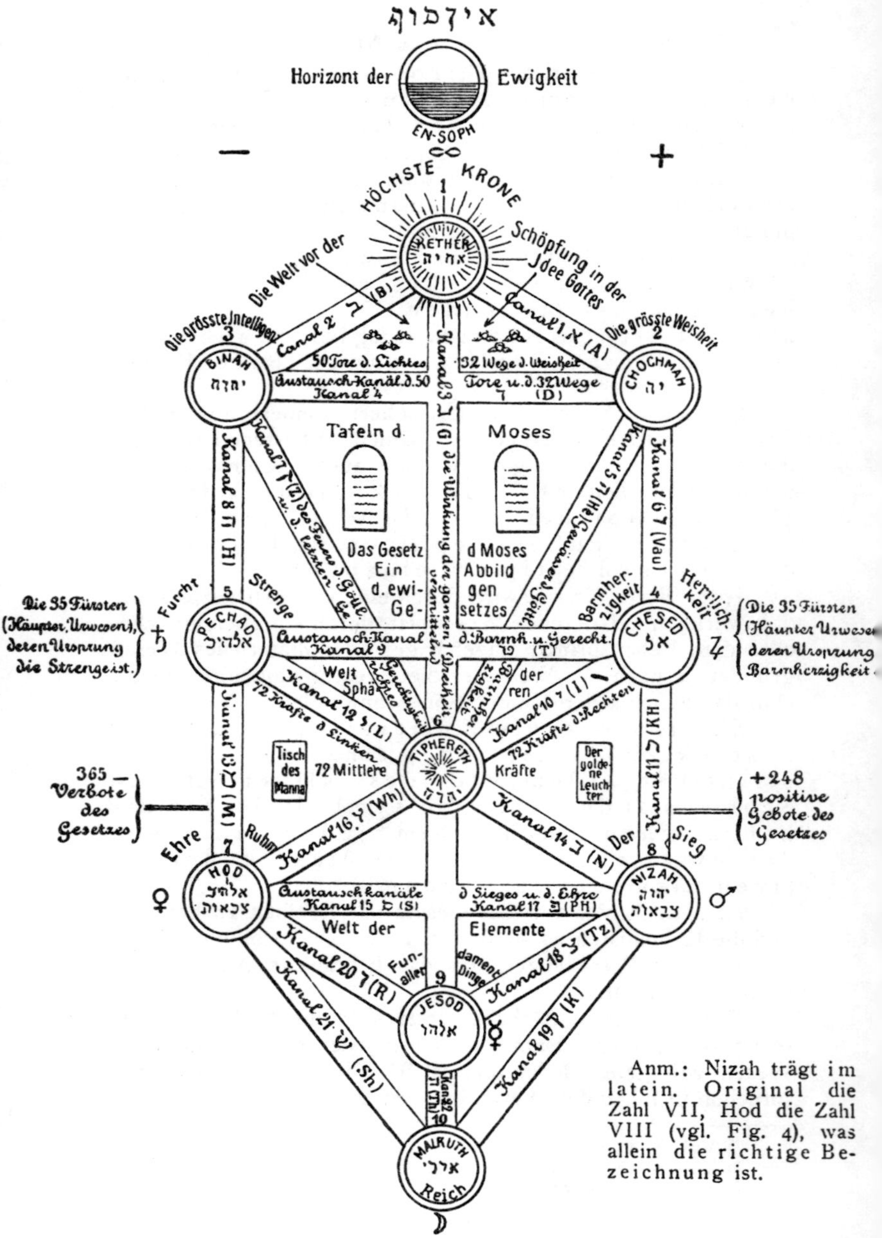

Anm.: Nizah trägt im latein. Original die Zahl VII, Hod die Zahl VIII (vgl. Fig. 4), was allein die richtige Bezeichnung ist.

Fig. 3.

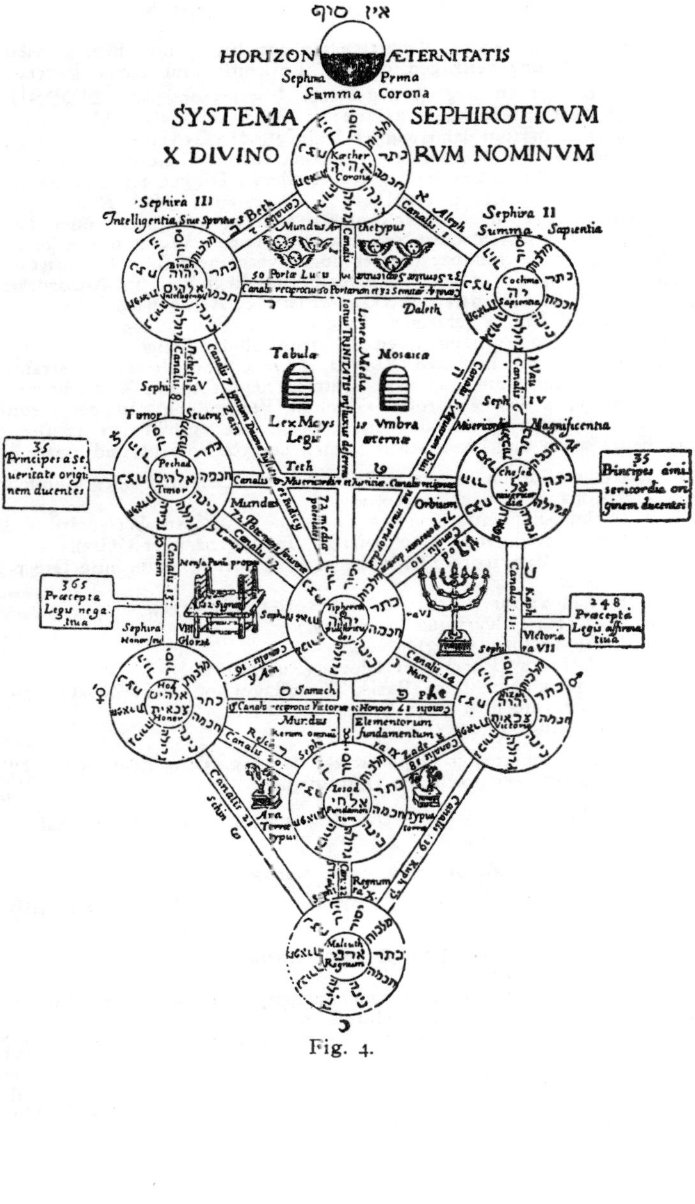

אין סוף
HORIZON ÆTERNITATIS
Sephira Prima
Summa Corona
SYSTEMA SEPHIROTICVM
X DIVINORVM NOMINVM
Sephira III
Intelligentia
Sephira II
Summa Sapientia
Mundus Archetypus
Tabula Mosaica
Lex Moysis
Vmbra æternæ
Linea Media
35 Principes a Seueritate originem ducentes
35 Principes a misericordia originem ducentes
365 Præcepta Legis negatiua
248 Præcepta Legis affirmatiua
Mundus
Orbium
Victoria
Mundus
Elementorum fundamentum
Regnum

Fig. 4.

Erläuterungen zu Fig. 3 und 4.

Schon eine genaue Vergleichung der Fig. 3 mit Fig. 4 wird viel zur Erklärung beitragen, da Fig. 4 eigentlich nur ein lateinisches Original zu der in Fig. 3 gegebenen Übersetzung ist. אינסוף[1]), Ain-Soph oder En-Soph, ist das reine Sein oder das Absolute, das sich am Horizont der Ewigkeit befindet, die Gottheit. Es wird aber manchmal die Bezeichnung En-Soph auch auf die erste Sephira übertragen.[2]) Im Gegensatz zu den endlichen Dingen ist das Absolute oder die Gottheit unendlich, d. h. erhaben über Raum und Zeit, unbedingt, d. h. durch nichts anderes verursacht oder bestimmt, als durch sich selbst, sowie auch in seinem Wesen durch keine Bezeichnungen bestimmbar (ausser durch verneinende), daher unerkennbar, unbegreiflich. — Alles dieses liegt in dem Ausdrucke „Ên sôph" (das Unendliche, Unbedingte, Absolute).

Die auf Fig. 4 fehlenden Zeichen der Fig. 3: — + ∞ entsprechen dem negativen, positiven und vermittelnden Prinzip (vgl. S. 16), welch letzteres zur höchsten Einheit, dem Unendlichen (∞), strebt.

Fig. 4 zeigt uns nun das „Systema Sephiroticum X divinorum nominum" d. h. das Sephiroth-System in Verbindung mit den zehn göttlichen Namen. Jeder der 10 Doppelkreise enthält im Innern den hebräischen und lateinischen Namen der 10 Sephirot und zwar: [3])

1. Kether-Corona (Sephira Prima- Erste Sephira) oder Summa Corona d. h. höchste Krone.
2. Cochma-Sapientia (Summa Sapientia = grösste Weisheit).
3. Binah-Intelligentia sive Spiritus (Intelligenz oder Geist).
4. Chesed-Misericordia (Barmherzigkeit) oder Magnificentia (Herrlichkeit).
5. Pechad-Timor (Furcht) oder Severitas (Strenge).
6. Tiphereth-Pulchritudo (Schönheit).
7. Nizah-Victoria (Sieg).
8. Hod-Honor (Ehre) oder Gloria (Ruhm).
9. Jesod-Fundamentum (Basis, Grundlage) mit dem Zusatz omnium rerum d. h. aller Dinge.
10. Malkhuth-Regnum (Reich).

In dem Innern der Doppelkreise der Fig. 3. befindet sich auch der den Sephirot entsprechende Gottesname:

1. אהיה (Eheieh)[4]) [Vgl. Die Besprechung der hebr. Buchst. 1 א Aleph, S. 68.]
2. יה (Jah) [Vgl. Bespr. d. hebr. Buchst. 2 ב Beth][5]), S. 69.
3. יהוה (Jehovah) [in Fig. 4 mit dem Zusatz אלהים (Elohim)][6])

---

[1]) Manchmal auch סוףאין geschrieben.

[2]) Vgl. S. 15 oben.

[3]) Vgl. die deutschen Bezeichnungen S. 14 oben und Fig. 3 über den entsprechenden Doppelkreisen, sowie S. 31.

[4]) Vgl. auch am Schluss der Besprechung des ersten göttlichen Namens, S. 79.

[5]) Bespr. des zweiten göttl. Namens, S. 79.

[6]) Vgl. Bespr. d. hebr. Buchst. 3 ג Ghimel; resp. des dritten göttl. Namens am Schluss, S. 87.

4. אל (El) Bespr. d. hebr. Buchst. 4 ד Daleth)[1])
5. אלהים[2]) (Elohim) (Bespr. d. hebr. Buchst. 5 ה He, S. 69. Bespr. des fünften göttl. Namens)
6. יהוה (Jehovah) (Bespr. d. hebr. Buchst. 6 ו Vau; Bespr. des sechsten göttl. Namens, S. 88).
7. יהוה (Jehovah) [mit dem Zusatz עבאות (Sabaoth); (Bespr. d. hebr. Buchst. 7 ז Zain, S. 70; Bespr. d. 7. göttl. Namens S. 89).
8. אלהים (Elohim) [mit dem Zusatz עבאות (Sabaoth)]; (Bespr. d. hebr. Buchst. 8 ח Heth; Bespr. des 8. göttl. Namens, S. 89)
9. אלתי (Elhoi); (Bespr. der hebr. Buchst. 9 ט Teth; Bespr. d. 9. göttl. Namens S. 89).
10. אדני (Adonai); (Bespr. d. hebr. Buchst. 10 י Jod, S. 70); Besprechung des 10. göttl. Namens, S. 90).

Beachtenswert ist bei Fig. 4 der äussere der Doppelkreise, der bei allen 10 Sephirot strahlenförmig, wenn auch unter verschiedenem Drehungswinkel, gleichmässig die hebräischen Bezeichnungen der Sephiroth in hebräischen Buchstaben trägt und zwar:

1. כתר Kether
2. הכמה Hochmah
3. בינה Binach
4. גדולה Gedulah
5. גבורה Geburah
6. תפארת Tipherith
7. נצה Nizah
8. חוד Hod
9. יסוד Jesod
10. מלכות Malkuth.

Sowohl in Fig. 3 als auch in Fig. 4 sehen wir überdies die 22 „Kanäle“, die mit den Zeichen der 22 Buchstaben versehen sind. Vgl. S. 99 Absatz 5, Anm. 2. Die Kanäle 1, 2 3 und 4, schliessen den Mundus Archetypus ein, die göttliche Uridee der Welt, oder die Welt, wie sie vor der Schöpfung in Gottes Idee vorhanden war, damit auch die 50 Portae Lucis, die 50 Tore des Lichtes, und die 32 Semitae Sapientiae, die 32 Wege der Weisheit.[3])

Der vierte Kanal (ד Daleth) ist demnach der „Canalis reciproens 50 Portarum et 32 Semitarum“[4]) d. h. der Austauschkanal der 50 Tore und 32 Wege.

Als kleine Abweichung wäre zu erwähnen, dass im Mundus Orbium (Welt der Sphären) der „Tisch des Manna“ in Fig. 4 Mensa Panum propos. (itionis) d. h. der Tisch der Schaubrote genannt wird,

---

[1]) Bespr. des vierten göttl. Namens, S. 88.

[2]) Manchmal auch am Ende mit dem Buchstaben „Samech“ geschrieben.

[3]) Vgl. S. 28 und 32.

[4]) Das Zeichen ꝯ bedeutet als altertümliche Abkürzung die Silbe „um“.

eine Erinnerung an die biblischen Schaubrote, 12[1]) ungesäuerte Brotkuchen aus Weizenmehl, die nach der Zahl der 12 israel. Stämme im Heiligtum der Stiftshütte und dann des Tempels auf einem mit Goldblech überzogenen Tisch von Akazienholz in zwei Reihen aufgestellt wurden.

Ebenso sind in Fig. 4 im Mundus elementorum (Welt der Elemente) zwei Brandopferaltäre mit der Beischrift „Ara Terrae typus" d. h. „der Altar ein Symbol der Erde" dargestellt, die in Fig. 3 fehlen. Beachtenswert sind auch die den 7 unteren Sephiroth beigefügten Planetenzeichen, unter denen durch den Strahlenkranz (Fig. 3) und das Symbol ⨀ (Fig 4) Sephira VI mit der Sonne in Zusammenhang gebracht wird.

Die drei „Mütter" [2]) Aleph (1) Mem (13) und Schin (21) repräsentieren die obere Welt.

Die sieben doppelten Buchstaben repräsentieren die mittlere, die zwölf einfachen die untere Welt.

Da aber jede der Welten durch Spiegelungen oder Ausstrahlungen in den beiden anderen enthalten ist, so werden wir jede Art von Buchstaben in jeder der Welten finden.

Die obere Welt hat eine „Mutter", drei doppelte und vier einfache, die ihre „Kanäle" bilden.

Die mittlere Welt hat eine „Mutter", zwei doppelte und sechs einfache, die untere Welt eine „Mutter", zwei doppelte und zwei einfache. Welche von diesen Buchstaben für jede der Welten in Betracht kommen, lehrt ein Vergleich der Einteilung der Buchstaben [2]) mit der Bezeichnung der Kanäle auf Fig. 3 und Fig. 4.

Das ist das Gesetz der Kräfteverteilung im System der Sephirot: Die drei Triaden (S. 14) mit je einem tonalisierenden d. h. abtönenden höheren und niederen Grundakkord [3]), und die mystischen Kanäle, die durch die hebräischen Buchstaben symbolisiert werden und die verschiedenen Centra verbinden.[4])

Aber dies ist nur die Statik, die Anatomie des Systems, und man darf nicht vergessen, dass dieses System die genaue Darstellung des Lebensgesetzes ist, das das ganze Universum beherrscht; die verschiedenen konstitutiven Elemente, die wir angeführt haben, ergeben durch ihre verschiedenen Kombinationen zahllose neue Gesetze, die die Einzelheiten der Verteilung der Zentral-Kraft bis in die letzten Teile der verschiedenen Welten bestimmen.

---

[1]) Deshalb wohl in Fig. 4 die Bezeichnung: 12 Signa, was vielleicht auch an die 12 Zeichen (Signa) des Tierkreises erinnern soll.

[2]) Vgl. die Besprechung Kap. II. Das hebr. Alphabet, S. 66.

[3]) En-Soph und Malkuth. Vgl. S. 98, 1. Absatz.

[4]) Über den Zusammenhang der Kanäle mit den Namen Gottes vgl. Schluss des „vierten Kapitels."

Jedesmal, wenn das grosse Sephirot-Schema auf ein neues System von realen Wesenheiten angewendet wird, ändern sich die Bezeichnungen der Centra und der Verbindungswege, und auf diese Weise haben die Kabbalisten die Geistesträgen und Uneingeweihten in Verwirrung gebracht.

Die symbolische Bedeutung der hebräischen Buchstaben wurde in mehreren verschiedenen Systemen, in mehreren Anwendungen auf Realitäten verschiedener Sphären benützt und deshalb beziehen sich gewisse Buchstaben auf den Menschen wie das Kaph, das den abschliessenden Punkt zeigt, während andere sich auf die Natur beziehen wie das Samech, das die astrale Schlange bedeutet. In Wahrheit gibt es keinen vollständigen, niedergeschriebenen Schlüssel für die wahre Bedeutung der hebräischen Buchstaben in einer einzigen Anwendungs-Sphäre und ein jeder in das Studium der Kabbala Eindringende muss selbst den allgemeinen Schlüssel jedem neuen Realitätensystem anzupassen suchen; denn der Suchende wird es so lernen, wirklich das Grundgesetz der Analogie zu handhaben und das mit sieben Siegeln verschlossene Buch zu öffnen.

Wie die Kabbala zu studieren ist.

In dieser kurzen Darlegung können wir nicht auf die zahlreichen Einzelheiten der Kabbala eingehen, die die wahre Grundlage für die Initiation des Abendlandes bildet. Da wir die Entstehung und Bedeutung des Sephirot-Systems dargelegt und Einiges über die hebräischen Buchstaben gesagt haben, wollen wir jetzt noch einige Ratschläge für diejenigen hinzufügen, die ihre Studien vertiefen wollen.

Vor allem muss man in gründlicher Weise Folgendes verstehen, was so zu sagen das A-B-C des Ganzen bildet:

1) Die zehn Sephirot in ihrer Anwendung auf die göttliche Offenbarung;

2. Die 22 Buchstaben, ihre Namen, ihre Stellung, ihre Zahl und ihre Hieroglyphen im Alphabet der Überlieferung;

3. Die Schemot oder göttlichen Namen, die die Seele der Sephiroth bilden, die als göttliche Kräfte aufzufassen sind;

4. Dann erst ist es nützlich, das Buch der Schöpfung zu studieren, den auf der Analogie beruhenden Schlüssel zum Lebensgesetz, Sepher Jesira.[1])

---

[1]) Es sei auf die französische Übersetzung des Sepher Jesira im „Traité méthodique de Science occulte" von Papus und in der Revue „L'Initiation" verwiesen.

5. Hernach wird man bei Agrippa (Philos. occulta, 2. vol.) und bei den Klassikern der Kabbala die Kunst der Vertauschung der Worte oder Gematria, die Bestimmung der wahren Bedeutung von Buchstaben eines Wortes als Abbreviaturen oder Notaria und endlich die Kunst der Permutationen und Kombinationen oder Themuria verstehen können.

6. Diese vorbereitenden Studien sind notwendig, um mit vollem Nutzen an die Lektüre des geheimnisvollen und erhabenen Buches zu gehen, das das Buch des Glanzes, das Buch des himmlischen Wagens, der Zohar ist, der uns in die Geheimnisse der Anordnung der Universa durch den himmlischen Menschen und der Konstitution des Adam-Kadmon einweiht.

7. Die Werke Eliphas Levis und Louis Michel de Figanières (Clef de la Vie, la Vie Universelle) sind besonders als Kommentare und Zusammenfassungen aller der Lehren der Kabbala zu empfehlen.

So wird man einsehen, warum das Studium der Kabbala stets als eine der edelsten Beschäftigungen betrachtet wurde, der die menschliche Intelligenz sich widmen könne. Die Elemente wird man im Folgenden finden, im „Traité méthodique de Science occulte" [1]) und in den so bemerkenswerten Werken von Stanislas de Guaita.

Die Sephiroth

in ihrer Anwendung auf die göttliche Offenbarung.

Bezüglich dieses Punktes begnügen wir uns mit einem Hinweis auf den vorangegangenen Abschnitt sowie auf Fig. 3 und 4 und die dazu gehörigen Erläuterungen.

Die 22 Buchstaben.[2])

Stellung im Alphabet und Charakter	Name	Gestalt	gewöhnl. hierogl. Bedeutung	Zahlenwert
Mutter	1 Aleph	א	Der Mensch	1
Doppelter	2 Beth	ב	Der Mund des Menschen	2
Doppelter	3 Ghimel	ג	Die Hand beim Ergreifen	3
Doppelter	4 Daleth	ד	Busen oder Schooss	4
Einfach	5 He	ה	Der Athem	5

[1]) Papus.

[2]) Vgl. Abschnitt: „Die zehn Sephirot oder die zehn Numerationen" S. 99, und Kapitel II „Das hebräische Alphabet," S. 66.

Stellung im Alphabet und Charakter		Name	Gestalt	gewöhnl. hierogl. Bedeutung	Zahlenwert
Einfach	6	Vau	ו	Das Auge — das Ohr	6
Einfach	7	Zain	ז	Pfeil	7
Einfach	8	Heth	ח	Ein Feld	8
Einfach	9	Teth	ט	Bedachung	9
Einfach und das Grundprinzip	10	Jod	י	Der Zeigefinger	10
Doppelter	11	Kaph	כ	Die sich schliessende Hand	20
Einfach	12	Lamed	ל	D. sich ausstreckende Arm	30
Mutter	13	Mem	מ	Das Weib	40
Einfach	14	Nun	נ	Eine Frucht	50
Einfach	15	Samech	ס	Schlange	60
Einfach	16	Haïn	ע	Ein materielles Band	70
Doppelt	17	Phé	פ	Der Mund und die Zunge	80
Einfach	18	Tzad	צ	Dach	90
Einfach	19	Koph	ק	Beil	100
Doppeit	20	Resch	ר	Der Kopf des Menschen	200
Mutter	21	Schin	ש	Pfeil	300
Doppelt	22	Thau	ת	Busen oder Schooss	400

Die 10 göttlichen Namen (Schemoth).

1. Ehieh.
2. Jah.
3. Jehovah.
4. El.
5. Eloha.
6. Elohim.
7. Jave [Jehovah] Sabaoth.
8. Elohim Sabaoth.
9. Schadaï.
10. Adonai.

Einige Punkte der höheren Kabbala.

Die kabbalistische Abhandlung „Révolution des Ames“ (Seelenwanderung) von Dr. Marc Haven, einem der besten modernen Kabbalisten, gibt bezüglich der höchsten Lehren der Kabbala einige Andeutungen, die umso wichtiger sind, als diese sehr oft in den Schriften der kabbalistischen Kommentatoren nur unvollständig dargelegt werden. Indem wir nun Einiges aus der noch nicht veröffentlichten Handschrift des Dr. Marc Haven hier wiedergeben, wollen wir doch über gewissen Problemen den Schleier lassen, den nur die Geduld und die persönlichen Bemühungen des Jüngers heben können.

Die Welten.[1])

Es gibt eigentlich nur drei kabbalistische Welten, die von einer vierten gewissermassen als Grundakkord tonalisiert, d. h. abgetönt, werden; es sind:

Die Welt der (ersten) Emanation, Azila oder Aziluth.
Die Welt der Schöpfung, Briah oder Beria.
Die Welt der Ausgestaltung, Jesirah.
Die Welt der Verfertigung, Asiah.

Die Personen.

In jeder dieser Welten existieren folgende fünf mystische Personen: (Vergl. S. 51, Anm. 1.)

Macroprosopos
oder der Langmütige

Der Vater	**Die Mutter**
Mikroprosopos oder der Zornfeurige	**Die Gattin**

Die Ausstrahlung dieser mystischen Personen, die von oben nach unten erfolgt, erzeugt die zehn Sephiroth.

Im Menschen erscheinen diese fünf mystischen Personen nach folgendem Schema:[2])

Chaijah		**Jechidad**
Neschamah		**Ruach**
(Jch)[3])		**(Epithymia)[3])**
	Nephesch	
	(Psyche)[3])	

Adam.

Adam offenbart sich in drei „Ebenen“:

---

[1]) Vgl. S. 17 und S. 47, 48; während aber hier die Dreizahl sich dadurch ergibt, dass die Welt der (ersten) Emanation als tonalisierender Grundakkord gefasst wird, beruht der auf Seite 47 erwähnte Unterschied der Dreizahl des Sepher Jesira und der Vierzahl des Zohar darauf, dass im Sepher Jesira die zweite Welt sich aus der des Gedankens und der des Wortes zusammensetzt. Vgl. auch S. 104, Anm. 3., S. 98.

[2]) Deshalb sagte David (Ps. 103—104): „Meine Seele lobe fünfmal den Herrn“; vgl. auch das Schema auf Seite 51 und spätere Darlegungen im Kapitel VI.

[3]) Vgl. Die Einteilung der Neuplatoniker S. 16.

Adam Kadmon.
Adam Belial.
Adam Protoplast.

Adam Kadmon [1]) ist Adam vor dem Falle; Adam Belial ist der Adam der „Hüllen" oder „Schalen" [2]) und Adam Protoplast ist das Ur-Prinzip der sich differenzierenden Seelen.[3])

Adam Kadmon offenbart sich in den fünf geraden oder aufrechten Prinzipien der Welten, Adam Belial in den fünf verkehrten Prinzipien; es ist das ein Mysterium.

Die Seelen.

Die Seelen sind durch Differenzierung (Individualisierung) aus Adam Protoplast hervorgegangen.[3]) Denn die Seele hat neben der „idealen Präexistenz" [4]) auch noch eine „reale Praeexistenz" aufzuweisen (ein selbständiges vorirdisches Dasein), da nach der Lehre der Kabbalisten alle Seelen zugleich in einem gewissen Zeitpunkt „geschaffen" worden sind, indem sie zuerst nur eine und dieselbe Seele (Adam Protopl.) bildeten, und mit dieser „Schöpfung" ist wohl das Hervorgehen aus Adam Protoplast gemeint.

Ihre Zahl beträgt sechzig Myriaden und sie erzeugen sich nach folgendem mystischen Zahlenverhältnis:

3—12—70—613—60 Myriaden.

Daraus ergibt sich auch die Zahl der 613 Vorschriften des Gesetzes (365 positive und 248 negative [5]).

Die „Seelenschwängerung" oder Ibbur (עיבור) [6]) ist zweifach, je nach dem die Seele schon reinkarniert ist oder nicht.

Die Seelenwanderung oder Gilgul (גילגול) ist die notwendige Ergänzung in dem Mysterium der Bestimmung des

---

[1]) Vgl. S. 13.
[2]) Vgl. S. 17, S. 18, S. 56.
[3]) Vgl. das spätere Kapitel VI; vgl. S. 46, Anmerkung 2.
[4]) Die Seele ist eine Emanation der lebendigen Urkräfte oder Sephirot und durch deren Vermittlung im letzten Grunde eine, wenn auch spätere, Emanation des Absoluten. Als Emanation des Absoluten ist sie der Möglichkeit nach von Ewigkeit her in diesem gewesen, hat in ihm eine „ideale Präexistenz" (ein der Idee nach vorhandenes Sein vor dem irdischen Dasein) gehabt. Das ist die Bedeutung von Adam Kadmon, wird daher mit den Sephirot oft fast identifiziert.) (Vgl. S. 13).
[5]) Vgl. Fig. 3 und 4. [6]) Vgl. S. 19.

Menschen. Die, welche dieses Mysterium kennen, wissen, wer der Mensch ist, der dreizehn Jahre und einen Tag alt ist.

Ohne das Geheimnis vollständig enthüllen zu wollen, sei hier doch eine Erklärung des Unterschiedes zwischen „Gilgul" und „Ibbûr" gegeben.

Durch Gilgul kommen die zum Wandern bestimmten Seelen in einen sich erst bildenden (embryonalen) Leib und bleiben in diesem ständig bis zu seinem Tode, indem sie in ihm die bisher ungenügend erfüllte Lebensaufgabe nochmals besser zu erledigen berufen sind. — Durch Ibbur kommen die Wanderseelen in einen bereits mit einer Hauptseele versehenen Leib und vereinigen sich mit dieser Seele nur auf Zeit behufs sittlicher Nachhilfe oder als Sündenstrafe.[1])

Viertes Kapitel.

Die Sephirot (nach Stanislas de Guaita).

Stanislas de Guaita hat in einem sehr bemerkenswerten Werke bedeutungsvolle Betrachtungen über die göttlichen Namen und über die Sephiroth angestellt, indem er dabei eine Erläuterung einer kabbalistischen Tafel Khunraths gab.

Die kabbalistische Rosen-Kreuz-Tafel Khunrats.

Diese kabbalistische Tafel ist einem kleinen, sehr seltenen Folioband entlehnt, der den Sammlern alter Werke mit Kupferstichen wohl bekannt ist, und nach dem von allen denen gefahndet wird, die sich aus verschiedenen Gründen mit dem Esoterismus der Religionen, der Ueberlieferung der Geheimlehre unter den Symbolen des Christentums und endlich der Uebertragung des magischen Priestertums auf den Okzident befassen.

Der Titel des Werkes ist:

AMPHITHEATRUM SAPIENTIAE AETERNAE, SOLIVS VERAE, christiano-Kabbalisticum, divino-magicum, necnon physico-chemicum, tertiumum, Katholikon instructore HENRICO KHUNRATH, etc., HANOVIAE, 1609, in folio.

Einzig in seiner Art, unschätzbar für Forscher, die sich in scheinbar unlösbare Probleme vertiefen wollen, ist dieses Buch in einer grossen Zahl seiner Exemplare unglücklicher-

[1]) Vgl. S. 18 Anm. 2; S. 19 oben.

weise verstümmelt. Vielleicht wird uns mancher Dank wissen, wenn er als Käufer seltener Bücher auf Grund der folgenden Angaben eine Enttäuschung voraussehen und vermeiden kann.

12 Kupferstiche sind gewöhnlich zu Anfang des Werkes beigebunden. Ihre Reihenfolge ist ganz willkürlich, da der Autor — vielleicht absichtlich — es unterlassen hat, eine solche zu bestimmen. Und doch ist es wichtig, sie in ihrer Gesamtheit zu bekommen, umsomehr als ihre Anordnung von Exemplar zu Exemplar verschieden ist.

Drei von ihnen zeigen einfaches Format: 1. Das Titelkupfer, eine allegorische Darstellung, die den Titel umrahmt; 2. das Porträt des Autors, das auch von allegorischen Attributen umgeben ist; 3. ein Seeadler, dessen Augen mit einer Brille bewaffnet sind und der zwischen zwei Leuchtern mit brennenden Fackeln sich befindet. Darunter als Legende ein Reim in deutscher Sprache, der besagt:

Was nützen Leuchter, Fackeln und Brillen dem, der die Augen schliesst, um nichts zu sehen. Dann folgen neun prachtvolle magische Figuren, die sehr sorgfältig gestochen und in Doppelformat auf Falzpapieren angebracht sind. Es sind: 1. der grosse hermetische Androgyn; 2. das Laboratorium Khunraths *); 3. der Adam-Eva-Mensch innerhalb eines Dreieckes; 4. das pentagrammatische (fünfeckige) Rosen-Kreuz [1]) [von dem wir noch sprechen wollen *]; 5. die sieben Stufen des Heiligtums und die sieben Strahlen; 6. die alchemistische Citadelle mit 20 Toren ohne Ausgang *); 7. das Gymnasium naturae, das unter dem Aussehen eines einfachen Landschaftsbildes synthetische Weisheit verbirgt; 8. die Smaragdentafel; 9. das Pantakel Khunraths *), umgeben von einer satyrischen Karikatur in der Manier Callots (vgl. Eliphas Levi, Histoire de la magie, p. 368).

Diese letzte Tafel, deren Bild geradezu blutige Ironie verrät, fehlt in fast allen Exemplaren. Die zahlreichen Feinde des Theosophen, die sich hier in scharfer Weise karikiert sahen, und die man bei der fast peinlichen Porträt-Ähnlichkeit sehr leicht erkennt, hatten sich wohl eifrigst bemüht, ein Bild von einem für sie so peinlichen Interesse verschwinden zu machen.

Auch die Bilder, deren Titel hier mit einem Asterisk bezeichnet wurden, fehlen in vielen Exemplaren.

Befassen wir uns nun mit dem Text, der in zwei Ab-

---

[1]) Dieses Bild und das des hermetischen Androgyn wurden als Kupferstiche mit detaillierter Erläuterung in der zweiten vermehrten Auflage des Werkes von Papus „Au seuil du mystère“ (1886 erschienen) reproduziert.

teilungen zerfällt. Die sechzig ersten Seiten, die als erste Abteilung eine besondere Zählung aufweisen, enthalten den Abdruck eines kaiserlichen Privilegienbriefes von 1598, dann kleinere Abhandlungen, Dichtungen, kurz Stücke verschiedenen Inhalts, endlich aber den Text der Sprüche Salomons.

Die zweite Abteilung des „Amphitheatrum" enthält einen esoterischen Kommentar zu den Sprüchen Salomons. Dieser Kommentar, der das eigentliche Werk bildet, zerfällt in sieben Kapitel und es folgen ihm sehr interessante Erläuterungen unter dem Titel: Interpretationes et Annotationes Henrici Khunrath. Der gesamte zweite Teil umfasst 222 Seiten. Ein letztes Blatt trägt den Namen des Druckers: G. Antonius und die Angabe: Hanoviae, MDCIX.

Wir wollen diese Beschreibung mit einer Bemerkung des gelehrten Bibliophilen S.-F. de Bure beenden, der im 2. Bande seiner „Bibliographie" (S. 248) sagt: „Es ist bemerkenswert, dass sich im ersten Teile dieses Werkes, der sechzig Seiten umfasst, zwischen den Seiten 18 und 19 eine ganz besondere Tafel befindet, die ein ganzes Blatt auf einem Falzpapier einnimmt und folgenden Titel trägt: Summa Amphitheatri-sapientiae etc. . . ., und im zweiten Teile, der 222 Seiten umfasst, findet sich eine andere Tafel, die ebenfalls ein ganzes Blatt auf einem Falzpapier einnimmt, und zu Seite 151 gehört, wo durch zwei Sternchen mitten im Druck auf sie hingewiesen ist. — Wir haben die Wahrnehmung gemacht, dass diese zwei Tafeln in vielen Exemplaren fehlen; es wird also gut sein, in dieser Beziehung acht zu geben — — —."

Wenden wir uns nun dem Studium der kabbalistischen Rosen-Kreuz-Tafel zu, die wir oben mit der Zahl 4 bezeichneten. (Vgl. Fig. 5.)

Diese Figur ist ein wunderbares Pantakel, d. h. die hieroglyphische Zusammenfassung einer ganzen Lehre und Wissenschaft: man findet hier gewissermassen in einer Synthese alle die pentagrammatischen Mysterien der Rosenkreuzer.

Der Mittelpunkt entfaltet sich gegen die äussere Peripherie in drei verschiedenen Abstufungen, und so stellen uns die drei konzentrischen Ringe der Figur das Fortschreiten, den Prozess der Emanation im engeren Sinne dar.

Im Zentrum ist Christus in der Stellung des Gekreuzigten inmitten einer Rose von Licht: diese ist der Abglanz des Wortes oder des Adam-Kadmon[1]) אדםקדמון; das ist das Symbol des grossen Mysteriums: niemals hat man kühner die Wesensgleichheit zwischen der Synthese des Menschen[2]) und der nach aussen geoffenbarten Gottheit enthüllt!

Es hat seinen tiefen inneren Grund, dass der Hierograph das Symbol für die Fleischwerdung des ewigen Wortes (des Logos) in die Mitte seines Pantakels gestellt hat. Denn in Wahrheit sind durch das Wort, im Wort und vermittels des Wortes (das in seinem Wesen, unauflöslich mit diesem vereinigt, das Leben enthält,) alle Dinge, sowohl geistige als körperliche, geschaffen worden. — „In principio erat Verbum" [3]); sagt der heilige Johannes, „et Verbum erat apud Deum, et Deus erat Verbum. — — Omnia per ipsum facta sunt et sine ipso factum est nihil quod factum est. In ipso vita erat — — —". Wenn man beachtet, welchen Teil der menschlichen Figur auf dem Bilde der Mittelpunkt bezeichnet, von dem alles ausstrahlt, so wird man begreifen, mit welch hieroglyphischer Kraft der Einweihende dieses grundlegende Mysterium darzustellen verstanden hat.

Ringsherum strahlt der leuchtende Abglanz; es ist eine Rose, die sich in fünf Kelchblättern entfaltet, — der fünfeckige Stern des kabbalistischen Mikrokosmus, der „leuchtende Stern" der Freimaurerei, das Symbol des allmächtigen Willens, bewaffnet mit dem feurigen Schwert des Cherubs.

Um nun in der Sprache des exoterischen Christentums (d. h. wie es heute in profanen Kreisen verstanden wird) zu sprechen; es ist die Sphäre Gott Sohns zwischen der Gott Vaters, (den oben der kleine dunkle Kreis mit Ain-Soph (אינסוף) [4]) in leuchtenden Buchstaben andeutet) und der des Gott-Heiliger Geist, Ruach Hakkadosh רוחהקדוש (der helle Kreis unten, aus dem das Hierogramm OE-meth (אמת) in schwarzen Buchstaben hervortritt).

Diese beiden Kreise scheinen sich in dem Gewölk der

---

[1]) Vgl. S. 109, bes. Anm. 1, Anm. 4.

[2]) D. h. der Idee des Menschen als solchen.

[3]) „Im Anfange war das Wort, und das Wort war bei Gott, und Gott war das Wort" . . . „Alles ist dadurch geschaffen und nichts, was geschaffen ist, ist ohne dieses geschaffen. In ihm selbst war das Leben."

[4]) Vgl. die Erläuterungen zu Fig. 4 und Fig. 3, S. 102, 1. Abs.

Aziluth-(אצלות)-Welt [1]) zu verlieren, um die okkulte Natur der ersten und dritten Person der heiligen Dreieinigkeit anzudeuten; die hebräischen Worte, die diese Personen bezeichnen, treten deutlich hervor, einmal hell auf dunklem Hintergrund, beim zweiten schwarz auf hellem Hintergrund, um begreiflich zu machen, dass unser Geist, unfähig, in die Wesenheit dieser Urprinzipien einzudringen, nur ihre antithetischen Beziehungen kraft der Analogie der Gegensätze begreifen kann.

Oberhalb der Sphäre des Ain-Soph, zeigt sich zergliedert das heilige Wort Jehovah oder Ihoah in einem flammenden Dreieck:

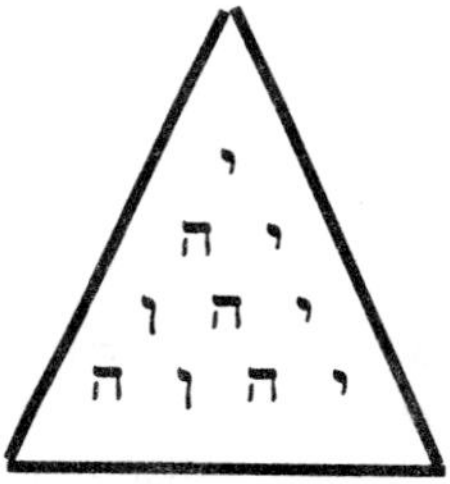

Ohne uns auf die hieroglyphische Analyse dieses heiligen Wortes einzulassen, ohne hier die Geheimnisse seiner Entstehung darlegen zu wollen [2]), — es würde das zu unabsehbaren Erörterungen führen —, können wir doch sagen, dass in diesem Zusammenhange Iod (י) Gott-Vater, Iah (יה) den Sohn, Iaho (יהו) den heiligen Geist, Iahoah (יהוה) das lebendige Universum symbolisiert: und dieses mystische Dreieck gehört zu der Sphäre des unaussprechlichen Ain-Soph, Gott-Vaters. Die Kabbalisten wollten damit sagen, dass Gott-Vater gleichsam die Quelle der ganzen Dreieinigkeit ist und in okkulter Weise virtuell (dem inneren Keime nach) alles [3]) enthält, was ist, war und sein wird.

Oberhalb des Kreises OE-meth, des heiligen Geistes, noch in dem Strahlenkranz des Rosenkreuzes und zu Füssen Christi, breitet eine Taube, mit einer Pontifex-Tiara gekrönt, ihre Flammenflügel aus: das Sinnbild des zweifachen Stroms der Liebe und des Lichtes, der

[1]) Vgl. S. 17 oben, S. 47 unten.
[2]) Vgl. S. 79 u. ff.
[3]) Deshalb unter dem Dreieck das lateinische Wort: omnia (alles).

vom Vater zum Sohn — von Gott zum Menschen — herabsteigt und vom Sohn zum Vater — vom Menschen zu Gott — emporsteigt [1]); die beiden ausgebreiteten Flügel entsprechen dem heidnischen Symbol der beiden mit einander verschlungenen Schlangen am Heroldstab des Hermes.

Nur die Eingeweihten werden dieses geheimnisvolle Verhältnis begreifen!

Die Sphäre des Sohnes erfordert noch ausführliche Erläuterungen. Wir haben schon darauf hingewiesen, dass die Wesenheit von Gott-Vater und Heiliger Geist dem menschlichen Verständnis entrückt ist.

Nur die zweite Person der Dreieinigkeit, die in dem Bilde durch das Rosen-Kreuz in der Mitte dargestellt ist, durchdringt das Gewölk der Aziluth-Welt, indem sie dorthin die zehn Sephirot-Strahlen aussendet [2]) (Vgl. die zehn hebräischen Sephirot-Namen in dem Wolkenring des Bildes Fig. 5.) [3])

Sie sind gleichsam ebensoviele geöffnete Fenster, die einen Ausblick auf das grosse Mysterium des Wortes gewähren, durch die man seinen Glanz von zehn verschiedenen Gesichtspunkten aus betrachten kann. Der Zohar vergleicht auch die zehn Sephiroth mit ebensoviel durchscheinenden Gefässen von verschiedener Farbe, durch die in zehnfach verschiedener Weise das Zentral-Feuer der Ur-Einheit hindurchglänzt. — Stellen wir uns einen runden Turm mit zehn Fensteröffnungen vor, in dessen Innern in der Mitte ein fünfarmiger Leuchter steht; bei jedem der zehn Fenster aus wird das leuchtende Fünfeck sichtbar sein; derjenige, der bei jeder der Fensteröffnungen anhalten wird, wird zehn fünfarmige Leuchter zählen — —. (Vervielfältige man das Pentagramm oder Pentagon zehnfach, indem man die fünf Spitzen durch jede der zehn Oeffnungen erstrahlen lässt, so erhält man die „Fünfzig Tore des Lichtes.") [4])

Derjenige, der der Synthese zustrebt, muss in den Turm eindringen; derjenige, der ihn nur umschreitet, ist ein reiner

---

[1]) Vgl. S. 45 Or Hajaschor und Or Hachoser.

[2]) Vgl. S. 17 oben, S. 47 unten.

[3]) Von dem schwarzen Ain-Soph-Kreise nach rechts: Kether, Hochmah, Binah, Hesed, Geburah, Thiphereth, Nezah, Hod, Jesod, Malkuth.

[4]) Vgl. S. 28, 32.

Analytiker. Wir haben eben angedeutet, welchen „optischen Täuschungen“ er sich aussetzt, sobald er über das Gesamte sprechen und urteilen will.

Bevor wir noch näher auf das Sephiroth-System eingehen, wollen wir die Besprechung des Mittelteiles der Figur 5 abschliessen. Geometrisch schematisiert ergibt sich folgende Darstellung:

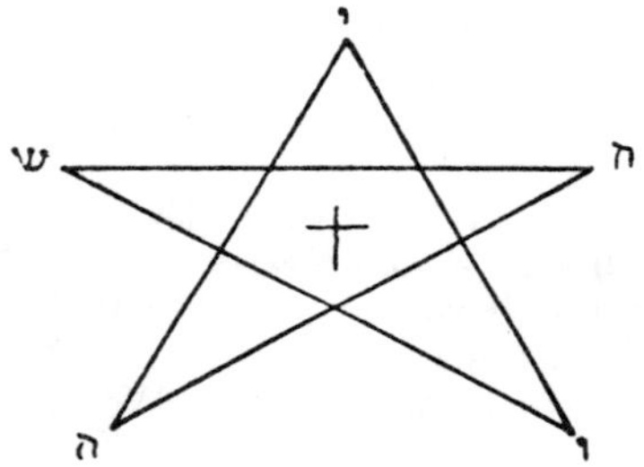

Das ist das Kreuz, eingeschlossen in dem flammenden Stern (der strahlenden Rose). Es ist das Vierfache (das Kreuz), das sich ins Fünffache erstreckt (expandiert)[1]; es ist der Geist, der sich nach abwärts vervielfältigt (individualisiert), um in die Kloake der Materie hinabzusteigen, wo er für eine Zeit haften bleibt, aber seine Bestimmung ist es, selbst in seiner Erniedrigung sein Wesen zu offenbaren, und schon fühlt er — als Vorzeichen der Erlösung — trotz seines tiefen Falles in sich die grosse Kraft des Willens hervorquellen. Es ist das Wort (יהוה, Iahoah, die Lebenskraft des Universums), das Fleisch geworden ist und der „schmerzensreiche Christus“ wird oder der körperliche Mensch, יהשוה Jeschuah, (vgl. die fünf grossgedruckten hebräischen Buchstaben in den fünf Ecken des flammenden Sternes auf Fig. 5)[2]), bis zu dem Tage, an dem es, vereinigt mit seiner regenerierten menschlichen Natur, in das Reich der Verklärung zurückkehrt.

Das behandelt der Adept Saint-Martin im ersten Bande seines Werkes „Erreurs et Vérité“, wenn er lehrt, der Fall

[1]) Vgl. S. 47 oben.

[2]) Sie beginnen mit י (Jod) in der untersten rechten Ecke des fünfeckigen Sternes und folgen nach rechts oben der Reihe nach, während diese Buchstaben bei der geometrisch schematisierten Figur eine andere Reihenfolge zeigen.

des Menschen kommt daher, dass er die Blätter des Grossen Buches des Lebens vertauscht habe, indem er das fünfte (das des Verderbens und des Falles) an die Stelle des vierten (das der Unsterblichkeit und geistiger Wesenheit) setzte.[1])

Addieren wir die vier Enden des Kreuzes zu den fünf Spitzen des Sternes, so erhalten wir 9, die mystische Zahl, die im „Lotus", B. II, Nr. 12, p. 327—328 auf Grund kabbalistischer Berechnung als die analytische Zahl des Menschen erwiesen ist.[2])

In manchen Darstellungen besteht das Rosenkreuz aus neun — nach Art von Ringen einer Kette — miteinander verschlungenen Kreisen, wodurch auch wieder die analytische Zahl des Menschen zum Ausdruck kommt: 9! —

Alle diejenigen, die einige esoterischen Kenntnisse besitzen, werden erkennen, dass die vier Arme des inneren Kreuzes (entspricht der Christus-Gestalt in Fig. 5) mit den Buchstaben des Tetragramm: Iod, He, Vau, He bezeichnet werden sollten. Auch hier wollen wir nicht auf die grammatische und hieroglyphische Konstitution des heiligen Wortes eingehen: ausführliche Darlegungen darüber finden sich in den Werken aller Kabbalisten. (Vgl. Rosenroth. Kabbala denudata; Lenain, la Science kabbalistique; Fabre d'Olivet. Langue hebraique restituée; Eliphas Levi, Dogme et Rituel. Histoire de la Magie. Clef des grandes mystères; Papus, Traité élementaire de la science occulte.)[3])

Aber betrachten wir einen Augenblick das Hierogramm Jeschuah יהשוה: aus welchen Elementen setzt es sich zusammen? Jeder kann auch hier das Tetragramm יהוה erkennen, in der Mitte getrennt: יה — וה, dann aber durch den Buchstaben ש (Schin) wieder vereinigt. Es bedeutet יהוה also Adam Kadmon, den Menschen in seiner integralen Synthese[4]) kurz, die Gottheit nach aussen geoffenbart durch das Wort und die fruchtbare Vereinigung von Geist und Lebenskraft (Seele) des Universums darstellend. Die Spaltung des Wortes יהוה versinnbildlicht nur die Desintegration (Auflösung) der Ureinheit und die sich durch Teilung ergebende Vervielfältigung. Das Schin (ש), das die beiden Stücke

---

[1]) Vgl. S. 44, S. 45 unten und besonders S. 47 oben, 1. und 2. Absatz.

[2]) Vgl. S. 23, Anm. 2.

[3]) Vgl. auch S. 79 und ff.; ferner „Au seuil du mystère, 1886, p. 12; Lotus, B. II., Nr. 12, p. 321—347.

[4]) Vgl. S. 113, bes. Anm. 1.

vereinigt, (auf der Tafel der „grossen Geheimnisse", S. 77, entspricht es der Zahl 21 und ihrer Bedeutung „nach aussen geoffenbart" (oder wirkend), in Fig. 2, dem Tarot, der Zahl 0 des 4. inneren Kreises) ist das erzeugende und verfeinernde Feuer, der Träger für das noch nicht differenzierte Leben, der durch das Universum hin schöpferisch-gestaltende Vermittler, dessen Aufgabe es ist, die Fleischwerdungen (Inkarnationen) zu bewirken und es dadurch dem Geist zu ermöglichen, in die Materie hinabzusteigen, sie zu durchdringen, sie mit geistiger Kraft zu erfüllen und nach seinem Gutdünken zu verarbeiten und auszubilden. Das ש als Bindeglied der beiden Teile des Tetragramms ist also auch das Symbol für das Herabsteigen und Sich-Niederlassen des in seiner Einheit aufgelösten יהוה in der elementaren und materiellen Welt.

Es ist endlich ש der Buchstabe, dessen Hinzufügung (Addition) zum vierteiligen Worte das fünfteilige erzeugt [1]), die Zahl des Falles und des Herabsteigens, worauf schon Saint-Martin hinwies. Aber 5, das die Zahl des Falles ist, ist auch die Zahl des Willens, und der Wille ist das Mittel zur Reintegration (zur Erlösung).

Die Eingeweihten wissen, inwiefern die Ersetzung der 4 durch die 5 nur vorübergehend sich als unheilvoll erweist, wie im Kote, wo er gefallen liegt, die „Teilzahl" Mensch es lernt, eine wahrhaft freie und selbstbewusste Persönlichkeit zu erwerben. Felix culpa! [2]) Von seinem Fall erhebt er sich nur stärker und grösser; so folgt das Böse auf das Gute nur zeitweilig und um das Bessere zu ermöglichen!

Die Zahl 5 birgt die tiefsten Geheimnisse, — doch müssen wir hier damit innehalten; was wir über 4 und 5 in ihren Beziehungen zum Rosenkreuz gesagt haben, wird für die Einweihbaren genügen!

Besprechen wir nun die zehn Strahlen, die das Gewölk der Aziluth-Welt durchbrechen. (Vgl. Fig. 5.) Es ist ja die Dekade, die Zehnzahl des Pythagoras, die in der Kabbala Emanationswelt der Sephiroth heisst; und zu diesen 10 Sephiroth stehen auch die zehn wichtigsten unter den Namen, die die hebräischen Theologen der Gottheit beilegen, in Beziehung. Die folgende Tabelle soll zeigen, wie auf

---

[1]) Vgl. Die Erläuterungen zu dem geometrischen Schema auf S. 116/117.

[2]) Ein glückliches Verschulden.

Fig. 5 von rechts nach links (vom En-Soph begonnen) jeder Sephira einer dieser 10 göttlichen Namen entspricht:[1])

Sephiroth.			Namen Gottes, die zu den Sephiroth in Beziehung stehen.		
כתר	Kether	Die Krone	אהיה Eheihe	Das Sein	
חכמה	Hochmah	Die Weisheit	יה Jah	Jah	
בינה	Binah	Die höchste Intelligenz	יהוה Ihoah	Jehovah, der Ewige	
חסד	Hesed	Die Barmherzigkeit	אל Æl	Æl	
גבורה	Geburah	Die Gerechtigkeit	אלהים גבור Ælohim Gibor	Ælohim, der Starke	
תפארת	Tiphereth	Die Schönheit	אלהה Æloha	Æloha	Gott der Heerscharen
נצח	Nezah	Sieg	יהוה צבאות Ihoah Zebaoth	Jehovah Sabaoth	
הוד	Hod	Pracht	אלהים צבאות Ælohim Zebaoth	Ælohim Sabaoth	
יסוד	Jesod	Fundament	שדי Schaddai	Der Allmächtige	
מלכות	Malkuth	Reich	אדני מלך Adonai Melek	Herr und König	

Wir wollen nun im Folgenden auf Grund der hieroglyphischen Konstitution dieser Namen kurz ihren esoterischen, d. h. geheimen und nur für die Eingeweihten bedeutungsvollen Sinn in aller Kürze angeben:

אחוה. — Der den unvergänglichen Wesenskern des absoluten Seins bildet, in dem alles Leben im Keim enthalten ist.

[1]) Vgl. auch Fig. 3 und 4 und die dazu gegebenen Erläuterungen S. 102/103, wo sich kleine Abweichungen in den Gottesnamen ergeben.

יח — Die unauflösliche Einheit von Geist und Seele (Lebenskraft) des Universums.

יהוה. — Verbindung des männlichen und weiblichen Urprinzips, die von Ewigkeit zu Ewigkeit das lebende Universum erzeugen. (Grosses Mysterium des Wortes.)[1])

אל. — Das Sich-Entfalten der Ur-Einheit. — Ihre Ausbreitung über Raum und Zeit.

אלהימגבור. — Gott-Götter der Riesen oder der Menschen-Götter.

אלוה. — Gott in einer der göttlichen Wesenheiten wiedergespiegelt.

יהוהצבאות. — Jod-Heve des Siebenfachen oder des Triumphes.

אלהימצבאות. — Gott-Götter des Siebenfachen oder des Triumphes.

שדי — Der mit dem astralen Lichte in seiner vierfachen Expandierung befruchtet, und dessen Rückkehr zu dem in Ewigkeit verborgenen Urprinzip, von dem es ausströmt. (שדי ist das Masculinum zu שדה, die Befruchtete, die Natur.)

אדני. — Die vierfache oder kubische Vervielfältigung der Ur-Einheit zur Erzeugung des Zukünftigen, das in unaufhörlichem Wandel begriffen ist (das *πάντα ῥεῖ* des Heraklit); dann schliessliches Verschwinden des objektiven Konkreten durch die Rückkehr zum subjektiven Potentiellen[2]) [auch alles potentiell enthaltenden Ursubjekt].

מלך. — Der mütterliche Tod, geschwängert mit Leben: das ewige Gesetz, das sich im Universum erfüllt und das jedesmal, wenn sich ein Wesen objektiviert, die ewige Wechselbewegung des Universums plötzlich unterbricht.[3])

Das sind die einen von den geheimen Bedeutungen dieser Hierogramme.

Es entspricht aber auch jede der 10 Sephirot (oder Anschauungsmöglichkeiten des Wortes)[4]) in dem Pantakel Khunraths einem der Engelschöre, ein bei weiterer Vertiefung erhaben anmutender Gedanke. Die Engel sind ja nach der Kabbala nicht Wesen von völlig unveränderlich gleicher Wesenheit; alles lebt, alles bewegt und wandelt sich im lebendigen Universum! Wenn wir den schönen Vergleich, durch den die Autoren des Zohar die Natur der Sephirot zu erklären suchen, auf die himmlischen Hierarchieen anwenden, so können wir

---

[1]) Vgl. S. 117, Anm. 4; S. 113, bes. Anm. 1.

[2]) Vgl. S. 46, Anm. 2.; vgl. auch Tabelle S. 77 das rechte unterste Fach. [3]) Vgl. Tabelle S. 77, Fach 13. [4]) Vgl. S. 115.

sagen, dass die Chöre und Ordnungen der Engel mit durchscheinenden Hüllen von verschiedener Farbe vergleichbar sind, durch die in stets glänzenderem und reinerem Licht erhabene Geister durchschimmern, die, für immer von allem Zeitlichen befreit, allmälig die höchsten Staffeln der Jakobsleiter ersteigen, an deren oberstem Ende der unaussprechliche יהוה thront.

Jedem der Engels-Chöre lässt Khunrath im äussersten Kreisring seines Bildes (Fig. 5) auch noch einen der Bibelverse aus dem Dekalog (den 10 Geboten) entsprechen, als ob der oberste Engel jeder Ordnung den Mund öffnete, um eine der Vorschriften des göttlichen Gesetzes zu verkünden; da aber diese Art der Beziehung zu den 10 Geboten sonst keine Stütze in der Überlieferung findet, wollen wir uns damit nicht näher befassen.

Bevor wir aber in einer Tabelle die Beziehungen der Sephirot zur Darstellung bringen, wollen wir noch ein sehr klares Schema der drei Sephirot-Triaden geben, aus dem sich bedeutsame Schlussfolgerungen ableiten lassen:

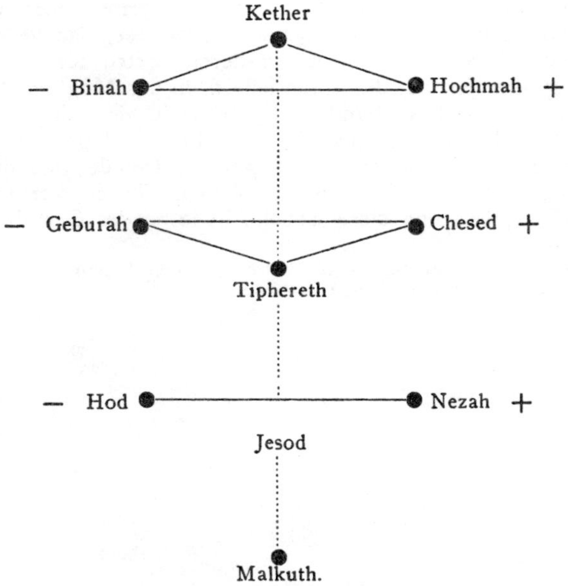

Die drei Triaden zeigen die Dreieinigkeit, die Dreiheit, die sich in den drei Welten offenbart.[1])

Die erste Dreiheit, — die der übersinnlich rein-geistigen Welt, — allein die eine absolute Form der heiligen Dreieinigkeit: Die Vorsehung hält hier die beiden Wagschalen der Wage der göttlichen Ordnung im Gleichgewicht. Die höchste theoretische Vernunft (Hochmah) und die höchste praktische Vernunft (Binah).

Die beiden unteren Triaden sind nur das Spiegelbild der ersten in den dichteren Medien der moralischen und astralen Welt. Auch zeigen sie äusserlich die Gestalt der ersten Triade verkehrt wie das Bild eines Gegenstandes, das sich auf der Oberfläche eines flüssigen Mediums spiegelt.

In der moralischen Welt hält Tiphereth (Schönheit, Harmonie oder Ebenmass) die Wagschalen: Chesed (Barmherzigkeit) und Geburah (strenge Gerechtigkeit) im Gleichgewicht.

In der astralen Welt sichert die Zeugung (Jesod), das Mittel für die Stabilität der Dinge, den Sieg (Nezah) über den Tod und das Nichtsein, indem sie die Ewigkeit (Hod) durch die unversiegbare Aufeinanderfolge der Eintagsdinge nährt.

Malkuth schliesslich, das Reich der Formen, verwirklicht und erfüllt unten die vollkommene Synthese, das vereinigte Gesamtwirken der Sephirot, an deren Spitze Kether (Vorsehung oder Krone) die potentielle d. h. der Möglichkeit und dem Keime nach vorhandene Synthese in sich birgt.

Diese Darlegung wird für Einweihungsfähige wenigstens teilweise das Verständnis der folgenden Tabelle über die Beziehungen des Sephirot zu den Engels-Chören vorbereiten.

Wir geben nun diese Tabelle in folgender Gestalt:

---

[1]) Vgl. zum Folgenden die Lehre von den Sephiroth S. 14—17 und S. 30—32, und S. 28 die Zahlen.

Die Sephira:[1]		entspricht den:	
נתר Kether	Die alles im Gleichgewicht haltende Vorsehung	היות הקדוש Haïoth Hakkadosch[2])	Die Intelligenzen oder Entelechien der Vorsehung
הכמה Hochmah	Die göttliche Weisheit	אופנים Ophonim[3])	Die Beweger der gestirnten Räder (der Sternen-Sphären)
בינה Binah	Die höchste, schöpferisch wirkende Intelligenz	אראלים Aralim[4])	Die Mächtigen
הסד Hesed	Die unendliche Barmherzigkeit	השמלים Hasmalim[5])	Die Leuchtenden
גבורה Geburah	Die absolute Gerechtigkeit	שרפים Seraphim[6])	Die von Eifer brennenden Engel
תפארת Thiphereth	Die unvergängliche Schönheit	מלאכים Malachim[7])	Die Könige des Glanzes
נצח Netzah	Der Sieg des Lebens über den Tod	אלהים Ælohim[8])	Die Götter (die von Gott Gesandten)
הוד Hod	Die Ewigkeit des Seins	בני אלהים Bene Ælohim[9]	Die Söhne der Götter
יסוד Jesod	Die Zeugung, der Grundstein des ewigen Bestandes	כרבים Cherubim[10])	Die Darreicher des astralen Feuers
מלכות Malkuth	Das Reich der Formen	אישים Ischim[11])	Die seelig gewordenen Seelen.

[1]) Vgl. auf Fig. 5 die Sephirothnamen in der gleichen Reihenfolge in den Strahlenbündeln des Wolkenringes rechts vom schwarzen Ensophkreise ab und über jedem Sephirotnamen fortlaufend unter dem äussersten Kreisringe in 10 kleinen weissen Flächen die Engelsnamen in der Reihenfolge der obigen Tabelle.

[2]) Vgl. S. 68,1. א Aleph, S. 79 oben. [3]) Vgl. S. 69,2. ב Beth, S. 79 Der 2. göttl. Name. [4]) S, 69,3. ג Ghimel und die Erörterung über den 3. göttl. Namen am Schluss. [5]) S. 69,4. ד Daleth und die Erört. ü. d. 4. göttl. N. [6]) S. 69,5. ה He u. d. Erört. ü. d. 5. g. N. [7]) S. 69,6. ו Vau, u. d. Erört. ü. d. 6 göttl. N. [8]) S. 70,7. ז Zain u. d. Erört. ü. d. 7. göttl. N. [9]) S. 70,8. ח Heth u. d. Er. ü. den 8. göttl. N. [10]) S. 70,9. ט Theth u. d. Er. ü. den 9. göttl. Namen. [11]) S. 70,10. י Iod, u. d. Er. ü. d. 10. göttl. Namen.

Ein tiefer Gedanke des Theosophen aus Leipzig war es, auf seiner Tafel (Fig. 5) die Buchstaben des hebräischen Alphabets über dem von den Sephirotstrahlen durchbrochenen Wolkenschleier der Aziluth-Welt hervortreten zu lassen. Abwechselnd aus Strahlenglanz und dunklem Gewölk die zweiundzwanzig Buchstaben des heiligen hieroglyphischen Alphabets entstehen zu lassen, — die, wie bekannt, den 22 Mysterien der absoluten Wissenschaft entsprechen,[1]) als hieroglyphische Synthesen oder Pantakel in den 22 Schlüsseln des samaritanischen Tarot enthalten — heisst das nicht in einem überwältigenden Bilde die ganze Lehre des „Buches der Ausgestaltung", des Sepher-Jezira (ספר יצירה), kondensieren? Diese Symbole sind wahrlich, abwechselnd mit hellem Strahlenglanz und düsterem Gewölk, geheimnisvolle Zeichen, die so trefflich das Fas und Nefas [2]) der ewigen Bestimmung verdeutlichen; Heinrich Khunrath liess sie auf seinem Bilde (Fig. 5) aus der fruchtbaren Paarung von Licht und Finsternis, von Wahrheit und Irrtum, von Gut und Böse, von Sein und Nichtsein hervorgehen! So tauchen oft unversehens am Horizont heitere oder düstere Phantome auf, hell glänzend oder finster drohend, bis aus dem dicht geballten Gewölk Phöbus, noch einmal Sieger über Python, seine goldenen Pfeile abschiesst![3])

Es bleibt uns zwar über das symbolische Rosen-Kreuz von Heinrich Khunrath noch viel zu sagen übrig, aber wir müssen uns Beschränkung auf das bisher Gesagte auferlegen, denn für eine logische und ausführliche Darstellung dieses Stoffes, den wir nur andeutend und flüchtig behandeln konnten, wäre ein ganzes Buch erforderlich. Wenn uns aber der Leser infolge unserer Gedrängtheit allzu abstrakt oder gar dunkel finden sollte, so können wir nur um Entschuldigung bitten.

---

[1]) Vgl. S. 28 u. 29, S. 51, S. 66 und ff. und Schluss des Dritten Kapitels, sowie S. 33 u. 35 (Sechster und Siebenter Abschnitt) und Tabelle S. 77. S. 99, S. 106 u. S. 125.

[2]) Heil und Unheil, Glück und Unglück.

[3]) Um die Erklärung der Tafel Khunraths abzuschliessen, wollen wir noch erwähnen, dass unter dem obersten Dreieck das lat. Wort „Omnia" d. h. „Alles" [in sich begreifend] steht und zwischen den einen Kreis bilden den hebr. Buchstaben und dem äussersten Kreis der lat. Spruch der Bibel: „Diliges Dominum Deum tuum ex toto corde tuo et ex tota anima tua et ex omnibus viribus tuis et ex omni mente tua, et proximum tuum, sicut te ipsum", im innersten Kreise aber „In hoc signo vinces" und „Veri Dei filius erat ipse."

Wenn er sich die Mühe nimmt, seine kabbalistischen Studien an den Quellen selbst zu vertiefen, wird er es vielleicht nicht unangenehm empfinden, im Verlaufe dieser gedrängten und vielleicht deshalb ermüdenden Darstellung auf eine kurze Angabe, ja oft auf eine Erklärung mehrerer transcendentaler Mysterien zu stossen.

Wie die Algebra, so hat auch die Kabbala ihre Gleichungen und ihre technischen Formeln. Man muss ihre Sprache erst kennen lernen, deren wunderbare Prezision dann bei gewohnheitsmässiger Anwendung für eine Reihe von geistigen Anstrengungen während der ersten Zeit des Studiums reichliche Entschädigung bietet.

Beziehung der Sephirot-Kanäle zu Namen Gottes.

Im Anschluss an die Besprechung der kabbalistischen Tafel Khunraths, die besonders deutlich die Beziehungen der Sephirot zu den Namen Gottes zur Darstellung bringt, wird es nicht unangebracht sein, auch noch die Beziehung der Sephirot-Kanäle zu Namen Gottes festzustellen. Ein Hinweis auf Fig. 3 und 4 sowie auf S. 13 und S. 99 wird genügen, um uns die Bedeutung dieser Kanäle ins Gedächtnis zurückzurufen.[1]) Wir wollen hier nur die Bezeichnung der Kanäle mit den hebräischen Buchstaben und die sich daraus ergebende Beziehung zu Gottesnamen kennzeichnen:

1	א	Gott der Unendlichkeit	איה
2	ב	Gott der Weisheit	ביה
3	ג	Gott der Vergeltung	גיה
4	ד	Gott der Tore des Lichtes	דיה
5	ה	Gott Gottes	היה
6	ו	Gott der Gründer	ויה
7	ז	Gott des Blitzes	זיה
8	ח	Gott der Barmherzigkeit	חיה
9	ט	Gott der Güte	טיה
10	י	Gott Urprinzip	ייה
11	כ	Gott der Unwandelbarkeit	כיה
12	ל	Gott der 30 Wege der Weisheit	ליה
13	מ	Gott in seiner Unerforschlichkeit	מיה
14	נ	Gott der 50 Tore des Lichtes	ניה
15	ס	Gott mit dem feurigen Schwerte	סיה
16	ע	Gott des Schwures	עיה
17	פ	Gott der Rede	פיה

[1]) Vgl. noch S. 103/104.

18	צ	Gott der Gerechtigkeit	ציה
19	ק	Gott des Rechtes	קיה
20	ר	Gott als Haupt	ריה
21	ש	Gott Erretter	שיה
22	ת	Gott als Endziel und Endzweck	תיה

Alle diese Namen, die für die Bedeutung der „Kanäle" massgebend sind,[1]) haben die gleiche Endung: יה; ihr Sinn hängt deshalb nur von dem Anfangsbuchstaben ab und lässt sich teils durch einen Vergleich mit der Bedeutung der Buchstaben auf S. 73-74 oder auf den Seiten 68—73, teils durch Beziehung auf die gewöhnliche hieroglyphische Verwendung der Zeichen (S. 106-107) sowie auf die Angaben S. 28 begründen. Doch überlassen wir es dem eifrigen Jünger der Kabbala, diese Begründung durch eigene Bemühung herauszufinden.

Es bestehen also zwischen den Zahlen, den göttlichen Namen, den Buchstaben und den Sephiroth enge Beziehungen, wie dies namentlich aus den vorausgehenden Erklärungen hervorgeht, die Stanislas de Guaita zu der Rosen-Kreuz-Tafel Khunraths gegeben hat.[2])

Diese Beziehungen erscheinen auch in den beiden folgenden Tabellen zusammengefasst, deren eine von Kircher, die andere von R. P. Esprit Sabbathier (Ombre idéale de la sagesse universelle, 1679) entlehnt ist.

---

[1]) Vgl. S. 104, Anm. 4.
[2]) Vgl. insbesondere S. 124 sowie S. 99—105, S. 87—90.

Tabelle des kabbalistischen Zehnerschlüssels nach Kircher.

D 10 Gebote des Gesetz.	Glieder d. irdischen Menschen	Mystisch. Glieder d. himml. Menschen	Mystisch. Glieder d. M. als Idee Gottes	Myst. Gl. i. d. Bezeichn. d. Orthod.	Namen Gottes	Entsprechende Sephiroth
1	Gehirn	Caelum Empyreum (Feuer-Himmel)	Haroth	Seraphim	אהיה Sum qui sum Ich bin, d. i. bin	Krone
2	Lunge	Primum mobile	Ophanim	Cherubim	יה Wesen verleihendes Wesen	Weisheit
3	Herz	Der Fixstern Himmel	Aralim	Throne	יהוה Gott-Götter	Intelligenz
4	Magen	Saturn	Haschemalim	Herrschaften	אל Gott Schöpfer	Grösse
5	Leber	Jupiter	Seraphim	Kräfte	אלוה Gott der Mächtige	Stärke
6	Galle	Mars	Melachim	Mächte	אלהימ Gott der Starke	Schönheit
7	Milz	Sonne	Elohim	Fürstentümer	יהוהצבאות Gott der Heerscharen	Sieg
8	Nieren	Venus	Ben Elohim	Erzengel	אלחימ Herr d. Heerscharen	Ruhm
9	Zeugungs-Organe	Merkur	Cherubim	Engel	שדי Der Allmächtige	Fundament
10	Gebärmutter	Mond	Ischim	Seelen	אדני Der Herr	Reich

Anm. Die Planetenbezeichnungen auf Fig. 3 und 4 sind wohl zu korrigieren, da der Sephira 4 (Grösse) Saturn, der Sephira 5 (Stärke) Jupiter entspricht, wie es die Tabelle Kirchers angibt. Ebenso ist wohl auch Kircher im Recht, wenn er Seph 6 mit Mars, Seph. 7 mit der Sonne in Verbindung bringt, während Fig. 3 u. 4 das umgekehrte Verhältnis zeigen. Dagegen möchten wir bei der Beziehung der Sephira 5 u. 6 zu den göttlichen Namen gegenüber der hierbefindlichen Tabelle Kirchers der nach Khunrath (vgl. S. 119.) Recht geben. Bezüglich der Engelsnamen besteht völlige Übereinstimmung Kirchers und Khunraths. (Seite 123).

Tabelle der dritten (göttlichen) Welt nach R. P. Esprit Sabbathier.

Sphären und Buchstaben	Intelligenz (Entelechie) der Sphären	Himmlische Chöre	Sephiroth	Namen Gottes angeordnet nach der Zahl ihrer Buchstaben	Kabbalistische Namen Gottes
ד ע	Fürst der Welt מטטרון: Mittatron	Seraphim, d. heil. Tiere היותהקודש Hakkodesch Haioth	Krone כתר: Kether	Ich י I	Ich werde sein אהיה Ehie
ה פ	Bote Gottes רציאל: Ratsiel	Cherubim Räder אופנים: Ophanim	Weisheit חכמה Hochma	Gott Sein an und aus sich אל יה El Jah	Sein des Seins Ich יהוה י Jehova I
ו ☿ צ	Betrachtung Gottes צפקיאל Tsaphkiel	Throne Mächtige אראלים: Aralim	Intelligenz בינה Bina	Jesus Der Allmächtige ישו: שדי Jeschou Schaddai	Gott Sein des Seins אלהים יהוה Elohim Sein des Seins
ז ♃ ק	Gerechtigkeit Gottes צדקיאל Tsadkiel	Herrschaften Funkelnde השמאלים Haschmalim	Milde הסד: Chesed	Sein des Seins יהוה: Jehova	Gott אל: El
ח ♂ ר	Strafe Gottes סמאל Sammael	Mächte Flammende שרפים Seraphim	Stärke גבורה Gebura	Erlöser Gott der sehr Erhabene יהשוה אלהים הליון Jehoschouha Elohim Helion	Der Starke Gott גברה אלהים Gibor Elohim

ט ☉ ש	Der Gottähnliche מיכאל Michael	Kräfte Könige מלכים Melachim	Schönheit הפראת Tipheret	Der starke Gott אל—גביר El Gibora	Gott ארה Eloah
י ♀ ת	Gnade Gottes חאניאל Haniel	Fürstentümer Götter אלהים Eloim	Sieg נעה Netsah	Der Unveränderliche אראריתא Ararita	Der Heerscharen Herr יהוה עבאות Tsebaoth Jehovah
כ ☿ ך	Arzt Gottes רפאל Raphael	Erzengel Kinder Gottes בני אלהים Elohim Bene	Preis הוד Hod	Das Wissen Gottes יהוה Jehova	Der Heerscharen Gott אלהים צבאות Tsebaoth Elohim
ל ☽ ס	Mann Gottes גבריאל Gabriel	Engel Stütze der Kinder כרובים Kerubim	Fundament יסוד Jesod	Der Heerscharen Herr יהוה צבאות Tsebaoth Jehovah	Der Allmächtige שדי Schaddai
מ ן	Messias מטטרון: Mittatron	Selige menschliche Seelen אשים Ischim	Reich מלכות Malkuth	Der Heerscharen Gott אלהים עבאות Tsebaoth Elohim	Herr אדני Adonai
נ ף	Einen Namen Gottes mit 11 Buchstaben gibt es nach der Ansicht der orthodoxen Israeliten nicht, daher auch keine Beziehung zu einer Sephira, Sphärenintelligenz oder himmlischem Chor.				Gott מקום Makom
ם ע				Der heilige Geist Sohn Vater אב בן ורוה הקדש Hahkodesch Veruach Ben Ab	Gott der dreieinig Einzige אגלא Agla

Die Tabelle Sabbathiers nötigt uns noch zu einigen Bemerkungen. Die Beziehungen der Buchstaben und Sphären, wie er sie in der ersten Kolumne angibt, weichen dem Augenschein nach völlig von den darauf bezüglichen Angaben unseres Werkes auf S. 68—73 ab; eine nähere Begründung dafür würde uns hier zu weit führen. Dagegen ist zu erwähnen, dass sich die Beziehungen der Entelechien zu den Sphären bei Sabbathier teilweise mit unseren Angaben (S. 70—72) decken; Mithatron und Ratsiel gelten beiderorts als Entelechien des ersten und zweiten Himmels; dagegen ist Tsaphkiel, den Sabbathier für Saturn anführt, dort nicht genannt, wohl aber Tsadkiel und Sammael für Jupiter und Mars; Sabbathier nennt für die Sonne Michael, für Merkur Raphael, auf S. 71-72 finden wir die gegenteilige Angabe; dagegen herrscht Übereinstimmung für Venus und Mond. Die Beziehung zwischen Sternensphäre und Engelschor erscheint bei Kirchers und Sabbathiers Tabelle nur je um eine Stufe verschoben, wie ein Blick auf die beiden Tabellen lehrt. Kleine Abweichungen bezüglich der anderen Rubriken sind schon von vornherein erklärlich. —

Wir haben früher [1]) eine kurze Inhaltsangabe der beiden Hauptwerke versprochen, die über die in den vorangegangenen Tabellen zusammengefassten Beziehungen handeln. Es sind dies die Werke von Kircher (Oedipus Aegyptiacus) und Lenain (La Science cabalistique). Der Leser wird nun nach unseren Darlegungen die ganze Anlage dieser beiden Bücher leicht verstehen; zuerst die Gliederung des Kircher'schen Buches:

1. Kap. Die göttlichen Namen. — Einteilung der Kabbala.
2. Kap. Geschichte und Ursprung der Kabbala.
3. Kap. Grundlage der Kabbala. — Das Alphabet und die mystische Anordnung seiner Zeichen.
4. Kap. Die Namen und Beinamen Gottes.
5. Kap. Die Zruph-Tabellen oder Kombinationen der Buchstaben.
6. Kap. Der göttliche Namen der 72 Buchstaben (יהוה) und seine Anwendung.
7. Kap. Der vierbuchstabige Namen Gottes im heidnischen Altertum.

---

[1]) Vgl. S. 65.

8. Kap. Geheime mystische Theologie der Hebräer. — Die Kabbala der 10 Sephiroth oder der göttlichen Numerationen.
9. Kap. Verschiedene Darstellungen der Sephiroth, ihrer Wirkung und ihrer „Kanäle“.
10. Kap. Kabbala Bereschit.

Lenain's Werk zeigt folgende Gliederung:

1. Kap. Vom Namen Gottes und seinen Attributen.
2. Kap. Vom Ursprung der göttlichen Namen, ihre Attribute und ihre Wirkung auf das Universum (das Alphabet und die Bedeutung der Buchstaben).
3. Kap. Erklärung der 72 Attribute Gottes und der 72 Genien, die über das Universum herrschen.
4. Kap. Die 72 Namen.
5. Kap. Erklärung des heiligen Kalenders.
6. Kap. Die Wirkungen der 72 Genien, ihre Attribute und Mysterien.
7. Kap. Die Mysterien der praktischen Kabbala (Magie).

Fünftes Kapitel.

Die Philosophie der Kabbala.

Den systematisch-technischen Teil der Kabbala haben wir im vorausgehenden Kapitel dargelegt; wir haben daher jetzt den philosophischen Gehalt der Kabbala auszuschöpfen.

Wir wollen zu diesem Zwecke eine Analyse des Werkes von Franck über philosophische Lehren der Kabbala geben und einen Brief folgen lassen, den Franck über sein Werk an Papus schrieb; dann mögen die kabbalistischen Lehren über die Seele des Menschen nach der Arbeit des deutschen Kabbalisten Karl von Leiningen zur Darstellung gebracht werden.

I.

Analyse des Franck'schen Werkes.

Die Kabbala.

Franck hat der Kabbala ein ernstes und tiefes Studium gewidmet, und zwar vom Standpunkt der modernen Philosophie und akademisch-wissenschaftlichen Kritik aus. Umso interessanter ist es, seine Ansichten mit denen moderner Kabbalisten zu vergleichen, die mehr oder weniger auch der esoterischen Lehre kundig sind. Die beiden verschiedenen Gesichtspunkte können sicherlich diesen so wichtigen Zweig der Mystik in neuer Beleuchtung erscheinen lassen. So wollen wir also der Reihe nach die Ansichten Francks über die Kabbala selbst, ihr Alter und ihre Lehren diskutieren und dazu die Meinungen der modernen Mystiker in Parallele stellen. Doch müssen wir uns darauf beschränken, nur einige der wichtigsten Probleme herauszugreifen.

Franck befolgt in der ganzen Disposition seines Werkes eine Methode, die geeignet ist, dem Leser auch so schwer verständliche Dinge in bemerkenswerter Klarheit darzulegen.

Drei Teile und überdies eine Einleitung und ein Schlussteil bilden das Gerüst seines Werkes. Die Einleitung und Vorrede geben eine allgemeine Vorstellung von der Kabbala und ihrer Geschichte. Der erste Teil behandelt das Alter der Kabbala, wie sie sich in ihren beiden Hauptwerken, dem Sepher Jesirah und dem Zohar, zeigt, deren Authentizität in sorgfältiger Weise diskutiert wird. Der zweite Teil, zweifellos der bedeutungsvollste, analysiert die in diesen Büchern enthaltenen Lehren, die die Grundlage der Kabbala bilden. Der dritte Teil untersucht die Ähnlichkeiten des philosophischen Systems der Kabbala mit den Lehrmeinungen der verschiedenen philosophischen Schulen, die etwa eine Analogie dazu aufweisen könnten. Der Anhang handelt von den beiden Sekten der Kabbalisten.

Bei näherer Betrachtung ergeben sich folgende Probleme:

1. Was ist die Kabbala und auf welche Zeit geht ihr Alter zurück?
2. Welches sind die Lehren der Kabbala:

über Gott;
über den Menschen;
über das Universum?

3. Welches ist der Einfluss der Kabbala auf die Philosophie der verschiedenen Zeitalter?

Um den Gegenstand entsprechend zu behandeln, könnte man Bücher schreiben; wir müssen uns auf einige notwendige Fingerzeige beschränken.

I.

Was ist die Kabbala und auf welche Zeit geht ihr Alter zurück?

Indem sich Franck auf das Gebiet wissenschaftlich begründeter Tatsachen beschränkt, gibt er folgende Definition der Kabbala:

„Eine Lehre, die mehr als eine Ähnlichkeit mit denen Platons und Spinozas hat; die in ihrer Ausdrucksform sich oft bis zu dem majestätischen Ton religiöser Dichtung erhebt; die im selben Land und ungefähr zur selben Zeit wie das Christentum entstanden ist; die während eines Zeitraumes von zwölf Jahrhunderten ohne einen anderen Beleg als die Annahme einer uralten Tradition, ohne ein anderes Motiv als den Wunsch, immer tiefer in den Sinn der heiligen Bücher einzudringen, sich entwickelt und im Schatten tiefen Geheimnisses sich verbreitet hat: das ist es, was man findet, wenn man den Kern von aller anhängenden Schale gereinigt hat, wenn man in den alten Denkmälern, in dem uralten Trümmerwerk der Kabbala nachforscht."

Und darüber sind sich auch alle Mystiker, alle Okkultisten einig: die Kabbala ist wirklich eine Überlieferung aus uralter Zeit, was ja schon der Name besagt.[1])

Doch sind wir betreffs des Ursprungs dieser Überlieferung anderer Ansicht als Franck.

Die akademisch-wissenschaftliche Kritik kann unmöglich gewissen Regeln der Methode aus dem Wege gehen, deren wichtigste darin besteht, ihre Ansicht über den Ur-

---

[1]) Vgl. das von uns auf S. 41 angeführte Zitat aus Fabre d'Olivet, Langue Hébraiqe restituée.

sprung von Lehrmeinungen, die sie studiert, nur auf die Belege zu stützen, die sie nach ihrer Methode als völlig authentisch anerkennen kann, ohne dabei auf die mehr oder weniger parteiischen Ansichten der Anhänger und Jünger der zu erforschenden Lehre Rücksicht nehmen zu dürfen.

Das ist auch die Methode, der Franck bei seinen historischen Untersuchungen über die Kabbala gefolgt ist. Er sucht die Entstehungszeit der beiden grundlegenden Werke Sepher Jesira und Zohar möglichst genau zu bestimmen und schliesst daraus unmittelbar auf das Alter der kabbalistischen Lehre selbst.

Der Mystiker braucht sich nicht durch solche Fesseln beengen zu lassen. Ein altes Symbol ist für ihn ein ebenso authentisches und wertvolles Denkmal wie ein Buch, und die mündliche Überlieferung kann nur Formeln dogmatischer Art fortpflanzen, die dann die exakte wissenschaftliche Forschung ihrerseits kontrollieren und bestätigen soll.

Wronski bezeichnet dogmatische Sätze als Porismen;[1]) daher müssen wir zunächst die dogmatischen Lehrsätze der Tradition aufstellen, ohne sie jedoch anzuerkennen, bevor sie wissenschaftlich bestätigt werden.

So wollen wir also sehen, was die okkulte Tradition über den Ursprung des Esoterismus und infolgedessen auch der Kabbala selbst lehrt, um es als ein zu untersuchendes Problem aufzustellen, das die Wissenschaft noch nicht völlig erklären konnte, wobei wir aber doch auf das hinweisen, was die Wissenschaft in Übereinstimmung mit der mündlichen oder geschriebenen Tradition der Mystik als völlig gesichert anerkennt.

Jeder Kontinent sah im allmählichen Fortschreiten eine Flora und eine Fauna entstehen, die dann ihre Krönung in einer Menschenrasse erhielten. Die Kontinente selbst tauchten allmählich derart auf, dass derjenige, der die Menschenrasse trug, die die Nachfolgerin der eben herrschenden sein sollte, zu der Zeit völlig aufgetaucht war, wo die letztere auf dem Höhepunkt ihrer Zivilisation stand. So folgten einander mehrere grosse Zivilisationen auf unserem Planeten:

1. Die gewaltige Zivilisation der Atlantis, die durch die rote Rasse geschaffen wurde; diese entwickelte

---

[1]) Wronski, Messianisme ou réforme absolue du Savoir Humain, t. II, Introduction.

sich auf einem heute verschwundenen Kontinent, der einen grossen Teil des heutigen atlantischen Ozeans einnahm.

2. Zur Zeit, als die rote Rasse auf dem Höhepunkt ihrer Zivilisation angelangt war, erhob sich ein neuer Kontinent, der das heutige Afrika bildet; als Krone seiner Entwickelung erzeugte es die schwarze Rasse.

Als die Katastrophe, die Atlantis verschlang, sich vorbereitete, eine Katastrophe, die in allen Religionen als allgemeine Sintflut bekannt ist, ging raschen Schrittes die Zivilisation auf die schwarze Rasse über, der auch die Ueberlebenden der roten Rasse ihre Geheimlehre übermittelten.

3. Als endlich die Schwarzen die höchste Stufe ihrer Zivilisation erreicht hatten, entstand ein neuer Kontinent (Europa-Asien oder Eurasien) und mit ihm die weisse Rasse, die ihrerseits die Suprematie über den Planeten erwerben sollte.

Die eben von uns angeführten Leitsätze sind nichts Neues. Diejenigen, die im Sepher (Schöpfungsbericht) des Moses esoterisch zu lesen verstehen, werden dies in den ersten Worten desselben finden, wie es Saint-Yves d'Alveydra dargetan hat; übrigens hat Fabre d'Olivet bereits um 1820 diese Lehre in seiner „Histoire philosophique du Genre humain" entwickelt und der Autor von „Mission des Juifs" lässt uns ihre Grundzüge im altindischen Ramayana erkennen.

Ferner hat die Geologie in Uebereinstimmung mit Archäologie und Anthropologie die hohe Wahrscheinlichkeit der Hauptpunkte dieser Tradition bestätigt. Aber noch mehr — gewisse heute noch dunkle Probleme der Entwicklungstheorie, unter ihnen die Farbenverschiedenheit der Menschenrassen, können hier wertvolle Aufklärungen finden, die noch heute der offiziellen Wissenschaft unbekannt sind.

Von der roten Rasse kam also ursprünglich die Ueberlieferung; und wenn man sich vor Augen hält, dass Adam nichts anderes als rote Erde bedeutet, wird man verstehen, warum die Kabbalisten ihre Lehre auf Adam selbst zurückführen. Diese Ueberlieferung hatte dann der Reihe nach ihren Hauptsitz in Atlantis, Afrika, Asien und schliesslich in Europa.

Ozeanien (Australien) und Amerika sind die Reste von Atlantis und eines noch früheren Kontinents: Lemuria.

Wir begnügen uns, diese dogmatisch-formulierten Sätze, von denen viele für die moderne Wissenschaft noch Porismen, d. h. zu untersuchende Probleme sind, hier ohne weitere Diskussion aufzustellen, und gehen nunmehr von dort aus, wohin die heutige Wissenschaft den Ursprung des Menschengeschlechtes verlegt: von Asien.

Alle Ueberlieferungen, die der Zigeuner,[1]), die der Freimaurer,[2]) der Aegypter und der Kabbalisten[3]) sind sich in Uebereinstimmung mit der offiziellen Wissenschaft darüber einig, dass Indien als das Ursprungsland unserer philosophischen und religiösen Lehren zu betrachten ist.

Der Mythus von Abraham bedeutet nur, wie Saint-Yves d'Alveydra dargelegt hat, die Uebertragung der indischen oder orientalischen Tradition auf den Okzident; und da die Kabbala, wie wir sie heute besitzen, nichts anderes ist als diese dem abendländischen Geistesleben angepasste Überlieferung, so versteht man, warum das älteste bekannte kabbalistische Buch folgenden Titel trägt:

DAS KABBALISTISCHE BUCH DER SCHÖPFUNG

im Hebräischen Sepher Jesira

von ABRAHAM

allmählich mündlich seinen Söhnen mitgeteilt; dann bei dem schlechten Stand der Dinge in Israel durch die Weisen Jerusalems in geheimen Symbolen und Buchstaben mit verborgenem Sinn aufbewahrt.[4])

Um die volle Richtigkeit der durch Saint-Yves d' Alveydra gegebenen Erklärung zu bestätigen, werden wir die Grundprinzipien der Kabbala und besonders die Sephirot-Lehre im indischen Esoterismus nachzuweisen haben. Dadurch sind wir imstande — was Franck entgangen ist — die allmähliche Entstehung des kabbalistischen Lehrgebäudes bis über das erste Jahrhundert unserer Ära hinauszuverfolgen, wie sich im Folgenden ergeben wird.

Zunächst wollen wir einige Worte über die Existenz dieser esoterischen Tradition im Altertum sagen, die wirk-

---

1) Vgl. Kabbale des Bohémiens in der Zeitschrift „Initiation".
2) Vgl. Ragon, Orthodoxie Maçonnique.
3) Vgl. Saint Yves d'Alveydra, Mission des Juifs.
4) Papus, le Sepher Jesira, p. 5.

lich besteht, trotz der Meinung Littré's [1]), eine Meinung, die zum Teil auch von einem der Autoren des „Dictionnaire philosophique" Ad. Francks geteilt wird.[2])

Jeder religiöse oder philosophische Reformator des Altertums gab seine Lehre in zwei Teilen: der eine war für die grosse Menge bestimmt, der Esoterismus; der andere nur für die völlig Eingeweihten, die eigentliche esoterische Lehre.

Ohne von den Weisen des Morgenlandes, Buddha, Konfuzius oder Zoroaster, zu sprechen, wollen wir nur Orpheus erwähnen, der den Eingeweihten den esoterischen Teil seiner Lehre in den von ihm geschaffenen „Mysterien" enthüllte, und Moses, der sich einen Stamm von Priestern oder Eingeweihten, den Levis, erwählte, unter denen er wieder diejenigen auserkor, denen die Überlieferung anvertraut werden konnte. Für die Zeit um 550 vor der christlichen Ära wird die esoterische Übertragung dieser Tradition unbestreitbar, da Pythagoras ebenso wie Orpheus und Moses seine Einweihung in Ägypten empfing.

Pythagoras hatte eine Geheimlehre, die besonders auf den Zahlen beruhte, und einige Fragmente dieser Lehre, die auf die Alchemisten übergingen,[3]) beweisen ihre völlige Identität mit der Kabbala, wenn sie auch der Hellene in ein hellenisches Gewand gehüllt hat.

Diese geheime Tradition ging unter den Schülern des grossen Philosophen umso weniger verloren, als sie ja immer wieder am Ursprung des Quells, in Ägypten oder in den griechischen Mysterien die Weihe erhielten. So war es mit Sokrates, Platon und Aristoteles.

Der Brief Alexanders des Grossen an seinen Lehrer, in welchem der König den Philosophen beschuldigt, die esoterische Lehre allzu sehr preisgegeben zu haben, beweist, dass diese mündliche Lehre der Überlieferung auch noch in dieser Zeit bestand.

Nachricht davon finden wir noch bei Plutarch, wenn er sagt, dass Schwüre seine Lippen versiegeln und dass er nicht sprechen darf; doch wäre es überflüssig hier noch weitere ähnliche Zitate anzuführen, da diese Einzelheiten allen Mystikern hinlänglich bekannt sind. Doch müssen wir noch auf die

---

[1]) Vorrede für 3. Auflage von Salverte (Sciences occultes).
[2]) Im Artikel „Esotérisme."
[3]) Vgl. Jean Dée, Monas hieroglyphica in Theatrum Chemicum.

Existenz dieser geheimen mündlichen Überlieferung im Christentum hinweisen; Jesus enthüllt seinen Jüngern allein den wahren Sinn der Parabeln in der Bergrede und völlig vertraut er das Geheimnis der esoterischen Tradition nur seinem Lieblingsjünger Johannes an.

Die Apokalypse ist völlig kabbalistisch und bietet die esoterische Lehre des Christentums.

Das hohe Alter dieser esoterischen Überlieferung kann kaum zweifelhaft sein und die Kabbala geht wohl in viel ältere Zeiten hinauf als die es sind, in die Franck ihren Ursprung verlegt. Auch ist sie nicht, wie er vermutet, im selben Lande wie das Christentum entstanden, sondern in grosser Entfernung davon, wie es die indische Sephiroth-Lehre beweist.

II.

Die Lehre der Kabbala.

Die Art und Weise, wie Franck die Lehren der Kabbala zur Darstellung bringt, erfordert eine gewisse Kritik. Wenn er auch die kabbalistischen Lehrmeinungen über jeden besonderen Gegenstand auf Grund seines reichen Wissens mit bewunderungswürdigem Scharfsinn analysiert, so gibt er doch keine synthetische Zusammenfassung des Systems als eines grosen Ganzen. Hat man z. B. das IV. Kapitel gelesen, das er „Lehrmeinungen der Kabbalisten über die Welt" betitelt, so lernt man zwar gewisse Lehren der Überlieferung über die Engel, die Astrologie, die Einheit Gottes und des Universums kennen; aber es ist unmöglich, sich danach eine allgemeine Vorstellung von der Konstitution des Kosmos bei den Kabbalisten zu machen.

Wir wollen uns nun bemühen, eine möglichst klare Zusammenfassung dieser kabbalistischen Traditionen zu bieten, die, wie erwähnt, durch Franck eine so gründliche Analyse erfahren haben. Um aber bei einem so schwierigen Gegenstand verständlich zu bleiben, wollen wir bei der Behandlung der kabbalistischen Lehren von einer Betrachtung des Menschen ausgehen, und erst zum Schluss werden wir die metaphysischen Lehren der Kabbala über die Gottheit darlegen.

a) Lehren der Kabbala über den Menschen.

Die Kabbala lehrt vor allem, dass der Mensch in seiner Konstitution aufs genaueste die des ganzen Universums wiederspiegelt. Daher erhält auch der Mensch die Bezeichnung Mikrokosmos, kleine Welt, im Gegensatz zum Makrokosmos, der grossen Welt des Universums.

Wenn es aber heisst, dass der Mensch ein Abbild des Universums ist, so ist damit nicht gemeint, das Universum sei ein wirbeltierartiges Geschöpf, sondern es will nur besagen, dass die konstitutiven Prinzipien beider analoge, nicht aber völlig gleichartige sind.

So vereinigen sich Zellen von verschiedener Form und Konstitution beim Menschen, um die Organe zu bilden, wie Magen, Leber, Herz, Gehirn usw. Diese Organe vereinigen sich wieder zu Systemen, um Funktionen entstehen zu lassen; so bilden die Lungen, das Herz, die Arterien und Venen das System des Blutkreislaufes; die Gehirnlappen, das Rückenmark, die sensitiven und motorischen Nerven bilden das Nervensystem u. s. w.

Nach der Methode der Analogie, die der Mystik eigentümlich ist, wird das, was im Menschen und im Universum demselben Gesetze folgt, sich analog verhalten müssen. Die Natur zeigt uns Dinge und Wesen von sehr verschiedener Form und Konstitution (Mineralien, Vegetabilien, animalische Wesen usw.) die in ihrer Gesamtheit Planeten bilden. Diese Planeten bilden miteinander wieder Sonnensysteme. Das Kreisen der Planeten und ihrer Satelliten lässt das Leben des Universums entstehen, wie das Zusammenwirken der Organe das Leben des Menschen entstehen lässt. Organ und Planet sind also analoge Dinge d. h. sie wirken nach demselben Gesetz! Und doch sind äusserlich betrachtet Herz und Sonne so verschiedene Gebilde! —

Diese Beispiele zeigen uns die Anwendung der kabbalistischen Lehren auf unsere exakten Wissenschaften, und die völlige Ausgestaltung dieser Anwendung bildet seit mehreren Jahren das Studium der französischen Kabbalisten-Schule. Doch wenden wir uns der Konstitution des Mikrokosmos zu, da wir jetzt wissen, warum der Mensch so genannt wird.

Die Kabbala betrachtet die Materie als eine Hülle, die nachträglich infolge des Falles Adams nach der Erschaffung aller Wesen diesen beigegeben wurde. Jakob Boehme und Saint-Martin haben in neuerer Zeit diese Idee hinreichend ausgestaltet, so dass wir nicht länger dabei verweilen wollen. Doch muss man diese grundlegende Anschauung erwähnen, um zu erklären, warum in der Konstitution des Menschen keines der schon erwähnten drei Funktionsprinzipien[1]) die Materie unseres Körpers darstellt.

Der Mensch setzt sich nach den Kabbalisten aus drei wesentlichen Elementen zusammen (vgl. S. 49/50.)

1. Einem niederen Element, das aber nicht der materielle Körper selbst ist, da die Materie als solche kein wesentliches Element ist, sondern vielmehr das Prinzip, das die materielle Form bestimmt und beherrscht: Nephesch.

2. Einem höheren Element, einem göttlichen Funken, der „Seele" aller Idealisten, dem „Geist" der Mystiker und Okkultisten: Neschama.

Diese beiden Elemente verhalten sich wie Öl und Wasser. Sie sind von so verschiedenem Wesen, dass sie niemals in Beziehung zu einander treten könnten, ohne ein drittes Element, das der Natur beider verwandt ist und sie vereinigt.[2])

3. Dieses dritte Element, das Bindeglied zwischen den beiden vorausgehenden, ist das „Leben" der Gelehrten, der „Geist" der Philosophen, die „Seele" der Mystiker und Okkultisten: Ruach.

Nephesch, Ruach und Neschama sind die drei wesentlichen Prinzipien, bei denen die Analyse Halt zu machen pflegt, aber trotzdem setzt sich jedes dieser drei Elemente wieder aus mehreren Teilen zusammen. Die drei Prinzipien selbst entsprechen dem, was die modernen Gelehrten als Körper, Leben und Willen bezeichnen.

Andererseits bilden diese drei Elemente in der Einheit des Seins eine so innige Synthese, dass man den Menschen schematisch durch drei Punkte (die drei erwähnten Elemente) darstellt, die von einem Kreise umgeben sind:

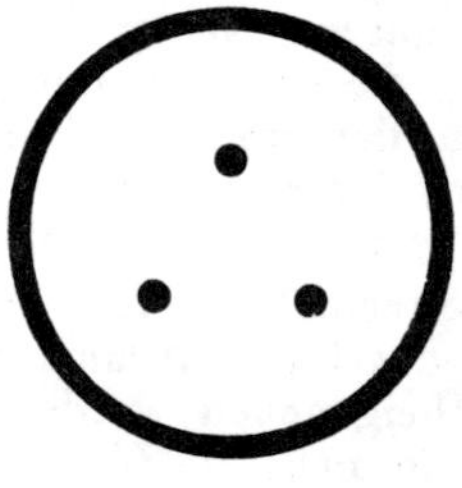

[1]) Vgl. S. 45, 49, 50.

[2]) Wie in der Chemie die alkalinischen Karbonate Öl und Wasser beim Prozess der Seifenbildung vereinigen.

Da wir nun die Lehrmeinung der Kabbalisten über die Konstitution des Menschen kennen, wollen wir noch sehen, wie sie über die beiden folgenden Fragen denken: Woher kommt er? Wohin geht er?

Franck hat diese beiden Fragen sehr gut behandelt. — Der Mensch kommt von Gott und kehrt zu ihm zurück. Doch müssen wir drei Hauptphasen auf diesem Wege unterscheiden:

1. Den Ausgangspunkt;
2. den Endpunkt;
3. den Vorgang zwischen Ausgang und Ende.

1. Der Ausgangspunkt. — Die Kabbala lehrt die Emanationstheorie.[1]) Ursprünglich ist der Mensch als reiner Geist aus Gott emaniert. Nach dem Ebenbilde Gottes inbezug auf geistige Kraft und Intelligenz (Chocma und Binah) d. h. als Positives und Negatives geschaffen [2]) ist er auch zugleich männlich und weiblich, Adam-Eva, obwohl er doch ursprünglich ein einziges Wesen bildet. Infolge des Sündenfalles [3]) vollzogen sich die folgenden beiden Erscheinungen:

1. Die Teilung des einen einheitlichen Wesens in eine Reihe von individuellen androgynen Einzeln-Wesen, Adam-Eva.

2. Die Materialisierung (Bekleidung mit einem materiellen Körper) und Zerteilung eines jeden dieser androgynen Wesen in zwei materielle und geschlechtlich getrennte Wesen, in Mann und Weib — das ist der irdische Zustand. Doch ist zu erwähnen, wie es auch das Tarot lehrt, dass jeder Mann und jedes Weib in sich ein Abbild ihrer ursprünglichen Einheitlichkeit bergen. Das Gehirn ist Adam, das Herz ist Eva in jedem von uns.

Es schliesst eben die menschliche Natur auf allen Stufen ihrer Existenz die beiden Prinzipien in sich ein, aus deren Verbindung ein Mittelglied hervorgeht, wodurch die Trinität als Resultat, als vollkommenster Ausdruck erzeugt wird.

---

[1]) Vgl. S. 17, Anm. 2.

[2]) Vgl. für die ganzen weiteren Darlegungen der Lehren der Kabbala die Tabelle auf S. 77.

[3]) Es würde über den Rahmen unseres Werkes hinausgehen, wenn wir hier diese metaphysischen Betrachtungen vertiefen und wissenschaftlich analysieren wollten; man vergl. „Cain“ von Fabre d'Olivet, ebenso auch unser späteres „Sechstes Kapitel.“

Der himmlische Adam (Adam Kadmon)[1]) und Adam Protoplast[1]) sind die Verbindung eines männlichen und weiblichen Prinzips. Dies musste sein, damit daraus der irdische Mensch entstehen konnte, und diese Unterscheidung findet sowohl hinsichtlich des Körpers als auch der Seele, in ihrer höchsten Reinheit betrachtet, statt; der Zohar sagt:

„Jede Form, in welcher man nicht ein männliches und ein weibliches Prinzip findet, ist keine obere und vollkommene Form. Der Heilige, gelobt sei er, schlägt seine Wohnung nur an einem Ort auf, wo diese beiden Prinzipien vollkommen vereinigt sind. Nur von hier und durch diese Vereinigung strömt der Segen herab, wie wir aus folgenden Worten ersehen: Er segnete sie und nannte ihren Namen Adam an dem Tag, an welchem er sie schuf, denn selbst der gegebene Name Mensch kann nur einem Mann und einer Frau werden, welche zu einem einzigen Wesen vereinigt sind.“[2])

Die Seele war ursprünglich so eng mit der höchsten Intelligenz verbunden, dass beide Hälften des menschlichen Wesens, in welchem alle Elemente unserer geistigen Natur zusammengefasst sind, sich miteinander vereinigt befanden, bevor sie auf diese Welt kamen, um sich selbst zu erkennen und sich von neuem im Schosse der Gottheit zu vereinigen. Dieser Gedanke ist nirgends so rein ausgedrückt als in folgendem Fragment:

„Vor ihrer Herabkunft auf die Erde ist jede Seele und jeder Geist aus einem Mann und einer Frau zusammengesetzt, welche zu einem einzigen Wesen vereinigt sind. Indem sie zur Erde herabsteigen, trennen sich beide Hälften und beseelen verschiedene Körper. Wenn aber die Zeit der Ehe gekommen ist, vereinigt der Heilige, gelobt sei er, welcher alle Seelen und alle Geister kennt, sie wie zuvor, und alsdann bilden sie wie vorher einen einzigen Körper und eine einzige Seele. Aber das sie verbindende Band entspricht den Werken des Menschen und den Wegen, welche er wandelte. Wenn der Mensch rein war und fromm handelte, so wird er sich

---

[1]) Vgl. S. 109, bes. Anm. 4.; vgl. auch „Der Okkultismus des Altertums“ von K. Kiesewetter, S. 423 u. f., B. I.

[2]) Zohar, Tl. I, Fol. 55.

einer Vereinigung erfreuen, welche vollkommen jener gleicht, die seiner Geburt vorausging."

Scheint hier der Autor nicht von den Androgynen im „Gastmahl" des göttlichen Plato zu sprechen, deren Name in der uralten Tradition der Hebräer bekannt genug ist!

2) Vorgang zwischen Ausgangspunkt und Ende. — Der mit einer materiellen Hülle bekleidete Mensch, der jetzt den von der Materie abhängigen Leidenschaften unterworfen ist,[1]), soll freiwillig und vollkommen frei seinen ursprünglichen Zustand wiederfinden; er soll sich seine verlorene Unsterblichkeit selbst wieder schaffen. Zu diesem Zweck wird er sich so oft reinkarnieren,[2]) bis es ihm gelungen ist, sich durch die universelle und allmächtige Kraft, die Liebe, zu erlösen.

Die Kabbala lehrt ebenso, wie die indische und neubuddhistische Philosophie, die Reinkarnation und infolgedessen die Praeexistenz der Seele, was auch Franck hervorhebt; aber sie weicht von den indisch-theosophischen Meinungen über das Mittel zur Erlösung völlig ab, wie dies in klarer Weise einer der gelehrtesten Mystiker Frankreichs, F. Ch. Barlet, darlegt:

„Wenn ich hier eine persönliche Meinung vorbringen darf, so möchte ich sagen, dass mir die indischen Lehren in metaphysisch-abstrakter Beziehung, die christlichen Lehren in moralisch-konkreter Beziehung wahrer zu sein scheinen: das Christentum, der Zohar, die Kabbala lassen mit ihrer wunderbaren Symbolik noch mehr des Ungelösten und Ungeklärten im philosophischen Sinne übrig (z. B. wenn sie den Sündenfall als Quelle alles Uebels hinstellen, ohne doch weder das eine noch das andere zu definieren, denn eine solche Definition würde dem Problem verstandesmässig eine ganz andere Wendung geben). Doch der indische Pantheismus, mag er materialistisch sein wie in seiner südlichen, oder idealistisch wie in seiner nördlichen Schule, kommt dahin, jedes Gefühl, besonders aber die Liebe mit ihrer unermesslichen mystisch-okkultistischen Tragweite zu vernachlässigen, zu verkennen, ja zurückzustossen.

Die eine der beiden Lehren spricht nur zur Intelligenz, die andere nur zum Gemüt, zum Gefühl.

---

[1]) Vgl. S. 18, 1. Absatz und Anm. 1.
[2]) S. 18, bes. Anm. 2; S. 19; S. 48, Abs. 5.

Nur dann erschöpft man den vollen Gehalt der wahren theosophischen Lehre, wenn man die Symbolik der einen Richtung durch die Metaphysik der anderen erläutert. Dann und nur dann lassen die beiden polaren Gegensätze in gegenseitiger Befruchtung, im Glanze der göttlichen Welt den unglaublichen Reichtum der symbolischen Sprache hell erstrahlen, und diese allein vermag es, die Schwingungen des höchsten absoluten Lebens für die Intelligenz des Menschen verständlich wiederzugeben!"

3) Der Endpunkt. — Der Mensch soll vor allem seinen ursprünglichen androgynen Zustand wieder zu erreichen suchen, um wieder das Wesen zu bilden, das das Resultat der ersten Teilung des grossen Adam-Eva war.[1]) Ist die Wiederbildung dieser androgynen Einzelwesen gelungen, so sollen sie ihrerseits sich vereinigen, bis sie mit ihrem allerersten Ursprung — Gott — eins und gleich werden. So lehrt die Kabbala, wie die indische Religionsphilosophie, die Theorie von der ursprünglichen Einhüllung, der Entfaltung oder Entwicklung und der schliesslichen Rückkehr zum Nirvâna.

Wir wollen es uns nicht versagen, hier eine Stelle aus dem Buche Franks wiederzugeben, die ungemein viel zu klarem Verständnis beiträgt: [2])

„Unter den verschiedenen Graden der Existenz, (die man auch die sieben Tabernakel nennt) gibt es einen, der der allerheiligste genannt wird, in dem sich alle Seelen in der höchsten Seele vereinen und gegenseitig ergänzen. Hier wird alles zur Einheit und Vollkommenheit, alles verschmilzt in einem einzigen Gedanken, der sich über das ganze Universum erstreckt und es völlig erfüllt; aber der Urgrund dieses Gedankens, das Licht, das sich in ihm birgt, kann niemals erfasst oder erkannt werden, man erfasst nur den Gedanken, der ihm entströmt. Auf dieser Stufe kann sich die Kreatur nicht mehr von ihrem Schöpfer unterscheiden: derselbe Gedanke erleuchtet sie, derselbe Wille beseelt sie; die Seele herrscht wie Gott selbst im Universum, und was sie gebietet, führt Gott aus."

In kurzer Fassung lassen sich diese metaphysischen Betrachtungen über den Fall und die Wiedererhebung auf Gesetze zurückführen, die wir alltäglich in Wirksamkeit sehen, Gesetze, die sich in drei Bestimmungen wiedergeben lassen:

---

[1]) Vgl. S. 141, Abs. 5, (Anm. 2).
[2]) Vgl. S. 189, Franck Ad., La Kabbale, Paris, 1843.

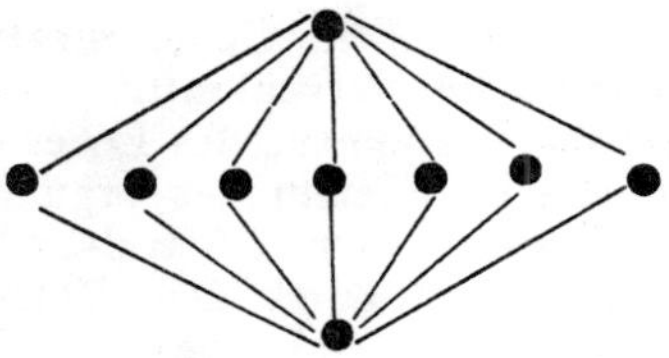

Edgar Poe bietet in seinem Werke „Eureka“ eine Anwendung dieses Gesetzes auf die Astronomie. Wenn uns der erforderliche Raum zur Verfügung stünde, könnten wir auch ihre Anwendung auf die experimentelle Physik und Chemie zeigen; doch müssen wir uns jetzt den Lehrmeinungen der Kabbalisten über das Universum zuwenden.

b) Lehren der Kabbala über das Universum.

Wir haben schon erwähnt, dass die Planeten die Organe des Universums bilden und dass ihr Kreisen das Leben dieses Universums bewirkt.

Das Leben im Universum erhält sich durch die Lichtströme, die alle Planeten umfliessen und so mit einer Flut von Zeugungskeimen bedecken.

Im Menschen ist jedes Blutkügelchen, als Empfänger und Fortpflanzer des Lebensstroms, ein reales Wesen, nach dem Ebenbilde des Menschen selbst gebildet, und der Lebensstrom im Menschen umfasst Wesen in unendlicher Zahl.

So ist es auch mit den Lichtströmen im Universum und das ist der Ursprung der Lehre von den Engeln der Kabbala, den personifizierten Kräften des Universums,[1]) aber auch eines ganzen grossen Teiles der Tradition, den Franck in seinem Buche nicht berührt hat: der praktischen Kabbala.

Die praktische Kabbala erstrebt die Erkenntnis dieser unsichtbaren Wesen, der Empfänger und Fortpflanzer des Lebensstromes im Universum, die in den Lichtströmen enthalten sind. Die Kabbalisten bemühen sich, auf diese Wesen zu wirken und ihre Kräfte kennen zu lernen; daher rührt die Astrologie, die Dämonologie, die Magie der Kabbala.

Doch ist die Lebenskraft, die im Blutkreislauf fortge-

---

[1]) „Es will uns scheinen, als ob die kabbalistische Angelologie und Dämonologie nichts anderes sei als eine von den verschiedenen Graden des Lebens und der Intelligenz in der äusseren Natur abgeleitete Personifikation“ sagt auch Karl Kiesewetter (l. c. S. 411).

pflanzt wird, nicht die einzige im Menschen. Ueber dieser Kraft steht, sie leitend, eine andere: die Nervenkraft.

Das Nervenfluidum reguliert die Phänomene des Lebens, mag es dem Individuum unbewusst im System des organischen Lebens (Sympathisches Nervensystem, Astral-Leib der Okkultisten) kreisen, mag es bewusst durch den Willen wirken (Gehirn und motorisches Nervensystem). Dieses Nervenfluidum wird nicht wie die Lebenskraft durch besondere Wesen (die Blutkügelchen) fortgepflanzt. Es geht von einem Wesen aus, das in geheimnisvoller Verborgenheit lebt (der Nervenzelle) und strömt einem Empfangszentrum zu. Zwischen dem Aussendenden und Empfangenden besteht nur ein Leitungskanal.

Nach den Lehren der Kabbala verhält es sich im Universum ebenso. Ueber oder vielmehr im Innern der erwähnten Lichtströme besteht ein geheimnisvolles Fluidum, unabhängig von den schöpferisch-tätigen Wesen der Natur, wie auch die Nervenkraft von den Blutkügelchen unabhängig ist. Dieses Fluidum ist unmittelbar von Gott emaniert, oder vielmehr — es ist der Körper Gottes selbst, es ist der Geist des Universums.

Das Universum setzt sich also wie der Mensch zusammen:

1) aus einem Körper: Die Gestirne und das, was sie hervorbringen;

2) aus einer Lebenskraft: Die Lichtströme, die die Gestirne umfliessen und die schöpferisch-tätigen Naturkräfte, die Engel, enthalten;

3) aus einem leitenden Willen, der sich durch ein den Sinnen unfassbares Fluidum überallhin fortpflanzt: die Okkultisten nennen es: Universeller Magnetismus, die Kabbalisten Aur [1]) אור; es ist das Aurum der Alchemisten, die Ursache der Attraktionswirkung oder der Liebe unter den Gestirnen.[2])

Ferner ist das Universum wie der Mensch einer periodischen Involution (Konzentrierung auf den Ursprung zu) und Evolution (Entwicklung zum Sonderwesen) unterworfen und soll schliesslich wieder völlig sich vereinigen mit seinem Ursprung: Gott.

Barlet, den wir schon zitiert haben, gelangt auf anderen Wegen zu denselben Schlüssen wie die Kabbala.

Unsere positiven Wissenschaften geben als letzte For-

---

[1]) Vgl. Tabelle S. 77, Abteil. 9.
[2]) Tabelle S. 77, Abt. 6.

mel für die wahrnehmbare Welt: Keine Materie ohne Kraft, keine Kraft ohne Materie.

Eine unbestreitbare Formel, die jedoch unvollständig bleibt, wenn man nicht folgenden Kommentar hinzufügt:

1) Die Kombination, die wir Kraft und Materie (Stoff) nennen, zeigt sich in allen möglichen Abstufungen, angefangen von dem, was man materiell gewordene Kraft nennen könnte, z. B. der Felsen, das Mineral, der einfache chemische Körper, bis zur allersubtilsten Materie oder Kraftmaterie, z. B. der Pollen, das Samentierchen, das elektrische Atom; Materie und Kraft erscheinen, obwohl wir sie nicht isolieren können, doch als entgegengesetzte und äusserste mathematische Grenzen einer Reihe, von der wir nur einige Zwischenglieder sehen: Materie und Kraft sind die abstrakten, aber unbestreitbaren Endglieder;

2) die Glieder dieser Reihe, d. h. die Individuen der Natur sind niemals stabil; die Kraft, für die unendliche Beweglichkeit charakteristisch ist, reisst wie in einem kontinuierlichen Strom die Materie von einem Pol zum andern mit sich fort, während letztere, deren Wesen Trägheit ist, sich durch einen Gegenstrom in umgekehrter Richtung bemerkbar macht. So wird zum Beispiel ein Atom Phosphor, das eine Gemüsepflanze mineralischen Phosphaten entnommen hat, zu einem Element einer Gehirnzelle des Menschen (also verfeinerte Materie oder Kraftmaterie) um nach der Auflösung im Tode wieder in das Mineralreich überzugehen, d. h. sich in gröbste Materie zurückzuverwandeln.

3) Die Bewegung, das Ergebnis dieses fortwährend sich verschiebenden Gleichgewichts, ist nicht ungeordnet; sie zeigt eine Reihe miteinander verketteter Harmonieen, die wir Gesetze nennen und die sich für unsere Intelligenz in dem höchsten Gesetz der Evolution oder Entwicklung synthetisch vereinigen.

Es drängt sich nun die Schlussfolgerung auf: Dieser harmonische Zusammenklang von Phänomenen ist die sichtbar werdende Aeusserung dessen, was wir einen Willen nennen.

Gemäss der positiven Wissenschaft ist also die sinnlich wahrnehmbare Welt der Ausdruck eines Willens, der sich in dem zwar nicht stabilen, aber fortschreitend zunehmenden Gleichgewicht zwischen Kraft und Stoff kundgibt. Das lässt sich in folgender Vierheit zusammenfassen:

I. Wille. (Einfachster Anfang.)

II. Kraft { Gegensätzlichheit polarer Elemente
III. Materie { des Willens.

IV. Die sinnlich wahrnehmbare Welt (Resultat des instabilen, dynamischen[1]) Gleichgewichts von II und III).

c. Lehren der Kabbala über Gott.

Der Mensch ist nach dem Ebenbild des Universums erschaffen, aber Mensch und Universum sind nach dem Ebenbilde Gottes erschaffen.

Gott selbst ist für den Menschen nicht erkennbar, eine Eigenschaft, die die Kabbalisten auch für ihr Ain-Soph,[2]) die Inder für ihr Parabrahm in Anspruch nehmen; nur in seinen Offenbarungen, d. h. der Projicierung seines Wesens nach aussen hin wird er begreiflich und verständlich.

Die erste göttliche Offenbarung, durch die Gott das Prinzip der Realität und so ewig seine eigene Unsterblichkeit schuf, ist die Dreiheit oder Dreieinigkeit.[3])

Diese erste Dreieinigkeit, das Prototyp oder Ur-Muster aller Naturgesetze, zugleich absolute wissenschaftliche Formel und religiöses Grundprinzip, findet sich, mehr oder weniger verändert, bei allen Völkern und in allen Kulten.

Sonne, Mond und Erde; Brahma, Vişchnu, Schiva; Osiris, Isis, Horus; Osiris, Ammon, Phta; Jupiter, Juno, Vulkan; Vater, Sohn, Heiliger Geist: stets zeigt sich das Prinzip der Dreiheit.

Die Kabbala bezeichnet es mit folgenden Namen:

Chocma — Bina
Kether.

Das ist die erste Triade der zehn Sephiroth oder Numerationen; sie drücken die Attribute Gottes aus. Betrachten wir nun ihre Konstitution.

Wenn wir uns erinnern, dass das Universum und der Mensch sich ihrem Wesen nach aus einem Körper, einer Seele als Mittelglied und einem Geist zusammensetzen,

---

[1]) Vgl. F. Ch. Barlet in der Zeitschrift „Initiation."
[2]) Vgl. S. 102, 1. Absatz.
[3]) Wronski, Apodictique Messianique; Papus, le Tarot, wo Wronski zitiert wird.

sind wir genötigt, den Ursprung dieses Dreiheits-Prinzips in Gott selbst zu suchen.

Es stellen also die drei Begriffe: Kether, Chocma und Bina Gott dar; wie aber das Bewusstsein als Synthese den ganzen Menschen zusammenfasst, so bilden diese drei Prinzipien eine Analyse des Geistes Gottes.

Was ist nun das Leben Gottes?

Das Leben Gottes ist die Dreiheit, die wir zuerst erwähnten, die Menschheit mit ihren beiden polaren Gegensätzen Adam und Eva.[1])

Der Körper Gottes wird durch das Universum in seiner dreifachen Gliederung gebildet.

Fassen wir alles zusammen, so erhalten wir folgende Definition Gottes:

Gott ist in seinem Wesen nicht erkennbar, in seinen Offenbarungen aber erkennbar. Das Universum bildet seinen Körper, Adam-Eva bildet seine Seele und Gott selbst bildet in seiner zweifachen Polarisation seinen Geist.

Das zeigt sich in folgender Tabelle:

	−	∞	+	
Geist Gottes	Bina	Kether	Chocma	Göttl. Welt Der Vater Brahma
Seele Gottes	Eva	Adam-Eva Menschheit	Adam	Menschliche Welt Der Sohn Vischnu
Körper Gottes	Natura naturata	Das Universum[2])	Natura naturans	Natürliche Welt Der Heil. Geist Schiva

[1]) Vgl. S. 77, Tabelle, Abt. 1, 2, 3.

[2]) Vgl. diese Tabelle mit näheren Erklärungen bei Papus, Tarot des Bohemiens.

Die drei Triaden, die in einer Einheit tonalisiert werden [1]), bilden die 10 Sephiroth, oder sie sind vielmehr ein Abbild der zehn Sephiroth, die die Entwicklung der drei ersten Prinzipien der Gottheit in allen Attributen derselben darstellen.

So gibt es bei Gott, dem Menschen und dem Universum für die letzte Analyse drei Grundelemente zu unterscheiden; aber in der Entwicklung ihrer Attribute zeigen sie je zehn Elemente oder eine Dreiheit, die sich in einer Siebenheit entfaltet (3+7=10).

Die zehn Sephirot der Kabbala können in mehrfachem Sinn verstanden werden:

1) Sie können als eine symbolische Darstellung Gottes, des Menschen und des Universums betrachtet werden, d. h. des Geistes, der Seele und des Körpers Gottes;

2) sie können aber auch als Darstellung der Entwickelung oder Entfaltung eines beliebigen dieser drei grossen Prinzipien gelten.

Aus der Verschmelzung dieser Auffassungen entstehen die scheinbaren Dunkelheiten und die angeblichen Widersprüche der Kabbalisten betreffs der Sephiroth. Ein wenig Aufmerksamkeit genügt hier, um Wahrheit von Irrtum zu unterscheiden.

Zahlreiche Einzelheiten über diese Sephiroth wird man in Kapitel III des Buches von Franck, besonders aber in einer Arbeit Stanislas de Guaitas (Nr. 6 der „Initiation“ p. 210—217) finden.

Doch darf man nicht glauben, dass diese Idee von einer Dreiheit, die sich in einer Siebenheit entfaltet, nur der Kabbala eigentümlich sei. Wir finden die gleiche Idee in der ältesten indischen Religionsphilosophie, was zugleich ein gewichtiger Beweis für das hohe Alter der kabbalistischen Tradition zu sein scheint.

Um die indischen Sephiroth kennen zu lernen, darf man sich nicht nur an das halten, was in den letzten Jahren durch die theosophische Gesellschaft vermittelt wurde. Die von ihr verbreiteten Arbeiten lassen doch oft die volle Klarheit über diesen Punkt vermissen, wenn auch die methodischen Werke Subba-Row's, Sinnet's und Dr. Hartmann's sowie Mme. H. P. Blavatsky selbst sehr interessante allgemeine Fragen behandelt haben.

---

[1]) Vgl. S. 98, S. 104, Anm. 3.

Nach unserer Ansicht ist die beste Arbeit über die okkulte Theogonie des alten Indiens die in Deutschland um 1840 erschienene des Dr. Giovanni Malfatti de Montereggio.[1]) Diesem Autor gelang es, das mystische Organon der alten Inder wiederzufinden und dadurch den Schlüssel zur Lehre des Pythagoras und zur Kabbala selbst zu erhalten. Er hat so eine vollkommene Synthese von Wissenschaft und Glauben erreicht, die er mit dem Namen „Mathese" bezeichnet.

Bei Malfatti ergibt sich nun auf S. 18 seines Werkes die Konstitution der göttlichen Dekade in folgender Weise:

„Der erste Akt der Offenbarung Brahmas (der noch in ihm selbst erfolgte) war die Trimurti, die metaphysische Dreiheit der göttlichen Kräfte, die zum Schöpfungsakt schreiten, der Kraft des Schaffens, des Erhaltens und des Zerstörens (oder des Veränderns), die unter dem Namen Brahma, Vischnu und Schiwa personifiziert und als durch ein tiefes Mysterium vereinigt betrachtet wurden. E circulo triadicus Deus egreditur d. h. aus einem Kreise geht Gott als dreifacher hervor!"

„Diese erste göttliche Trimurti geht dann zu einer Offenbarung nach aussen über, zu der der sieben erzeugenden Kräfte oder der ersten siebenfachen metaphysischen Entwicklung, die durch die Allegorie von Maïa, Oum, Haranguerbehah, Porsch, Pradiapat, Prakrat und Pran personifiziert wird."

Jedes dieser 10 Prinzipien wird nun nach seinen verschiedenen Auffassungen und in seinen Beziehungen zu den pythagoräischen Zahlen analysiert. Ferner betrachtet und bespricht der Autor die zehn symbolischen Statuen der Inder, deren jede eines dieser Prinzipien darstellte. Das hohe Alter dieser Symbole spricht auch für das Alter der Tradition selbst.

Wir wollen hier nur die Beziehungen der indischen und der kabbalistischen Sephiroth zu den Zahlen zusammenfassen. Auch die Trinität des Sepher Jesira E M e S אמש[2]) und die der Inder AUM lässt einen sehr interessanten Vergleich zu, doch würde eine solche Betrachtung hier viel zu weit führen. Wir begnügen uns mit folgender Tabelle:

---

[1]) Dieses Datum lässt die jetzt nicht mehr gebräuchliche Orthographie der indischen Namen begreiflich erscheinen.

[2]) Vgl. die später folgende Übersetzung des Buches Sepher Jesira.

Die kabbalist. Sephiroth	Die Zahlen	Die indischen Sephiroth
Kether	1	Brahma
Chocma	2	Vischnu
Bina	3	Schiwa
Chesed	4	Maia
Gebura	5	Oum
Tiphereth	6	Haranguerbehah
Netza	7	Porsch
Hod	8	Pradiapat
Jesod	9	Prakrat
Malkut	10	Pran

Nur noch eine kurze Betrachtung möge folgen, die sich aus der oben gegebenen Definition Gottes ergibt, einer Definition, die durch die Lehren des Tarot bekräftigt wird, die ihrerseits die Kabbala der Aegypter enthalten.

Die materialistische Philosophie studiert nur den Körper Gottes d. h. das Universum und betet halb unbewusst die niedrigste Aeusserung oder Offenbarung der Gottheit im Kosmos an: Die feste Bestimmung.

Und doch schreibt der Materialismus dem Zufall die ursprüngliche Gruppierung der Atome zu, indem er so, obwohl atheistisch, doch ein schöpferisches Prinzip zugibt.

Der pantheistische Philosoph studiert das Leben Gottes oder jenes Kollektiv-Wesen, das die Kabbala Adam-Eva nennt (יהוה[1]). Es ist die Menschheit, die sich in einem ihrer konstitutiven Elemente selbst anbetet.

Die Theisten und die Religionen betrachten vor allem den Geist Gottes. Daher rühren die allzu subtilen Streitigkeiten über die drei göttlichen Personen und deren Offenbarung.

Doch die Kabbala steht über jeder dieser philosophischen und religiösen Lehrmeinungen. Sie gibt eine Synthese von Materialismus, Pantheismus und Theismus in einer Einheit,

[1]) Vgl. die Arbeit von Stanislas de Guaita im „Lotus" und Louis Lucas' Chimie nouvelle, Einleitung.

deren Teile sie analysiert, ohne allerdings das Ganze anders als durch die mystische Formel Wronskis: X definieren zu können.

III.

Einfluss der Kabbala auf die Philosophie.

Dieser Teil des Buches Francks ist sicherlich besonders bemerkenswert. Die ausserordentliche Belesenheit und Erudition des Autors liess ihn wertvolle Quellen und zahlreiche interessante Vergleiche betreffs des Einflusses der Kabbala auf die späteren philosophischen Systeme auffinden.

Zunächst wird die Lehre Platons von diesem Gesichtspunkt aus betrachtet. Franck kommt zu der Schlussfolgerung, dass die Kabbala ganz unmöglich auf die Schüler Platons zurückgehen könne. Aber wäre nicht das Gegenteil möglich?

Wenn die Kabbala, wie wir dies hinsichtlich des Alters der Überlieferung dargelegt haben, nur die Übertragung der Wahrheiten der Tradition ins Hebräische ist, der Wahrheiten, die in allen Tempeln und besonders in Ägypten gelehrt wurden — warum sollte es unmöglich sein, dass Platon, zwar nicht von der Kabbala selbst, wie wir sie heute kennen, aber doch von der uralten Philosophie, die der Ursprung der Kabbala ist, sehr stark beeinflusst wurde?

Was hatten denn alle die griechischen Philosophen in Ägypten zu tun und was lernten sie bei ihrer Einweihung in die Mysterien der Isis? Das ist wohl ein Punkt, den die akademische Kritik noch aufzuklären hätte.

Erfüllt von seiner Idee über die Entstehung der kabbalistischen Lehre zu Beginn der christlichen Ära, vergleicht Franck mit ihr die neuplatonische Philosophie der Alexandriner und kommt so zu der Ansicht, dass diese Lehren Schwestern sind und den gleichen Ursprung haben.

Aber auch eine Betrachtung der Lehre Philons in ihren Beziehungen zur Kabbala (III. Kapitel) gibt über den Ursprung der Tradition keinen Aufschluss.

Die Religion der Perser ist für Franck die so sehr gesuchte „rara avis", der Ausgangspunkt der kabbalistischen Lehre.

Nun genügt es aber, das IX. Kapitel eines Buches, das

---

[1]) Der Gnostizismus, der im folgenden Kapitel analysiert wird, bietet bemerkenswerte Ähnlichkeiten mit der Kabbala, aber auch er kann nicht ihr Ursprung sein.

unsere Gelehrten zu wenig kennen, zu studieren, des Werkes von Saint-Yves d'Alveydra: „la Mission des Juifs", um dort gründlich das Auftauchen der esoterischen Überlieferung in den verschiedenen Kulten des Altertums, auch in dem — des Zoroasters, dargelegt zu finden. Doch sind das Gegenstände der Religionsgeschichte, mit denen sich die Gelehrten der Universitäten vielleicht erst in einigen zwanzig Jahren befassen werden — bis dahin Geduld!

Die Meinung der neueren Mystiker und Okkultisten über den Ursprung der Kabbala haben wir schon dargelegt, wir brauchen also nicht mehr darauf einzugehen.[1])

Wir wollen nur an den Einfluss der esoterischen Tradition auf Orpheus, Pythagoras, Platon, Aristoteles und die ganze griechische Philosophie einerseits, auf Moses, Ezechiel und die anderen Propheten anderseits erinnern, ohne dabei die Alexandriner, die gnostischen Sekten und das in der Apokalypse entschleierte esoterische Christentum unerwähnt zu lassen. Aber auch auf die neuere Philosophie hat die alte Tradition einen weitgehenden Einfluss ausgeübt.

Die Alchemisten, die Rosenkreuzer und die Templer sind als Kabbalisten bekannt. Von besonderer Bedeutung ist die „Ars Magna" des Raymundus Lullus.[2])

Spinoza[3]) hat die Kabbala gründlich studiert, was ganz deutlich aus seinem System hervorgeht, und auch Franck hat das klar erkannt. Weniger bekannt ist, dass Leibnitz[4]) durch Merkur Van Helmont in die esoterische Tradition eingeweiht wurde und in Beziehungen zu den Rosenkreuzern stand. Aber auch spätere deutsche Philosophen zeigen sich vielfach von Mystik und Okkultismus beeinflusst, eine Tatsache, die jede Geschichte der Philosophie hervorheben muss. Die Freimaurerei endlich steht durch ihre Symbolik in enger Beziehung mit der Kabbala.

Nach dieser Besprechung des Franck'schen Werkes können wir sagen, dass wir nur bezüglich des Ursprungs dieser Tradition anderer Ansicht sind. Die modernen Gelehrten sind allgemein geneigt, den Ursprung des Okkultismus in allen seinen Zweigen in das zweite Jahrhundert unserer Zeitrechnung zu verlegen. Das ist die Meinung Francks bezüglich

---

[1]) Vgl. S. 63 64 und S. 134 u. ff.
[2]) Vgl. S. 62, Anm. 1.
[3]) Vgl. S. 62, Anm. 2.
[4]) Vgl. S. 62, Anm. 3.

der Kabbala, das ist auch die Meinung eines anderen hervorragenden Gelehrten, Berthelots, bezüglich der Alchemie. Das rührt daher, weil die berufenen Kritiker davor zurückscheuen, die wahren Quellen des Okkultismus heranzuziehen. — Ein Symbol gilt ihnen nicht als Beweis, der einem Manuskript gleichwertig wäre; aber haben wir Geduld, einer der interessantesten Zweige der modernen Wissenschaft, die Archäologie, wird ernsten Forschern bald wertvolle Anhaltspunkte in dieser Beziehung gewähren!

Was man auch immer sagen mag, der Okkultismus sollte doch ein wenig von unseren modernen Gelehrten studiert werden; sie bringen zwar dazu ihre Vorurteile, eine schon vorher festgebildete Überzeugung mit, aber doch auch eine seltene und wertvolle Eignung durch ihre umfassende gelehrte Bildung und ihre sorgfältige Methode. Denn es ist für gewissenhafte Forscher sehr betrübend, bei vielen Anhängern des Okkultismus eine grosse Unkenntnis der exakten Wissenschaften konstatieren zu müssen, wenn allerdings auch in dieser Beziehung Männer wie Stanislas de Guaita, Josephin Peladan und Albert Jhouney eine rühmliche Ausnahme bilden. Wahre okkultistische Forschung und Wissenschaft bildet die synthetische und metaphysische Stufe unserer positiven Wissenschaft und kann ohne deren Stütze nicht bestehen!

Die Neuausgabe des Franck'schen Werkes ist geradezu ein Ereignis in der Geschichte der Forschung, die uns besonders teuer ist; wir müssen dem Autor nur wärmstens danken für den Mut und die Geduld, die er bei dem Studium oft sehr trockener Materien an den Tag gelegt hat, und können unseren Lesern nicht genug empfehlen, dem grundlegenden Werke Francks („La Kabbale, Paris, 1843") einen Platz in ihren Bibliotheken einzuräumen.

Ein Brief Herrn Ad. Francks.

Monsieur Papus, Directeur der Zeitschrift „L'Initiation".

Monsieur,

ich bin Ihnen für die warme Anerkennung, mit der Sie meine alte Arbeit über die Kabbala besprochen haben, sehr verbunden; Ihre Lobsprüche begrüsse ich umso dankbarer, als sie eine ausserordentliche Sachkenntnis und grosse Vorliebe für den Gegenstand verraten.

Aber nicht nur für diese schmeichelhafte Anerkennung muss ich Ihnen danken, sondern ganz besonders auch dafür, wie Sie meine bescheidene Arbeit mit einer ganzen Wissenschaft in Verbindung bringen, die sich auf die Symbolik und die esoterische Methode gründet. Ich konnte nicht umhin, dabei an Ludwig XIV. zu denken, der in Versailles das bescheidene Jagdschlösschen seines Vaters erhielt und von einem herrlichen Palast einschliessen liess.

Obwohl meine ganze Geistesrichtung, die Sie als die des Universitäts-Gelehrten bezeichnen, — die eben den bisher anerkannten Regeln der Kritik treu bleiben will, — davor zurückscheut, ihrem Gedankenfluge zu folgen, sehe ich doch mit Vergnügen, dass sich gegenüber dem Positivismus und Evolutionismus unserer Zeit eine Art Gnosis und neuer Erkenntnistheorie bildet oder vielmehr schon gebildet hat, die in ihrem Schosse jüdische und christliche Esoterik, den Buddhismus, die Philosophie der Alexandriner und den metaphysischen Pantheismus mehrerer moderner Schulen vereinigt.

Es ist dies das notwendige Gegenmittel gegen die unheilvolle Geistesströmung, deren Opfer und Zeugen wir sind. Das oft von Ihnen zitierte Werk „La Mission des Juifs" ist ein gewichtiger Faktor für diese Gegenwirkung.

Nur möchte ich Ihnen auf Grund meiner langen Erfahrungen raten, nicht allzu kühn vorzugehen. Die Symbole und Überlieferungen sollen nicht völlig vernachlässigt werden, wie das gewöhnlich seitens der modernen Philosophen geschieht; aber das Genie, das spontane Leben des Gefühls und der Vernunft müssen auch beachtet werden, denn ohne sie ist die Geschichte der Menschheit nur ein trockenes Register.

Wollen Sie, Monsieur, die Versicherung meiner vollkommensten Hochachtung entgegennehmen.

Ad. Franck.

Wir haben bisher eine Übersicht über die Hauptpunkte der kabbalistischen Lehre gegeben, ohne auf Einzelheiten näher einzugehen.

Die folgende Studie über die Psychologie der Kabbala, die wir in extenso wiedergeben, soll beweisen, dass es auch noch am Ende des 19. Jahrhunderts hervorragende Kabbalisten gibt und dass diese es verstehen, die Lehren der Tradition zu einem wohlgeordneten Ganzen zusammenzufügen.

Sechstes Kapitel.

Ein Vortrag von Karl Graf zu Leiningen,

gehalten am 5. März 1887 in der Psychologischen Gesellschaft in München.

Die Seele nach den Lehren der Qabalah.[1])

1. Die Seele während des Lebens.

Unter all den Fragen, mit denen sich Philosophie und exakte Wissenschaft befassen, hat besonders die nach unserer eigenen Wesenheit, nach der Unsterblichkeit und Geistigkeit unseres inneren Ich niemals aufgehört, die Menschheit zu beschäftigen. Überall und zu allen Zeiten sind verschiedene Systeme und Lehren über diesen Gegenstand rasch aufeinander gefolgt, mannigfaltig und widerspruchsvoll, und das Wort Seele hat schon die verschiedensten Existenzformen oder Wesensstufen bezeichnet. Unter all diesen einander oft entgegengesetzten Lehren ist anerkanntermassen die älteste die transcendentale Philosophie der Juden, die Qabalah, die vielleicht auch der Wahrheit am nächsten kommt. Mündlich fortgepflanzt, wie schon der Name anzeigt, geht sie auf den Uranfang des Menschengeschlechts zurück, und so ist sie wohl noch zum Teil das Produkt der noch nicht beirrten Intelligenz, dieses scharf ausgebildeten Sinnes für Wahrheit, die nach der alten Tradition der Mensch in seinem ursprünglichsten Zustand besass.

Wenn wir die menschliche Natur als ein grosses Ganzes auffassen, finden wir darin nach den Lehren der Qabalah drei deutlich verschiedene Teile: Körper, Seele und Geist. Sie sind von einander verschieden wie das Konkrete, das Besondere und das Allgemeine,[2]) so dass das eine die Spiegelung des andern ist und jedes auch in sich selbst diese Dreiteilung zeigt. Doch eine weitere Analyse dieser drei funda-

---

[1]) Wir halten diese Orthographie des Wortes für die einzig richtige Lösung aller Zweifel, bezüglich der so verschiedenartigen Schreibarten, wie z. B. Cabbala, Cabala, Kabbala, Kabbalah usw. Es ist ein hebr. Wort, das sich aus den Konsonanten q, b, l und h zusammensetzt. Der Laut, der im Griechischen dem k, im Lateinischen dem c entspricht, scheint in diesem hebräischen Worte das q zu sein. Diese Orthographie wurde auch von Mathers in seiner „Kabbala Denudata“ in die englische Kabbalaliteratur eingeführt; sein Werk erschien vor kurzem bei George Redway in London.

[2]) Vgl. Tabelle S. 51.

mentalen Prinzipien lässt noch andere Abstufungen erkennen, die sich übereinander aufbauen, angefangen von den untersten, konkretesten und materiellsten Teilen, dem äusseren Körper, bis zu den höchsten, allgemeinsten, geistigsten.

Der erste Hauptteil, das vitale Prinzip des Körpers[1]), das drei Unterabteilungen in sich fasst, trägt in der Qabalah den Namen Nephesch; der zweite Hauptteil, die Seele, der Sitz des Willens, was die eigentliche Persönlichkeit des Menschen bildet und wiederum drei Unterabteilungen in sich fasst, heisst Ruach; der dritte Hauptteil, der Geist mit seinen drei Kräften, erhält in der Qabalah den Namen Neschama(h).

Wie sich diese drei Prinzipien oder Grade der menschlichen Existenz mit ihren Abstufungen wie die Farbbänder eines Spektrums zu einem einzigen Wesen verbinden[2]), wird eine Betrachtung des folgenden Schemas lehren:

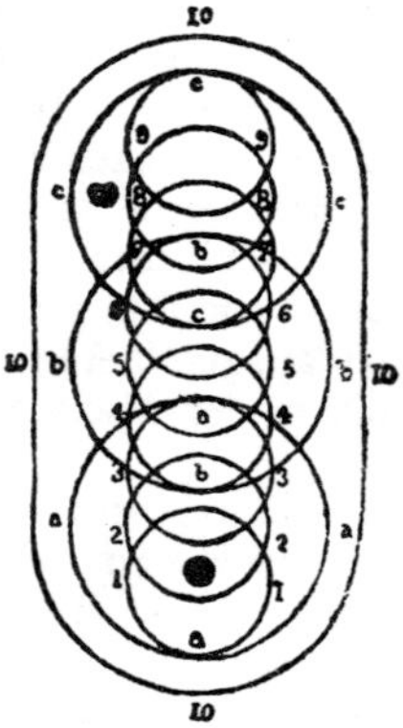

Der Kreis a a a a bedeutet Nephesch und die Kreise 1—1, 2—2, 3—3 sind seine Unterabteilungen; unter den letzteren entspricht 1—1 dem Körper, als dem niedrigsten, materiellsten Teile des Menschen; b b b b ist Ruach (die Seele) und 4—4, 5—5, 6—6 sind ihre Kräfte; c c c c schliesslich ist Neschama (der Geist) mit seinen Wesensstufen 7—7, 8—8, 9—9. — Die äussere Linie 10—10—10—10 bedeutet das gesamte Ganze des lebenden menschlichen Wesens.

---

[1]) Vgl. S. 49 und S. 140.
[2]) Vgl. S. 49 und 50.

Betrachten wir nun die verschiedenen Hauptteile etwas näher, indem wir mit der niedersten Stufe, N e p h e s c h, beginnen. Es ist das Lebensprinzip, die konkrete Existenzform und bildet den äusseren Teil des lebenden Menschen; es herrscht darin das passive Empfindungsvermögen für die äussere Welt vor, dagegen gibt es darin am wenigsten vom gedanklich-idealen Wirkungsvermögen. — Nephesch steht in unmittelbarer Beziehung mit den äusseren konkreten Dingen und gibt nur durch ihren Einfluss Lebensäusserung von sich; zugleich arbeitet Nephesch auch für die Aussenwelt durch seine eigene schöpferische Kraft, indem es aus seiner konkreten Existenz neue Lebenskräfte hervorgehen lässt und so stets wieder zurückerstattet, was es empfängt. Diese konkrete Existenzstufe bildet ein vollkommenes, in sich abgeschlossenes Ganze, wodurch das menschliche Wesen sich in allen seinen Einzelheiten wie in einer Abbildung nach aussen hin projiziert. — Als in sich abgeschlossenes Ganze betrachtet umfasst dieses konkrete Leben doch drei Abstufungen, die sich zueinander wieder wie das Konkrete, das Besondere und das Allgemeine oder wie gestaltete Materie, gestaltende Kraft und Prinzip verhalten,[1]) und die zugleich die Organe sind, in welchen und durch welche das Innere, das Geistige wirkt und sich nach aussen offenbart. Diese drei Abstufungen steigen gleichsam übereinander ins Innere empor und jede von ihnen umfasst wieder verschiedene ineinander übergehende Grade. Die drei Hauptabstufungen von Nephesch ordnen sich und wirken genau in der Weise, wie wir sie in der nun folgenden Darlegung über die Unterabteilungen von Ruach kennen lernen werden. (Vergl. S. 160 u. ff.)

Das zweite Fundamentalprinzip des menschlichen Wesens, R u a c h (die Seele), ist für die Einflüsse der Aussenwelt nicht so empfänglich und empfindlich wie Nephesch; Passivität und Aktivität halten sich darin die Wage; es besteht in einem mehr innerlichen, mehr idealen Wesen, in welchem alles, was das konkrete körperliche Leben nach aussen hin als quantitativ und materiell offenbart, sich innerlich in virtuellem [2]) Zustand wiederfindet. Dieses zweite Grundelement im Menschen flutet zwischen Aktivität und Passivität, zwischen Innerlichkeit und Äusserlichkeit auf und ab; in seiner Mannigfaltigkeit als Objekt erscheint es weder als etwas völlig Reales, Passives und Äusserliches noch als

---

[1]) Vgl. Tabelle S. 51, Fach 1, 2, 3.

[2]) Der Kraft und der Möglichkeit nach vorhanden.

etwas völlig Innerliches, Intellektuell-Übersinnliches und Aktives, sondern als etwas Wechselndes, das sich von innen nach aussen ebensowohl aktiv wie passiv, gebend wie empfangend äussert. So fallen Intuition und Konzeption in der Seele nicht völlig zusammen, obwohl sie auch nicht so sehr von einander getrennt sind, dass sie nicht leicht miteinander verschmelzen könnten.

Die Art der Existenz eines jeden Wesens hängt ausschliesslich von dem mehr oder minder hohen Grad seines Zusammenhanges mit der Natur, und von der mehr oder minder grossen Aktivität oder Passivität ab, die wieder sich aus dem Grad dieses Zusammenhanges ergibt; die Aperzeptionsfähigkeit eines jeden Wesens steht in geradem Verhältnisse zu seiner Aktivität. Je aktiver ein Wesen ist, umso höher steht es und umso mehr ist es ihm möglich, die innersten Tiefen des Seins zu erforschen.

Dieses Ruach, das sich aus Kräften zusammensetzt, die die Basis des materiellen, objektiven Seins sind, besitzt noch die Eigentümlichkeit, sich von allen anderen Teilen als ein spezielles Individuum zu unterscheiden, über sich selbst verfügen und sich nach aussen durch willensfreies Wirken offenbaren zu können. Diese „Seele“, die zugleich der Thron und das Organ des Geistes ist, ist auch ein genaues Abbild des ganzen menschlichen Wesens; ebenso wie Nephesch besteht sie aus drei Wirkungsgraden, die sich gleichfalls wie Konkretes, Besonderes und Allgemeines zu einander verhalten;[1]) oder wie gestaltete Materie, wirkende Kraft und Prinzip; so besteht eine Art Affinität oder Verwandtschaft nicht nur zwischen dem Konkreten in Ruach, das dessen niederster und äusserlichster Grad ist (der Kreis 4—4 im Schema auf S. 158), und dem Allgemeinen in Nephesch, das dessen höchste Stufe bildet (der Kreis 3—3), sondern auch zwischen dem Allgemeinen in Ruach (Kreis 6—6) und dem Konkreten im Geist (Kreis 7—7).

Ebenso wie Ruach und Nephesch drei Wirkungsstufen einschliessen, haben diese auch drei entsprechende Sphären in der äusseren Welt, was sich noch klarer durch die Vergleichung des Makrokosmus mit dem Mikrokosmus ergeben wird.[2]) Jede besondere Existenzform im Menschen lebt ihr eigenes Leben in der Sphäre der Welt, die ihr entspricht und mit der sie in beständiger Wechselbeziehung steht, mitte's

---

[1]) Vgl. S. 51, Tabelle.
[2]) Vgl. „Die Lehren der K. über den Menschen.“

ihrer besonderen inneren Sinne und Organe gebend und empfangend.[1])

Überdies muss Ruach vermöge seines konkreten Teiles mit dem Konkreten, das über ihm steht, in Verbindung sein ebenso wie sein Allgemeines ihm das Emporstreben zu den allgemeinen Teilen verleiht, die über ihm stehen. Nephesch könnte sich nicht mit Ruach verbinden, wenn nicht eine gewisse Affinität zwischen ihnen bestände, und ebensowenig könnte sich Ruach mit Nephesch und Neschama verbinden, wenn zwischen ihnen nicht eine Art Verwandtschaft und Anziehungskraft vorhanden wäre.

So schöpft die Seele einerseits aus dem Konkreten, das unter ihr steht, die Fülle der eigenen objektiven Realität, und andererseits aus dem Allgemeinen, das sie beherrscht, die reine Innerlichkeit, die Idealität, die sich in und aus ihrer unabhängigen Aktivität bildet. R u a c h i s t a l s o d a s B a n d z w i s c h e n A l l g e m e i n e m o d e r G e i s t i g e m u n d K o n k r e t e m o d e r M a t e r i e l l e m, das im Menschen die innere übersinnliche Welt mit der realen äusseren Welt verbindet: es ist zugleich die Stütze und der Sitz der Persönlichkeit des Menschen.

Die Seele steht also in einer doppelten Beziehung zu ihren drei Wirkungsobjekten: 1. Zu dem Konkreten, das unter ihr steht; 2. zu dem Besonderen, das ihrer Natur entspricht und ausser ihr steht; 3. zu dem Allgemeinen, das über ihr steht. So vollzieht sich in ihr in zwei entgegengesetzten Richtungen ein Kreislauf von drei Strömen (vgl. das Schema auf S. 158): Denn 1. wird sie durch Nephesch erregt, das unter ihr steht, und sie beeinflusst es wieder ihrerseits; 2. sie steht aktiv und passiv in Beziehung zu dem Äusseren, das ihrer Natur entspricht, d. h. zum Besonderen; 3. diese Beeinflussung, die von ihr in ihrem Innern umgestaltet wird, nachdem sie sie von unten oder von aussen empfangen hat, gibt ihr die Fähigkeit, sich hoch genug zu erheben, um in höheren Sphären auf Neschama wirken zu können. Durch dieses aktive Einwirken erregt, erzeugen die höheren Kräfte eine stärkere, geistigere vitale Beeinflussung, die die Seele, die dann wieder ihre passive Rolle aufnimmt, empfängt, um sie nach aussen oder nach unten fortzupflanzen.

Obwohl also Ruach eine besondere Existenzform besitzt und individuellen Bestand hat, so ist es doch ebenso wahr,

---

[1]) Vgl. S. 49.

dass ihm der erste Impuls zu seiner aktiven Lebensbetätigung von der Erregung durch den konkreten Körper, der unter ihm steht, vermittelt wird. Und wie der Körper, infolge steter Wechselbeziehung zur Seele in Wirkung und Gegenwirkung, von dieser bei seiner Beeinflussbarkeit durchdrungen wird, während diese gleichsam beinahe ein Teil des Körpers wird, so wird auch die Seele durch ihre Verbindung mit dem Geist von ihm erfüllt und beeinflusst.

Das dritte Grundelement des menschlichen Wesens, Neschama, kann in dem Sinn mit dem Worte Geist bezeichnet werden, in dem es im Neuen Testament verwendet wird. Hier findet sich nicht mehr passive Empfänglichkeit gegenüber der äusseren Natur vor; die Aktivität überwiegt völlig die Rezeptivität. Der Geist lebt sein eigenes Leben nur für das Allgemeine oder für die geistige Welt, mit der er in beständiger Beziehung steht. Doch verlangt Neschama nicht nur — vermöge seiner idealen Natur — nach dem absoluten Allgemeinen, dem göttlichen Unendlichen, es verlangt auch — vermöge seiner realen Natur — nach Beziehungen zum Besonderen und Konkreten, die unter ihm stehen, und fühlt sich zu diesen hingezogen.

Auch der Geist steht in doppelter Beziehung zu seinem dreifachen Objekt, zum Unteren, zum Aeusseren und zum Höheren; auch in ihm vollzieht sich in zwei entgegengesetzten Richtungen ein Kreislauf von drei Strömen, analog dem, wie er für Ruach gilt. (Vgl. S. 161.)

Neschama ist ein rein innerliches Wesen, weil es im Mittelpunkt des Lebens wohnt, aber auch zugleich aktiv und passiv, und Nephesch mit seinem vitalen Prinzip und dem Körper, Ruach mit seinen Kräften geben ein äusseres Ebenbild von ihm. Das Quantitative in Nephesch und das Qualitative in Ruach [1]) stammen von dem rein innerlichen und idealen Geist, Neschama.

Wie nun Nephesch und Ruach drei verschiedene Existenzstufen oder Grade der Vergeistigungsfähigkeit einschliessen, so dass beide ein verkleinertes Abbild des ganzen menschlichen Wesens sind,[2]) so unterscheidet die Qabalah auch in Neschama drei Grade.

Besonders von diesem höchsten Grundelement gilt, was oben gesagt wurde, dass die verschiedenen Abstufungen der menschlichen Konstitution nicht völlig verschieden, isoliert

---

[1]) Vgl. Tabelle S. 51, 4, 6.
[2]) Vgl. das Schema auf S. 96 u. 97.

und getrennt sind, sondern dass sie vielmehr ineinander übergehen;[1]) denn in diesem Element vergeistigt sich alles mehr und mehr, strebt alles mehr und mehr der Einheit entgegen.

Unter den drei höchsten Existenzgraden des Menschen, die Neschama, in weiterem Sinn gefasst, in sich schliesst, kann man den niedersten als Neschama in engerem Sinn bezeichnen. Dieser hat doch noch einige Verwandtschaft mit den oberen Elementen von Ruach; es besteht in einer inneren und aktiv wirkenden Erkenntnis[2]) des Qualifizierenden und Quantitativen, die unter ihr stehen. — Die zweite Kraft Neschamas, die das 8. Element[3]) im Menschen ist, wird Chaijah genannt; ihr Wesen besteht in der Erkenntnis der inneren, höheren, übersinnlichen Kraft, auf der das objektiv (in Objekten) geoffenbarte Sein beruht, eine Erkenntnis, die weder durch Ruach noch durch Nephesch und auch nicht durch Neschama in engerem Sinne gewonnen werden kann. — Die dritte Kraft Neschamas, das 9. und höchste Element im Menschen,[4]) ist Iechidad (d. h. die Einheit an und in sich); ihr Wesen besteht in der Erkenntnis der absoluten fundamentalen Einheit aller Mannigfaltigkeiten, des ursprünglichen absoluten Ur-Einen.

Die anfangs erwähnte Beziehung, dass das Konkrete, das Besondere und das Allgemeine die Grundelemente Nephesch, Ruach und Neschama derart verbinden, dass jedes von ihnen ein Bild des Ganzen bietet,[5]) wird noch durch folgende Zusammenfassung besonders deutlich werden:

1. Stufe von Nephesch, der Körper[6]) — das Konkrete im Konkreten;
2. Stufe von Nephesch, das Besondere im Konkreten;
3. Stufe von Nephesch, das Allgemeine im Konkreten;
1. Kraft Ruachs, das Konkrete im Besonderen;
2. Kraft Ruachs, das Besondere im Besonderen;
3. Kraft Ruachs, das Allgemeine im Besonderen;
1. Stufe Neschamas, das Konkrete im Allgemeinen;
2. Stufe Neschamas (Chaijah), das Besondere im Allgemeinen;
3. Stufe Neschamas (Jechidad), das Allgemeine im Allgemeinen.

[1]) Vgl. S. 49/50 u. S. 158, Anm. 2.
[2]) Tabelle S. 51, Fach 7.
[3]) Tabelle S. 51, Fach 8; S. 108.
[4]) Vgl. Tabelle S. 51, Fach 9; S. 108.
[5]) Vgl. Tabelle S. 51.
[6]) als Lebewesen, aber nicht als Materie; vgl. S. 139, Abs. 6, S. 140, Abs. 3.

Die Seele (Ruach) hat sicherlich eine eigene Existenz, aber sie ist doch einer unabhängigen Entwicklung, ohne an körperlichem Leben (Nephesch) teilzunehmen, nicht fähig, und ebenso verhält es sich bezüglich Neschamas. Ueberdies steht Ruach mit Nephesch in doppelter Beziehung; durch Nephesch beeinflusst wendet sich die Seele (Ruach) auch nach aussen, um eine freie Gegenwirkung auszuüben, so dass das konkrete körperliche Leben an der Entwicklung der Seele Teil hat; ebenso steht es mit dem Geist bezüglich der Seele, d. h. mit Neschama bezüglich Ruachs, und durch Ruach ist der Geist auch in doppelter Beziehung mit Nephesch. Doch hat Neschama in seiner eigenen Konstitution die Quelle seiner Kraftwirkung, während die Wirkungen von Ruach und Nephesch nur freie und lebendige Emanationen Neschamas sind.

In gleicher Weise steht Neschama in gewissem Masse in der gleichen doppelten Beziehung zur Gottheit, denn die Lebensbetätigung Neschamas ist schon an und für sich ein Antrieb für die Gottheit, dieses zu unterhalten, es der für seinen Bestand notwendigen Einwirkung und Beeinflussung zu unterwerfen. So schöpfen der Geist oder Neschama, und durch seine Vermittlung Ruach und Nephesch, ganz unwillkürlich aus der ewigen göttlichen Quelle und lassen beständig das Werk ihres Lebens nach oben ausstrahlen, während die Gottheit beständig Neschama und dessen Sphäre durchdringt, um ihm zugleich mit Ruach und Nephesch Leben und Bestand zu geben.

Anstatt aber in der Gottheit zu leben und so von ihr beständig die Vergeistigung zu erhalten, deren er bedarf, versank der Mensch, wie die Qabalah lehrt, mehr und mehr in Eigenliebe und in die Welt der Sünde von dem Augenblicke an, wo er nach seinem „Fall" (vergl. Genesis, III, 6—20) sich von seinem göttlich-ewigen Zentrum weg an die Peripherie der Dinge begab.[1]) Dieser Fall[2]) und die immer grössere Entfernung von der Gottheit, die sich daraus ergab, hatten einen Verfall der Kräfte in der menschlichen Natur und in der ganzen Menschheit zur Folge. Der göttliche Funke zog sich mehr und mehr vom Menschen zurück, und Neschama verlor seine innige Verbindung, sein Eins-Sein mit Gott. Ebenso entfernte sich Ruach von Neschama und Nephesch

---

1) Vgl. S. 47, 117, Anm. 1.

2) Vgl. darüber die lichtvolle Darstellung bei Dr. Erich Bischoff, „Die Kabbala" S. 70, § 147, 148.

verlor seine innige Verbindung mit Ruach. Infolge dieses allgemeinen Verfalls und der teilweisen Lockerung der Verbindung zwischen den Grundelementen wurde der niedrigststehende Teil von Nephesch, der ursprünglich beim Menschen ein Lichtäther-Körper war, unser materieller Körper;[1]) dadurch war dann der Mensch der Trennung der drei Hauptteile seiner Konstitution unterworfen. Darauf bezieht sich die Lehre der Qabalah über die Seele im und nach dem Tode.

2. Die Seele im Tode.

Nach der Qabalah ist der Tod des Menschen nur sein Übergang zu einer neuen Existenzform. Der Mensch ist berufen, schliesslich in den Schoss der Gottheit zurückzukehren, aber diese Vereinigung ist ihm wegen der groben Materialität seines Körpers in seinem gegenwärtigen Zustand nicht möglich; alles, was sich an Geistigem im Menschen findet, muss sich einer Reinigung und Läuterung unterziehen, die erforderlich ist, um den Grad von Vergeistigung zu erreichen, den das neue Leben verlangt.

Die Qabalah unterscheidet zwei Ursachen, die den Tod herbeiführen können: die erste besteht darin, dass die Gottheit ihre beständige Einwirkung auf Neschama und Ruach allmählich abschwächt oder plötzlich ganz aufhören lässt, so dass Nephesch die Kraft verliert, durch die er den materiellen Körper belebt, und dieser stirbt. In der Sprache des Zohar könnte man diese erste Art „Tod von oben oder von innen nach aussen" nennen.

Im Gegensatz dazu ist die zweite Ursache des Todes die, die man „Tod von unten oder von aussen nach innen" nennen könnte. Er besteht darin, dass der Körper, eine niedrige und äusserliche Existenzform, sich infolge einer Störung oder Verletzung desorganisiert und die zweifache Fähigkeit verliert, von oben her die erforderliche Einwirkung empfangen zu können und dann Nephesch, Ruach und Neschama dazu zu vermögen, zu ihm herabzusteigen.

Da nun jede der drei Existenzstufen des Menschen im menschlichen Körper ihren besonderen Sitz und die Wirkungs-

---

[1]) Vgl. „Lehren der Kabbala über den Menschen," S. 139, Abs. 6, S. 140, Abs. 2.

sphäre hat, die dem Grad ihrer Geistigkeit entspricht, und da sie alle drei in verschiedenen Perioden des Lebens mit diesem Körper vereinigt wurden [1]), so verlassen sie auch zu verschiedenen Zeitpunkten und in einer gewissen umgekehrten Reihenfolge den Leichnam. Daraus folgt, dass die Arbeit des Todes sich auf eine viel längere Zeit erstreckt, als man gewöhnlich annimmt.

Neschama, das seinen Sitz im Gehirn hat und sich in seiner Eigenschaft als Prinzip des höheren geistigen Lebens zuletzt mit dem materiellen Körper vereinigt hat — eine Vereinigung, die erst im Alter der Mannbarkeit beginnt — verlässt nun zuerst den Körper, gewöhnlich schon vor dem Augenblick, den wir mit dem Namen „Tod" bezeichnen. Es hinterlässt in seiner Merkabah [2]) eine Erleuchtung; denn die Persönlichkeit des Menschen kann, wie es im Esarah Maimoroth heisst, auch noch ohne die wirkliche Anwesenheit Neschamas fortbestehen.

Vor dem Moment, der uns als der des Todes erscheint, ist also das Wesen des Menschen mit einem höherstehenden Ruach versehen, mit dem er das wahrnimmt, was während des Lebens seinen Augen verborgen blieb; oft durchdringt sein Blick den Raum und er kann seine verstorbenen Freunde und Verwandten erkennen. Sobald nun der kritische Augenblick kommt, verbreitet sich Ruach in allen Gliedern des Körpers und nimmt Abschied von ihnen; das bewirkt eine oft schmerzliche Erschütterung, die Agonie. Dann zieht sich die ganze geistige Substanz des Menschen in das Herz zurück und sucht hier vor den Masikim (den bösen Geistern), die sich auf den Leichnam stürzen, Schutz, wie eine verfolgte Taube, die sich in ihr Nest flüchtet.

Die Trennung Ruachs vom Körper ist schmerzvoll, weil Ruach (die lebendige Seele), das als Organ des Willens die menschliche Persönlichkeit bildet, wie Ez-ga-Chaiim sagt, zwischen den erhabenen, unendlichen Geistesregionen (Neschama) und den niedrigstehenden konkreten körperlichen (Nephesch) hin- und herflutet, bald dahin, bald dorthin gewendet. Sein Sitz ist im Herzen; dieses ist gleichsam die Wurzel des Lebens; es ist מלך (Melek-König), der Zentral-

[1]) Es fehlt hier an Raum darzulegen, wie die geistigen Prinzipien sich durch den Zeugungsakt mit der Materie vereinigen, ein Gegenstand, den die Qabalah sehr ausführlich behandelt.

[2]) Merkabah bedeutet eigentlich „Wagen"; es ist also das Organ das Werkzeug, das Vehikel, durch das Neschama wirkt.

punkt, der Bindestrich zwischen Gehirn und Leber [1]); und da sich im Herzen die Lebenskraft zu allererst äussert, so hört sie auch in diesem Organ auf. So entschwindet Ruach im Augenblick des Todes und verlässt das Herz, wie der Talmud lehrt, im letzten Seufzer auf dem Wege durch den Mund.

Der Talmud unterscheidet neunhundert verschiedene mehr oder minder schmerzvolle Todesarten; die sanfteste Todesart ist die, die „der Kuss" genannt wird, die schmerzvollste die, bei der der Sterbende die Empfindung hat, dass ihm ein dicker Haarknoten aus dem Schlund gerissen wird.

Hat sich Ruach vom Menschen getrennt, so scheint er uns tot; doch wohnt noch Nephesch in ihm. Dieses, das körperliche Leben des Konkreten, ist beim Menschen die „Seele" des elementaren Lebens, und hat seinen Sitz in der Leber. Nephesch, das die niedrigste geistige Substanz ist, besitzt noch eine grosse Verwandtschaft mit dem Körperlichen und es besteht daher zwischen beiden eine starke Anziehungskraft. Es ist das seelische Prinzip, das zuletzt scheidet, wie es sich zuerst mit dem Fleische verbunden hat.[2]) Doch gleich nach dem Entschwinden von Ruach ergreifen die Masikim Besitz von dem Leichnam (nach Rabbi Loriah häufen sie sich bis zu einer Höhe von 15 Ellen über ihm auf); dieses Andringen der Masikim im Verein mit der Auflösung des Körpers veranlasst bald auch Nephesch, zu scheiden, doch weilt es noch einige Zeit bei seiner Hülle und beklagt deren Verlust. Meistens erhebt es sich erst über die irdische Sphäre, wenn die vollständige Verwesung eingetreten ist.

Diese Auflösung des Menschen, die eine Folge des Todes ist, ist trotzdem keine vollständige Trennung; denn das, was einst ein Ganzes gebildet hat, kann nicht völlig auseinandergehen; es bleibt stets noch eine Beziehung zwischen den kon-

---

[1]) Die Qabalah lehrt: „In dem Worte מלך (König) ist das Herz der Zentralpunkt zwischen Gehirn und Leber." Das ist durch die mystische Bedeutung der Buchstaben zu erklären; das Gehirn, מו, ist durch den ersten Buchstaben des Wortes מלך angedeutet; die Leber, כבד durch seinen letzten Buchstaben, und schliesslich das Herz, לב durch das ל, das in der Mitte steht; der Buchstabe כ wird am Wortende zu ך.

[2]) Nach der Lehre des modernen Okkultismus ist ein Teil Nepheschs der Astral-Körper, der Schatten oder das Gespenst, die niedrigste Art der Seelensubstanz, der „Doppelgänger" des Menschen; stumm und besinnungslos, gleicht es im besten Falle einem Menschen im Zustande der Betrunkenheit oder des Deliriums und hat keine Vernunft.

stituierenden Teilen bestehen. So besteht noch ein gewisses Band zwischen Nephesch und seinem schon verwesten Körper. Nachdem der äusserliche, materielle Behälter mit seinen physischen Lebenskräften verschwunden ist, bleibt noch etwas von der geistigen Substanz des Nephesch übrig, das bis ins Grab, bis in die Knochen hinabsteigt, wie der Sohar sagt; es ist das, was die Qabalah „Hauch der Gebeine" oder „Geist der Gebeine" nennt. Dieses allerinnerste Prinzip des materiellen Körpers, das dessen Gestalt und Aeusseres beibehält, bildet den „Habal Garmin", was wir mit „Körper für die Auferstehung" (leuchtender Astral-Leib) wiedergeben können.

Nachdem sich die verschiedenen konstituierenden Elemente des Menschen infolge des Todes von einander getrennt haben, begibt sich jedes in die Sphäre, zu der es sich durch seine Natur und seine Konstitution hingezogen fühlt; und dort befindet es sich in Gesellschaft von Wesen, die ihm gleichen und die schon das Totenbett umkreisten. Wie im ganzen Universum Alles in Allem enthalten ist, da alles nach einem einzigen gleichen Gesetz entsteht, lebt und vergeht, da jedes kleinste Element nur eine Nachbildung des grössten ist, da die gleichen Prinzipien alle Kreaturen, von der niedrigsten angefangen bis zu den höchsten geistigen Mächten empor, in gleicher Weise beherrschen, teilt sich das ganze Universum, das die Qabalah Aziluth nennt und das alle möglichen Abstufungen umfasst — von der gröbsten Materie bis zur feinsten Geistigkeit — in drei Welten: Asiah, Jesirah und Briah, die den drei Fundamentalprinzipien des Menschen: Nephesch, Ruach und Neschama entsprechen.[1])

Asiah ist die Welt, in der wir uns bewegen; doch ist das, was wir von dieser Welt mit unseren körperlichen Augen wahrnehmen, nur die niedrigste, materiellste Sphäre derselben, ebenso wie wir mit unseren Sinnesorganen auch nur das Niedrigste, Materiellste vom Menschen wahrnehmen: seinen Körper. Die Figur auf Seite 158 ist ebenso ein Schema des Universums als des Menschen; denn nach der Lehre der Qabalah steht der Mikrokosmus in völliger Analogie zum Makrokosmus; der Mensch ist das Ebenbild Gottes, der sich im Universum offenbart; so bedeutet der Kreis a—a—a—a die Welt Asiah, und 1—1, 2—2, 3—3 sind ihre Sphären, die den betreffenden von Nephesch entsprechen;

[1]) Vgl. S. 17 und S. 47—51, S. 108, Anm. 1.

b—b—b—b bedeutet die Welt Jesirah und ihre Sphären 4—4, 5—5, 6—6 sind analog den betreffenden von Ruach; c—c—c—c bedeutet die Welt Briah, deren Sphären 7—7, 8—8, 9—9, analog den betreffenden von Neschama, die höchste Stufe der Geistigkeit erreichen. Der einschliessende Kreis 10—10—10—10 ist das Bild von All-Aziluth, wie es anderseits das gesamte Ganze der menschlichen Natur darstellt. stellt.

Die drei Welten, die in ihrer Natur und der Abstufung ihrer Geistigkeit, den drei fundamentalen Prinzipien des Menschen entsprechen, stellen auch die Wirkungskreise dieser Prinzipien dar. Der Körper bleibt als materiellste Existenzform des Menschen in den niedrigsten Sphären der Welt Asiah, im Grabe; nur der „Geist der Gebeine" bleibt, in ihm bestattet, mit zurück, indem er den schon erwähnten „Habal Garmin" bildet [1]. Dieser befindet sich im Grabe in einem Zustand [2]) tiefer Lethargie, die für den Gerechten ein sanfter Schlummer ist; zahlreiche Stellen bei Daniel, Jesaias und in den Psalmen beziehen sich darauf. Und da „Habal Garmin" im Grabe doch eine schwache Empfindungsfähigkeit behält, kann die Ruhe derer, die in diesem letzten Schlummer liegen, auf verschiedene Art gestört werden. Deshalb war es bei den Juden verboten, Personen miteinander zu bestatten, die sich im Leben feindlich waren, oder einen Rechtschaffenen neben einem Verbrecher zu beerdigen. Man trachtete vielmehr Menschen miteinander zu beerdigen, die einander lieb gewesen waren, weil sich auch im Tode noch eine solche Zuneigung fortsetzte. Die grösste Störung derer, die im Grabe schlummern, ist die Totenbeschwörung, denn selbst dann, wenn Nephesch das Grab verlassen hat, bleibt noch der „Geist der Gebeine" mit dem Leichnam in Verbindung, und kann zum Erscheinen gezwungen werden; aber diese Beschwörung erreicht auch Nephesch, Ruach und Neschama. Allerdings sind diese schon in ihren eigenen Wirkungssphären, aber trotzdem bleiben sie in einer gewissen gegenseitigen Verbindung, so dass jedes fühlt, was die beiden anderen empfinden. Deshalb hat die heilige Schrift (Moses, V, 18,11) die Totenbeschwörung verboten. —

Der materielle Körper, der allein sich in der für unsere Sinne wahrnehmbaren Sphäre der Welt Asiah befindet, bleibt auch noch nach dem Tode in dieser Region; die höheren Sphä-

---

[1]) Vgl. S. 168, 1. Abs.
[2]) Vgl. S. 167, Anm. 2.

ren Asiahs sind unseren Sinnen nicht mehr zugänglich, und so entzieht sich auch Habal Garmin für gewöhnlich unserer Wahrnehmung. Deshalb sagt der Zohar: „Wäre das unseren Augen gestattet, könnten wir auch in der Nacht den Sabbath kommen oder bei Neumond und an Festtagen die Diuknim (gewisse Geister) sich aus den Gräbern erheben sehen, um den Herrn zu loben und zu preisen."

In den höheren Sphären Asiahs wohnt Nephesch. Ez-ra-Chaiim schildert sie als ein zweites Gan-Eden [1]), „das sich in der Welt Asiah, im Süden des heiligen Landes, unterhalb des Aequators erstreckt."

Ruach, das zweite fundamentale Prinzip des Menschen, findet die der Stufe seiner Geistigkeit angemessene Stätte in der Welt Jesira; und da Ruach die eigentliche Persönlichkeit des Menschen bildet und so Träger und Sitz des Willens ist, so wohnt in ihm die produktive und schöpferische Kraft des Menschen und die Welt Jesira ist, wie es ihr hebräischer Name besagt, der „mundus formationis", die Welt der Ausgestaltung.

Neschama endlich entspricht der Welt Briah, die der Zohar „Welt des göttlichen Thrones" nennt, und die die höchste Stufe der Geistigkeit einschliesst.

Wie Nephesch, Ruach und Neschama nicht völlig voneinander getrennte Existenzformen sind, sondern sich allmählich eine aus der anderen zu höherer Geistigkeit entwickeln, so sind auch die Sphären der verschiedenen Welten ineinander verschlungen und verkettet und erheben sich von dem niedrigsten materiellsten Kreis der Welt Asiah des für unsere Sinne noch Wahrnehmbaren bis zu den höchsten immateriellsten Kräften der Welt Briah. Daraus geht hervor, dass, obwohl Nephesch, Ruach und Neschama in der ihnen entsprechenden Welt ihre besondere Wirkungsstätte haben, sie doch nicht auf eine allein beschränkt bleiben. Diese innigen Wechselbeziehungen werden besonders durch die sogenannten „Zelem" ermöglicht.

Unter dem Begriff „Zelem" versteht die Qabalah die Gestalt, die Hülle, unter und in der die verschiedenen konstitutiven Prinzipien des Menschen bestehen und durch die sie wirken. Nephesch, Ruach und Neschama behalten, auch nachdem der Tod ihre äusserlich-körperliche Hülle zerstört

---

[1]) Gan-Eden bedeutet Garten der Wonne. Im Talmud und in der Qabalah wird er auch, nach dem „hohen Lied", 4, 13 Pardes oder Lustgarten genannt; daher kommt das Wort „Paradies".

hat, doch eine gewisse Form bei, die der körperlichen Erscheinung des Menschen entspricht. Diese Form, mittels welcher jedes Prinzip in seiner Welt besteht und wirkt, wird durch „Zelem“ gebildet; so heisst es im Psalm 39,7: „Sie sind wie in dem „Zelem“ (Phantom).

Nach Loriah teilt sich auch Zelem, in Analogie mit der ganzen menschlichen Natur, in drei Teile: ein inneres geistiges Licht und zwei „Makifim“ oder einhüllende Lichter. Jeder „Zelem“ und seine „Makifim“ entsprechen in ihrer Natur dem Charakter oder der Stufe der Geistigkeit jedes der Prinzipien, dem sie angehören. Nur durch ihr Zelem ist es Nephesch, Ruach und Neschama möglich, sich nach aussen zu offenbaren. Auf Zelem beruht die ganze körperliche Existenz des Menschen auf Erden; denn jede Ausstrahlung von oben, die auf die Gefühle und inneren Sinne des Menschen gerichtet ist, vollzieht sich durch Vermittlung der Zelem, die überdies schwächer oder stärker werden können.

Der Prozess des Todes erfolgt einzig und allein in den verschiedenen Zelem, denn Nephesch, Ruach und Neschama werden in ihrem Wesen dadurch nicht berührt. Auch lehrt die Qabalah, dass dreissig Tage vor dem Tode des Menschen die Makifim sich zuerst in Neschama zurückziehen, um dann weiterhin auch von Ruach und Nephesch zu verschwinden; das heisst aber nur, dass sie in ihrer Wirkungskraft aufhören; denn noch in dem Augenblick, wo Ruach scheidet, halten sie, wie die Mischnath Chasidim sagt, beim Lebensprozess aus, „um von dem Geschmack des Todes zu verkosten.“ Allerdings muss man die Zelem als rein magische Wesen betrachten, und daher vermag selbst der Zelem von Nephesch nicht unmittelbar auf unsere sinnlich wahrnehmbare Aussenwelt zu wirken.

Was sich uns bei Erscheinung Toter darbietet, ist entweder ihr „Habal Garmin“ oder die dünne Aethermaterie der Welt Asia, mit der sich der Zelem von Nephesch bekleidet, um sich unseren körperlichen Sinnen wahrnehmbar zu machen.

Das gilt für jede Art von Erscheinung, sei es die eines Engels, einer abgeschiedenen Seele oder eines niederen Geistes. Es ist also nicht der Zelem selbst, den wir sehen und erblicken können; es ist nur ein Bild, das, aus dem feinen „Dunst“ unserer Aussenwelt verfertigt, eine Gestalt annimmt, um sich gleich wieder aufzulösen.

So verschieden sich das Leben der Menschen auf Erden gestaltet, so verschieden ist auch ihr Los in den anderen Welten, denn je mehr Verstösse gegen das göttliche Gesetz man hier auf Erden begangen hat, umsomehr Strafen und Läuterungen muss man sich in der anderen Welt unterziehen.

Der Zohar sagt in dieser Beziehung:

„Die Schönheit des Zelem eines frommen Menschen hängt von den guten Werken ab, die er hienieden vollbracht hat"; und weiter: „Die Sünde beschmutzt den Zelem des Nephesch." Loriah sagt auch: „Bei dem frommen Menschen sind die Zelem rein und klar, bei dem Sünder trüb und dunkel." — Daher hat jede Welt für jedes der Grund-Elemente des Menschen ihr Gan-Eden (Paradies), ihr Nahar Dinur (Fluss des Reinigungsfeuers für die Seelen) und ihr Gei-Hinam[1]), den Ort der Strafe; daher die christliche Lehre von Himmel, Fegefeuer und Hölle.

Es ist nicht unsere Absicht, hier die Theorie der Qabalah über den Zustand der Seele nach dem Tode darzulegen. In dem erhabenen Werke Dantes „La divina Comedia" wird man eine grossartige Darstellung dieses Gegenstandes finden.[2])

---

[1]) Gei-Hinam war eigentlich der Name einer Örtlichkeit bei Jerusalem, wo man früher dem Moloch Kinderopfer dargebracht hatte; die Qabalah versteht unter diesem Namen den Ort der Verdammnis.

[2]) Vgl. Dr. Erich Bischoff „Die Kabbalah", S. 72 u. ff; ferner S. 18, 19 und 110 unseres Werkes.

Dritter Teil.

Die Texte.

Alle wissenschaftlichen, philosophischen und religiösen Lehren der Kabbala sind in ihren beiden wichtigsten Quellen, dem Zohar und dem Sepher Jesira, enthalten.

Das ersterwähnte dieser Bücher ist sehr umfangreich. Es ist in der Kabbala denudata Knorr von Rosenroths ins Lateinische, in der „Kabbala unveiled" M. A. Mathers' ins Englische übersetzt.

Wir geben hier im Folgenden eine deutsche Uebersetzung des zweitgenannten kabbalistischen Werkes nach der französischen, mit Erläuterungen versehenen Ausgabe von Papus aus dem Jahre 1887. — Man wird wohl an manchen Stellen Wiederholungen des in den vorausgegangenen Kapiteln Erwähnten finden, das wird aber eben die Aufmerksamkeit auf die Gegenstände lenken, die sie besonders verdienen.

Dieser Uebersetzung des Sepher Jesira lassen wir die zweier kabbalistischer Traktate folgen, die ihrer Entstehung nach viel jüngeren Ursprungs sind: es sind „Die 32 Wege der Weisheit" und „Die 50 Tore der Intelligenz"; diesen beiden Traktaten werden wir einige Bemerkungen vorausschicken, die über ihren Charakter aufklären sollen.

Einleitung.

Am Ausgangspunkt aller Religionen und aller Philosophien findet man immer wieder eine sich im Dunkel verlierende Lehre, die nur einigen wenigen bekannt ist und deren Ursprung trotz aller Forscherarbeit der wissenschaftlichen Analyse nicht fassbar ist. Diese Lehre wird je nach der Religion, die die Schlüssel zu ihr bewahrt, mit verschiedenen Namen bezeichnet; aber selbst ein oberflächliches Studium gestattet, sie überall als dieselbe zu erkennen, welches auch der Name sein mag, den sie trägt. Erfreut glaubt der Kritiker den Ursprung der Lehre in der Apokalypse gefunden zu haben, die eine Zusammenfassung der christlichen Esoterik enthält; doch hinter der Vision des heiligen Johannes erscheint — die Daniels, und die Esoterik beider Religionen, der jüdischen und der christlichen, verschmilzt in der Kabbala zu einem identischen Ganzen. „Diese Geheimlehre hat ihren Ursprung in der Religion des Moses", sagt der Historiker, und voll Freude schickt er sich an, die Beweise dafür zu geben. Da werden die vier Tiere in der Vision des jüdischen Propheten zu einem einzigen, und stumm erhebt die ägyptische Sphinx ihr männliches Haupt über den Schülern des Moses. Moses war ein ägyptischer Priester, also muss sich der Ursprung der symbolischen Esoterik in Aegypten vorfinden, in seinen Mysterien, aus denen die griechische Philosophie, von Pythagoras und Platon angefangen, ihre Lehren schöpfte. Aber wieder erscheinen die vier geheimnisvollen Personifikationen einzeln und in einer Zeit, die vor der Entstehung der heiligen Mysterien Aegyptens liegt, steht Adda Nari, die indische Göttin, vor uns mit ihrem Engelskopf, wie sie den Kampf zwischen dem Raubtier und dem friedlichen Rind beilegt.

Mögen wir unsere Forschungen auch in noch so alte Zeiten verfolgen, unaufhörlich wird dieser geheimnisvolle Ursprung vor uns zurückweichen; wir können alle die so mühevoll rekonstruierten Zivilisationen des Altertums durchforschen, und wenn wir endlich ermüdet bei der roten Rasse, bei der ersten Zivilisation, die der erste Kontinent hervorgebracht hat, Halt machen, so hören wir den inspirierten Propheten die göttlichen Bewohner einer höheren Sphäre preisen, die ihm das symbolische Geheimnis des Heiligtums offenbarten.

Doch lassen wir diesen schwer fassbaren Proteus, der sich Ursprung der Esoterik nennt [1]), und wenden wir uns der Kabbala zu, in der wir mit wenig Mühe den gemeinsamen Ursprung wiederfinden können, die e i n e Religion, deren verschiedene Emanationen die anderen Kulte sind.

Das Wesen der Kabbala hat Fabre d'Olivet, ein ebenso bescheidener als gelehrter Forscher, mit einigen von uns schon zitierten Sätzen, auf die wir zurückverweisen, trefflich gekennzeichnet.[1])

Zwei Bücher müssen als Grundlage für das Studium der

[1]) Vgl. S. 63, Anm. 2; S. 41, Anm. 2.

Kabbala dienen: der Zohar und Sepher Jesira. Keines der beiden ist unseres Wissens vollständig ins Deutsche übersetzt worden; wir wollen daher im Folgenden eine Uebersetzung des Sepher Jesira geben und Erläuterungen anschliessen, die allzu dunkle Stellen des Textes nach Möglichkeit erklären sollen.

Der Sepher Jesira.

Versuch einer Rekonstituierung des Textes nach Papus.

Papus hat als erster eine französische Uebersetzung des Sepher Jesira in Verbindung mit einem Kommentar herausgegeben. Doch waren die Texte, die ihm damals zur Verfügung standen, nicht vollständig. Einige Jahre später gab M. Mayer-Lambert eine neue Uebersetzung, auf Grund vollständigerer hebräischer und arabischer Manuskripte.[1]) Doch eine aufmerksame Prüfung der beiden Uebersetzungen lässt erkennen, dass beide Lücken und Wiederholungen aufweisen.

Doch halten wir diese Wiederholungen für einen Fingerzeig, um mit Hilfe der folgenden Leitsätze eine Rekonstruierung des ursprünglichen Textes versuchen zu können:

Die alten Autoren gaben bei der Komposition von Traktaten der Art, wie sie hier für uns in Betracht kommen, gewöhnlich zunächst eine kurze Darlegung eines methodischen Planes; dann erörterten sie jedes der einzelnen Probleme nach derselben Methode.

So musste Sepher Jesira mit einem methodischen Plane betreffs der zu behandelnden Gegenstände beginnen, die die folgenden sind: die zehn Numerationen oder Sephiroth, die zweiundzwanzig Buchstaben und ihre Anwendung durch den Schöpfer beim Bau des Universums in seinen drei „Ebenen": Universum, Jahr, Mensch.

Dann sollte jeder Gegenstand mit einer Wiederholung des methodischen Planes beginnen und dieser dann bei der Behandlung der einzelnen Probleme zur Anwendung gebracht

---

[1]) Vgl. S. 12, Anm. 1.

werden. So hat uns eine Reihe von Wiederholungen zu der Schlussfolgerung veranlasst, dass jedes Kapitel oder jede Sektion mit kabbalistischen Kombinationen von Buchstaben oder Zahlen abschloss.

Wir schlagen also folgende Rekonstituierung des Textes vor:

1) als erstes Kapitel ein allgemein gehaltener Ueberblick über die zehn Numerationen und die 22 Buchstaben, die in 3 Mütter, 7 doppelte und 12 einfache eingeteilt werden;[1]

2) als zweites Kapitel die Behandlung der 10 Sephiroth mit ihren Kombinationen nach der Permutation der Buchstaben des Tetragrammes;

3) als drittes Kapitel ein allgemeiner Ueberblick über die 22 Buchstaben mit ihren drei Unterabteilungen;

4) als viertes Kapitel eine ins Einzelne gehende Darstellung der Analogieen zwischen den drei „Müttern" und der Dreieinigkeit, die mit einem Paragraph über ihre Kombination schliesst;

5) als fünftes Kapitel eine genaue Darstellung der sieben „Doppelten" und ihrer Beziehungen zur Siebenheit, die wieder mit einer Betrachtung über Kombinationen abschloss: „Zwei Buchstaben erbauen zwei Häuser, drei erbauen sechs u. s. w.";

6) als sechstes Kapitel eine genaue Darstellung der zwölf „Einfachen" und ihrer Beziehungen zur Zwölfheit.

So ist man von der Einheit zum Maximum der Vielfältigkeit gelangt und kehrt wieder nach einigen abschliessenden Zusammenfassungen zur Einheit als zum Ausgangspunkt zurück; damit befasst sich das siebente Kapitel, das wir in drei Paragraphen einteilen können: 1) Aufstellung der Beziehungen; 2) Ableitungen der Buchstaben; 3) abschliessende Zusammenfassung.

In dieser Rekonstruktion bildet der Sepher Jesira ein homogenes Ganze, das von einem Punkt ausgeht und zu ihm zurückkehrt, nachdem die Beziehungen der Dreiheit, der Siebenheit und der Zwölfheit zum Universum, zum Jahr und zum Menschen behandelt wurden.

Der Autor oder Interpolatoren mögen gewisse dieser Beziehungen in eigener Weise dargestellt haben. So beziehen sie die sieben Wochentage auf die Planeten in der Reihen-

---

[1]) Vgl. S. 66 und S. 104.

folge dieser am astrologischen Himmel (Saturn, Jupiter, Mars, Sonne, Venus, Merkur, Mond) und nicht in der Art des in den Manuskripten abgebildeten Siebeneckes. Die im Text gegebene Darstellung begnügt sich damit, die Tage auf die Planeten so zu verteilen, dass der Sabbat dem Saturn zugeschrieben wird, so dass nach der eben erwähnten astrologischen Reihenfolge der Sonntag dem Jupiter, der Montag dem Mars, der Dienstag der Sonne, der Mittwoch der Venus, der Donnerstag dem Merkur und Freitag dem Monde zufällt. Der Autor musste wohl den richtigen Schlüssel für die Beziehungen der Tage zu den Planeten kennen, einen sehr einfachen Schlüssel, der sich ergibt, wenn man bei einem Siebeneck[1]) die Sonne mit dem Sonntag zu oberst stellt und dann die Tage auf die Planeten so verteilt, dass man bei der Gegenüberstellung der gewöhnlichen Wochentags- und astrologischen Planeten-Reihenfolge (links oder rechts herum, bezw. vor- oder rückwärts) je einen Wochentag überspringt. Doch wollte der Autor wohl den Geist seines Lesers üben und sich anstrengen lassen, um seinen so oft wiederholten Leitspruch zu rechtfertigen: „Forsche, denke nach, kombiniere, vermute und setze die Kreatur an die Stelle, die ihr vom Schöpfer angewiesen ist.“

Auch möge der aufmerksame Leser nicht vergessen, dass die Grundlage des Systems: die drei „Mütter“, A M Sch im Sanskrit die Verbindung Sh—e—M—A ergeben, was andeutet, dass auch hier der gelehrte Autor des Sepher Jesira nur das „Shema“ und nicht die vollständig genaue Darlegung der Beziehungen gegeben hat, deren einzig wahren Schlüssel das Wort „Azoth“ gibt, wie es der bewunderungswürdige Archeometer von Saint-Yves d'Alveydra beweist[2]). Möge nun der Leser auf Grund dieser einleitenden Bemerkungen mit Nutzen die Lektüre des Sepher Jesira und die Meditation über diese noch lebendige Wissenschaft der Patriarchen beginnen; denn es heisst

Das kabbalistische Buch der Schöpfung, im Hebräischen Sepher Jesira, von Abraham

---

[1]) Vgl. die später folgende Darstellung desselben.

[2]) Ich muss der wahren Bedeutung des „Archeometer“ hier ihren Schleier lassen; vor kurzem schrieb mir darüber Meister Papus: „Monsieur et cher Maitre, l'auteur de l'archéometre vient de mourir, je suis chargé de continuer son oeuvre . . . . . . Nous allons publier des extraits de l'archéometre dans quelques mois.“

allmählich mündlich seinen Söhnen überliefert, dann bei dem schlechten Stand der Dinge Jsraels von den Weisen Jerusalems in Symbolen und Buchstaben mit verborgenem Sinn niedergelegt.

Erstes Kapitel.

Allgemeiner Überblick.

Mit den zweiunddreissig wunderbaren und geheimnisvollen Wegen der Weisheit hat Joah (יהוה), der Gott Israels, der lebendige Gott und der König des Weltalls, der Gott der Barmherzigkeit und Gnade, der erhabene und höchste Gott, der Gott, der in Ewigkeit herrscht, der heilige Gott, seinen Namen gegründet durch drei Numerationen: Sepher, Sephar und Sipur, d. h. die Zahl, der Zählende und das Gezählte[1]), enthalten in den 10 Sephirot, d. h. den 10 Eigenschaften, ausser dem Unaussprechlichen, und den 22 Buchstaben.

---

[1]) Das Wort „die Zahl" wird häufig von den Erklärern als „die Handlung des Zählens" aufgefasst, und schon die ältesten Kommentatoren geben die Auslegung: „Die Handlung der Reflexion oder das Denken, Subjekt und Objekt." Es ist unmöglich, sich dabei nicht an den berühmten Satz des zwölften Buches der Metaphysik des Aristoteles zu erinnern: „Die Intelligenz begreift sich selbst, indem sie das Intelligible wahrnimmt, und sie wird selbst intelligibel durch den Akt des Begreifens und Einsehens, insofern nämlich die Intelligenz und das Intelligible identisch sind." Doch ist es möglich, dass die kommentierten Worte ein späterer Zusatz sind, da sie im ganzen Verlauf des Werkes nicht wieder zum Vorschein kommen, obgleich in demselben im ausgedehntesten Masse von dem Gebrauch der 10 Zahlen und 32 Buchstaben die Rede ist, welche die 32 Wege bilden, deren sich die Gottheit bei der Schöpfung bediente. — Die Auslegung „Denken, Subjekt und Objekt" scheint in gewissem Sinne gerechtfertigt durch das, was Cuzari (libro de grande ciencia ymucha doctrina, traducido por Abendana, Amsterdam, 5423 [A. D. 1100] oder Discors. 4. § 25) sagt: „Durch den ersten dieser drei Ausdrücke (Sephar) will man die Zahlen bezeichnen, welche uns allein in den Stand setzen, die Dispositionen und Proportionen abzuschätzen, welche jeder Gegenstand nötig hat, um das Ziel und den Zweck zu erreichen, zu welchem er geschaffen ist; das Mass seiner Länge, seines Inhalts, seines Gewichtes, seiner Bewegung und Harmonie; alles ist durch die Zahl geregelt. Der zweite Ausdruck (Sipur) bedeutet das Wort oder die Stimme des lebendigen Gottes, weil durch das göttliche Wort oder die Stimme des lebendigen Gottes alle Wesen in ihrer inneren und äussern Form geschaffen sind, worauf die Worte anspielen: „Gott sprach: es werde Licht, und es ward Licht". Der dritte Ausdruck endlich (Sepher) bedeutet die Schrift, die Schrift Gottes oder das Werk der Schöpfung; das Wort Gottes ist seine Schrift, und der Gedanke Gottes sein Wort. So sind bei Gott Gedanke, Wort und Schrift Eins, während sie beim Menschen Drei sind."

Die Buchstaben setzen sich zusammen aus den drei Müttern, sieben Doppelten und zwölf Einfachen.[1]) Die zehn Sephirot sind, ausser dem Unaussprechlichen [2]), wie die Finger der Hand der Zahl nach zehn, fünf gegen fünf; aber es zieht sich zwischen ihnen hindurch das Band der Einheit. In der Deutung der Sprache und der Beschneidung findet man die zehn Sephirot wieder, ausser dem Unaussprechlichen.

Zehn und nicht neun, zehn und nicht elf: suche sie mit deinem Verstand zu verstehen und du wirst sie mit deiner Einsicht begreifen. Übe deinen Geist an ihnen, forsche, beobachte, übe deine Spekulation und Imagination an ihnen, lass die Dinge auf ihrem Urgrund beruhen und so den Schöpfer auf seinem Throne sitzen.[3])

Zehn Sephirot gibt es ausser dem Unaussprechlichen, dessen zehn Eigenschaften unendlich sind: unendlich im Anfang, unendlich im Ende; für sie gibt es kein Ende, weder im Guten noch im Bösen, weder in der Höhe noch in der Tiefe, weder im Osten noch im Westen, weder im Norden noch im Süden [4]), und nur der Herr allein steht über ihnen, ein treuer König; er beherrscht sie alle von der Höhe seines Thrones von Ewigkeit zu Ewigkeit.

Zweiundzwanzig allem zu Grunde liegende Buchstaben gibt es: drei Mütter: alef, mem, schin, die der Ebene des Verdienstes, der Ebene der Schuld und der Wage des Gesetzes entsprechen, die sie ins Gleichgewicht zu bringen sucht [5]) (vergl. Fig. 6); sieben doppelte: bet, ghimel, dalet,

---

Diese Erklärung charakterisiert und veredelt sehr schön das System, welches den Gedanken mit allgemeinen Symbolen zusammenbringt, um ihn gewissermassen in der Gesamtheit und Vielheit der Schöpfung sichtbar zu machen. (Vgl. Karl Kiesewetter „Der Okkultismus des Altertums, S. 335 und 369).

[1]) Vgl. S. 124, Anm. 1.

[2]) „Das Unaussprechliche" bedeutet hier wohl En Soph (vgl. S. 102, 1. Abs.).

[3]) D. h. halte den Schöpfer für den Urgrund der Dinge.

[4]) Mit anderen Worten: Das Walten Gottes und die Existenz der Welt erscheinen in den Augen des Verstandes unter der abstrakten Gestalt von zehn Zahlen, deren jede etwas Unendliches repräsentiert, sei es bezüglich der Ausdehnung, der Dauer oder irgend welcher anderen Eigenschaft. Es verdient bemerkt zu werden, dass hier das Unendliche in zehnerlei Hinsicht betrachtet wird, weshalb wir aus dieser Stelle nicht allein den allgemeinen Charakter der Sephirot, sondern auch die mit ihnen korrespondierenden Prinzipien und Elemente kennen lernen. Alle diese paarweise einander gegenüber gestellten Gesichtspunkte entsprechen jedoch einer einzigen Idee und einem einzigen Unendlichen. (Vgl. Karl Kiesewetter, l. c. S. 370.)

[5]) d. h. wohl „Vergeltung übt"; vgl. die „Ebenen" auf Fig. 6.

kaf, pé, resch, tav, die dem Leben, dem Frieden, der Weisheit, dem Reichtum, der Nachwelt, der Gunst, der Herrschaft entsprechen; zwölf einfache: he, vav, zayin, het, tet, yod, lamed, nun, samech, hayin, sadé, kof, die dem Gesicht, dem Gehör, dem Geruch, der Sprache, der Ernährung, der Zeugung, der Bewegung, dem Gang, dem Zorn, dem Lachen, dem Gedanken und dem Schlaf entsprechen.[1])

Dadurch hat Jah, der Ewige, Zebaoth, der Gott Israels, der allebendige, allmächtige, höchste erhabene Gott, der in der Ewigkeit herrscht und dessen Name geheiligt sei, drei Väter und ihre Nachkommenschaften [2]) gebildet, sieben Eroberer und ihre Legionen [3]), und auch die zwölf Kanten des Würfels.[4]) Der Beweis dafür wird gegeben durch glaubwürdige Zeugen [5]): die Welt, das Jahr und der Mensch, die

---

[1]) Vgl. S. 124, Anm. 1 und S. 28, übrigens auch noch die später folgende Tabelle über diese Beziehungen im Sepher Jesira (S. 193) Die Dreizahl erscheint bei den „Müttern"; sie zeigt sich hier wie in allen mystischen Kombinationen als etwas so Notwendiges, dass man sie auch zum Symbol des moralischen Menschen gemacht hat, bei welchem Sepher Jesira die „Ebene" des Verdienstes, der Schuld und die Wage des Gesetzes unterscheidet. — Die sieben doppelten Buchstaben repräsentieren die Gegensätze oder wenigstens Dinge, welche zu einander entgegengesetzten Zwecken dienen können. — Die 12 einfachen Zeichen repräsentieren die dritte Zahl, d. h. die Zwölf, die man überall im Naturleben wiederfinden muss, nämlich 1. in der allgemeinen Einteilung der Welt; 2. in der Einteilung des Jahres; 3. im Bau des Menschen. Es zeigt sich auch hier die Idee des Makrokosmus und Mikrokosmus, der Glaube, dass der Mensch das Abbild des Weltalls sei. (Vgl. S. 139, 2. Abs. u. ff.).

[2]) Luft, Wasser, Feuer und das aus ihnen Entstandene.

[3]) Die sieben Planeten und die Sterne.

[4]) Das Wort אלכסי scheint hier nicht „Diagonale" zu bedeuten.

[5]) Die durch die Buchstaben des Alphabets dargestellte materielle Form der Intelligenz ist gleichzeitig die Form alles Seienden, denn ausser dem Menschen, dem Universum und der Zeit ist nichts als das Unendliche denkbar; deshalb werden diese drei „glaubwürdige Zeugen" genannt. Jedes von ihnen ist ungeachtet der zu beobachtenden Verschiedenheit ein System, das zu den beiden andern in Analogie steht, das ein Zentrum und gewissermassen eine Hierarchie besitzt. Das Universum hat den himmlischen Drachen als Zentrum; das Herz ist das Zentrum des Menschen und der Lauf der 12 Tierkreiszeichen die Basis des Jahres, der Zeit. Die Dreiheit bezieht sich auf den Menschen, die Siebenheit auf das Universum, die Zwölfheit auf das Jahr, die Zeit. [Bei diesen sonst vortrefflichen Erläuterungen Kiesewetters haben wir doch zu bemerken, dass er „dem himmlischen Drachen" die irrtümliche, ganz unbegründete Deutung gibt, es sei die die Ekliptik im „Drachenkopf" und „Drachenschwanz" schneidende Mondbahn gemeint (l. c. S. 335, Anm. 1); wir werden später dafür eine ganz andere, und sicherlich die richtige Erklärung geben.]

die Grundregel der Zehn, der Drei, der Sieben und der Zwölf aufweisen; ihr beherrschendes Zentrum ist der Drache, die Sphäre (der 12 Tierkreiszeichen) und das Herz.

Zweites Kapitel.

Die Sephiroth oder die zehn Numerationen.

Zehn Sephirot gibt es ausser dem Unaussprechlichen; ihr Anblick gleicht dem leuchtender Flammen, ihr Ende verliert sich im Unendlichen. Das Wort Gottes kreist in ihnen unaufhörlich von oben nach unten, und von unten nach oben; so gleichen sie einem Wirbel [1]) und bringen zugleich das göttliche Wort zur Ausführung und neigen sich vor dem Thron des Ewigen.

Zehn Sephirot gibt es ausser dem Unaussprechlichen; erwäge, dass ihr Ende mit ihrem Anfang verbunden ist, wie die Flamme mit dem Brand; denn der Herr ist allein der Herr über ihnen und es gibt keinen andern. Welche Zahl kannst du nennen vor der Zahl Eins? [2])

[Anm. Der Vergleich der Sephirot mit Flammen kommt auch sehr häufig im Zohar vor und wird dort auf die Seele und auf Gott selbst angewendet und ausgedehnt. Zu allen Zeiten, in allen Sphären des Seins, sei es im innern Bewusstsein, sei es in der äusseren Natur, wird die Schöpfung auf dem Wege der Emanation mit den Ausstrahlungen des Lichtes oder der Flamme verglichen.]

Zehn Sephirot gibt es ausser dem Unaussprechlichen. Schliesse deinen Mund (damit du nicht von dem grossen Geheimnis redest) und halte das Denken an [3]), und wenn dein Herz schwach wird, so kehre zum Ausgangspunkt zurück [d. h. wenn du fühlst, dass du es nicht über dich bringst, das grosse Geheimniss für dich zu behalten, so höre mit der Forschung auf]. Deshalb steht geschrieben: Ausgehen und zurückkehren; deshalb wurde der Bund geschlossen [4]): Zehn Sephirot gibt es ausser dem Unaussprechlichen.

Die erste der Sephirot, Eins, ist der Geist des lebendigen Gottes. Gelobt sei sein Name, gelobt sei der Name des Got-

[1]) Ein Wirbel, wie ihn der Wind im Staub erregt, oder, wie er sich in einem Wasserstrudel zeigt.

[2]) D. h. die Einheit ist das Höchste, das All-Eine, oder was bedeuten vor dem All-Einen Namen und Zahlen der Vielheit?

[3]) Wie man aus Ehrfurcht oder Schrecken den Atem anhält.

[4]) Diese Worte spielen auf einen Eid an, welchen die Kabbalisten betreffs Verschwiegenheit schwören mussten (vgl. S. 57, bes. Anm. 2 und die folgenden Seiten).

tes, der da lebt in Ewigkeit. Die Stimme, der Geist, das Wort — ist der heilige Geist. (Vgl. Fig. 6.)

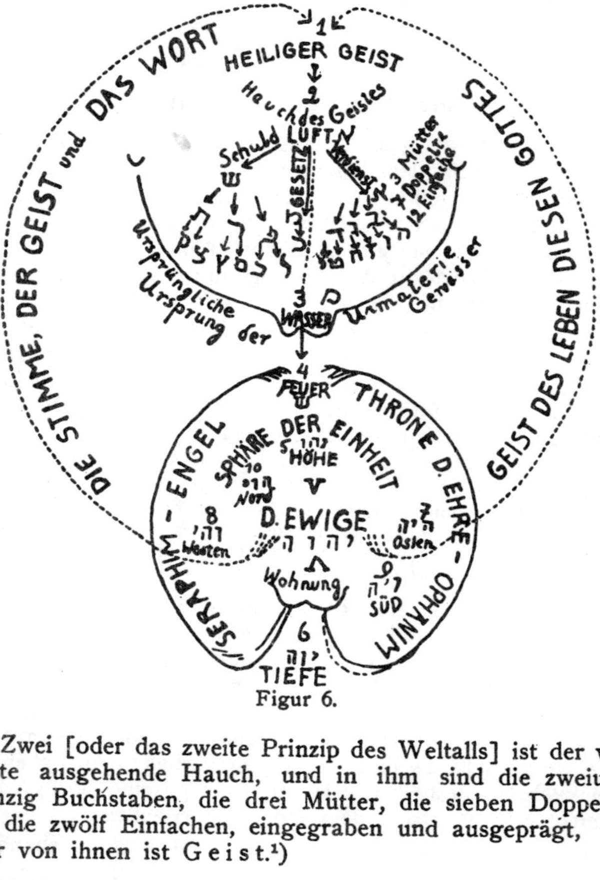

Figur 6.

Zwei [oder das zweite Prinzip des Weltalls] ist der vom Geiste ausgehende Hauch, und in ihm sind die zweiundzwanzig Buchstaben, die drei Mütter, die sieben Doppelten und die zwölf Einfachen, eingegraben und ausgeprägt, und jeder von ihnen ist Geist.[1])

---

[1]) Wir sehen hier, dass das göttliche Wort mit dem heiligen Geist identifiziert (vgl. 178, Anm. 1.: Sippur) und nicht nur als absolute Form, sondern als das zeugende Element und die Substanz des Weltalls betrachtet wird. Es entspricht das der Lehre des Onkelos, der, um den Anthropomorphismus zu vernichten, an die Stelle der Persönlichkeit Gottes, wie sie uns in der Bibel in menschlicher Gestalt entgegentritt, den Gedanken oder die göttliche Inspiration setzt. So wird hier im Sepher Jesira in klarer und konciser Sprache gesagt, dass der heilige

Drei[1]) ist das vom Hauch [oder Geist] kommende Wasser und mit ihnen [Hauch und Geist] hat er die unbe-

Geist oder der Geist des lebendigen Gottes und die Stimme oder das Wort ein und dasselbe ist; es nimmt nach und nach je nach der Entfernung von seinem Ursprung eine immer materiellere Gestalt an und wird schliesslich, um in der Sprache des Aristoteles zu reden, das materielle Prinzip der Dinge. Es ist das Welt gewordene Wort. Wir können in diesem Zusammenhang gleich auf eine der Abweichungen der beiden Manuskripte der Mantuaer Ausgabe des Sepher Jesira (Mantuae, 1562. Fol.) eingehen, von denen das eine am Schluss des Bandes, das andere inmitten anderer Traktate abgedruckt ist. Diese Abweichungen sind aber nicht im Entferntesten so bedeutend, als manche moderne Kritiker annehmen wollen. Allerdings tritt gerade an unserer Stelle der Unterschied der beiden Manuskripte besonders auffällig hervor. Das eine Manuskript sagt ganz einfach, dass der Urbeginn des Alls der Geist des lebendigen Gottes sei; das andere Manuskript fügt hinzu, dass dieser Geist Gottes der heilige Geist sei, welcher gleichzeitig Geist, Stimme und Wort sei. Ohne Zweifel ist dieser Gedanke von hoher Wichtigkeit, aber er fehlt auch nicht in dem Manuskript, wo er weniger klar dargestellt ist, und er bildet, wie wir sehen können, die Grundlage und das Schlussergebnis des ganzen Systems. — Auch sehen wir, dass die Betrachtungen über die zehn Numerationen, d. h. Urzahlen oder Kategorien alles Seins im „Buche der Schöpfung" einen grossen Raum einnehmen, und man bemerkt leicht, dass sie sich auf das Weltall im allgemeinen, mehr auf die Wesenheit als auf die Form beziehen. Man vergleicht sie mit den verschiedenen Teilen des Weltalls und sucht sie auf ein gemeinsames Grundprinzip und Grundgesetz zurückzuführen. Mit ihnen traten die zweiundzwanzig Buchstaben des hebräischen Alphabets in Verbindung, welche als äusserliche Zeichen der Ideen eine ungemein grosse Rolle spielen. Betrachten wir sie nach ihrem Klang oder Laut, so stehen sie sozusagen auf der Schwelle der intellektuellen und physischen Welt, denn einesteils werden sie durch ein materielles Element, durch die Luft oder den Hauch hervorgebracht, während sie andererseits die von der Sprache untrennbaren Zeichen und somit die einzig mögliche und unveränderliche Form des Geistes sind. Das geht besonders klar aus dieser Stelle über das zweite Prinzip hervor. — Es spielen hier infolge einer Kombination, die grossartigen Gedankenflug verrät, die Buchstaben eine ähnliche Rolle wie die Ideen Platos. Damit ist aber nicht gesagt, dass Sepher Jesira unter Einwirkung des platonischen Gedankenkreises entstanden ist, sondern der Autor des „Buches der Schöpfung" mag ebenso wie der „göttliche" Plato seine Lehren aus dem breit dahinströmenden Fluss der Geheimlehre geschöpft haben, deren Ursprung sich, wie wir bei der Analyse des Franck'schen Buches dargetan haben, (vgl. S. 135 u. S. 174) in dem Dunkel jener fernen Zeit verliert, die den ersten Menschen das Leben schenkte. (Vgl. zu diesen Ausführungen als Quelle Kiesewetter l. c. S. 336 u. ff.) Übrigens hält Rabbi Saadiah, der den Sepher Jesirah zu Anfang des 10. Jahrhunderts ins Arabische übersetzte und kommentierte, ein grosser Geist und methodischer kluger Kopf, das Werk für eines der ältesten und frühesten Denkmäler des menschlichen Geistes, und die ihm folgenden Kommentatoren des zwölften und dreizehnten Jahrhunderts sind der gleichen Meinung

[1]) Vgl. Fig. 6.

lebte und leere Urmaterie bearbeitet und ausgeprägt; er gründete Tohu, die Linie, die ringsum die Welt einschliesst, und Bohu, die geheimnisvollen im Abgrund versenkten Steine, aus denen die Wasser hervorgehen.[1])

Vier [2]) ist das vom Wasser kommende Feuer, und mit ihnen [Wasser und Feuer] bildete er den Thron seiner Ehre (vgl. Fig. 6), die himmlischen Räder (Ophanim) [2]), die Seraphim [2]), (die heiligen Tiere) und die dienstbaren Engel, und durch die Herrschaft über sie baute er seine Wohnung (Fig. 6), wie denn geschrieben steht: Er ist es, der seine Engel und seine dienenden Geister aus dem Feuer schuf.

Fünf ist das Siegel, mit dem er die Höhe siegelte, als er sie über sich gewahrte. Er drückte ihr mit seinem Siegel den Namen Jev (יהו) auf (Fig. 6).

Sechs ist das Siegel, mit dem er die Tiefe siegelte, als er sie unter sich gewahrte; er drückte ihr mit seinem Siegel den Namen Ive (יוה) auf (Fig. 6).

Sieben ist das Siegel, mit dem er den Osten siegelte, als er ihn vor sich gewahrte; er drückte ihm mit seinem Siegel den Namen Eiv (היו) auf (Fig. 6).

Acht ist das Siegel, mit dem er den Westen siegelte, als er ihn hinter sich gewahrte; er drückte ihm mit seinem Siegel den Namen Vei (והי) auf (Fig. 6).

Neun ist das Siegel, mit dem er den Süden siegelte, als er ihn zu seiner Rechten gewahrte; er drückte ihm mit seinem Siegel den Namen Vie (ויה) auf (Fig. 6).

Zehn ist das Siegel, mit dem er den Norden siegelte, als er ihn zu seiner Linken gewahrte; er drückte ihm mit seinem Siegel den Namen Evi (הוי) auf (Fig. 6).[3])

---

[1]) Mayer Lambert gibt folgende Variante zu dieser Stelle: Drittens: Er hat das Wasser und die Luft geschaffen; und darin bildet er tohu und bohu, Lehm und Ton; daraus machte er eine Art Lustgarten (Teppich?) und erbaute aus ihnen eine Mauer und bedeckte sie wie mit einem Dache; darüber liess er das Wasser hinfliessen und das ist die Erde geworden, wie geschrieben steht: Denn dem Schnee sagte er: sei die Erde. (Tohu ist die grüne Linie, die die ganze Welt einschliesst [wohl der „grüne" Ozean, der z. B. bei Homer die Erde einschliesst]; Bohu sind die durchlöcherten im Ozean versenkten Steine, aus denen das Wasser hervorgeht, wie es ja heisst: Er wird über sie die Linie des Tohu und die Steine des Bohu erstrecken). Diese letzte von uns in runden Klammern gegebene Erklärung ist wahrscheinlich eine Interpolation. Der Autor des Sepher Jesira scheint תהו ובהו durch רפש וטיט erklärt zu haben.

[2]) Vgl. Fig. 6.

[3]) Die sechs letzten Zahlen repräsentieren die vier Enden der Welt oder die Kardinalpunkte des Himmels, die Höhe und die Tiefe.

Das sind die zehn unaussprechlichen Geister des lebendigen Gottes: der Geist, der Hauch oder die Luft, das Wasser, das Feuer, die Höhe, die Tiefe, der Osten, der Westen, der Norden, der Süden.

Drittes Kapitel.

Die zweiundzwanzig Buchstaben.

Allgemeine Zusammenfassung.

Die zweiundzwanzig Buchstaben setzen sich aus drei Müttern, sieben Doppelten und zwölf Einfachen zusammen.

Die drei Mütter sind: Æ MS (אמש), d. h. die Luft, das Wasser und das Feuer. Das Wasser ist das stumme M (מ), das Feuer das zischende S (ש), die Luft A (א) vermittelt zwischen den beiden wie die Wage des Gesetzes OCH (חק) die Mitte hält zwischen Verdienst und Schuld. Er gab diesen zweiundzwanzig Buchstaben eine Form und eine bedeutungsvolle Gestalt, und indem er sie auf die verschiedenste Weise kombinierte, schuf er die Seele alles dessen, was zu schaffen ist oder sein wird.[1])

Die zweiundzwanzig Buchstaben sind in die Stimme eingegraben, in den Hauch eingraviert und für die Aussprache an fünf Stellen gestellt: in die Kehle, auf den Gaumen, auf die Zunge, auf die Zähne und auf die Lippen.[2])

Die zweiundzwanzig Buchstaben, die Grundelemente, sind auf der Sphäre, deren Zahl 231 ist[3]), aufgestellt. Der Kreis, der sie enthält, kann sich nach vorwärts drehen, und bedeutet dann Glück, oder in umgekehrter Richtung und be-

---

Die Enden der Welt gelten auch als die Embleme der Kombinationen, welche aus den drei ersten Buchstaben des Wortes יהוה gebildet werden können. An Stelle der verschiedenen Punkte des Raumes, welche angenommen werden, aber nicht reell existieren, kann man die verschiedenen Elemente, aus denen die Welt zusammengesetzt ist, substituieren, die, dem Ewigen entspringend, um so materieller werden, je mehr sie sich von ihrem Urquell entfernen. Hier haben wir die dem populären Glauben, dass die Welt aus nichts geschaffen sei, entgegengesetzte Emanationslehre. (Vgl. Kiesewetter l. c. S. 371.)

[1]) D. h. [Kiesewetter l. c. S. 373] man erkennt in allen Teilen des Alls das Walten einer höchsten Intelligenz infolge ihrer Gegenwart und ihres Eindruckes auf die Dinge, und durch ihre Vermittlung offenbart sich der heilige Geist in der Natur.

[2]) Mayer-Lambert gibt folgende Variante: Die Gutturalen werden mit dem Zungenende ausgesprochen, die Lingualen in Verbindung mit einem Vokal auf der Zungenmitte und die Zischlaute bei ruhiger Lage der Zunge zwischen den Zähnen.

[3]) S. Seite 186 Anm. 1)

deutet dann das Gegenteil. Deshalb machte er die Buchstaben gewichtig und kombinierte sie, Aleph (א) mit allen, und alle mit Aleph, Beth (ב) mit allen und alle mit Beth usw.

Dadurch entstehen die 231 Tore[1]), und so findet man, dass alle Sprachen und alle Geschöpfe aus dieser Art der Bildung entstehen und dass infolge dessen die ganze Schöpfung aus einem einzigen Namen hervorgeht. So schuf er את, d. h. das Alpha und das Omega, das sich nicht ändern und nicht altern wird.[2])

Das Zeichen für alles dieses sind im Ganzen zweiundzwanzig Buchstaben und ein einziger Körper.

Zweiundzwanzig Buchstaben sind die Grund-Elemente: drei oberste, sieben doppelte, zwölf einfache. Drei sind die obersten: aleph, mem, schin; drei die Elemente: Feuer, Luft und Wasser. (Vgl. S. 186, Anm. 1.) Der Ursprung [die Substanz] des Himmels ist das Feuer, der Ursprung der Atmosphäre ist die Luft, der Ursprung der Erde ist das Wasser: das Feuer steigt hinauf, das Wasser steigt herab, und die Luft ist das Prinzip, das das Gleichgewicht zwischen ihnen herstellt; das Mem ist das Bedeutungsvolle (Schwere), das Schin ist das Helle (in die Höhe strebende) und das Alef ist das Vermittelnde zwischen beiden.[3])

Aleph-Mem-Schin ist mit sechs Siegeln gesiegelt und in das Männliche und das Weibliche eingehüllt [weil es nach den bekannten Lehren der Mathematik nur sechs Kombinationen der drei Buchstaben geben kann, drei „starke“ und drei „schwache“]. — Wiss es und übe Meditation und Spekulation daran: das Feuer unterstützt das Wasser.

Sieben doppelte gibt es: b, g, d, k, p, r, t, die mit doppelter Aussprache gebraucht werden: bet, bhet; guimel, ghimel; dalet, dhalet; kaf, khaf; pe, phe; resch, rhesch; tav, thav; die eine ist die milde, die andere die harte, als Abbild des Starken

---

[1]) Über die Bedeutung dieser Zahl 231, die, wie aus dem Texte ersichtlich, sich auf die Kombinationsmöglichkeiten der Buchstaben bezieht, geben wir in den später folgenden „Erläuterungen“ eine Erklärung.

[2]) Der Autor will wohl sagen, dass, wenn die Zahlen für uns unendlich sind, sie es doch für Gott nicht sind.

[3]) Das Aleph entspricht der Luft, das Mem dem Wasser und der daraus hervorgehenden Erde, das Schin zunächst dem Himmel und dem Feuer, der Substanz des Himmels, in weiterer Beziehung aber auch der Erde, den Menschen, die zum Himmel emporstreben. Auch hier haben wir die mystische Dreizahl. — Zur Erläuterung, auch des vorausgehenden Kapitels, des Gedankens, wie das Jesira-Buch die Welt aus der absoluten Einheit entwickelt, fügen wir im Anschluss

und des Schwachen. Die Doppelten repräsentieren die Gegensätze.[1]) Der Gegensatz des Lebens ist der Tod; der Gegensatz des glücklichen Friedens ist das Unglück; der Gegensatz der Weisheit ist die Torheit; der Gegensatz des Reichtums ist die Armut; der Gegensatz der Kultur (Bebauung) ist die Wüste; der Gegensatz der Anmut ist die Hässlichkeit; der Gegensatz der Macht ist die Knechtschaft.

Zwölf einfache Buchstaben gibt es: he, vav, zayin, het, tet, yod, lamed, nun, samekh, (h)ayin, sade, qof. Er hat sie entworfen, gebildet, vervielfältigt, gewogen (bedacht) und kombiniert: wie hat er sie vervielfältigt? — Zwei Steine bauen zwei Häuser, drei bauen sechs, vier bauen vierundzwanzig, fünf bauen hundertzwanzig, sechs bauen siebenhundertzwanzig, sieben bauen fünftausendvierzig Häuser.[2]) Gehe

---

an Dr. Erich Bischoff, „Die Kabbala", § 19 noch Folgendes bei: Die Einheit setzt sich zunächst als Einzahl (1); diese ist der „Hauch (Geist) des lebendigen Gottes." — Die Einzahl setzt aus sich heraus die 2, den „Hauch vom Hauch," die Stimme, in der die 22 Buchstaben als Elemente der Dinge ihren Ursprung haben; physisch stellt dieser Hauch die Luft dar. — Die 2 entwickelt sich zur 3, oder die Luft entwickelt sich zum Urwasser des Chaos, aus dem sich Wasser und Erde [durch Verdichtung des Wassers] scheiden. — Aus der 3 geht die 4 hervor, oder aus dem Urwasser das Urfeuer, das als Feuer zusammen mit Luft und Wasser den Himmel mit seinen Gebilden erzeugt. — Zu diesen 4 Elementarzahlen treten die 6 elementaren Dimensionen (Höhe, Tiefe, östliche, westliche, nördliche, südliche Richtung) und bilden so mit jenen die elementare Dekade, welche die Kategorien alles Seins enthält. — Indem mit diesen 10 Zahlen oder Urprinzipien die 22 Buchstaben in Verbindung treten, entstehen die Einzeldinge. Da aber diese Verbindung sich infolge eines kreisartigen Umschwungs (vgl. die erwähnte Sphäre mit der Zahl 231) vollzieht (wir müssen wohl hier an die wirbelnden, aber ungeistigen „Atome" Demokrits und an die Monaden-Theorie von Leibniz denken), verändern sich diese Dinge auch wieder mannigfaltig. Die Verhältnisse, unter denen diese ganze Entwicklung geschieht, sind Gesetztsein, Entgegengesetztsein und Vermittlung. — Zu beachten ist noch, dass man sich in der Beziehung der Buchstaben Aleph, Mem, Schin zu Luft, Wasser und Feuer, die auch der Reihenfolge der Sephiroth oder Urzahlen 1 u. 2, 3, 4 entspricht, nicht durch die auf Seite 185 im Text gegebene Stellung: „Feuer, Luft und Wasser" beirren lassen darf; denn bisher hat eben die Luft als vermittelndes Element die Mittelstellung, während das Feuer an erster Stelle dem Himmel, das Wasser am Schluss der Erde entspricht; man vergleiche übrigens auch die später folgende Tabelle über die Beziehungen im Buche Jesira. (S. 193.)

[1]) Vgl. für das Folgende die später gegebene Tabelle der Beziehungen des Buches Jesira. (S. 193.)

[2]) Vgl. zur Erklärung, was in den später folgenden „Erläuterungen" über die Permutationstheorie der Kabbala gesagt wird.

davon aus und zähle, was dein Mund nicht ausdrücken, was dein Ohr nicht verstehen kann.

Durch sie [die Buchstaben] hat Jah, der Ewige Zebaoth, der Gott Israels, der lebendige Gott, der allmächtige, allerhöchste und erhabene Herr, der in der Ewigkeit wohnt und dessen Name geheiligt sei, die Welt begründet.[1]) I a H setzt sich aus zwei Buchstaben zusammen, Y H V H aus vier Buchstaben. Sebaoth: er ist wie ein Feldzeichen für seine Heerscharen. Gott Israels: Israel ist wie ein Fürst vor Gott. Der lebendige Gott: drei Dinge werden lebendig genannt: der lebendige Gott, das lebendige Wasser [Wasser des Lebens] und der Baum des Lebens. El: der Starke. Schadday: Bisher genügt [hilft] er. Der Allerhöchste: denn er wohnt in der Höhe der Welt (vgl. Fig. 6)

---

[1]) Im Nachtrag zu diesen Betrachtungen des Buches Jesira über die Namen Gottes und unseres „Zweiten" (S. 66) und „Dritten" (S. 74) Kapitels geben wir im Anschluss an Dr. E. Bischoff, „Die Kabbala", S. 110 und S. 113, folgende Zitate wieder:

1. Aus Moses ben Nachman (1195—1270), Einleitung zum 1. Buch Mose: „Als wahrhafte Überlieferung (Kabbala) wissen wir ferner, dass der ganze Pentateuch (5 Bücher Mose) aus lauter Namen Gottes besteht, indem die Wörter sich auf andere Weise, als der Text sie darbietet, verbinden lassen und so Gottesnamen bilden. Stelle Dir z. B. vor, dass der 1. Vers des I. Buches Mose so gelesen wird, so entstehen neue Wörter, die dann Gottesnamen bilden. Dies ist so im ganzen Pentateuch, und dazu kommen noch die auf Themurah und Gematria (vgl. S. 22/23 dieses Werkes) beruhenden Deutungen . . . Aus diesem Grunde ist auch ein Pentateuch-Exemplar, in dem ein Buchstabe zu viel oder zu wenig steht, rituell unbrauchbar . . . Es scheint, dass das göttliche Urexemplar ohne Wortabteilung geschrieben war, so dass man die Buchstaben sowohl in der die Gottesnamen ergebenden Abteilungsweise, wie nach unserer gewöhnlichen, Lehre und Gebot ergebenden Art lesen konnte. In letzterer Lesung erhielt Moses das Gesetz schriftlich, während ihm die Lesung nach Gottesnamen mündlich überliefert wurde."

2. Aus Gikatilla's „Schâarê orah". „Wisse, dass alle heiligen Gottesnamen, die in der Heiligen Schrift vorkommen, sämtlich von dem vierbuchstabigen Namen יהוה (Jahve) abhängig sind. — — Alle übrigen heiligen Gottesnamen gleichen den Zweigen und Reisern, die vom Stamme des Baumes ausgehen, und jeder einzelne von ihnen trägt Frucht nach seiner Art . . . Ausser den bekannten heiligen Namen gibt es noch eine Menge Nebenbezeichnungen, die von ihnen abhängig sind. So gehören zu „Jahve" die Benennungen: „Furchtbarer", „der da Sünde vergibt", „der da Missetat auslöscht"; zu „El" (Gott): „Der Grosse", „der Barmherzige", „der Gnädige"; zu „Elohim" (Gottheit): „Der Mächtige", „der Richter", „der Herr des Gerichts". Zu jedem dieser Beinamen gehören wiederum von ihm abhängige Beinamen, und das sind die sämtlichen übrigen Worte der Heiligen Schrift."

und steht über allen höchsten Wesen. Der Erhabene: denn er trägt und hält die Höhe und die Tiefe; während [sonst] die Träger unten sind und die Last oben, ist ER oben und trägt von oben [die unten befindliche Last]; er trägt und hält die Ewigkeit. Der in der Ewigkeit Wohnende: denn seine Herrschaft ist streng und währt ununterbrochen. Sein Name ist geheiligt: denn er und seine Diener sind heilig und sie preisen ihn stets heilig, heilig, heilig.

Der Beweis für die Sache [ergibt sich durch] glaubwürdige Zeugen (vgl. S. 180 Anm. 5): das Universum, das Jahr, die Seele. Die Zwölf stehen zu unterst, über ihnen stehen die Sieben und über den Sieben die Drei. Aus diesen drei bildete er sein Heiligtum, und alle sind mit der Eins [dem All-Einen] verknüpft: Das Zeichen des Einen, neben dem es keinen zweiten gibt, des in seiner Welt alleinherrschenden Königs, der nur einer ist und dessen Namen einer ist.

Viertes Kapitel.

Die drei Mütter.

Drei Mütter Æ MS (אמש) sind die Grundlagen. Sie repräsentieren die Ebene des Verdienstes, die Ebene der Schuld und die Wage des Gesetzes Och (חק)[1]), die zwischen ihnen in der Mitte steht.

Drei Mütter sind: Æ M und S (אמש); ein erhabenes, sehr bewunderungswürdiges und tiefes Geheimnis, auf sechs Ringen eingraviert, die sich in männliche und weibliche teilen[2]) und aus denen Feuer, Wasser und Luft hervorgehen. Æ MS, drei Mütter gibt es und für sie drei Väter; mit diesen sind alle Dinge geschaffen.

Drei Mütter Æ MS gibt es in der Welt,[1]) Luft, Wasser, Feuer. Im Anfange wurden die Himmel aus dem Feuer geschaffen, die Erde aus dem Wasser und die Luft, die in der Mitte steht, aus dem Hauche [Geist].

---

[1]) Vgl. dazu Figur 6.

[2]) Man sieht hier überall die konsequente Durchführung des Trinitätsgesetzes, das in seiner Bedeutung für die Kabbala schon mehrfach dargelegt wurde (Vgl. bes. S. 93 und ff.); dem Heissen, Kalten und Gemässigten im Jahre entspricht der Sommer, die heisse Zeit, dem Kalten die Regenzeit und dem Gemässigten Frühling oder Herbst; darüber sowie bezüglich des Menschen vgl. die später zu gebende Tabelle der Beziehungen sowie auch S. 97.

Drei Mütter ÆMS gibt es im Jahre, das Heisse, das Kalte und das Gemässigte.[1]) Das Heisse wurde aus dem Feuer geschaffen, das Kalte aus dem Wasser, und die Luft, die in der Mitte steht, aus dem Hauche [Geist].

Drei Mütter ÆMS gibt es im Menschen,[2]) Kopf, Bauch und Brust. Der Kopf wurde aus dem Feuer geschaffen, der Bauch (Unterleib) aus dem Wasser, und die Brust, die in der Mitte steht, aus dem Geiste [Hauch].

Drei Mütter ÆMS gibt es. Er hat sie gemeisselt, gegründet und kombiniert und durch sie wurden drei Mütter im Universum, drei Mütter im Jahre und drei Mütter im Menschen[1]) geschaffen, männliche und weibliche.[2])

Er liess Alef (א) über den Hauch [Geist] herrschen; er verknüpfte sie durch ein Band und kombinierte sie miteinander, und mit ihnen siegelte er die Luft in der Welt, das Gemässigte im Jahr und die Brust im Menschen, männlich und weiblich; männlich in EMeS (אמש), d. h. in Luft, Wasser und Feuer, weiblich in ASaM,[2]) d. h. in Luft, Feuer und Wasser.

Er liess Mem (מ) über das Wasser herrschen; er verkettete es derart und kombinierte sie miteinander in solcher Weise, dass er mit ihnen die Erde im Universum, das Kalte im Jahre und die Leibesfrucht im Menschen siegelte, männlich und weiblich.

Er liess Schin (ש) über das Feuer herrschen und verkettete es und kombinierte sie miteinander derart, dass er mit ihnen die Himmel im Universum, das Heisse im Jahre und den Kopf im Menschen siegelte, männlich und weiblich.

Wie hat er sie kombiniert? — Aleph, mem, schin; aleph, schin, mem; mem, schin, aleph; mem, aleph, schin; schin, aleph, mem; schin, mem, aleph. Der Himmel ist aus Feuer, die Atmosphäre aus Luft, die Erde aus Wasser entstanden. Der Kopf des Menschen ist aus dem Feuer, sein Herz aus der Luft (Hauch), sein Bauch (Unterleib) aus dem Wasser entstanden.

---

[1]) Vgl. S. 186, Abs. 2 und die späteren „Erläuterungen". S. 201, Abs. 1, 2.

[2]) Kopf, Brust oder Herz und Magen oder Unterleib nennt ein neuerer Arzt den „Dreifuss des Lebens".

Fünftes Kapitel.

Die sieben Doppelten.

Sieben Doppelte { T R PH CH D G B
ב ג ד כ פ ר ת }

bilden die Silben: Leben, Friede, Wissen, Reichtum, Armut, Aussaat, Herrschaft.

Doppelte heissen sie, weil sie durch die Permutation auf ihre Gegensätze zurückgeführt werden. An die Stelle des Lebens tritt der Tod, an die Stelle des Friedens der Krieg, an die der Wissenschaft die Unwissenheit, an die des Reichtums die Armut, an die der Anmut die Hässlichkeit, an die der Aussaat die Unfruchtbarkeit, und an die der Herrschaft die Sklaverei (vgl. die später folgende Tabelle über die Beziehungen im Buche Jesira). — Die sieben Doppelten sind sieben Begriffen entgegengestellt: Osten, Westen, Höhe, Tiefe, Norden, Süden und der heilige Palast, der in der Mitte erbaut alles hält. (Vgl. Fig. 6.)

Diese sieben Doppelten bildete, gründete und kombinierte er und mit ihnen schuf er die Gestirne im Universum, die Tage im Jahr, und die (7) Pforten am [Körper des] Menschen (vgl. die spätere Tabelle); und mit ihnen bildete er sieben Himmel, sieben Elemente, sieben leere Tierheiten nach dem Werke. Und deshalb erwählte er die Siebenheit unter dem Himmel.

1. Sieben doppelte Buchstaben gibt es, b, g, d, k, p, r, t; er hat sie gegründet, gebildet, kombiniert, ins Gleichgewicht gebracht und permutiert; er schuf durch sie die Planeten,[1]) die Tage sind die [Körper]-Öffnungen. — 2. Das Bet (ב) liess er herrschen und gab ihm eine Krone; er kombinierte sie miteinander und schuf mit ihm Saturn im Universum, den Sabbath im Jahr und die Öffnung des Mundes an der Person [des Menschen]. — 3. Er liess Gimel herrschen, gab ihm eine Krone und kombinierte sie miteinander; er schuf mit ihm Jupiter im Universum, Sonntag im Jahre und das rechte Auge an der Person [des Menschen]. — 4. Er liess Dalet herrschen, gab ihm eine Krone und kombinierte sie miteinander; und er schuf mit ihm Mars im Universum, Montag im Jahre und das linke Auge am Menschen. — 5. Er liess Kaf herrschen, gab ihm eine Krone und kombinierte sie

[1]) deren Einfluss bald gut, bald böse ist, so dass auch sie wie das siebenfache Doppelpaar von Tag und Nacht in der Woche Gegensätze darstellen.

miteinander; und mit ihm schuf er die Sonne im Universum, den Dienstag im Jahre, das rechte Nasenloch an der Person [des Menschen]. — 6. Er liess das Pe herrschen und gab ihm eine Krone; er kombinierte sie miteinander und schuf mit ihm Venus im Universum, Mittwoch im Jahre und das linke Nasenloch an der Person [des Menschen]. — 7. Er liess Resch herrschen, gab ihm eine Krone und kombinierte sie miteinander; und mit ihm schuf er Merkur im Universum, Donnerstag im Jahr und das rechte Ohr an der Person [des Menschen]. — 8. Er liess Tav herrschen, gab ihm eine Krone und kombinierte sie miteinander; mit ihm schuf er den Mond im Universum, den Freitag im Jahre, das linke Ohr an der Person [des Menschen]. — 9. Er hat die Zeugen voneinander gesondert und hat jeden an seinen Ort gestellt, das Universum an den seinen, das Jahr an den seinen und den Menschen an den seinen.

Zwei Buchstaben erbauen zwei Häuser, drei erbauen sechs, vier erbauen vierundzwanzig, fünf hundertzwanzig, sechs siebenhundertzwanzig; und von da ab schreitet die Zahl ins Unzählbare und Unbegreifliche weiter.[1])

Anm. Wir sehen, dass der einem alten Manuskript entlehnten Zeichnung (Fig. 7), in der die Sonne über dem siebeneckigen Stern dominiert und die uralten Namen der Wochentage die entsprechende uralte planetarische Beziehung zeigen, (Sonntag zur Sonne usw.) zwar der letzte Absatz des Fünften Kapitels (S. 192) mit seiner Reihenfolge der Planeten (wenn man diese auf Fig. 7 nach rechts herum verfolgt) entspricht, dass aber im 4. Absatz dieses Kapitels der Saturn zwar mit dem Sabbat, aber Jupiter mit dem Sonntag, Mars mit dem Montag usw., also in ganz anderer Reihenfolge die Planeten mit den Wochentagen in Beziehung gebracht werden. Wir haben auf diese Abweichung bereits gelegentlich des Abschnittes über die Rekonstitution des Textes (S. 177) hingewiesen und sie zu erklären gesucht. Die sogenannte ägyptische Uhr, die von Alliette (Etteila) wiedergegeben wird, lässt wohl erkennen, dass wohl nur die althergebrachten, planetarischen Beziehungen und Bezeichnungen der Wochentage massgebend sein können. Im Zusammenhang mit dieser Anmerkung wollen wir auch die Tabelle über die verschiedenen Beziehungen im Buche Sepher Jesira bringen, eine Tabelle, auf die wir schon in den vorausgehenden Kapiteln oft hinweisen mussten, die aber auch bei der noch weiter folgenden Darstellung für einen raschen Überblick gute Dienste leisten wird. (Vgl. S. 193.)

Die Gestirne im Universum sind Sonne, Venus, Merkur, Mond, Saturn, Jupiter und Mars (vgl. Fig. 7). Die Tage des Jahres sind die sieben Tage der Schöpfung und die sieben Pforten des Menschen sind die zwei Augen, die zwei Ohren, die zwei Nasenlöcher und ein Mund.

---

[1]) Vgl. unter den „Erläuterungen“, was über die Permutationstheorie in der Kabbala gesagt wird.

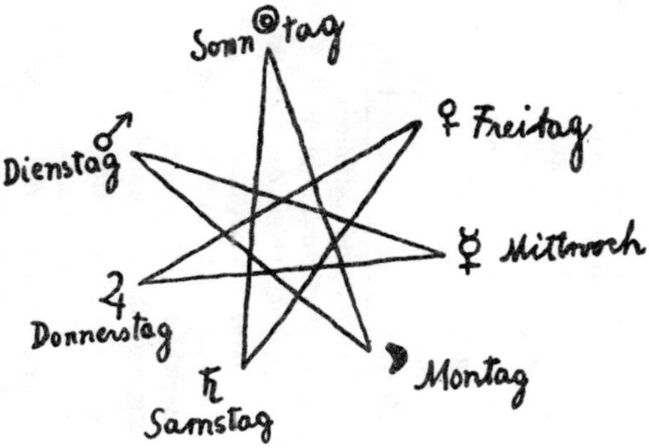

Figur 7.

Sechstes Kapitel.

Die zwölf Einfachen.

Die zwölf Einfachen: { K Ts Gh S N L I T H Z V E
ה ו ז ח ט י ל נ ס ע צ ק

Ihre grundlegende Beziehung ist folgende: das Gesicht, das Gehör, der Geruch, das Wort, die Ernährung, der Beischlaf, die Zeugungsfähigkeit, die Bewegung, der Zorn, das Lachen, das Nachdenken, der Schlaf. Ihr Mass ist gesetzt durch die zwölf Kardinalpunkte des Universums:

Nord-Osten, Süd-Osten, Hoch-Osten, Tief-Osten.
Nord-Westen, Süd-Westen, Hoch-Westen, Tief-Westen.
Hoch-Süden, Tief-Süden, Hoch-Norden, Tief-Norden.

Die Grenzen erweitern sich und rücken vor von Ewigkeit in Ewigkeit und das sind die Arme des Universums.

Er hat die zwölf Einfachen gebildet, gegründet und vereinigt, er hat sie gewogen (bedacht) und kombiniert, und er schuf mit ihnen die zwölf Zeichen im Universum: den Widder, den Stier u. s. w., u. s. w.

Zwölf Monate gibt es im Jahr.

Und diese zwölf Buchstaben sind die zwölf Lenker des Menschen in den folgenden Teilen:

Rechte Hand, linke Hand, die beiden Füsse, die beiden Nieren, die Leber, die Galle, die Milz, der Grimmdarm, die Blase, die Arterien.[1])

Er liess He herrschen, und gab ihm eine Krone; er kombinierte sie miteinander und hat mit ihm den Widder im

---

[1]) Kleine Abweichung von der Tabelle, bezw. von den Beziehungen, wie sie im Folgenden gegeben werden.

Tabelle der Beziehungen im Sepher Jesira.

	Buchstaben	Universum	Jahr	Mensch	Moralische Welt
א	Aleph Luft	Atmosphäre	Gemässigt (Frühl. Herbst)	Brust	Prinzip des Gleichgewichtes
מ	Mem Wasser	Erde	Winter (kalt)	Bauch (Unterleib)	Ebene der Schuld
ש	Schin Erde	Himmel (Feuer)	Sommer (heiss)	Kopf	Ebene des Verdienstes
ב	Bet	Saturn	Samstag Samstag[1])	Mund	Leben und Tod
ג	Ghimel	Jupiter	Sonntag Donnerstag	rechtes Auge	Friede und Unglück
ד	Daleth	Mars	Montag Dienstag	linkes Auge	Weisheit und Torheit
כ	Kaf	Sonne	Dienstag Sonntag	rechtes Nasenloch	Reichtum und Armut
פ	Pe	Venus	Mittwoch Freitag	linkes Nasenloch	Bebauung und Wüste
ר	Resch	Merkur	Donnerstag Mittwoch	rechtes Ohr	Anmut und Hässlichkeit
ת	Thau	Mond	Freitag Montag	linkes Ohr	Herrschaft und Knechtschaft
ה	He	Widder	März	Leber	Gesicht und Blindheit
ו	Vau	Stier	April	Galle	Gehör und Taubheit
ז	Zain	Zwillinge	Mai	Milz	Geruch und Fehlen des Geruchs
ח	Het	Krebs	Juni	Magen	Wort und Stummheit
ט	Teth	Löwe	Juli	rechte Niere	Verschlucken und Hunger
י	Jod	Jungfrau	August	linke Niere	Beischlaf und Verschneidung
ל	Lamed	Wage	September	Darm	Zeugungsfähigkeit und Impotenz
נ	Nun	Skorpion	Oktober	Blinddarm	Gang und Hinken
ס	Samech	Schütze	November	rechte Hand	Zorn, Herausnahme der Leber
ע	(H)ain	Steinbock	Dezember	linke Hand	Lachen, Herausnahme der Milz
צ	Tsad	Wassermann	Januar	rechter Fuss	Gedanke, Herausnahme des Herzens
ק	Koph	Fische	Februar	linker Fuss	Schlaf und Erschlaffung

[1]) Die an zweiter Stelle angeführten Wochentage entsprechen den Planeten in der aus uralten Zeiten datierenden Beziehung, wie sie heute noch in den Namen für die Tage die romanischen Sprachen sich erhalten haben und wir sie daher für richtig halten müssen.

Universum, den Nisan (März) im Jahre und die Leber im Menschen geschaffen.

Er liess Vau herrschen, gab ihm eine Krone und kombinierte sie miteinander; er schuf mit ihm den Stier im Universum, Jypar (April) im Jahre, die Galle im Menschen.

Er liess Zain herrschen, gab ihm eine Krone und kombinierte sie miteinander; mit ihm schuf er die Zwillinge im Universum, Sivan (Mai) im Jahre und die Milz im Menschen.

Er liess Heth herrschen, gab ihm eine Krone und kombinierte sie miteinander, und mit ihm schuf er den Krebs im Universum, Tammuz (Juni) im Jahre und den Magen im Menschen.

Er liess Teth regieren, gab ihm eine Krone und kombinierte sie; und mit ihm schuf er den Löwen im Universum, Ab (Juli) im Jahre und die rechte Niere im Menschen.

Siebentes Kapitel.

§ 1. Zusammenfassung der Beziehungen.[1])

1) Luft, Gemässigtes, Brust. — Erde, Kaltes, Bauch. — Himmel, Heisses, Kopf — das sind Aleph, Mem, Schin. 2) Saturn, Samstag, Mund. — Jupiter, Sonntag, rechtes Auge. — Mars, Montag, linkes Auge. — Sonne, Dienstag, rechtes Nasenloch. — Venus, Mittwoch, linkes Nasenloch. — Merkur, Donnerstag, rechtes Ohr. — Mond, Freitag, linkes Ohr — das sind Bet, Gimel, Dalet, Kaf, Pe, Resch, Tav. — 3. Widder, Nisan, Leber. — Stier, Jypar, Galle. — Zwillinge, Sivan, Milz. — Krebs, Tammuz, Magen. — Löwe, Ab, rechte Niere. — Jungfrau, Elub, linke Niere. — Wage, Tischri, Grimmdarm. — Skorpion, Marheschwan, Blinddarm. — Schütze, Kislev, rechte Hand. — Steinbock, Tebet, linke Hand. — Wassermann, Schebat, rechter Fuss. — Fische, Adar, linker Fuss. — — Das sind He, Vav, Zayin, Het, Tet, Jod, Lamed, Nun, Samekh, Hayin, Sade, Qof.

§ 2. Bildungen durch die Buchstaben.

Mit Aleph sind gebildet worden: die Luft, die Atmosphäre, das Gemässigte, die Brust und das Prinzip des Gleichgewichtes (die Geisel). Mit Mem sind gebildet worden: das Wasser, die Erde, der Winter, der Bauch, die Ebene der Schuld. Mit Schin sind gebildet worden: das Feuer, der Himmel, der Sommer, der Kopf und die Ebene des Ver-

[1]) Vgl. die Tabelle.

dienstes. Mit B e t sind gebildet worden: Saturn, Sabbat, Mund, Leben und Tod; mit G i m e l sind gebildet worden: Jupiter, Sonntag, rechtes Auge, Friede und Unglück; mit D a l e t sind gebildet worden: Mars, Montag, linkes Auge, Weisheit und Torheit. Mit K a f sind gebildet worden: Sonne, Dienstag, rechtes Nasenloch, Reichtum und Armut. Mit P e sind gebildet worden: Venus, Mittwoch, linkes Nasenloch, Bebauung und Wüste. Mit R e s c h sind gebildet worden: Merkur, Donnerstag, rechtes Nasenloch, Anmut und Hässlichkeit. Mit T a v sind gebildet worden: Mond, Freitag, linkes Ohr, Herrschaft und Knechtschaft. Mit H e sind gebildet worden: Widder, Nisan, Leber, Gesicht und Blindheit. Mit V a v sind gebildet worden: Stier: Jypar, Galle, Gehör und Taubheit. Mit Z a y i n sind gebildet worden: Zwillinge, Sivan, Milz, Geruchsinn und Mangel an Geruchsinn. Mit H e t sind gebildet worden: der Krebs, Tamuz, Magen, Wort und Stummheit. Mit T e t sind gebildet worden: Löwe, Ab, rechte Niere, Verschlucken und Hunger. Mit J o d sind gebildet worden: Jungfrau, Elub, linke Niere, Geschlechtsverkehr und Verschnittenheit. Mit L a m e d sind gebildet worden: die Wage, Tischri, Grimmdarm, Zeugungsfähigkeit und Impotenz. Mit N u n sind gebildet worden: Skorpion, Marheschwan, Blinddarm, Gang und Hinken. Mit S a m e k h sind gebildet worden: Schütze, Kislev, rechte Hand, Zorn und Wegnahme der Galle. Mit H a y i n sind gebildet worden: Steinbock, Tebet, linke Hand, Lachen und Wegnahme der Milz. Mit S a d e sind gebildet worden: Wassermann, Schebat, rechter Fuss, Gedanke und Herausnehmen des Herzens. Mit Q o f sind gebildet worden: Fische, Adar, linker Fuss, Schlaf und Erschlaffung. Und alle sind sie vereinigt mit dem Drachen, mit der Sphäre (des Tierkreises) und dem Herzen.

Drei Dinge [1]) sind in der Macht des Menschen (die Hände, die Füsse, die Lippen), drei Dinge sind nicht in der Macht des Menschen (die Augen, die Ohren, die Nase). Es sind drei Dinge peinlich zu hören: die Schmähung, die Lästerung und die schlechte Nachricht; es sind drei Dinge angenehm zu hören: die Segnung, das Lob und die gute Nachricht. Drei Blicke sind hässlich: der Blick des Ehebrechers, der Blick des Diebes und der Blick des Geizigen; drei Dinge sind angenehm zu sehen; der Blick der Schamhaftigkeit, der Blick der Aufrichtigkeit und der Blick des Edelmutes. Drei Gerüche sind hässlich: der Geruch verdorbener Luft, der Geruch

[1]) Soll nach Sabbatai Donolo eingeschoben worden sein.

eines feuchten Windes und der Geruch von Fischen; drei Gerüche sind gut: der Geruch von Ähren, der Geruch von Gastmählern und der Geruch von Spezereien. Drei Dinge sind hässlich für die Zunge: die Schwätzerei, das Jahr und das linke Auge am Menschen; drei Dinge sind gut für die Zunge: das Schweigen, die Zurückhaltung und die Aufrichtigkeit.

§ 3. Schluss-Zusammenfassung.

Drei Mütter, sieben Doppelte und zwölf Einfache gibt es. Das sind die zweiundzwanzig Buchstaben; aus ihnen besteht auch das Tetragrammaton Jeve יהוה, das bedeutet Unser Gott Zebaoth, der erhabene Gott Jsraels, der Allerhöchste, der in Ewigkeit herrscht; und sein heiliger Name schuf drei Väter und ihre Nachkommen und sieben Himmel mit ihren himmlischen Legionen und zwölf Grenzen des Universums.

Der Beweis für all dies, das zuverlässige Zeugnis ist das Universum, das Jahr und der Mensch. Er erkor sie als Zeugen und bildete sie durch drei, sieben und zwölf. Zwölf Zeichen und Häupter im himmlischen Drachen, im Zodiakus und im Herzen. Drei sind Feuer, Wasser und Luft, das Feuer oben, das Wasser unten und die Luft in der Mitte. Das bedeutet, dass die Luft an beiden Teil hat.

Der himmlische Drache, d. h. die Intelligenz, herrscht im Universum, der Zodiakus im Jahr und das Herz im Menschen. Drei sind Feuer, Wasser und Luft. Das Feuer ist oben, das Wasser unten und die Luft in der Mitte, denn sie hat Teil an beiden.

Der himmlische Drache herrscht im Universum gleich einem König auf seinem Thron, der Zodiakus im Jahr gleich einem König in seiner Stadt, das Herz im Menschen gleich einem König in der Schlacht.

Und Gott hat sie entgegengestellt, Gutes und Böses. Er machte das Gute aus dem Guten und das Böse aus dem Bösen. Das Gute beweist (erzeugt) das Böse und das Böse das Gute. Das Gute gehört in den Gerechten und das Böse in den Ruchlosen. Und alles ist durch die Dreiheit gebildet.

Sieben Teile sind gebildet durch zwei Dreiheiten, in deren Mitte sich die Einheit hält.

Die Zwölfheit [1]) ist aus zwei entgegengestellten Parteien zusammengesetzt: drei Freunde, drei Feinde, drei lebendige geben das Leben, drei geben den Tod, und Gott, ein treuer König, beherrscht sie alle von der Schwelle seiner Heiligkeit.

---

[1]) Vielleicht die zwölf Hauptglieder des Menschen.

Die Einheit herrscht über die Dreiheit,[1]) die Dreiheit über die Siebenheit, und die Siebenheit über die Zwölfheit, aber ein jeder Teil ist von den andern untrennbar.

Und als Abraham, unser Vater, all diese Dinge verstanden und erwogen, ergründet, erforscht, untersucht und kombiniert hatte, vereinigte er dadurch die Kreatur mit dem Schöpfer. Da offenbarte sich ihm der Herr der Welt, nannte ihn seinen Freund und machte ein ewiges Bündnis mit ihm und seiner Nachkommenschaft, wie da geschrieben steht: Er glaubte an Joah (יהוה), und dies ward ihm als ein Werk der Gerechtigkeit angerechnet. Er schloss mit Abraham einen Bund zwischen seinen zehn Zehen, das ist der Bund der Beschneidung, und einen anderen zwischen den zehn Fingern seiner Hände, das ist der Bund der Zunge (der Sprache). Er band die zweiundzwanzig Buchstaben an seine Zunge und entdeckte ihm ihr Geheimnis. Er liess sie ins Wasser hinabsteigen, liess sie ins Feuer emporsteigen, warf sie in die Luft, entzündete sie in den Planeten und verbreitete sie über die zwölf himmlischen Zeichen.

Erläuterungen.

Wir haben nicht die Absicht, durch diese kurzen Erläuterungen einen vollständigen Kommentar zum Buche Sepher Jesira zu geben oder zu ersetzen. Ein solcher Kommentar müsste, um irgend einen Wert zu haben, sich vor allem auf den hebräischen Text stützen, dessen Sprache, indem sie noch ihre dreifache Bedeutung bewahrt,) allein gestattet, den Gedanken des Autors voll und ganz wiederzugeben. Übrigens haben die Meister des Okkultismus, Wilhelm Postel und der Alchemist Abraham, vortreffliche Kommentare in lateinischer Sprache gegeben, auf die wir die Leser verweisen, die sich in diesen Gegenstand vertiefen wollen.

Wir wollen uns darauf beschränken, nur die dunkelsten Stellen nach Möglichkeit durch einige Bemerkungen und die Übersetzung zweier wenig bekannter kabbalistischer Traktate

---

[1]) Universum, Jahr und Mensch haben je ein Zentrum.

[2]) „Moses befolgte darin die Methode der ägyptischen Priester; denn ich muss vor allem hervorheben, dass diese Priester beim Ausdruck ihrer Gedanken sich einer dreifachen Art und Weise bedienten. Die erste war klar und einfach, die zweite symbolisch und figürlich, die dritte geheiligt und hieroglyphisch. Das lag im Geiste ihrer Sprache. Herakleitos hat diesen Unterschied trefflich gekennzeichnet, indem er es „sprechend“, „andeutend“ und „verbergend“ nannte“ (Fabre d'Olivet).

aufzuklären. Es sind dies „die 50 Tore der Intelligenz" und „Die 32 Wege der Weisheit."

Im allgemeinen könnte man Sepher Jesira eher das Buch der kabbalistischen Schöpfung als das kabbalistische Buch der Schöpfung nennen. Tatsächlich beruht das ganze Werk auf dem geheimnisvollen Namen Joah (יהוה), und die Schöpfung der Welt durch Er - Die - Götter[1]) beschränkt sich auf die ganz kabbalistische Schöpfung der Zahlen und der Buchstaben. Dadurch bekennt sich der Autor auch zur charakteristischen Methode jeder Mystik, der Analogie.

Die Form, die der Künstler seinem Werke gibt, drückt vollkommen die Grossartigkeit der schöpferischen Idee aus, es besteht eine mathematische Beziehung zwischen der sichtbaren Form und der unsichtbaren Idee, die es entstehen liess, zwischen der Vereinigung von Buchstaben, die ein Wort bilden, und der Idee, die dieses Wort darstellt; Worte schaffen heisst Ideen schaffen und man versteht nun, warum sich das Buch Sepher Jesira darauf beschränkt, die Schöpfung der hebräischen Buchstaben zu entwickeln, die Ideen und Gesetze darstellt, um so die Schöpfung einer Welt zu erzählen.

[2]) Es erklärt sich dies durch ein allgemeines Gesetz des menschlichen Geistes: Den Zahlen und Buchstaben können wir nämlich die inneren Formen, die unveränderlichen Konzeptionen des Denkens, mit einem Wort die Ideen in ihrer edelsten und weitesten Bedeutung substituieren.

Jedes weltliche Element hat seine Quelle in einem höheren Element, deren gemeinsamer Ursprung das Wort (Logos) oder der heilige Geist ist. Im Wort finden wir auch die unveränderlichen Zeichen des Gedankens, welche sich in jeder Sphäre des Seins wiederholen und überall die bestimme Absicht des Schöpfers durchblicken lassen. Und ist dieses Wort, die erste der Zahlen, das erhabenste aller Dinge, die wir wahrnehmen und definieren können, nicht die höchste und absoluteste Offenbarung Gottes oder des Denkens der höchsten Intelligenz? Also ist Gott im tiefsten Sinn und in der höchsten Bedeutung der Stoff und die Form des Weltalls, denn nichts kann ohne ihn

[1]) Das ist eine genaue Übersetzung des Wortes אלהים (Ælohim). Übrigens kann man diese Bezeichnung auch am Anfang des Sepher Jesira finden.

[2]) Vgl. Kiesewetter l. c. S. 377 u. 376.

existieren, seine Wesenheit ist die Grundwesenheit der Dinge, die alles erfüllt, und alle Dinge sind nur ihr Symbol.

[1]) Diese Transformation des Symbols zur Idee, welche die Kabbala vornimmt, wiederholt sich bei allen grossen religiösen und philosophischen Systemen, und es genügt hier, an dieser allgemeinen Tatsache die Beziehungen des Sepher Jesira zu denselben dargetan zu haben.

„Der Zohar ist eine Art von Leuchte, der Sepher Jesira eine Art von Stufenleiter der Wahrheit. Da werden als die 32 absoluten Zeichen des Wortes die Zahlen und Buchstaben erklärt; jeder Buchstabe vertritt eine Zahl, eine Idee und eine Figur, so dass die Mathematik auf die Ideen und Figuren durch genaue Beziehung und in entsprechendem Verhältnis ebenso anwendbar wird wie auf die Zahlen."

„Durch die Wissenschaft des Sepher Jesira gewinnt der menschliche Geist für die Wahrheit und für die Erkenntnis einen festen Halt, und kann sich über die Fortschritte, die für die Erkenntnis durch die Manipulation mit den Zahlen möglich sind, Rechenschaft geben. Der Zohar repräsentiert die absolute Wahrheit und Sepher Jesira gibt die Mittel, sie zu erfassen, sich sie zu eigen zu machen und sie zur Anwendung zu bringen." (Eliphas Levi, Geschichte der Magie.)

Wir sehen das allgemeine Gesetz, das die unter dem Namen Joah[2]) geschaffene Welt entstehen lässt, sich im Universum durch die zehn Sephiroth oder Numerationen entfalten.

Was bedeuten nun diese Sephiroth? Gewiss haben nur wenige Begriffe der Philosophie und Religion zu so vielen Kommentaren Veranlassung gegeben wie diese; nach der hebräischen Wurzel dieses Wortes liesse sich sein gedanklicher Inhalt wohl durch folgende Definition wiedergeben: Ausgangs- und Endpunkt einer cyklischen Bewegung.[3]) Die zehn Sephiroth wären also nichts anderes als zehn stufenweise verschiedene Konzeptionen einer und derselben Sache, die die Kabbalisten mit dem Namen En Soph, das Unaussprechliche, bezeichnen, das die göttliche Wesenheit auf der höchsten Stufe ihrer Abstraktion darstellt

---

[1]) Vgl. Kiesewetter l. c. S. 377.

[2]) Wir verweisen bezüglich der tieferen Bedeutung des Wortes auf die Ausführungen S. 78 u. ff., besonders aber auf das Zitat nach Fabre d'Olivet S. 80.

[3]) Vgl. S. 16, Anm. 1.

und in dem Namen Ieve (יהוה) durch den ersten Buchstaben י (Jod) bezeichnet wird.

Das Buch Sepher Jesira zeigt uns die Anwendung dieser Ideen, indem es sich des gleichen Namens EVE (הוה) zu verschiedenen Kombinationen bedient, um uns eine Beziehung der letzten sechs Sephiroth anzugeben (Vgl. das „Zweite Kapitel" des Sepher Jesira).

Franck[1]) sagt über sie: „Obwohl alle in gleicher Weise notwendig, können uns doch die Attribute und Eigenschaften, die die Sephiroth darstellen, nicht die göttliche Natur in ihrer ganzen Erhabenheit verständlich machen; aber sie zeigen sie uns unter verschiedenen Gesichtspunkten, die man in der Sprache der Kabbalisten „Gesichter" oder „Personen" nennt."

Doch Kircher wird uns Aufklärung geben, indem er in einem einzigen Satz den Ursprung der modernen Arbeiten über die Einheit der im Universum wirkenden Kraft darlegt,[2]) Arbeiten, die von Louis Lucas[3]) mit soviel Erfolg fortgesetzt worden; hören wir Kircher:

„Deshalb sind alle diese Sephiroth oder Zahlen eine einzige und gleiche Kraft, die sich in verschiedener Weise je nach den Medien, die sie durchdringt, modifiziert."

Die göttliche Substanz lässt durch neue Modifikationen bisher unbekannte Konzeptionen entstehen, die durch die zweiundzwanzig Buchstaben geoffenbart werden. Es werden dann die grossen Gesetze, die die Natur regieren, eines nach dem andern durch die Anwendung der Analogie-Methode deutlich, die der Autor des Sepher Jesira bei der Behandlung des Universums, des Jahres und des Menschen verwendet.

Die erste Erklärung ergibt sich durch die dreifache Einteilung der Buchstaben, die sich in Mütter, Doppelte (die zwei Töne ausdrücken, einen positiven, starken, und einen negativen, schwachen) und Einfache (die nur einen Ton ausdrücken) teilen.

Dieses Gedankenprinzip der Dreiheit findet sich überall im Sepher Jesira. Es ist besonders deutlich im „Dritten Kapitel" entwickelt, wo auch seine konstitutiven Elemente [Gesetztsein-Thesis, Entgegengesetztsein-Antithesis, Vermittlung-Synthesis][4]) in einem besonderen Falle dargelegt werden: ein positives: (ש) S, das Feuer; ein negatives: (מ) M, das Wasser, und ein neutrales: (א) A, die Luft,

[1]) La Kabbale, Paris, 1843.
[2]) Kircher, Œdipus, Ægyptiacus (Cabala, Hebræorum, § 11).
[3]) L'Occultisme contemporain, Papus.
[4]) Vgl. die Anm. zum „Dritten Kapitel", S. 186, Anm. 1.

das zwischen beiden vermittelt und das Ergebnis ihrer wechselseitigen Aufeinanderwirkung ist.

Betrachten wir jede Dreiheit als eine einzige Person, so sehen wir eine positive Dreiheit, eine negative Dreiheit und die Einheit, was sich in der Siebenheit verbindet, wie es der Text des Sepher sagt:

„Sieben Teile setzen sich aus zwei Dreiheiten zusammen, in deren Mitte sich die Einheit hält."

Ebenso wird die Zwölfheit durch vier einander zweifach entgegengestellte Dreiheiten gebildet.

In diesen wenigen Zahlen sind alle die Gesetze enthalten, die die Mystik als die Urgesetze, als die Ur-Sachen der Natur betrachtet.

Daher schliesst auch der Autor sein Werk, indem er in einem einzigen Satze: „Die Einheit steht über der Dreiheit usw." die Synthese der Gesetze gibt, die er im Vorausgehenden analysiert hat.

Neben der Darstellung dieser Entwicklung, die von der Gottheit ausgeht, um sich durch die ganze Schöpfung zu verbreiten, und deren Idee ganz klar ist, zeigen sich hie und da dunkle Stellen, deren Sinn sich auf die okkulte Divinations-Praxis im Heiligtum bezieht.

Einige Buchstaben des Alphabets genügen, um eine Unzahl von Ideen durch einfache Kombinationen auszudrücken. Die drei Buchstaben O, R, T, können z. B., je nachdem sie zu TOR oder ROT zusammengesetzt, ganz verschiedene Gedanken ausdrücken. Auf diese Kombinationen der Buchstaben und dadurch der Zahlen und Ideen beziehen sich die 231 Tore am Anfang des Dritten Kapitels und die Häuser am Schluss des Fünften Kapitels.[1])

Die 231 Tore beziehen sich auf das sogenannte Ziruph-System (Buchstaben-Ersatz) der Kabbala.[2] Das hohe Alter besonders dieser Art der Buchstabenmystik und damit wohl auch der esoterischen Tradition überhaupt, hat Dr. Wolfgang Schultz in seinem ausgezeichneten Werke „Altjonische Mystik" für das griechische Altertum erwiesen.

Für die Zahl 231, die für uns hier in Betracht kommt, gibt Wilhelm Postel folgende Erklärung:

---

[1]) Vgl. S. 20 u. ff.

[2]) Vgl. Dr. Erich Bischof, l. c. § 42.

Man multipliziere die 22 Buchstaben mit der Anzahl der 11 Urzahlen (Die 10 Sephiroth + das Unaussprechliche), so erhält man 242; zieht man dann wieder die Anzahl der 11 Urzahlen ab, um die der geheimnisvollen „Tore“ zu erhalten, so bekommt man: 242—11= 231.

Das Schema der Ersatzmethode, das auch Atbasch (אתבש) genannt wird, dient dazu, um den ersten Buchstaben des Alphabets durch den letzten, den zweiten durch den vorletzten usw. zu ersetzen. Wenn wir also diesen Ersatz

ABCDEFGHIKLMNOPQRSTUVWXYZ
ZYXWVUTSRQPONMLKIHGFEDCBA

verwenden, so würde das Wort TOR als GMI erscheinen. Diese Ziruph-Methode, mit den anderen kabbalistischen Permutationsmethoden kombiniert, gewährt grossen Nutzen bei der praktischen Anwendung der „Rota“ des Wilhelm Postel.[1])

Die Stelle am Schluss des Fünften Kapitels bezieht sich auf die Zahl der Kombinationen, die eine bestimmte Zahl von Buchstaben ergibt; zwei Buchstaben ergeben zwei Kombinationen, drei deren sechs z. B.

1. ABC
2. ACB
3. BAC
4. BCA
5. CAB
6. CBA

und s. w. der bekannten mathematischen Formel über die Permutationen entsprechend.

Wie man sieht, befolgt das Buch Sepher Jesira die Methoden der Deduktion, es geht von der Idee Gottes aus, um von ihr zu den einzelnen Phänomenen der Natur herabzusteigen. Von den beiden kabbalistischen Traktaten, die wir noch besprechen wollen, folgt der eine der Methode des Sepher Jesira und trägt den Titel: „Die zweiunddreissig Wege der Weisheit.“ Der andere ist induktiv; er geht von der Vielfältigkeit der Natur aus, um zur Idee Gottes emporzusteigen, und zeigt ein System der Entwicklung, das eine bemerkenswerte Analogie zu den Ideen und Lehren der modernen Theosophie aufweist [2]); es ist dies das Werk „Die fünfzig Tore der Intelligenz“.

---

1) Vgl. Eliphas Levi. Rituel de Haute Magie, Kap. XXI.
2) Vgl. „Traite élémentaire de Science occulte“, Papus.

Nach den Lehren der Kabbalisten geht jedes der beiden Systeme aus einer der ersten Sephiroth hervor. Die 32 Wege der Weisheit gehen auf Chochmah, die 50 Tore der Intelligenz auf Binah zurück, wie Kircher erläutert:

„Ebenso wie sich die zweiunddreissig Wege der Weisheit, die aus Chochmah ausströmen, im Umkreis der geschaffenen Dinge ausdehnen, so eröffnen sich durch Binah, d. h. die Intelligenz, die, wie wir gesehen haben, der heilige Geist ist, fünfzig Tore, die zu den genannten Wegen führen; sie führen zur praktischen Benützung der 32 Wege der Weisheit und der Macht."

„Man nennt sie „Tore", weil niemand nach den Lehren der Kabbalisten zu einer vollkommenen Kenntnis der erwähnten Wege gelangen kann, wenn er nicht zuerst diese „Tore" durchschritten hat,"

Die 50 Tore der Intelligenz.

1. Reihe.

Prinzipien der Elemente.

Tor 1 — (das Niedrigste) Urmaterie, Hyle,[1]) Chaos.
Tor 2 — Leer und unbelebt: was gestaltlos ist.
Tor 3 — Natürliche Anziehung, der Abgrund.
Tor 4 — Trennung und Uranfänge der Elemente.
Tor 5 — Element Erde, das noch keinen Samen enthält.
Tor 6 — Element Wasser, das auf die Erde wirkt.
Tor 7 — Element Luft, das aus dem Abgrund der Gewässer aufsteigt.
Tor 8 — Element des wärmenden und belebenden Feuers.
Tor 9 — Gestaltung der Qualitäten.
Tor 10 — Die von ihnen ausgehende Anziehung, die zur Mischung führt.

2. Reihe.

Dekade der Mischungen.

Tor 11 — Erscheinen der Mineralien durch Zersetzung der Erde.
Tor 12 — Blumen und Säfte zur Erzeugung der Metalle.
Tor 13 — Meere, Seen, Pflanzen in den Höhlungen (der Erde).
Tor 14 — Erzeugung der Kräuter, der Bäume, der Vegetation.

[1]) Griech. Wort für Urstoff.

Tor 15 — Die allen diesen gegebenen Kräfte und Samen.
Tor 16 — Erzeugung der empfindenden Natur d. h.
Tor 17 — der Insekten und Reptilien,
Tor 18 — der Fische } mit ihren besonderen Eigenschaften.
Tor 19 — der Vögel }
Tor 20 — Erzeugung der Vierfüssler.

3. Reihe.

Dekade der menschlichen Natur.

Tor 21 — Erzeugung des Menschen.
Tor 22 — Lehm des Landes von Damaskus, Materie.
Tor 23 — Odem des Lebens, Seele oder
Tor 24 — Mysterium Adams und Evas.
Tor 25 — Der Mensch als Ganzes, Mikrokosmos.
Tor 26 — Fünf äussere Kräfte.
Tor 27 — Fünf innere Kräfte.
Tor 28 — Der Mensch als Himmel.
Tor 29 — Der Mensch als Engel.
Tor 30 — Der Mensch als Ebenbild und Gleichnis Gottes.

4. Reihe.

Ordnungen der Himmel, Welt der Sphären.[1])

Himmel {
Tor 31 — des Mondes.
Tor 32 — des Merkur.
Tor 33 — der Venus.
Tor 34 — der Sonne.
Tor 35 — des Mars.
Tor 36 — des Jupiter.
Tor 37 — des Saturn.
Tor 38 — des Firmaments.
Tor 39 — des primum Mobile.
Tor 40 — des Empyreums.

5. Reihe.[2])

Die neun Ordnungen der Engel, Welt der Engel.

Tor 41 — Heilige Tiere — — — — Seraphin.
Tor 42 — Ophanim d. h. Räder — — Cherubin.
Tor 43 — Grosse und starke Engel — Throne.
Tor 44 — Haschemalim d. h. — — — Herrschaften.
Tor 45 — Seraphim d. h. — — — — Tugenden.

---

[1]) Vgl. Tabelle S. 127.
[2]) Vgl. Tabelle S. 123 und 127.

Tor 46 — Malachim — — — — Mächte.
Tor 47 — Elohim — — — — — Fürstentümer.
Tor 48 — Bene Elohim — — — — — Erzengel.
Tor 49 — Cherubim — — — — — Engel.

6. Reihe.

En-Soph, der unermessliche Gott.

Die überweltliche Welt und Welt in der Idee Gottes.

Tor 50 — Gott, das höchste Gut. Derjenige, den der sterbliche Mensch nicht gesehen hat und den keine geistige Forschung durchdringt. Es ist das 50. Tor, zu dem Moses nicht gelangte.

Das sind die 50 Tore, durch die die Intelligenz oder der heilige Geist für den gewissenhaften, dem Gesetz gehorchenden Forscher den Pfad bereitet hat zu den 32 Wegen der Weisheit.

„Die 32 Wege der Weisheit sind die leuchtenden Pfade, auf denen die heiligen Männer Gottes infolge langer Übung, langer Erfahrung in den göttlichen Dingen und langer Meditation darüber zu den verborgenen Zentren zu gelangen vermögen.“ (Kircher.)

Die 32 Wege der Weisheit.

Der erste Weg heisst bewunderungswürdige Intelligenz, höchste Krone. Das ist das Licht, das den Uranfang ohne Anfang begreifen lässt, und ist die erste Verklärung; keine Kreatur kann seine Wesenheit erfassen.

Der zweite Weg ist die Intelligenz, die erleuchtet; das ist die Krone der Schöpfung und der Glanz der höchsten Einheit, der er sich am meisten nähert. Er ist über jedes Haupt erhaben und wird von den Kabbalisten zweite Verklärung genannt.

Der dritte Weg heisst heiligende Intelligenz und ist die Grundlage der uranfänglichen Weisheit, die Schöpferin des Glaubens genannt wird. Ihre Wurzeln sind אמן. Sie ist mit dem Glauben verwandt, der ihr entströmt.

Der vierte Weg heisst anhaltende oder empfangende Intelligenz, weil sie sich wie eine Grenzsäule erhebt, um die Emanationen der höheren Intelligenzen zu empfangen, die ihr zugesendet werden. Ihr entströmen alle durch ihre Feinheit geistigen Kräfte. Sie selbst entströmt der höchsten Krone.

Der fünfte Weg heisst Wurzel-Intelligenz, weil sie, der höchsten Einheit mehr als jede andere gleichend, aus den Tiefen der uranfänglichen Weisheit ausströmt.

Der sechste Weg heisst Intelligenz der mittleren (vermittelnden) Einflusswirkung, weil in ihr sich der Strom der Emanationen vervielfältigt. Sie lässt diesen Strom auch auf die gesegneten Menschen wirken, die sich mit ihm vereinigen.

Der siebente Weg wird verborgene Intelligenz genannt, weil sie einen blendenden Glanz auf alle intellektuellen Kräfte ausgiesst, die mit den Augen des Geistes und in der Verzückung des Glaubens betrachtet werden.

Der achte Weg heisst vollkommene und absolute Intelligenz. Ihr entströmt die Vorbereitung der Prinzipien. Sie hat keine Wurzeln, an denen sie hängt, ausser in den Tiefen der Sphäre Herrlichkeit, der Substanz an sich, der sie entströmt.

Der neunte Weg heisst geläuterte Intelligenz. Sie reinigt die Numerationen und hält Beschädigungen von ihren Gestalten ab; denn sie begründet ihre Einheit, um sie durch ihre Vereinigung in dieser vor Zerstörung und Zerfall zu schützen.

Der zehnte Weg heisst glänzende Intelligenz, weil sie über jedes Haupt erhaben ist und ihren Sitz in Binah hat; sie erhellt den Glanz aller Himmelslichter und lässt die Form des Formenprinzips ausströmen.

Der elfte Weg heisst Intelligenz des Feuers. Sie ist der Schleier vor den Ordnungen und der Reihe der oberen und unteren Samen (Ursachen). Derjenige, der diesen Weg besitzt, erfreut sich einer grossen Würde: vor dem Angesicht der Ursache der Ursachen zu stehen.

Der zwölfte Weg heisst Intelligenz des Lichtes, weil sie das Abbild der Herrlichkeit ist. Man sagt, dass sie die Quelle ist, aus der die Vision derer kommt, die Erscheinungen sehen.

Der dreizehnte Weg heisst zur Einheit führende Intelligenz. Es ist die Substanz des Ruhmes (der Herrlichkeit); sie lässt jeden der Geister die Wahrheit erkennen.

Der vierzehnte Weg heisst Intelligenz, die erleuchtet; sie ist die Lehrerin der Geheimnisse, die Grundlage der Heiligkeit.

Der fünfzehnte Weg heisst konstitutive Intelligenz, weil sie die Schöpfung in der Wärme des Universums begründet. Sie ist nach den Lehren der Philosophen die Wärme selbst, von der die Schrift spricht (Job. 38.), die Wärme und ihre Hülle.

Der sechzehnte Weg heisst triumphierende und ewige

Intelligenz, Wonne der Verklärung, Paradies der Wonne, die für die Gerechten bereitet ist.

Der siebzehnte Weg heisst vorbereitende Intelligenz; sie macht die Frommen zur Treue geneigt und so geeignet, um den heiligen Geist zu empfangen.

Der achtzehnte Weg heisst Intelligenz oder Haus des Überflusses. Aus ihm entnimmt man die Geheimnisse und die verborgenen Bedeutungen, die in seinem Dunkel schlummern.

Der neunzehnte Weg heisst Intelligenz des Geheimnisses oder aller geistigen Fähigkeiten. Der Strom, den sie empfängt, kommt von dem höchsten Segen und der höchsten Verklärung.

Der zwanzigste Weg heisst Intelligenz des Willens. Er bereitet alle Kreaturen und jede von ihnen im Besonderen für die Darstellung der Existenz der uranfänglichen Weisheit vor.

Der einundzwanzigste Weg heisst Intelligenz, die dem Forscher gefällt; sie empfängt den göttlichen Einfluss und wirkt durch ihren Segen auf alle Existenzen.

Der zweiundzwanzigste Weg heisst treue Intelligenz, weil in ihr die geistigen Tugenden niedergelegt sind, die hier wachsen, bis sie zu denen kommen, die in ihrem Schatten wohnen.

Der dreiundzwanzigste Weg heisst Intelligenz der Beständigkeit. Er ist die Ursache der Beständigkeit aller der Numerationen. (Sephiroth.)

Der vierundzwanzigste Weg heisst abbildende Intelligenz. Er gibt das, was die Ähnlichkeit ausmacht, allen Ähnlichkeiten der Wesen, die in Übereinstimmung damit in ihrem Aussehen geschaffen sind.

Der fünfundzwanzigste Weg heisst Intelligenz der Versuchung oder der Prüfung, weil es die erste Versuchung ist, durch die Gott die Frommen prüft.

Der sechsundzwanzigste Weg heisst Intelligenz, die erneuert, weil durch sie Gott — gelobt sei er — alles das erneuert, was in der Schöpfung der Welt erneuert werden kann.

Der siebenundzwanzigste Weg heisst Intelligenz, die bewegt, durch sie ist der Geist jeder Kreatur der höchsten Sphäre geschaffen und die Bewegung, der diese unterworfen sind.

Der achtundzwanzigste Weg heisst Intelligenz der Natur; durch sie ist die Natur von allem, was in der Sphäre der Sonne existiert, vollendet und vollkommen gemacht worden.

Der neunundzwanzigste Weg heisst Intelligenz des Körperlichen; sie formt jeden Körper, der unter allen Sphären Körper wird und fördert sein Wachstum.

Der dreissigste Weg heisst Intelligenz der Zusammenfassung oder des Erschliessens, weil durch sie die Astrologen bei der Beurteilung der Gestirne und ihrer himmlischen Konstellationen ihre Schlüsse ziehen und Vervollkommnung ihrer Wissenschaft durch die Beobachtung der Bewegung der Sterne erlangen.

Der einunddreissigste Weg heisst in Dauer erhaltende Intelligenz. Warum? Weil sie die Bewegung der Sonne und des Mondes im Verhältnis zu deren Konstitution regelt und sie beide in ihren Bahnen gravitieren lässt.

Der zweiunddreissigste Weg heisst unterstützende Intelligenz, weil sie alle die Bewegungen der 7 Planeten leitet und sie fördert.

Die praktische Benützung dieser 32 Wege ist folgende:

Wenn die Kabbalisten auf einem der Wege Gott nach einem der natürlichen Dinge befragen wollen, gehen sie in folgender Weise vor:

Zunächst schlagen sie zur Vorbereitung die 32 Stellen des 1. Kapitels der Genesis auf, d. h. die Wege der natürlichen Dinge und verlegen darauf ihr Studium.[1])

Dann flehen sie in bestimmten Gebeten, die sich auf den Namen Eloim (אלהים) beziehen, zu Gott, ihnen in reichem Masse das notwendige Licht für den gesuchten Weg zu verleihen und sie überzeugen sich durch entsprechende Zeremonien so fest davon, dass sie Adepten des Lichtes, der Weisheit sind, dass sie sich in ihrem unerschütterlichen Glauben und ihrer feurigen Hingebung an das Herz der Welt wenden, um es zu befragen. Damit alsdann das Gebet eine grössere Wirkung habe, bedienen sie sich des Namens der 42 Buchstaben [2]) und durch ihn hoffen sie das zu erreichen, worum sie bitten.

---

[1]) Im ersten Kapitel der Genesis wird der göttliche Name Elohim zweiunddreissigmal erwähnt.

[2]) Dieser Name besteht aus Kombinationen des Tetragramms; vgl. Kircher op. cit.

Leser, die noch weitere Einzelheiten über die Kabbala erfahren wollen, werden sie in den Werken der neueren Kabbalisten: Eliphas Levi, Stanislas de Guaita, Josephin Peladan und Albert Jhouney finden. Diejenigen, die das kabbalistische System, das im Sepher Jesira in symbolischer Weise niedergelegt ist, von Grund aus kennen lernen wollen, werden ausführliche Erörterungen in dem Buche von Papus, „Tarot des Bohemiens", finden, das auf dem dritten göttlichen Namen beruht.

Die Datierung des Sepher Jesira nach Dr. Saïr A. C.

„Forsche, denke nach, kombiniere, übe deine Imagination daran und setze die Kreatur an den Platz, der ihr vom Schöpfer angewiesen ist."

(Sepher Jesira.)

Nicht ohne eine gewisse Zaghaftigkeit haben wir diese Arbeit unternommen, die vielleicht bei einem Anfänger schon durch ihren Titel als eine Vermessenheit erscheinen kann. Aber soll uns diese Zaghaftigkeit hindern, das Stückchen Wahrheit zu entschleiern, das wir erfasst zu haben meinen? Wir glauben nicht. „Das Licht soll man nicht unter den Scheffel stellen", hat der Meister gesagt, und oft genügt im Dunkel der schwächste Lichtschein, um den versteckten Weg zu entdecken, den nachher hellere Lichter erleuchten. Übrigens ist unsere Arbeit auch die praktische Ausführung des Rates, den das Buch Sepher Jesira selbst dem Jünger gibt und den wir als Motto gewählt haben: „Forsche, denke nach, kombiniere, übe deine Imagination daran — — —"

Die Datierung eines solchen Werkes zu versuchen, wie es Sepher Jesira ist, ist keine leichte Sache für den rationalistischen Kritiker, und wir verweisen als Beweis dafür nur auf die beträchtlichen Meinungsverschiedenheiten, die sich bei den verschiedenen Kritikern zeigen. Fast alle gehen von dem vorgefassten Urteil aus, dass jedes mystische oder kabbalistische Werk nur eine wahllos hergestellte Anhäufung mehr oder minder heterogener Dinge, kindisch törichter Exkurse ist. Andere, wie Dr. Karppe, die sich dagegen wehren und in gutem Glauben vorgehen, wie das seine gelehrte und sorgfältige „Studie über den Ursprung und die Natur des Zohar" beweist, gelangen schliesslich fast zu derselben Anschauung.

Es vermögen eben alle diese Kritiker trotz ihres Wissens, trotz ihres Scharfsinns diese Schriften nicht zu verstehen noch das zu entdecken, was der geringste Jünger der Mystik darin findet. Verhängnisvollerweise sind sie geneigt, in jedem mystischen Werk entweder die einfache Nachbildung eines philosophischen oder religiösen Systems zu sehen, das in absonderliche, unverständliche Nebulosität gehüllt wird, oder die Absicht, mehr oder minder geschickt, die Philosophie irgend einer Schule in den Rahmen eines gegebenen religiösen Systems einzuzwängen.

Sie zum Zugeständnis zu bringen suchen, dass sich unter diesen Schleiern die bedeutungsvollsten wissenschaftlichen und moralischen Lehren verbergen, und besonders, dass diese Lehren in ein sehr fernes Altertum zurückreichen, erreicht nichts anderes von ihnen als das verächtlich nachsichtige Lächeln desjenigen, der zu wissen glaubt, über den Unwissenden, der wissen will.

Sind die Beweise, auf die sie ihre Urteile stützen, so unwiderlegbar, lassen sie so wenig eine Kritik zu, dass man sie mit geschlossenen Augen annehmen muss? Gewiss nicht, und wir wollen uns bemühen das darzulegen.

Diese Beweise sind von zweierlei Art:

1) Beweise, die sich auf die allgemeinen philosophischen Ideen stützen, die in dem untersuchten Buch enthalten sind. Wir wollen sie philosophische oder moralische Beweise nennen.

2) Beweise, die sich auf den sprachlichen Charakter des Werkes beziehen. Wir wollen sie grammatikalische Beweise nennen.

Diese Beweise sind in dem neuen Werke von S. Karppe, das wir schon genannt haben, in meisterhafter Weise verwertet. Sehen wir nun zu, wie der Autor, indem er sich auf diese Beweise stützt, sich bemüht, eine relativ späte Entstehung des Sepher Jesira nachzuweisen.

Nach einer ausführlichen Diskussion der philosophischen Ideen des Sepher Jesira kommt er zu der folgenden Schlussbetrachtung, die er aber nur als eine subjektive Meinung mit aller Reserve und ohne wissenschaftliche Begründung vorträgt:

„Das Buch Sepher Jesira ist vielleicht nicht der Ausgangspunkt, sondern eher das Endglied einer langen Ideenkette, und es ist möglich, dass es das Werk eines Pädagogen ist, der darauf ausging, in einem sehr kurzen Handbuch, in einer Art Mischnah, die Quintessenz aller elementaren wissenschaftlichen Kenntnisse zu geben; Kenntnisse bezüglich des Lesens und der Grammatik: die 22 Buchstaben des Alphabets mit allen ihren Kombinationen, wie sie auf Tafeln stehen, von denen die Kinder lesen lernen sollen, wie sie sich nach Sadyah damals noch in den Städten Palästinas und Ägyptens fanden; dann die Einteilung der Buchstaben nach den Organen ihrer Aussprache, die Natur der Buchstaben, die eine doppelte Aussprache zulassen usw.; ferner kosmologische und physikalische Kenntnisse, wie Namen und Natur der Elemente, die Beziehungen und die Unterschiede, die zwischen ihnen bestehen, ihre Dichte usw.; Kenntnisse bezüglich der Zeiteinteilung in Wochentage und Monate des Jahres und im Anschluss daran bezüglich der Planeten und der Tierkreiszeichen.

Kenntnisse in der räumlichen Orientierung: die Kardinalpunkte, die Windrose und dazu die geometrischen Begriffe des Viereckes, des Würfels.

Kenntnisse bezüglich der Anatomie: die Einteilung der Organe, ihre Namen, ihre Funktionen, die Bedeutung des Herzens; schliesslich wichtige Kenntnisse der jüdischen Religionslehre: der Monotheismus. Die Kosmogonie der Genesis, die Beschneidung und das, was Mercabah genannt wird.

So würde das Buch Sepher Jesira nichts weniger sein als ein mystisches Werk; es wäre nichts anderes als ein elementares „Enchiridion" oder Handbuch, das mittels der Zahlen und Buchstaben alle die elementaren Kenntnisse miteinander verknüpfen will, die Gegenstand des Unterrichtes für das kindliche Alter sind." [1])

Doch ist das nicht unsere Ansicht, da wir überzeugt sind, dass sich eine viel erhabenere Lehre mit der Terminologie des Sepher Jesira verschleiert. Jedenfalls scheint uns der letzte Satz der angeführten Betrachtung nicht haltbar. Wenn schon Männer, die auf der geistigen Höhe des zitierten Kritikers stehen, Schwierigkeiten in dem Werke finden, was hätte denn dann ein Kind davon verstehen sollen? Übrigens kann das alles nicht zu einem abschliessenden Urteil darüber führen, in welche Epoche des Altertums das Buch Sepher Jesira zurückgeht, da sich der Ursprung aller der Lehren, die in dem Buche enthalten sind und so klar von unserem Kritiker zusammengefasst wurden, im Dunkel des grauesten Altertums verliert. Doch wollen wir an die Prüfung dieser ersten

---

[1]) Vgl. S. Karppe, Studie über den Ursprung und die Natur des Zohar, S. 103 u. ff.

Klasse von Beweisen die der grammatikalischen anschliessen.

Auch hier wollen wir nur die Schlussresultate der Diskussion anführen, auf Grund derer Karppe die ihm wahrscheinlich scheinende Entstehungszeit des Sepher Jesira fixiert, und denjenigen unserer Leser, der diese Diskussion in ihrem vollen Umfang kennen lernen will, verweisen wir auf Karppes Buch selbst.

„Das Buch Sepher Jesira existiert schon sicherlich zu der Zeit, da Agobard seinen Brief an König Ludwig den Heiligen schrieb: denn er macht darin eine ganz klare Anspielung auf das Werk. Der Brief Agobards aber bringt uns in das Jahr 829. Andererseits kannte der Autor des Sepher Jesira die grammatikalische Unterscheidung bezüglich der doppelten Aussprache der Buchstaben b, g, d, k, p, r, und t; er kannte die Einteilung der Buchstaben nach den Organen ihrer Aussprache, aber kennt die Vokalbezeichnungen durch Punkte nicht . . . Diese letzteren Vokalbezeichnungen sind das Werk der Massoreten; hätte der Autor sie gekannt, wäre ihm sicherlich ihre Zahl 7 aufgefallen und er hätte nicht verfehlt, ihnen einen Platz in seinem Werke einzuräumen. Diese Überlegungen müssen zu der Meinung veranlassen, das Erscheinen des Buches Jesira falle auf den Anfang des grammatikalischen Zeitalters, das heisst zwischen das 8. und 9. Jahrhundert.“ [1])

So gewichtig auch die Beweise scheinen mögen, die unser Kritiker beibringt, so haben sie doch unserer Ansicht nach nicht ganz den Wert, den man ihnen vor einer tiefer gehenden Prüfung beilegen könnte. Wir geben ihm sehr gern zu, dass *die Redaktion* des Werkes, *die er übersetzt hat*, der Epoche angehört, der er sie zuweist; seine Bemerkungen über *die grammatikalischen Kenntnisse dieses Redaktors* scheinen vollkommen begründet. *Kann man aber daraus, dass ein Buch, dessen Verfasser und Entstehungszeit man nicht kennt, einer bestimmten Epoche anzugehören scheint, schon notwendigerweise schliessen, dass dieses Buch ein Original dieser Epoche ist?* — Gesetzt, die hebräischen Exemplare des Sepher Jesira würden spurlos verschwinden, wird man nun in einigen tausend Jahren auf Grund einer französischen oder deutschen Übersetzung unserer Zeit, die sich zufällig erhalten hätte, schliessen können, dass dieses Werk von

---

[1]) S. Karppe. l. c. p. 167.

einem Mystiker des 20. Jahrhunderts geschrieben wurde? — Ich weiss wohl, dass man mir entgegnen würde, dass die Gedanken, die das Buch enthält, allzu sehr von den Werken der gleichen Zeit abweichen; aber wann haben denn jemals die Mystiker in Übereinstimmung mit den Anschauungen des „gesunden Menschenverstandes“, der „vernünftigen Leute“ geschrieben!

Die grammatikalischen Beweise beweisen also nur, dass das Buch Sepher Jesira um die Wende des 8. Jahrhunderts zum ersten Mal schriftlich fixiert wurde. Sie beweisen keineswegs, dass es nicht schon vor dieser Zeit, mündlich von Mund zu Mund überliefert, existierte.

Unser Kritiker gibt eine Zusammenfassung der darin wiedergegebenen Kenntnisse; aber gehen denn diese Kenntnisse nicht zum grössten Teil auf eine bedeutend ältere Zeit zurück? Scheinen nicht wiederum andere von ihnen in dieser Epoche ganz merkwürdig?

Man müsste danach z. B. zugeben, dass der Autor des Sepher Jesira „die bedeutungsvolle Rolle des Herzens“ gekannt hat; dann müsste aber das Werk nicht dem 9., sondern dem 17. Jahrhundert angehören. Wie kannte denn der Autor des Sepher Jesira im 8. oder 9. Jahrhundert „die bedeutungsvolle Rolle des Herzens“? War denn diese physiologische Kenntnis schon von der offiziellen Wissenschaft seiner Zeit acceptiert? Keineswegs. — So wäre logischerweise zu schliessen, dass entweder das Buch Sepher Jesira in die Zeit nach Harvey fällt oder dass der unbekannte Kabbalist, der das Werk redigierte, der Wissenschaft seiner Zeit um vieles voraus war.

Die erste Schlussfolgerung ist absurd; die zweite wäre gerade für den Mystiker annehmbar, der weiss, dass im Sepher Jesira, im Sepher Bereschit und vielen anderen Werken des Altertums verschleiert Wissenschaft und Wahrheit enthalten sind. Doch wollen wir dieser Erörterung, da die in Betracht kommende Stelle nicht völlig klar ist, keine ausschlaggebende Bedeutung beimessen.

Wie dem auch sein mag, wir glauben, das Buch Sepher Jesira existierte schon vor der durch den Kritiker angenommenen Epoche, es existierte schon seit Jahrhunderten, war aber noch nicht schriftlich fixiert.[1]) Als mündliche Überlieferung übertrug es sich

---

[1]) Selbst ein so nüchterner Gelehrter wie K. Kiesewetter sagt in seinem „Okkultismus des Altertums,“ Bd. I, S. 331: „Man kommt

im Geheimen vom Eingeweihten auf den Eingeweihten. Die nicht Eingeweihten konnten nichts davon wissen, und die Eingeweihten hielten es für besser, diese Lehren der grossen Menge vorzuenthalten.

Erklärlich wird dann der Ausspruch eines Kabbalisten des 14. Jahrhunderts, Isak Delates, welcher in seiner Vorrede zur Cremonenser Ausgabe des Zohar als erster fragt: wer Rabbi Akiba erlaubt hat, unter dem Namen einer Mischna das Buch Sepher Jesira aufzuschreiben, da dasselbe ein Buch ist, welches seit Abraham mündlich überliefert wurde.[1])

Das erklärt wohl auch die Abweichungen, die zwischen den verschiedenen Redaktionen des Sepher Jesira bestehen, Abweichungen besonders in den Beziehungen der Buchstaben, wie man sie bei einem Vergleich der Übersetzungen von Papus und von S. Karppe konstatieren kann.

Haben wir nun auch bis jetzt dargelegt, dass die moderne Kritik keineswegs ein nicht hohes Alter des Sepher Jesira erwiesen hat, so haben wir doch damit nicht schon ein hohes Alter dieses Werkes glaublich gemacht. Nun aber behaupten wir, dass es alt ist, dass es wenigstens in die Zeit der Patriarchen, wenn nicht weiter, zurückreicht und dass, wenn es nicht das Werk Abrahams ist, wie es die kabbalistische Tradition will, es eher älteren als jüngeren Ursprungs ist.

Der Beweis dafür, ein Beweis, der auf Tatsachen der exakten Wissenschaft beruht und darum unwiderleglich ist, findet sich im Texte des Werkes selbst.

Wir wollen zunächst die beiden Übersetzungen von Papus und Karppe für die Stelle des Sepher Jesira geben, die als Ausgangspunkt für unsere Darlegung dient.

---

zu dem Schluss, dass vor dem Ende des ersten Jahrhunderts der christlichen Zeitrechnung sich geheimnisvoll unter den Juden eine hochverehrte Wissenschaft verbreitete, welche von der Mischnah, dem Talmud und der heiligen Schrift sehr verschieden ist, eine mystische Lehre, in welcher man mit Vorliebe die Autorität der Tradition und der heiligen Schrift vereinigt sah.

[1]) S. Karppe, l. c. p. 166.

Papus

Siebentes Kapitel.

§ 3. Drei Mütter gibt es, sieben Doppelte und 12 Einfache. Das sind die 22 Buchaben, deren einige das Tetragramm Jeve (יהוה) bilden, das bedeutet Unser Gott Sabaoth, der erhabene Gott Israels, der Allerhöchste, der in Ewigkeit herrscht; und sein heil. Name schuf die drei Väter und ihre Nachkommen und 7 Himmel mit ihren himmlischen Legionen und 12 Grenzsteine des Universums.

Der Beweis für alles das, das zuverlässige Zeugnis ist das Universum, das Jahr und der Mensch. Er bildete sie als Zeugen und gründete sie durch 3, 7 und 12. Zwölf Zeichen und Häupter im himmlischenDrachen, imTierkreis und im Herzen. Drei sind das Feuer, das Wasser, die Luft. Das Feuer ist oben, das Wasser unten und die Luft in der Mitte.

— — — — — — — — — —

Der himmlische Drache herrscht im Universum gleich einem König auf seinem Thron, der Tierkreis im Jahre gleich einem König in seiner Stadt, das Herz im Menschen gleich einem König in der Schlacht.

S. Karppe

Sechstes Kapitel.

Das sind die drei Mütter Alph, mem, schin, und von ihnen sind drei Väter ausgegangen: Luft, Wasser, Feuer; von den Vätern sind die Generationen ausgegangen, 7 Konstellationen und ihre Truppen und 12 Kanten in der Diagonale (?). — Der Beweis dafür, die zuverlässigen Zeugen sind: das Universum, das Jahr, die Person [des Menschen]; und das Gesetz ist: 12, 7, 3; er hat sie befestigt am Drachen, an der Sphäre [des Tierkreises] und am Herzen. — Die drei Mütter, Alph, Mem, Schin entsprechen der Luft, dem Wasser und dem Feuer. Das Feuer ist oben, das Wasser ist unten und die Luft, der Hauch hält die Mitte zwischen den beiden andern.

— — — — — — — — — —

Der Drache ist im Universum wie ein König auf seinem Throne, die Sphäre (des Tierkreises) im Jahre wie ein König in seiner Stadt, das Herz in der Person (des Menschen) wie ein König in seinen Provinzen.

Wir müssen konstatieren, dass die beiden Texte, wenn sie auch nicht völlig identisch sind, doch wenigstens eine auffallende Übereinstimmung zeigen. Was den letzten Satz betrifft, so ist er bei beiden Übersetzern bis auf ein Wort gleich.

Die von uns zitierte Stelle hat nun dem Verfasser der „Studie über den Zohar“ grosse Verlegenheit bereitet. Er fühlt, dass hier etwas sehr Wichtiges vorliegt, dass ein sehr interessantes Problem sich hier versteckt, aber die Lösung — hat er nicht gefunden.

Am besten, wir zitieren ihn selbst. Betreffs der Worte: „er hat sie befestigt am Drachen“ schreibt er: „Man hat dieses Wort in sehr verschiedener Weise ausgelegt. Der

Autor meint offenbar, dass der Drache für das Universum ist, was die Sphäre (des Tierkreises) für das Jahr, das Herz für den Menschen bedeutet, d. h. das Zentrum oder die Triebkraft für das Ganze. Der Drache könnte etwa das Sternbild der Schlange sein, die beiden Schnittpunkte, wo sich die Bahn der Sonne (Ekliptik) und der Äquator schneiden. Die beiden Schnittpunkte wären der Kopf und der Schwanz des Drachen".[1]) Und später sagt er betreffs des letzten Satzes seiner oben zitierten Übersetzung: „D. h., der Drache verlässt seinen Palast, den Himmel, nicht, die Sphäre (des Tierkreises) bleibt am Himmel, und das Herz ist ein rein irdisches Zentrum. Die drei sind eine Offenbarung Gottes, aber die eine ist ferner von ihm als die andere, — oder der Drache ist ein unbewegliches Zentrum, die Sphäre des Tierkreises bewegt sich um sich selbst, ohne ihre Bahn zu ändern, und das Herz ist wie ein König in der Schlacht, d. h. es beherrscht die verschiedenen Organe, die sich wie in einer Schlacht darum schaaren.[2]) Ich gebe diese Erklärungen mit allem Vorbehalt, da ich nicht zu völliger Klarheit über die Meinungen des Autors kommen konnte."

Wir sehen, dass Karppe ganz freimütig gesteht, er habe diese Stelle nicht erklären können, und er hat es nicht gekonnt, weil er vollkommen und in gutem Glauben durch seine früheren Arbeiten davon überzeugt war, dass das Alter des Buches Sepher Jesira nicht über das 8. Jahrhundert hinausreichen könne. Doch ist es merkwürdig, dass er nicht, bevor er sich in einer Art Verzweiflung an das Sternbild der Schlange wandte, das mit der Sache gar nichts zu tun hat, an das Sternbild des Drachen gedacht hat, der doch deutlich erwähnt wird und der, je nach der Jahreszeit, da man ihn beobachtet, „manchmal sich am Himmel von einem Ende zum andern erstreckt — — und manchmal wie eine eingerollte Schlange mit seinem Schwanz seinen Rachen berührt." [3])

Wir müssen annehmen, dass, wenn der Kritiker den Drachen unbeachtet liess, er es tat, weil dieses Sternbild weder im 9. Jahrhundert noch heute am Himmel „wie ein König auf seinem Thron" erschien, d. h. nicht der fixe Punkt war, um den sich das Universum zu drehen scheint, mit einem Worte — nicht der Pol. Doch hat er vollkommen

---

[1]) S. Karppe l. c. S. 157, Anm. 1.
[2]) S. Karppe l. c. S. 157, Anm. 3.
[3]) Das ist die Beschreibung, die das Buch Sepher Raziel davon gibt, bei Karppe l. c. p. 157, Anm. 1 zitiert.

verstanden, dass das Buch Sepher Jesira damit das Zentrum des Universums meint, und wir wundern uns nur, dass er aus dem Schnittpunkt des Äquators und der Ekliptik dieses Zentrum machen wollte.

Doch können wir nicht den schweren astronomischen Irrtum mit Stillschweigen übergehen, der darin liegt, die Schnittpunkte des Äquators und der Ekliptik in das Sternbild der Schlange zu verlegen. Der Frühlings-Äquinoktial-Punkt ist gegenwärtig in den Fischen, der Herbst-Äquinoktial-Punkt in der Jungfrau, und in den 25—26 000 Jahren, die das Zurückkommen dieser Punkte in diese Sternbilder erfordert, können sie niemals in das Sternbild der Schlange fallen, das kein zodiakales Sternbild ist.

Ganz zweifellos ist der König auf seinem Thron im Universum, der König, um den sich der Hofstaat der Gestirne schaart, der Polarstern. Und auch heute noch fahren wir fort, obwohl wir ganz genau es besser wissen, in der Praxis den Polarstern als Zentrum des gestirnten Universums zu betrachten, und da der Autor des Sepher Jesira das Weltsystem ebenso gut kannte wie wir — davon sind wir überzeugt —, konnte er dessen Zentrum nicht klarer und nicht anders bezeichnen. Denn wenn er den Drachen als Pol bezeichnet, so gehörte in jener Zeit, wo er den Lehrinhalt des Sepher Jesira formulierte, der Polarstern zu den Gestirnen dieses Sternbildes.

Wenn wir auf einer Himmelskarte den Kreis betrachten, den der Pol in der langen Periode von 25 000 Jahren beschreibt, so sehen wir, dass dieser Pol, der gegenwärtig ganz nah beim Stern Alpha des kleinen Bären ist, während des Zeitraumes von 2000 v. Chr. bis 1000 n. Chr. sich in einem von glänzenden Sternen völlig freien Raum befand. Der Stern, dem er sich während dieser Zeit am meisten genähert hat, obwohl er stets in verhältnismässig grosser Entfernung von ihm blieb, war Beta im kleinen Bären. Doch um das Jahr 1000 vor der christlichen Zeitrechnung musste dieser Stern ungefähr den Pol bezeichnen, der sich von ihm allmählich entfernte, um gegen das Jahr 850 in die Nähe des heutigen Polarsternes zu gelangen.

Wenn wir noch weiter zurückgehen, auf 3500 bis 2000 vor Chr., müssen wir konstatieren, dass der Pol, der noch nicht das Sternbild des kleinen Bären erreicht hatte, in dem er heute ist, das des Drachen durchschnitt. Gegen das Jahr 2800 war der Pol dem glänzenden Alpha des Drachen am nächsten — so nahe, als er es jetzt dem Stern Alpha des kleinen Bären ist; aber während der ganzen Dauer der fünfzehn Jahrhunderte zwischen 3500 und 2000 war es sicherlich dieser glänzende Stern, der, dem Pol am nächsten gelegen, diesen bezeichnete.

Zu dieser Zeit war eben der Drache „der König auf seinem Thron“, das Zentrum des Universums; und wenn ihm das Buch Sepher Jesira diese Bezeichnung gibt, so rührt es notwendigerweise selbst aus dieser Zeit her.

Es bleibt uns noch übrig zu untersuchen, in welche Periode der Geschichte die Lebenszeit des hebräischen Patriarchen verlegt wird, der nach der kabbalistischen Tradition der Autor des Sepher Jesira war, und ob diese Periode in den Rahmen der fünfzehn Jahrhunderte fällt, während welcher der Drache den Pol bezeichnete. Wenn wir die „Alte Geschichte der Völker des Orientes“ von Maspero, eines sicherlich sehr vertrauenswürdigen Historikers, aufschlagen, so lesen wir hier: „Ein Fragment der alten Chronik, das in die heilige Schrift der Hebräer aufgenommen wurde, spricht ausdrücklich von einem anderen Elamiten, der in eigener Person fast an den Grenzen Ägyptens Krieg führte. Es ist Kuturlagamar, der Rimsin gegen Hammurabi unterstützte, aber seinen Sturz nicht hindern konnte. Er herrschte schon seit dreizehn Jahren über den Orient, als die Städte am toten Meer, Sodom, Gomorrha, Adamah, Zeboim und Bela, sich gegen ihn erhoben: er berief sogleich seine grossen Vasallen Amraphel von Chaldäa, Ariok von Elassar und Tideal von Guli, und brach mit ihnen an die Grenzen seines Gebietes auf. — Doch die Könige der fünf Städte hatten ihre Truppen vereinigt und erwarteten ihn festen Fusses in der Ebene von Siddim. Sie wurden besiegt und ein Teil der Flüchtigen ertrank und ging in den Erdöl-Brunnen (Asphaltgruben) zu Grunde, die den Boden durchlöchern, der Rest rettete sich mit Mühe ins Gebirge. Kuturlagamar plünderte Sodom und Gomorrha und stellte überall seine Hegemonie wieder her, dann kehrte er beutebeladen zurück: die hebräische Tradition fügt hinzu, dass er an den Quellen des Jordan durch den Patriarchen Abraham überrascht wurde.“ [1])

So sehen wir durch die historische Kritik selbst die Zeit bestimmt, zu der Abraham lebte. Er war ein Zeitgenosse und Gegner des Kuturlagamar, des Chodorlahomor der Bibel,

---

[1]) Maspéro, Alte Geschichte der Völker des Orients, Bd. II. p. 47 u. ff.

der ohne Erfolg seinen Vasallen Rimsin gegen Hammurabi unterstützte. Nun ist Hammurabi der sechste König der ersten babylonischen Dynastie, die in Chaldäa gegen das Ende des 25. Jahrhunderts vor unserer Zeitrechnung regierte. Obwohl die Assyriologen über die genaue Datierung der Regierungszeit dieses Fürsten keineswegs einig sind, — Oppert z. B. lässt ihn von 2394 bis 2339, Karl Niebuhr von 2084 bis 2026 regieren —, so setzt ihn doch keiner nach dem Jahre 2000 an. Die von G. Smith und Pinches gegebenen chronologischen Listen halten die Mitte zwischen den äussersten Daten; wir wollen uns an sie halten und mit ihnen die Regierungszeit Hammurabis von 2287 bis 2232 ansetzen.

Andererseits lehrt uns die Bibel, dass Abraham bei der Geburt Ismaels, die wahrscheinlich einige Jahre nach dem Zuge seines Vaters gegen Kuturlagamar erfolgte, sechsundachtzig Jahre alt war. Da nun der Patriarch zurzeit des Kriegszuges Rimsins gegen Hammurabi ungefähr achtzig Jahre alt war, muss er zwischen 2300 und 2200 vor unserer Zeitrechnung gelebt haben. So widerspricht also vom historischen und astronomischen Standpunkt gar nichts der Annahme, dass er der Verfasser des Buches Jesira war, wie es die Tradition will, da zu seiner Zeit der Pol sich im Sternbild des Drachen befand.

Und wenn man uns einwendet, dass wir nur unsere Wünsche für Wirklichkeit halten und dass es sich bei all dem nur um ein zufälliges Zusammentreffen handelt, wären wir wohl berechtigt zu antworten: so ist es also auch nur ein zufälliges Zusammentreffen, dass man die Regierungszeit von Hoang-Ti nach einer astronomischen Beobachtung, die in den Annalen aus seiner Regierungszeit verzeichnet ist und sich auf den gleichen Stern Alpha des Drachens bezieht, auf 2700 festgesetzt hat? Ist es auch nur ein zufälliges Zusammentreffen, dass die Öffnung der Galerien der Pyramiden von Giseh gegen den Polarstern dieser Zeit, Alpha im Drachen, gerichtet war? Nur zufälliges Zusammentreffen all die anderen Daten, die man für Werke des Altertums nach astronomischen Bestimmungen gefunden hat?

Fassen wir zum Schluss alles zusammen. Das Buch Sepher Jesira ist alt. Es kann nicht dem 8. Jahrhundert angehören, aber es rührt auch nicht von den Essäern her, deren einer nach Jellinek es verfasst haben soll, während Karppe dem Werk nicht einmal ein solches Alter zugestehen will. Es passt vollkommen in den Rahmen der Zeitepoche Abrahams; es kann nicht gut einer viel späteren Zeit angehören, da der Pol wenige Jahrhunderte später den Drachen verlassen hatte; es könnte eher noch älter sein, da schon zwölf Jahrhunderte vor der für den Patriarchen angenommenen Lebenszeit der Pol in das Sternbild des Drachens vorgerückt war.

Wenn der Kabbalist, der viel später das Buch Sepher Jesira schriftlich fixierte, den Drachen im Universum als König auf seinem Thron beliess, so hat er eben an der mündlichen Überlieferung, die er erhalten hat, nichts geändert, was er auch nicht durfte. Er machte dadurch den Schleier, der das mystische Werk seit so vielen Jahrhunderten bedeckte, nur noch undurchsichtiger, und nur der vermag ihn zu heben, der forscht, denkt, Kombination und Imagination daran übt und die Kreatur an den Platz setzt, der ihr vom Schöpfer angewiesen wurde.

Auszüge aus dem Zohar.

Bemerkungen über den Ursprung der Kabbala.

שלשלתהקבלה

Rabbi Gedalyah ibn Yachmir ben Don Josef d'Imola (1523—1588) sagt im Schilscheleth ha quabalah, Ravenna 1549: „Um das Jahr 5050 der Schöpfung (1290 n. Chr.) gab es eine Anzahl Leute, die meinten, dass alle im Dialekt von Jerusalem (aramäischen oder talmudischen Dialekt) geschriebenen Teile des Zohar das Werk des Rabbi Simeon Ben Jochai seien, und dass ihm nur die in heiliger Sprache (dem reinen Hebräisch) abgefassten nicht zugeschrieben werden dürften.

Andere behaupteten, dass Rabbi Moses ben Nachman dieses Buch im heiligen Land entdeckt, von wo es nach Arragonien und in die Hände des Rabbi Moses von Leon gekommen sei. Wieder andere meinten, dass Rabbi Moses von Leon als grosser Gelehrter die Kommentare selbst geschrieben und dieselben, um bei den Gelehrten seinen finanziellen Nutzen zu wahren, unter dem Namen des Rabbi Simeon Ben Jochai veröffentlicht habe. Man fügt hinzu, dass er dies getan habe, weil er arm und in verlustbringende Geschäfte verwickelt war.

„Was mich jedoch anlangt, (sagt Rabbi Gedalyah), so glaube ich, dass alle diese Meinungen grundlos sind, und dass Rabbi Simeon ben Jochai mit seinen heiligen Genossen in Wirklichkeit dieses Werk und noch viele andere verfasst habe: aber er hielt seine Zeit nicht für geeignet, um diese Werke zu vereinigen, die, nachdem sie lange Zeit in verschiedenen Handschriften umgelaufen waren, gesammelt und geordnet wurden. Das darf uns nicht überraschen: denn in gleicher Weise stellte Rabbi Jehuda der Heilige die Mischnah und Rabbi Ascher die Gemara zusammen, deren Manuskripte anfänglich in alle vier Enden der Erde zerstreut wurden.“

Diese Stelle bildet den Ausgangspunkt für alle Diskussionen über das Alter des Zohar. David Luriah, einer seiner wärmsten Verteidiger, hat seine Schlussfolgerungen in den folgenden fünf Thesen zusammengefasst (Kadmooth ha Zohar):

1. Rabbi Moses von Leon hat nicht den Zohar verfasst.

2. Die Gaonim (657—1036) geben Zitate aus dem Zohar unter dem Namen Midrash Jerashalim. Besonders Sherira Gaon (969—1038) bediente sich des Ausdruckes הסמתהקבלה. (Groetz selbst, der Gegner eines hohen Alters des Zohar, muss zugeben, dass die Gaonim das Buch Nistaroth des Rabbi Simeon Ben Jochai kannten, was der Sohar war.) Schliesslich zitiert Saadya Gaon, von dem ein handschriftlicher Kommentar zum Sepher Jesira sich in Oxford erhalten hat, die Midrash des Rabbi Simeon Ben Jochai (900).

3. Der Zohar war vor dem Talmud beendigt.

4. Ein grosser Teil des Zohar war zur Zeit des Rabbi Simeon Ben Jochai und seiner Schüler abgefasst worden.

5. Der aramäische Dialekt des Zohar ist ein Beweis, dass sein Ursprung in die gleiche Zeit wie der der Midraschim der talmudischen Periode fällt.

Fügen wir noch das Zeugnis des heiligen Agobard (800) bei, der die mystischen Bücher der Hebräer zitiert, einzelne Worte, die sich verstreut bei Philon, im Buche Sirach und im Buch der Weisheit finden, das zur Zeit der Geburt Christi entstand, die Zeugnisse des Menahyen von Recanati (1280), ferner das des Rabbi Jose ben Abraham Eba Wakkar von Toledo (1290), die als Werke der mystischen Philosophie mehrere Midraschim zitieren, unter denen der Zohar um 1200 in Handschriften verbreitet wurde.

Als erste Ausgaben sind die von Cremona, 1558, zu nennen (in-f°; Vincenzo Conti; ungefähr 400 Seiten), auch Zohar ha Gadol genannt, und die von Mantua, 1558, (in-4°; I. Winkel, 3 B., ungefähr 700 Seiten), als Zohar ha Keton bezeichnet. Später gibt es eine grosse Zahl abendländischer und orientalischer Ausgaben.

Über Werke, die dem Zohar vorausgehen, spricht Molitor (La Philosophie de la Tradition, Paris, 1834, S. 36 und

37); obwohl man ihm sonst in allem zustimmen muss, müssen doch die beiden Traktate Haminchad und Higgereth Trasodoth einer viel späteren Zeit zugewiesen werden.

Idra Suta oder die grosse Versammlung.

Kommentar des Siphra Dzeniûta von Schimeon Ben-Jochai.

I.

Nach der Zerstörung Jerusalems durch die Römer war es den Juden bei Todesstrafe verboten worden, zurückzukommen und auf den Trümmern ihrer Vaterstadt zu klagen. Die ganze Nation war zerstreut und die heiligen Traditionen gingen verloren. An die Stelle der wahren Kabbala waren kindische und abergläubische Subtilitäten getreten. Diejenigen, die behaupteten, noch das Erbgut der Geheimlehre zu bewahren, waren nur Wahrsager und Zauberer, wie sie gerade durch die Gesetze der Nation in Acht und Bann getan waren. Damals versammelte ein verehrungswürdiger Rabbi, namens Schimeon Ben Jochai, um sich herum die letzten, die in die uralte Weisheit eingeweiht waren, und entschloss sich, ihnen das Buch der erhabenen Theosophie, „Buch des Geheimnisses" genannt, zu erklären. Alle wussten den Text auswendig, aber Rabbi Schimeon allein kannte den tiefen Sinn des Buches, das bisher von Mund zu Mund fortgepflanzt worden war und von Gedächtnis zu Gedächtnis, ohne dass man es jemals erklärt oder niedergeschrieben hätte.

Mit folgenden Worten entbot er sie zu sich: „Warum sollten wir in diesen Tagen grosser Pein wie ein Haus bleiben, das sich nur auf eine Säule stützt, oder wie ein Mensch, der nur auf einem Fusse steht? Es ist Zeit, für den Herrn zu wirken, denn die Menschen haben die wahre Bedeutung des Gesetzes verloren.

Unsere Tage neigen sich dem Ende zu, der Herr ruft uns zu sich; die Ernte ist verlassen, und die verirrten Winzer wissen selbst nicht, wo der Weinberg ist.

Versammelt euch in der Ebene dort, wo eine heute verlassene Dreschtenne sich befindet. Kommt wie zu einem Kampfe, mit Einsicht, Weisheit, Vernunft, Wissen und Aufmerksamkeit bewaffnet; eure Füsse mögen ebenso frei sein wie eure Hände.

Als einzigen Meister anerkennet den, der Herr über Leben und Tod ist, und wir werden vereint die Worte der Wahrheit sprechen, die die Heiligen des Himmels zu hören lieben, und sie werden sich um uns versammeln, um uns zu hören."

Am bestimmten Tage versammelten sich die Rabbis mitten auf den Feldern, auf einem runden Raum, der von einer Mauer eingeschlossen war.

Sie kamen schweigend. Rabbi Schimeon setzte sich in ihre Mitte und als er sie alle versammelt sah, weinte er.

„Weh mir, rief er, wenn ich die grossen Geheimnisse enthülle! Weh mir, wenn ich sie in Vergessenheit geraten lasse!"

Die Rabbis schwiegen.

Endlich nahm einer von ihnen, Rabbi Abba, das Wort und sagte:

„Wenn es der Meister erlaubt — steht nicht geschrieben: Die Geheimnisse des Herrn gehören denen, die ihn fürchten? Und fürchten nicht wir alle, die wir hier sind, den Herrn und sind wir nicht schon in den geheimen Belehrungen im Tempel eingeweiht worden?"

Es waren aber die Namen derer, die anwesend waren: Rabbi Eleazar, der Sohn des Rabbi Simeon; Rabbi Abba, Rabbi Jehuda, Rabbi José, Sohn des Jakob, Rabbi Thiskia, Sohn des Raf, Rabbi José und Rabbi Jésa.

Um sich zur Wahrung des Geheimnisses zu verpflichten, legten sie ihre eine Hand in die des Rabbi Schimeon und hoben mit ihm die andere zum Schwur gegen Himmel.

Dann setzten sie sich mit ihm auf die Tenne, wo sie im Schatten grosser Bäume verborgen waren.

Rabbi Schimeon erhob sich und sprach sein Gebet; dann setzte er sich wieder und sagte zu ihnen: „Kommt und leget alle eure rechte Hand auf meine Brust."

Sie taten es: er nahm alle diese Hände in die seinigen und sagte im feierlichen Tone: „Verflucht sei der, der sich ein Götzenbild macht und es verbirgt! Wehe dem, der die Lüge mit den Schleiern des Geheimnisses verbirgt!"

Die acht Rabbis antworteten: Amen.

Rabbi Schimeon fuhr fort:

„Es gibt nur einen wahren Gott, neben dem es keine anderen Götter gibt, und es gibt nur ein wahres Volk, es ist das, das den wahren Gott anbetet."

Dann rief er seinen Sohn Eleazar und liess ihn neben sich setzen. Rabbi Abba hiess er zu seiner anderen Seite sitzen und sprach: „Wir bilden das Dreieck, das das Urbild von allem ist, was existiert; wir stellen die Pforte des Tempels und ihre beiden Säulen dar."

Rabbi Schimeon sprach nicht weiter und seine Schüler schwiegen.

Dann hörte man ein dumpfes Murmeln wie von einer grossen Versammlung.

Das waren die Geister vom Himmel, die herabgestiegen waren, um zuzuhören.

Die Schüler zitterten; aber Rabbi Schimeon sagte ihnen: „Fürchtet nichts und freuet euch. Es steht geschrieben: Herr, ich habe das Rauschen Deiner Gegenwart gehört und ich habe gezittert."

„Gott hat einst über die Menschen durch Furcht geherrscht, aber jetzt regiert er uns mit Liebe."

„Heisst es nicht: Du wirst Deinen Gott lieben?[1]) Und hat er nicht selbst gesagt: Ich habe euch geliebt?"

Dann fügte er hinzu: „Die Geheimlehre ist nur für die Seelen derer, die sich geistig gesammelt haben; die, deren Seele in beständiger Erregung ist und nicht ihr Gleichgewicht gefunden hat, vermögen sie nicht zu verstehen. Kann man einen Nagel fest und sicher in eine schwankende Mauer einschlagen, die beim geringsten Anstoss umfällt?"

„Die ganze Welt beruht auf dem Geheimnis, und wenn es schon der Verschwiegenheit bedarf, sobald es sich um irdische Geschäfte handelt, um wie viel mehr müssen wir Schweigen bewahren, wenn die mystischen Lehrsätze in Betracht kommen, die Gott nicht einmal seinen höchsten Engeln offenbart?"

„Der Himmel neigt sich zu uns herab, um uns zuzuhören, aber nicht einmal vor ihm möchte ich unverschleiert sprechen. Die Erde bewegt sich, um uns zuzuhören, aber auch vor ihr will ich nur in andeutenden Bildern sprechen."

„Wir sind in diesem Augenblick das Tor und die Säulen des Universums."

Dann begann Rabbi Schimeon mit seinen Darlegungen, und eine Tradition, die sich im Geheimnis der Geheimnisse erhalten hat, berichtet, als er seinen Mund öffnete, habe die Erde unter seinen Füssen gezittert und seine Schüler hätten diese Bewegung gespürt.

II.

Er sprach zuerst von den Königen, die vor der Ankunft des Königs Israel über Edom geherrscht hätten, den Symbolen der ungeordneten Kräfte, die vor dem Triumph der Harmonie anfangs im Universum gewaltet hatten.

---

[1]) Habak. III, 1.

Dann fuhr er fort: „Als Gott schaffen wollte, breitete er einen Schleier über seine erhabene Verklärung, und in die Falten dieses Schleiers liess er seinen Schatten fallen.

Aus diesem Schatten lösten sich die Riesen, die sprachen: „wir sind Könige", und doch nur Phantome waren.

Sie erschienen, weil Gott sich verborgen hatte; indem er die Nacht des Chaos entstehen liess, und sie verschwanden, als sich das strahlende Haupt gegen Morgen zeigte, das Haupt, das sich die Menschheit gibt, indem sie Gott preist, die leitende Sonne unserer Wünsche und Gedanken.

Die Götter sind Schattengespenster, und Gott ist die grosse Synthese des Glanzes. Die Usurpatoren stürzen, wenn der wahre König seinen Thron besteigt, und wenn Gott sich zeigt, verschwinden die Götter.

III.

Nachdem er der Nacht Existenz verliehen hatte, um die Gestirne erscheinen zu lassen, wandte sich Gott gegen den Schatten, den er geschaffen hatte, und sah ihn an, um ihm Gestalt zu geben.

Er drückte ein Bild auf den Schleier, mit dem er seine Verklärung bedeckt hatte, und dieses Bild lächelte ihn an; er wollte, dass dieses Bild das seinige sei, um den Menschen nach seinem Ebenbild zu schaffen.

Er entwarf das Gefängnis, das er den geschaffenen Geistern geben wollte. Er betrachtete diese Gestalt, die eines Tages die des Menschen sein sollte, und sein Herz wurde weich, denn er glaubte schon die Klagen seines Geschöpfes zu hören.

„Der Du mich dem Gesetz unterwerfen willst," sprach sie, „beweise mir, dass dieses Gesetz die Gerechtigkeit ist, indem Du Dich ihm selbst unterwirfst."

Und Gott wurde Mensch, um von den Menschen geliebt und verstanden zu werden.

Wir kennen von ihm nur dieses Bild, das auf den Schleier gedrückt ist, der uns den Glanz verbirgt. Dieses Bild ist das unsrige, und er will, dass es für uns das seine ist.

So kennen wir ihn, ohne ihn zu kennen; er zeigt uns eine Gestalt und hat doch keine. Wir stellen uns ihn vor als einen Greis, ihn, der doch kein Alter hat.

Er sitzt auf einem Thron, von dem beständig Millionen von Funken sprühen, und er lässt sie zu Welten werden. — Sein Haar glänzt und es gehen Sterne daraus hervor. Die

Universa umkreisen sein Haupt, und die Sonnen kommen, um sich in seinem Licht zu baden.

IV.

Die Gestalt Gottes ist zweifach. Er hat ein Haupt des Lichtes und ein Haupt des Dunkels, ein weisses und ein schwarzes, ein oberes und ein unteres. Das eine ist der Traum des Menschen als Gott, das andere ist die Erdichtung des Gott-Menschen. Die eine Gestalt ist der Gott des Weisen, die andere das Idol der grossen Menge.

Alles Licht setzt ein Dunkel voraus und wird nur Helligkeit durch den Gegensatz zu diesem Dunkel.

Das leuchtende Haupt träufelt auf das dunkle Haupt einen Tau des Glanzes. „Öffne mir, meine Geliebte", sagt Gott zur Intelligenz, „weil mein Haupt voll von Tau ist, und über die Locken meiner Haare rollen die Tränen der Nacht."

Dieser Tau ist das Manna, mit dem sich die Seelen der Gerechten nähren. Die Berufenen haben danach Hunger und sammeln es mit vollen Händen auf den Feldern des Himmels.

Die Tropfen sind runde Perlen, glänzend wie der Diamant und klar wie Krystall.

Sie sind weiss und glänzen in allen Farben, denn die einfache und einzige Wahrheit ist der Glanz aller Dinge.

V.

Die Gestalt Gottes sendet dreizehn Strahlen aus: vier auf jeder Seite des Dreieckes, in dem wir sie einschliessen, und einen von der oberen Spitze des Dreieckes.

Zeichnet sie mit euren Gedanken auf den Himmel, ziehet ihre Linien, indem ihr von Stern zu Stern geht; sie wird dreihundertsechzig Myriaden von Welten umschliessen.

Denn der obere „Alte", der Makroprosopos [1]) oder der „grosse Grund der Schöpfung" heisst, wird auch Arich-Anphin, das heisst „grosses Gesicht" genannt. Der andere, der menschliche Gott, die Gestalt des Schattens, der Mikroprosopos,[2]) das heisst „der kleine Grund", heisst Seir-Anphin, das „kleine Gesicht".

Wenn dieses Gesicht dem Lichte zugewendet ist, vergrössert es sich und wird harmonisch. Dann kommt alles in Ordnung; aber das kann nicht immerwährend dauern, denn die Gedanken des Menschen sind schwankend wie er selbst.

---

[1]) Vgl. S. 108.
[2]) Vgl. S. 108.

Aber stets verbindet ein Strom des Lichtes das Dunkel mit der Helligkeit. Dieser Strom durchquert die unzähligen Formen des menschlichen Gedankens, und verknüpft sie alle mit dem göttlichen Glanz.

Das Haupt des Lichtes ergiesst seine Helligkeit über alle denkenden Häupter, wenn sie sich dem Gesetz und der Vernunft beugen.

VI.

Das Haupt des „Ältesten der Alten" ist ein geschlossener Behälter, worin die unendliche Weisheit ruht wie ein köstlicher Wein, der niemals gährt.

Diese Weisheit ist unerfassbar, sie besitzt sich in Stille und geniesst ihre Ewigkeit, die den Wechselfällen der Zeit unzugänglich ist.

Er ist das Licht, aber das schwarze Haupt ist die Lampe. Das Öl der Intelligenz ist ihr zugemessen, und ihre Helligkeit offenbart sich auf den 32 Wegen.

Der geoffenbarte Gott ist der verschleierte Gott. Dieses menschliche Abbild Gottes ist wie das geheimnisvolle Eden, aus dem eine Quelle hervorging, die sich in vier Flüsse teilte.

Nichts geht von Gott selbst aus. Seine Substanz verbreitet sich nicht. Nichts geht von ihm aus und nichts kehrt in ihn zurück, denn er ist undurchdringlich und unveränderlich. Alles, was beginnt, was erscheint, was sich teilt, was vergeht und verschwindet, beginnt, erscheint, teilt sich, vergeht und verschwindet in seinem Schatten. Er ist unveränderlich in seinem Lichte, und er bleibt ruhig wie ein alter Wein, der nicht mehr vergärt.

VII.

Versuchet nicht in die Gedanken des geheimnisvollen Hauptes einzudringen. Seine innersten Gedanken sind verborgen, aber seine Gedanken, die schöpferisch nach aussen dringen, erstrahlen wie ein Kranz von Haaren, die glänzend weiss sich nicht eines mit dem andern vermengen.

Jedes der Haare ist ein Lichtstrom, der sich an Millionen von Welten knüpft. Die Haare sind auf seinem Scheitel geteilt und fallen zu beiden Seiten herab; aber jede Seite ist die rechte Seite. Denn an der göttlichen Gestalt, die das weisse Haupt bildet, gibt es keine linke Seite.

Die linke Seite des weissen Hauptes ist das schwarze Haupt; denn nach der Symbolik der Überlieferung entspricht das Niedrigere der Linken, und die Linke ist gleichsam das Niedrigere.

Doch zwischen dem Höheren und Niedrigeren an der Gestalt Gottes darf es nur den Antagonismus geben, der zwischen der linken und der rechten Hand des Menschen besteht, denn Harmonie ergibt sich aus der Analogie der Gegensätze.

Jsrael wurde mutlos in der Wüste und sprach: „Ist Gott mit uns oder ist er es nicht?“

Dann sprachen sie von Dem, den man kennt und den man nicht kennt.

So trennten sie das weisse Haupt vom schwarzen Haupt. Der Gott des Schattens wurde nun ein vernichtendes Phantom.

Sie wurden bestraft, weil sie aus Mangel an Vertrauen und Liebe gezweifelt hatten.

Man versteht Gott nicht, aber man liebt ihn; und die Liebe ist es, die den Glauben erzeugt.

Gott verbirgt sich dem Geist des Menschen, aber er offenbart sich seinem Herzen.

Wenn der Mensch sagt: „Ich glaube nicht an Gott“, so ist das, wie wenn er sagte: „Ich liebe ihn nicht.“

Und die Stimme des Schattens antwortet ihm: Du musst sterben, weil dein Herz das Leben verleugnet.

Der Mikroprosopos ist die grosse Nacht des Glaubens, in der alle Gerechten leben und seufzen. Sie strecken ihre Hände aus und erfassen die Haare des Vaters und von diesen glänzenden Haaren fallen Tropfen des Lichtes und erleuchten ihre Nacht.

Zwischen den beiden Seiten des Haares des „Ältesten der Alten“ ist der Pfad der hohen Weihe, der Pfad der Mitte, der Harmonie der Gegensätze.

Hier versteht und versöhnt sich alles. Hier triumphiert das Gute allein und das Böse existiert nicht mehr.

Dieser Pfad ist der des höchsten Gleichgewichts, und er heisst das letzte Gericht Gottes.

Die Haare des weissen Hauptes verbreiten sich gleichmässig in schöner Ordnung nach allen Seiten, aber sie bedecken die Ohren nicht.

Denn die Ohren des Herrn sind stets geöffnet, um ein Gebet zu hören, und nichts vermöchte sie zu hindern, dem Ruf des Waisenkindes oder der Klage des Bedrückten zu lauschen.

Die Klassiker der Kabbala. — Die Talmudisten und der Talmud.[1])

Die Bedeutung des Talmud, die spöttisch von der Unwissenheit der Christen geleugnet und mit blindem Aberglauben von der grossen Menge der Juden hochgehalten wird, beruht ganz auf den grossen und unwandelbaren Wahrheiten der heiligen Kabbala.

Der Talmud, dessen Name sich aus dem geheiligten Tau und einem hebräischen Wort zusammensetzt, das etwa Belehrung oder Unterricht bedeutet, umfasst sieben verschiedene Teile, die man bei wissenschaftlicher Betrachtung nicht verwechseln darf: die Mischna oder der jerusalemitische Talmud, die beiden Gemara oder der babylonische Talmud, die Thosphata oder „Zusätze",[2]) die Berichta (Boraitha), „Supplemente", die Maraschin oder allegorische Kommentare, und die Haggada oder „Überlieferungen".

Die Talmudisten, die dieses gewaltige Werk redigierten, gehörten drei Klassen von Rabbis an, die nacheinander die ursprünglichen Texte erhalten, interpretiert und durch Kommentare erläutert haben. Es waren dies die Thenaim (Thannaim)[3]) oder Eingeweihten, die Amoraim[4]) oder die Schüler der Thenaim; dann kamen die Massoreten und Chachamin, fanatisch konservativ bezüglich des Textes, systematische Berechner der Zeichen, deren wahre Bedeutung sie nicht kannten, Lehrer, die in der Kabbala nur die mathematischen Spielereien einer schlecht verstandenen Gematria[5]) und einer unzureichenden Temurah sahen.

Bei den Juden wie bei den Christen waren die Tendenzen der offiziellen Kirche oder der Synagoge stets darauf gerichtet, die Zeichen und Symbole ganz materiell aufzufassen, um die Hierarchie des zeitlichen Einflusses der Hierarchie des Wissens und der Tugend zu unterschieben. So stand vor der Ankunft Christi das Prophetentum, das die wahre Weihe und den Fortschritt darstellte, stets in offenem Kampf oder in stummer Feindschaft dem Priestertum gegenüber: so verfolgten die Pharisäer zur Zeit Christi die neue Schule der Essäer, deren Gründer er war, und traten später den erha-

---

1) Vgl. S. 7 u. ff.
2) Vgl. S. 9, Anm. 1.
3) Vgl. S. 8, dritter Absatz.
4) Vgl. S. 8, fünfter Absatz.
5) Vgl. S. 22.

benen und milden Lehren der Schüler Hillels und Chamais entgegen. Noch später bezeugten die Kohanins ihre Feindseligkeit gegenüber den eingeweihten Jsraeliten der alexandrinischen Schule; und die Chachamin und Massoreten verfolgten die Koanim, Meister, die im Dunkel des Mittelalters einem Okkultismus huldigten, der ohne Zweifel eine der geheimen Wurzeln der freimaurerischen Institutionen war Allerdings darf man von der offiziellen Synagoge nicht die Schlüssel zur Kabbala und zum verborgenen Sinn des Talmud verlangen; die gegenwärtigen Vertreter der biblischen Theologie werden natürlich behaupten, dass Maimonides, diese grosse Leuchte Jsraels, nicht nur nicht Kabbalist war, sondern auch das Studium der Kabbala für nutzlos und gefährlich hielt. Und doch verehrte Maimonides den Talmud. — —

Wäre der Talmud nicht ursprünglich der grosse kabbalistische Schlüssel des Judaismus gewesen, würde man weder seine Existenz noch die traditionelle Verehrung begreifen, die er genoss. Lässt doch der israelitische Katechismus den Talmud von allen gläubigen Juden als klassische und authentische Sammlung der geheimen Satzungen Jehovas betrachten, die durch die Weisheit des Moses dem priesterlichen Stamme zu mündlichem Unterricht vorbehalten blieben. Wir wissen ferner, dass der Inhalt dieser okkulten Theologie sicherlich das ist, was alle ernsten Eingeweihten die Kabbala nennen. Der Schlüssel zu dieser Wissenschaft, die allein alle geheimen Pforten öffnet und in alle Tiefen der Bibel eindringen lässt, muss auch zu allen Mysterien des Talmud den Zugang erschliessen, die nur ersonnen sind, um die Schlüssel zur Bibel zu erproben. Deshalb steigern nun die Talmudisten, wenn sie den allegorischen Sinn augenscheinlich sinnloser Stellen der heiligen Bücher erklären wollen, diese Sinnlosigkeit und geben als Erklärung für einen unwahrscheinlichen Text einen völlig unmöglichen Kommentar. Im Folgenden geben wir ein Beispiel für diese Methode.

Der Autor des allegorischen Buches Job stellt die brutale Kraft unter dem Symbol eines Land- und eines Seeungeheuers dar, von denen er eines Behemoth, das andere Leviathan nennt. Offenbar verwendet er nicht ohne kabbalistische Absicht die Zweiheit, denn die brutale Kraft beeinträchtigt nach den providentiellen Gesetzen des Gleichgewichtes stets sich selbst, und wie in der ewigen Erzeugung der Dinge die Harmonie sich aus der Analogie der Gegensätze ergibt, so bleibt bei titanischem Überschwang der Kraft die Harmonie durch den Antagonismus des Gleichen erhalten oder kommt dadurch wieder zustande. Das wollte offenbar der Autor des Buches Job ausdrücken; in folgender Weise nun erweitern die Talmudisten diese Allegorie:

„Eloim hatte dem Meer gestattet, sich einen sichtbaren Herrn zu geben, und der Erde, sich einen König zu geben."

— Das erinnert an die Fabel von den Fröschen und dem Storch.

„Das Meer gebar Leviathan, und die Erde liess Behemoth aus ihren Eingeweiden ans Licht treten.

Leviathan war die grosse Seeschlange.

Behemoth war der Cherub mit grossen Hörnern."

— Daher ist unser Teufel entstanden.

„Aber bald erfüllte Leviathan derart das Meer, dass die Gewässer zu Eloim riefen, da sie nicht wussten, wohin sie sich flüchten sollten.

Auch die Erde klagte, da sie unter den Füssen Behemoths zertreten und durch ihn ihres grünen Kleides beraubt wurde.

Eloim hatte Mitleid, und nahm Leviathan aus dem Meer und Behemoth von der Erde.

Und er salzte sie ein, um sie zum Mahl des jüngsten Tages aufzubewahren.

Dann werden die Auserwählten vom Fleische Leviathans und Behemoths essen und sie werden es köstlich finden, weil er der Herr ist, der es bereitet."

Wo ist Voltaire, um über diese ungeheuerliche Einsalzung, über Gott als Küchenmeister und über dieses scheussliche Mahl zu lachen und zu spotten! Allerdings sind ja häufig die rabbinischen Allegorien mit dem modernen Geschmack nicht in Einklang zu bringen, da sie ihn nicht kennen und sich ihm anpassen konnten. Aber was werden die Lacher dazu sagen, wenn man sie in der Fabel von Leviathan und Behemoth die Lösung des Problems vom Ursprung des Bösen finden lässt? Was könnten sie antworten, wenn man ihnen sagte: Der Teufel des Christentums verdeutlicht nur den blinden Überschwang der Lebenskraft, doch die Natur hält das Gleichgewicht aufrecht; selbst die Auswüchse und Ungeheuerlichkeiten haben ihre Daseinsberechtigung, und sie werden früher oder später dazu dienen, die universelle Harmonie zu nähren. Fürchtet also nichts! Alles, was über dem Menschen steht, muss schöner und besser als der Mensch sein; unter ihm steht nur das Tier, und so ungeheuer gross es auch sei, es muss Werkzeug oder Nahrung des Menschen sein! Fürchtet also nicht, dass euch der Teufel verzehrt! Seid Menschen, und ihr werdet den Teufel verzehren; denn der Teufel, das heisst der Geist der Torheit, kann sich nicht über das Tier erheben. Das also ist die Bedeutung der kabbalistischen Allegorie von der Verzehrung Behemoths und Leviathans!

Man denke sich nun einen Kommentator, einen Kohamim oder Massoreten, der die talmudische Allegorie wörtlich nimmt, der die buchstäbliche Wahrheit diskutiert, sich bemüht, die Existenz eines Leviathan und Behemoth zu erweisen, z. B. die Ansicht aufstellt, der Mond sei das Salzfass des ewigen Vaters usw. usw.; da gewinnt man dann eine Vorstellung von den verschiedenen Redaktionen des Talmud, von seiner verschleierten Weisheit, von seinen naiven Irrtümern.

Der wahre und allein echt kabbalistische Talmud, die Mischna, verdankt ihre endgültige Redaktion dem letzten Haupt der Tenaim, Rabbj-Jehuda-Hakadosch-Hanassi [1]), d. Juda, der Heilige und Fürst. Die Titel Kadosch und Fürst führten die grossen Eingeweihten der Kabbala, und sie haben sich unter den Adepten der geheimen Maurerei und Rosenkreuzerei erhalten. Rabbi Jehuda verfasste sein Buch nach allen Regeln der höchsten Initiation; er schrieb „nach aussen" und „nach innen", wie Ezechiel und der heilige Johannes zu sagen pflegen, und er deutet den transcendentalen Sinn durch die heiligen Buchstaben und Zahlen an, die dem Bereschit der sechs ersten Sephirot entsprechen. Die Mischna besteht aus 6 Büchern [2]) (Sederin), deren Ordnung und Gegenstand den absoluten Symbolen der kabbalistischen Philosophie entspricht, wie wir es darlegen wollen.

Wir haben schon erwähnt, dass die Kabbalisten Gott nicht definieren, sondern ihn in seinen Offenbarungen anbeten: Idee, Form, Intelligenz und Liebe. Sie nehmen eine höchste Macht an, die sich auf zwei Gesetze stützt, das der uranfänglich bestimmten Weisheit und das der schöpferisch tätigen Intelligenz, d. h. auf Notwendigkeit und Freiheit.[3]) Diese bilden die folgendermassen zusammengefasste Dreiheit:

Kether die Krone.

Binah die Intelligenz. Chocmah die Weisheit.

Als Spiegelbild dieser höchsten Idee stellen sie eine zweite Dreiheit im umgekehrten Sinne auf [4]): Die absolute

---

[1]) Vgl. S. 8, 2. Absatz.
[2]) Vgl. S. 5, letzter Absatz.
[3]) Vgl. S. 31.
[4]) Vgl. S. 121/122.

Gerechtigkeit, die der höchsten Weisheit oder Notwendigkeit entspricht, die absolute Liebe, die der schöpferischen Intelligenz oder Freiheit entspricht, und die höchste Schönheit, die aus der Harmonie der Gerechtigkeit mit der Liebe resultiert und der göttlichen Macht entspricht:

Gedulah die Liebe. Geburah die Gerechtigkeit.
Tiphereth die Schönheit.

Verbindet man diese beiden Dreiheiten in einer gewissen Weise, so erhält man das, was man flammenden Stern oder Siegel Salomos nennt, d. h. den vollständigen Ausdruck der theologischen Philosophie von Bereschit, der universellen Genesis.

Nach diesem Prinzip richtet sich die Einteilung von Rabbi Jehudas Werk.[1]) Das erste Buch oder Sederim, das der Sephira Kether entspricht, führt den Titel Zeraim, Samen, weil in der Idee der höchsten Krone der Begriff des befruchtenden Prinzips und der universellen Zeugung enthalten ist.

Das zweite Buch entspricht der Sephira Chochmah; es heisst Moed und behandelt religiöse Satzungen, an denen nichts geändert werden darf, weil sie die ewige Ordnung darstellen.

Das dritte Buch, das der Sephira Binah, d. h. der Freiheit oder der schöpferischen Kraft entspricht, handelt von den Frauen und der Familie und heisst Naschim.

Das vierte Buch, das sich auf die Sephira Geburah oder Gerechtigkeit bezieht, betrifft vor allem Rechtsverletzungen und ihre Bestrafung. Es führt den Titel Nazchim.

Das fünfte Buch, das der Sephira Gedulah entspricht, der Barmherzigkeit und Liebe, heisst Kadoschim und behandelt tröstende Glaubensmeinungen sowie religiöse Angelegenheiten.

Das sechste Buch endlich, das sich auf die Sephira Tiphereth bezieht, enthält die verborgensten Geheimnisse des Lebens und der Moral. Es handelt von der Reinigung, d. h. von der Heilkunst der Seelen und trägt den geheimnisvollen Namen Tharoth oder Tarot; es erklärt die geheime Bedeutung der symbolischen Räder Ezechiels und des Namens Thorah, mit dem noch heute die Rabbiner die ganze heilige Schrift bezeichnen.

An die Spitze der Mischna stellte Rabbi Jehuda-Hakadosch-Hanassi die Überlieferung der Weisen des Judentums.

---

[1]) Vgl. S. 5 u. 6.

Es sind die Sprichwörter und Sinnsprüche der Nachfolger Salomons in ihrer erhabenen Weisheit.

Durch drei Dinge, sagte Simon der Gerechte, besteht die Welt:

„Durch die Lehre des Gesetzes.
Durch die Erfüllung der Pflichten des Kultus.
Und durch die Werke der Wohltätigkeit."

Auch hier haben wir wieder die kabbalistische Dreiheit, das unveränderliche Gesetz, den fortschreitenden Kultus und die Wohltätigkeit, die das Leben und die Grundlage von Kultus und Gesetz ist.

Antigonus sagte: „Seid nicht wie ein Knecht, der nur wegen des Mietlohnes gehorcht. Eure Belohnung liege im Gehorsam selbst und die Achtung vor dem Höherstehenden schlage Wurzeln in euch."

Rabbi Tarphon sagt: „Der Tag ist kurz, die Erfordernisse sind gross und die Arbeiter sind träge; trotzdem werden sie den Preis ihrer Tagarbeit gewinnen, denn der Meister ist für sie verantwortlich und durch seine Tätigkeit gleicht er ihre Trägheit aus" — — ein Versprechen des Heils für alle, ein kühnes Leugnen der Sünde und des Bösen ist die Verantwortlichkeit der Vorsehung, die die Idee der Bestrafung in der zeitlichen Notwendigkeit des Leidens ausschliesst, da dieses nur als Antrieb für die Lässigkeit der Menschen betrachtet wird."

Akabiah sagte: — „Wisse wohl drei Dinge und du wirst niemals sündigen:

„Woher du kommst,
wohin du gehst,
und wem du Rechenschaft ablegen sollst."

Das sind drei Dinge, die man wissen muss, um nicht mehr absichtlich Böses zu tun. Derjenige, der diese drei Dinge weiss, wird nicht mehr sündigen, sonst wäre er ein törichter Narr. Derjenige, der sie noch nicht weiss, kann noch nicht sündigen: Wie sollte man sich gegen Pflichten verfehlen, die man nicht kennt?

Das sind die von Meister Jehuda-Hakadosch-Hanassi gesammelten Grundsätze, die an der Spitze des Buches über die Samen oder die universellen Prinzipien stehen. Er geht dann vom Figürlichen zum Positiven über und behandelt den Ackerbau. Hier würden Volney und Dupuis in den höchsten Mysterien der jüdischen Religion den Kalender wiederfinden. Und warum sollte darin auch nicht der Kalender enthalten sein? Entspricht denn die Krone Kether nicht der Krone des Jahres, und sind die religiösen Feste nicht der sichtbare Schmuck dieses Diadems der erhabenen Glaubenssatzungen? Doch die transcendentale Philosophie des Talmud lässt allen kleinlichen Aberglauben buchstäblich genommener Glaubenssatzungen bei Seite. „Derjenige, der sagt: „Ich will sündigen, und der Tag der Verzeihung wird kommen, um mich loszusprechen", der macht den Tag der Verzeihung ungültig für sich, und wird von seinen absichtlichen Verfehlungen nicht freigesprochen werden."

Ferner sagen die Talmudisten: „Beziehen sich die Sünden auf das Verhältnis des Menschen zu Gott, so kann sie nur Gott am Tage der Verzeihung vergeben; beziehen sie sich aber auf das Verhältnis des Menschen zum Menschen, d. h. auf die Gerechtigkeit unter Brüdern, kann sie der Mensch allein vergeben, indem er vor dem Gesetze erklärt, der Schaden sei wieder gutgemacht."

Das ist die Weisheit, die den religiösen Festen Israels zu Grunde liegt, die im zweiten Buch des jerusalemitischen Talmuds beschrieben werden; dieses ist in engstem Zusammenhang mit dem ersten, da das eine die Bebauung der Felder und die Ausbildung der Seelen, das andere den Kultus Gottes und des symbolischen Kalenders behandelt.

Das dritte Buch oder Sederin ist ganz besonders den Frauen und der Familie gewidmet. Die talmudische Jurisprudenz trennt die Frau vom Manne nicht, und vermeidet es durch die Aufwerfung der verwirrenden Frage nach Gleichheit oder Überlegenheit einen Antagonismus in die Liebe hineinzubringen, der die Liebe vernichten und zerstören würde; für die Kabbalisten ist die Frau weder Ebenbürtige, noch Dienerin, noch Herrin, noch Genossin des Mannes; sie ist der Mann selbst, von der liebevollen und mütterlichen Seite aufgefasst; die Frau besitzt alle Rechte des Mannes im Manne selbst, und der Mann achtet sich in der Frau.

„Möge doch niemals menschlicher Irrwahn das trennen, was die göttliche Weisheit vereinigt hat! Wehe denen, die allein leben!"

Die Fragen der Frauenemanzipation sind nur Phantastereien eheloser Frauen und vor dem natürlichen Gesetz ist das Coelibat eine Ungeheuerlichkeit.

„O Seele meiner Seele, Herz meines Herzens und Fleisch von meinem Fleisch", würde mit seiner orientalischen Emphase ein in die Mysterien der Mischna Eingeweihter sagen, „du sprichst davon, mir gleich zu werden? Du willst also etwas anderes werden als ich selbst! Du willst dein

Herz von meinem Herzen reissen, du willst zwei aus dem machen, was eines war; und wie dich Gott aus demselben Fleisch und dem Gebein meiner Brust gebildet hat, willst du ohne mich aus dir etwas Ungeheuerliches bilden, um dich zu ergänzen und mich in deinem Wesen. zu ersetzen!"

„Der Altar weint," sagt ein talmudistischer Rabbi, „wenn ein Gatte sich von seiner Gattin trennt."

Das vierte Buch der Mischna, das über Rechtsverletzungen und Schädigungen spricht, ist eine Sammlung bürgerlicher Gesetze, die allen Gesetzgebungen des Mittelalters weit überlegen ist, und auf diese geheime Gesetzgebung muss man die Erhaltung Israels trotz aller Verfolgungen zurückführen; ihr verdankt es seine Befreiung durch die Industrie, die das höchste Ziel der materiellen Zivilisation ist und der Schutz aller der politischen Rechte, die so mühevoll und so vollständig von den Kindern der alten jüdischen Paziahs in unseren Tagen erworben wurden.

Die Bücher Kadoschim und Tharoth ergänzen mit ihren Darlegungen das grosse Ganze der jüdischen Überlieferungen und schliessen den Kreis der Offenbarungen Rabbj-Jehudas ab. Von diesem erhabenen Werke eines Eingeweihten ist es gar weit zu den Kommentaren der beiden Gemaras und zu der aristotelischen Exegese eines Moses Maimonides.

Und doch war Maimonides ein grosser Gelehrter, ja ein grosser Mann; aber aus übertriebenem Abscheu gegen Aberglauben und Abneigung gegen den Mystizismus war er gegen die kabbalistische Erklärung des Talmud eingenommen. In seinem Noré Newouchine (der Führer der Verirrten) führt er in acht Kapiteln die Traditionen des Talmud auf die allgemein bekannten Gesetze der Natur und Vernunft zurück; dann vereinigt er im Jad Hacksaka (die starke Hand) die jüdischen Glaubenssatzungen in einem Symbolum [1]) von dreizehn Artikeln: es ist dies ein Meisterwerk schlichter Verstandeskritik, aber, ohne es selbst zu wissen, stützt sich dabei Maimonides auf die Prinzipien der reinsten Kabbala, so dass die Schlüssel des Tarot, des grossen kabbalistischen Rades, mit ihren hieroglyphischen Zeichen ganz genau den dreizehn Grundartikeln des Symbolum des Maimonides entsprechen.

---

[1]) Glaubensbekenntnis.

(Auszug aus „La Clef des Grands Mystères“ von Eliphas Levi.)

Die praktische Kabbala.

In der praktischen Kabbala spielt die Ansufung der 72 Genien eine grosse Rolle. Über die Entstehung der Namen dieser Genien haben wir bereits S. 88 gesprochen.

Für ein besonderes Studium der Anrufung der Genien und der darauf bezüglichen Tabellen empfehlen wir die hermetische Skizze „Tout Universel d'après la Theosophie chrétienne par Jacob“ (Verlag Chacornac, Paris, 1902).

Wir bemerken hier nur, dass die Anrufung der Genien in der Jahreszeit erfolgen muss, die ihrem Element entspricht, oder nach der Himmelsrichtung zu, die unter ihrer Herrschaft steht.

Es ergibt sich dafür folgende Tabelle:

Feuer	Osten	Frühling
Wasser	Westen	Herbst.

Ferner sind die einzelnen Tagesstunden je einem Planeten zugewiesen und haben danach ihre Bedeutung: ♃ und ♀ sind günstig, ♄ und ♂ sind ungünstig, ☉ und ☽ sind ohne bestimmte Bedeutung; ☿ ist günstig mit günstigen, ungünstig mit ungünstigen Planeten.

Für die Beziehung der Tagesstunden zu den Planeten ergibt sich die folgende Tabelle:

Sonntag.

Tag	1 ☉	4 ☾	7 ♂	10 ☿
	2 ♀	5 ♄	8 ☉	11 ☾
	3 ☿	6 ♃	9 ♀	12 ♄
Nacht	1 ♃	4 ♀	7 ♄	10 ☉
	2 ♂	5 ☿	8 ♃	11 ♀
	3 ☉	6 ☾	9 ♂	12 ☿

Montag

Tag	1 ☾	4 ♂	7 ☿	10 ♃
	2 ♄	5 ☉	8 ☽	11 ♂
	3 ♃	6 ♀	9 ♄	12 ☉
Nacht	1 ♀	4 ♄	7 ☉	10 ☽
	2 ☿	5 ♃	8 ♀	11 ♄
	3 ☾	6 ♂	9 ☿	12 ♃

Dienstag

Tag	1 ♂	4 ☿	7 ♃	10 ♀
	2 ☉	5 ☽	8 ♂	11 ☿
	3 ♀	6 ♄	9 ☉	12 ☾
Nacht	1 ♄	4 ☉	7 ☽	10 ♂
	2 ♃	5 ♀	8 ♄	11 ☉
	3 ♂	6 ☿	9 ♃	12 ♀

Mittwoch

Tag	1 ☿	4 ♃	7 ♀	10 ♄
	2 ☽	5 ♂	8 ☿	11 ♃
	3 ♄	6 ☉	9 ☽	12 ♂
Nacht	1 ☉	4 ☾	7 ♂	10 ☿
	2 ♀	5 ♄	8 ☉	11 ☾
	3 ☿	6 ♃	9 ♀	12 ♄

Donnerstag

Tag	1 ♃	4 ♀	7 ♄	10 ☉
	2 ♂	5 ☿	8 ♃	11 ♀
	3 ☉	6 ☾	9 ♂	12 ☿
Nacht	1 ☾	4 ♂	7 ☿	10 ♃
	2 ♄	5 ☉	8 ☾	11 ♂
	3 ♃	6 ♀	9 ♄	12 ☉

Freitag

Tag	1 ♀	4 ♄	7 ☉	10 ☾
	2 ☿	5 ♃	8 ♀	11 ♄
	3 ☾	6 ♂	9 ☿	12 ♃
Nacht	1 ♂	4 ☿	7 ♃	10 ♀
	2 ☉	5 ☽	8 ♂	11 ☿
	3 ♀	6 ♄	9 ☉	12 ☽

Samstag

Tag	1 ♄	4 ☉	7 ☾	10 ♂
	2 ♃	5 ♀	8 ♄	11 ☉
	3 ♂	6 ☿	9 ♃	12 ♀
Nacht	1 ☿	4 ♃	7 ♀	10 ♄
	2 ☽	5 ♂	8 ☿	11 ♃
	3 ♄	6 ☉	9 ☽	12 ♂

Für den Einfluss der Tierkreiszeichen auf die Tages- und Nachtstunden geben die Kabbalisten die folgende Tabelle:

Tag	Mitternacht	bis	1h	♈
	1h	„	2h	♉
	2h	„	3h	♊
	3h	„	4h	♋
	4h	„	5h	♌
	5h	„	6h	♍
	6h	„	7h	♎
	7h	„	8h	♏
	8h	„	9h	♐
	9h	„	10h	♑
	10h	„	11h	♒
	11h	„	12h	♓

Für die „Nacht“, resp. für den Zeitraum von 12h Mittags bis 12h Mitternacht gilt das Gleiche.

[1]) In engster Beziehung zu dem, was wir über die Genien zu sagen haben, steht das Bild des grossen „kabbalistischen Baumes“, das wir dem Werke Kirchers „ŒdipusÆgyptiaeus“ entlehnen und mit Fig. 8 bezeichnen. Die Aufschrift heisst „Iconismus inserendus tom. II, Fol. 287“ (Bild Band II, Seite 287). Darunter heisst es in der Mitte· Speculum Cabalae mysticae, In quo omnia, quae Hebraei de nomine dei tetragrammato arcane retulerunt, eos ad nomen Messiae Jesu respexisse demonstratur. Omnes quoque mundi nationes nomen dei non sine mysterio 4 litteris enunciare docetur. (Spiegel der mystischen Kabbala, in dem erwiesen wird, dass die Hebräer mit allem, was sie über den vierbuchstabigen Namen Gottes in geheimer Lehre lehrten, sich auf den Namen des Messias Jesus bezogen. Auch zeigt sich, nicht ohne geheime Bedeutung, dass alle Völker der Welt den Namen Gottes mit vier Buchstaben ausdrücken).

Zur Linken und zur Rechten dieser in einer Umrahmung gegebenen Aufschrift sind auf den Blättern des „kabbalistischen Baumes“ die Namen der 72 Genien, aber nur je mit den ersten drei Buchstaben, in hebräischer Schrift verzeichnet. Der äusserste Kreis trägt folgende Umschrift: Arbor Cabalistica ex tribus versibus Exod. c. 14 qui incipiunt: ומעויכויט extracta, de quibus vide cabalam fol. 271 et sequentibus, uti et fol. 287 (Der „kabbalistische Baum“ nach den drei Versen Exod.) [des 2. Buches Moses], Kap. 14,[2]) die beginnen: ויט usw., worüber zu vergleichen ist „Cabala“, S. 271 und die ff., sowie S. 287). Im ersten Kreise von aussen finden wir zwischen Flammenzungen die Zahlen, die sich auf die darunter stehenden 72 Namen Gottes beziehen, und zwar Zahl 1 auf יהוה usw.; in dem dritten Kreise von aussen sind die Namen der 72 Nationen enthalten, die sich nach Kircher des dazu gehörigen Gottesnamens bedienen, also „Hebraei“ des Namens יהוה usw.

Im vierten Kreisring von aussen sind 42 Attribute Gottes enthalten, denen im fünften und sechsten Ringe 42 Zahlen und Buchstaben entsprechen. Ich muss diesbezüglich auf Karl Kiesewetters „Okkultismus des Altertums“, S. 326 verweisen, wo es heisst: „Der Talmud lehrt uns, dass man früher drei Namen besass, um die göttliche Wesenheit zu bezeichnen

[1]) Die folgende Beschreibung ist, wie manches andere, dass ich zur Erklärung einschalten musste, eine notwendige Ergänzung zu dem Werke von Papus (Nestler).

[2]) Vgl. S. 88.

und auszudrücken: nämlich das berühmte Tetragrammaton oder den aus vier Buchstaben bestehenden Namen, sodann zwei andere der Bibel unbekannte Namen, von denen der eine aus 12 und der zweite aus 42 Buchstaben zusammengesetzt ist."[1]) Wie zur Bestätigung dieses Zitates finden wir im siebenten Kreisringe den zwölfbuchstabigen Namen Gottes: אבבן וריה הקדש = Ab Ben Veruach Hakodesch[2]) (Vater, Sohn, Der heilige Geist) auf 12 Buchstaben verteilt, denen in 12 Sternzacken 12 Attribute Gottes entsprechen.

Wir wollen zunächst die schon erwähnten 42 und dann die 12 Attribute anführen.

Die 42 Attribute.

Sie beginnen über der Zahl 1 (א) mit „Amor", Liebe:

1. Amor (Liebe)
2. Spes omnium finium terrae (Hoffnung aller Länder der Erde)
3. Vita aeterna (Ewiges Leben)
4. Deus Virtutis (Der Gott der Tugend)
5. Terribilis (Der Schreckliche)
6. Zelotes (Der Eifrige)
7. Magni consilii Angelus. (Der Engel des grossen Ratschlusses.)
8. Admirabilis (Der Wunderbare)
9. Omnipotens (Der Allmächtige)
10. Pugnator (Der Kämpfer)
11. Redemptor (Der Erlöser)
12. Salvator (Der Retter)
13. Protector (Der Schützer)
14. Pater (Der Vater)
15. Causa causarum (Die Ursache der Ursachen)
16. Pelagus (Das Meer)
17. Fons vitae (Quell des Lebens)
18. Sol (Die Sonne)
19. Bonitas (Die Güte)
20. Veritas (Die Wahrheit)
21. Unitas (Die Einheit)
22. *α* et *ω* (Anfang und Ende)
23. Vita (Das Leben)

---

[1]) Vgl. die weiteren Darlegungen über diese Namen, Kiesewetter l. c. S. 326 u. ff.

[2]) Vgl. Tabelle S. 129.

24. Veritas (Die Wahrheit)
25. Via (Der Weg)
26. Dux (Der Führer)
27. Princeps (Der Fürst)
28. Dominus ovium (Der Hirt der Schafe)
29. Rex Regum (Der König der Könige)
30. Dies (Der Tag)
31. Lux (Das Licht)
32. Ignis (Das Feuer)
33. Creator (Der Schöpfer)
34. Finis (Das Ende)
35. Medium (Die Mitte)
36. Principium (Der Anfang)
37. Providentia (Die Vorsehung)
38. Perfectio (Die Vollkommenheit)
39. Pax (Der Friede)
40. Justitia (Die Gerechtigkeit)
41. Pulchritudo (Die Schönheit)
42. Sapientia (Die Weisheit).

Die 12 Attribute.

1. Aeternus (Der Ewige)
2. Ineffabilis (Der Unaussprechliche)
3. Incomprehensibilis (Der Unbegreifliche)
4. Gloriosus (Der Ruhmvolle)
5. Infinitus (Der Unendliche)
6. Immensus (Der Unermessliche)
7. Clemens (Der Milde)
8. Sufficiens (Der Hilfreiche)
9. Longanimis (Der Langmütige)
10. Iustus (Der Gerechte)
11. Misericors (Der Barmherzige)
12. Bonus (Der Gute).

Im allerinnersten Kreise sehen wir die Gestalt Christi über seinem Namen יהשוה[1]) thronen, zwischen den Buchstaben H I S, die in ihrem Innern eine Inschrift bergen, die Kenner des Hebräischen leicht entziffern werden. Darunter ist das Symbol, das wir auf Seite 78 dargestellt haben, und die Worte: explicatur in „Cabala" fol. 287 (wird in der „Cabala" S. 287 erklärt).

Wenden wir uns dem Teil des Bildes zu, der sich unter-

[1]) Vgl. S. 113 u. S. 117 u. ff.

halb des grossen zweiundsiebzigzackigen Kreissternes befindet. Zur Linken sehen wir eine bandartige Schleife mit den Worten: Arbor mystica 7 planetas, membra corporis et praesides Angelos continens (Der mystische Baum, der die 7 Planeten, die Glieder des Körpers und die sie beherrschenden Engelsnamen enthält.) Dem entsprechen auch in hebräischer und lateinischer Sprache die 7 Tafeln des darunter befindlichen „Baumes“.

1. Oculus sinister (linkes Auge) Gabriel ♃
2. Oculus dexter (rechtes Auge) Raphael ♄
3. Auris sinistra (linkes Ohr) Michael ☉
4. Auris dextra (rechtes Ohr) Samuel ♂
5. Nares sinistrae (linkes Nasenloch) Aniel ☿
6. Nares dextrae (rechtes Nasenloch) Zadechiel ♀
7. Os (Der Mund) Raphziel ☾

In der Mitte steht auf dem Baumstamm: Arbor mystica in medio Paradisi ad 72 gentium salutem plantata, cuius fructus 72 nomina dei sunt (Der mystische Baum, in der Mitte des Paradieses zum Heil der 72 Völker gepflanzt, dessen Früchte die 72 Namen Gottes sind). Darunter heisst es noch: vide Cabalam fol. 259 et fol. 535, ubi explicatio eius habetur (vgl. „Cabala“ S. 259 und 535, wo die Erklärung dafür gegeben wird), und: Petrus Motti (?) fecit. (Die Unterschrift des Malers.)

Zur Rechten begegnen wir gleichfalls einer bandartigen Schleife mit den Worten: Arbor malorum punic(orum), 12 signa zodiaci, 12 tribus israel. (iticas) et 12 nominis Dei reuolutiones continens (Der Baum der Granatäpfel, der die 12 Tierkreiszeichen, die 12 Stämme Jsraels und die 12 Umwandlungen [Permutationen] des Namens Gottes enthält). In der Tat sehen wir dies auf 12 Tafeln des darunter befindlichen „Baumes“, der Name Gottes, der in Betracht kommt, ist יהוה in 12 Permutationen seiner Buchstaben.

Die zweiundsiebzig Genien.

Der erste Genius.

Name: Vehuiah והויה[1])

Attribut: Der über allen Dingen hoch und erhaben stehende Gott.

[1]) Wie bei den weiteren Genien finden sich die ersten drei Buchstaben des Namens auf dem mit 1 bezeichneten Blatte des Laubwerkes in Fig. 8.

Namen Gottes, der dem Genius entspricht: Jehova ויהוה[1]).

Bewohnt die Region des Feuers.

Sternbild: Widder ♈.

Wird angerufen: um mit dem Geiste Gottes erleuchtet zu werden.

Bei der Anrufung bediene man sich des Verses 4. Psalm 3: Et tu, Domine, susceptor meus et gloria mea et exultans caput meum (Doch Du, Herr, bist ein Schild um mich, mein Ruhm; und Du hebest mein Haupt empor).

Der Genius bewirkt: durchdringenden Geist, grossen Scharfsinn, Vorliebe für Wissenschaften und Künste, die Fähigkeit sehr schwierige Dinge zu unternehmen und auszuführen.

Besonderes Kennzeichen: Energie.

Der Gegengenius bewirkt: lärmendes, ungestümes Wesen, Zorn.

Der zweite Genius.

N.: ילואל Jeliel.

Attr.: Der hilfreiche Gott.

Namen Gottes: Aydy.

Wird angerufen: um Volksaufruhr zu beschwichtigen; um den Sieg über die zu erlangen, die uns ungerecht angreifen.

Bei der Anrufung als Gebet: Vers 20, Ps. 22:

Tu autem, Domine, ne elongaveris auxilium tuum a me ad defensionem meam conspice. (Aber Du, Jehova, entferne Dich nicht! Meine Kraft! Eile mir zu Hilfe!

Bewirkt: Heiteres Gemüt, angenehmes Wesen, Vorliebe zum anderen Geschlecht.

Der Gegengenius: Alles, was belebten Wesen schädlich ist.

Der dritte Genius.

N.: סיטאל Sitael.

Attr.: Gott, die Hoffnung aller Kreaturen.

Zugehöriger Teil der Tierkreissphäre: 11.—15.°

Wird angerufen: gegen Widerwärtigkeiten.

Bei der Anrufung bedient man sich der göttlichen Namen und des 2. V., Ps. 91:

Dixi: Domine, susceptor meus es tu et refugium meum, Deus meus; sperabo in eum. (Zu Jehova sprach ich: Meine

---

[1]) Die entsprechenden Gottesnamen vgl. auf dem 2. Kreise von aussen unter den dazu gehörigen Zahlen Fig. 8): 1 והוה usw.

Zuflucht und meine Burg bist Du, mein Gott, dem ich vertraue.)

Wird angerufen: zum Schutz gegen Waffen und gegen wilde Tiere.

Bewirkt: Wahrheitsliebe, Worthalten, Dienstfertigkeit.

Gegengenius: Heuchelei, Undankbarkeit und Meineid.

Der vierte Genius.

N.: עלמיה (Elemiah).

Attr.: Gott in seiner Verborgenheit. — N. G.: Alla.

Zugeh. Teil d. T.-Sph.: 16.—20.°

Wird anger.: gegen seelischen Kummer und um Verräter zu erkennen.

Bei der Anrufung als Gebet: V. 5. Ps. 6: Convertere Domine et eripe animam meam: salvum me fac propter misericordiam tuam (Kehre wieder, Jehova; rette meine Seele, hilf mir um Deiner Gnade willen!)

Unter seiner Herrschaft stehen: Reisen, Expeditionen zur See.

Bewirkt: Betriebsamkeit, Glück in Unternehmungen, Vorliebe für Reisen.

Gegengenius: Schlechte Erziehung, gefährliche Entdekkungen, Behinderung aller Unternehmungen.

Der fünfte Genius.

N.: מהשיה (Mahasiah).

Attr.: Gott Retter. — N. G. : Toth, Teut, Theuth.

Zugeh. T. d. Th.-Sph.: 21.—25.°

Wird anger.: Um mit aller Welt in Frieden zu leben.

Bei der Anr.: Alle göttlichen Namen und V. 5, Ps. 34. Exquisivi Dominum et exaudivit me et ex omnibus tribulationibus meis eripuit me. (Ich suchte Jehova und er erhörte mich; und aus aller meiner Furcht rettete er mich.)

Unter s. H. st.: Hohe Wissenschaft, okkulte Philosophie und Theologie, die freien Künste.

Bewirkt: Leichtes Lernen, Vorliebe für ehrbare Vergnügungen.

Der Gegengenius: Unwissenheit, Ausschweifung, schlechte Eigenschaften des Geistes und des Körpers.

Der sechste Genius.

N.: ללהאל (Lelahel).

Attr.: Der zu lobpreisende Gott. N.-G.: Abgd.

Zug. T. d. T.-Sph.: 26.—30.°.

Wird anger.: Um Erleuchtung zu bekommen und Krankheiten zu heilen.

Bei der Anrufung: V. 12, Ps. 9: Psalite Domino, qui habitat in Sion; annunciate inter gentes studia eius. (Singet Jehova, der auf Sion thront; verkündet unter den Völkern seine Taten.)

Bewirkt: Liebe, Berühmtheit, Wissenschaft, Kunstfertigkeit und Glück.

Kennzeichen: Ehrgeiz, Berühmtheit.

Gegengenius: Falscher Ehrgeiz, durch unerlaubte Mittel erworbenes Vermögen.

Siebenter Genius.

N.: אכאיה (Achaiah).

Attr.: Der gütige und geduldige Gott.

Zug. T. d. T.-Sph.: 31.—35.°.

Wird anger.: um Geduld und Naturgeheimnisse.

Bei der Anr.: V. 8, Ps. 103: Miserator et misericors Dominus, longanimis et multum misericors. (Barmherzig und gnädig ist Jehova, langmütig und von grosser Güte.)

Bewirkt: Lerneifer, Berühmtheit wegen Ausführung sehr schwieriger Arbeiten.

Gegengenius: Hindernis der Erleuchtung.

Achter Genius

N.: כהתאל (Kahetel).

Attr.: Anbetungswürdiger Gott. N. G.: Moti.

Zug. d. T.-Sph. 36.—40.°.

Bei der Anr.: V. 6, Ps. 95: Venite adoremus et procidamus et ploremus ante Dominum, qui fecit nos. (Kommet, lasset uns anbeten und niederfallen; lasset uns knieen vor Jehova, unserem Schöpfer!)

Wird anger.: Um den Segen Gottes zu erlangen und böse Geister zu vertreiben.

Unter seiner Herrschaft stehen: Landbau, Neigung, im Gebete sich zu Gott zu erheben.

Bewirkt: Arbeitsliebe, Liebe zum Ackerbau, zur Jagd.

Gegengenius: Alles, was den Bodenerzeugnissen schädlich ist, Gotteslästerung.

Neunter Genius.

N.: הזיאל (Aziel).

Attr.: Gott der Barmherzigkeit. N. G.: Agzi.

Zug. T. d. Th.-Sph.: 41.—45.°.

Bei d. Anr.: V. 6, Ps. 25: Reminiscere miserationum tuarum, Domine, et misericordiarum tuarum quae a saeculo sunt. (Gedenke Deiner Erbarmung, Jehova, und Deiner Gnade; denn von Ewigkeit her sind sie).

Bewirkt: Barmherzigkeit Gottes, Freundschaft und Gunst der Grossen, Ausführung eines gemachten Versprechens. Unter seiner Herrschaft stehen: Vertrauen und Versöhnung. Besonderes Kennzeichen: Aufrichtigkeit in Versprechungen, leichtes Verzeihen.

Der Gegengenius: Hass, Heuchelei.

Zehnter Genius.

N.: אלדיה (Aladiah).

Attr.: Der gnädige Gott. N. G.: Sipi (Syri).

Zug. T. d. Th.-Sph.: 41.—50.°.

Bei der Anr.: V. 22, Ps. 33: Fiat misericordia tua, Domine, super nos, quemadmodum speravimus in te. (Deine Gnade, Jehova, sei über uns, so wie wir hoffen auf Dich.)

Bewirkt Gnade für die, die verborgene Verbrechen begangen haben und eine Entdeckung befürchten.

Unter s. Herrsch. st.: Seuchen und Heilung von Krankheit, gute Gesundheit, Glück in Unternehmungen.

Der Gegengenius: Schlechte Gesundheit, Widerwärtigkeiten.

Elfter Genius.

N.: לאויה (Lauviah).

Attr.: Der gelobte und gepriesene Gott. N. G.: Deus.

Zug. T. d. T.-Sph. 51.—55.°.

Bei der Anr. Vs. 47, Ps. 18: Vivit Dominus et benedictus Deus meus et exsultatur Deus salutis meae. (Es lebt Jehova; gepriesen sei mein Fels, erhoben der Gott meines Heiles.)

Wird angerufen gegen Blitz und um Sieg zu erlangen.

Unter s. Herrsch. st.: Berühmtheit.

Bewirkt geistige Grösse, Gelehrsamkeit, Berühmtheit durch persönliche Talente.

Gegengenius: Stolz, Zorn, Verleumdung.

Zwölfter Genius.

N.: חהעיה (Hahaiah).

Attr.: Gott Zuflucht. N. G.: Θεὸς.

Zug. T. d. T.-Sph.: 56.—60.°.

Wird angerufen: gegen Widerwärtigkeiten.

Bei d. Anr.: V. 22, Ps. 9 (oder V. 1. Ps. 10): Ut quid Domine reccessisti longe; despicis in opportunitatibus, in tribulatione. (Warum, Jehova, stehst du ferne, verbirgst dich in der Zeit der Not!)

Unter s. Herrsch. stehen: Träume, die den Sterblichen verborgenen Geheimnisse.

Bewirkt: sanfte ruhige Sitten.

Der Gegengenius: Zwischenträgerei, Lüge, Vertrauensbruch.

Dreizehnter Genius.

N.: יזלאל (Jezalel).

Attr.: Der über alles verklärte Gott. N. G.: Boog.

Zug. T. d. T.-Sph.: 61.—65.°.

Bei der Anr.: V. 4, Ps. 98: Jubilate Deo, omnis terra, cantate et exultate et psallite. (Jauchze Jehova die ganze Erde, brechet aus in Jubel und spielet).

Unter s. Herrsch. st.: Freundschaft, Versöhnung, eheliche Treue.

Bewirkt: leichtes Lernen, grosse Geschicklichkeit.

Der Gegengenius: Unwissenheit, Lüge, Irrtum.

Vierzehnter Genius.

N.: מבהאל (Mebahel).

Attr.: Gott Erhalter. N.-G.: Dios.

Zug. T. d. T.-Sph.: 66.—70.°.

Wird anger.: gegen die, die das Vermögen eines anderen an sich reissen wollen.

Bei der Anr.: V. 10, Ps. 9: Et factus est Dominus refugium pauperis, adjutor in opportunitatibus in tribulatione. (Ja, Jehova, ist Zuflucht dem Gedrückten, Zuflucht zur Zeit der Bedrängnis).

Unter s. Herrsch. st.: Gerechtigkeit, Wahrheit, Freiheit; befreit Gedrückte und beschützt Gefangene.

Bewirkt Neigung für die Jurisprudenz, Berühmtheit der Advokaten.

Gegengenius: Verleumdung, falsches Zeugnis, Rechtshändel.

Fünfzehnter Genius.

N.: חריאל (Hariel).
Attr.: Gott Schöpfer. N. G.: Iddio.
Zug. T. d. T.-Sph.: 71.—75.°.
Wird angerufen gegen Religionsfrevler.
Bei der Anr.: Die betreffenden Namen mit den Namen Gottes und V. 22, Ps. 94: Et factus est mihi Dominus in refugium et Deus meus in adjutorium spei meae (Aber Jehova ist mein Schutz, und mein Gott, der Fels meiner Zuflucht).
Unter s. Herrsch. st.: Wissenschaft und Künste.
Bewirkt: religiöse Gefühle, Sittenreinheit.
Gegengenius: Schisma, Religionskriege, religiöse Sektiererei.

Sechzehnter Genius.

N.: חקמיה (Hakamiah).
Attr.: Gott, der das Universum errichtet. N. G.: Dieu.
Zug. T. d. T.-Sph.: 76.—80.°.
Wird anger.: gegen Verräter, um Sieg zu erhalten und um von denen befreit zu werden, die uns unterdrücken wollen. Man nenne ihre Namen und spreche dann das folgende Gebet:
O allmächtiger Gott der Heerscharen, der du das Universum errichtest und die Nation beschützest, ich rufe dich an mit dem Namen Hakamiah, damit du mein Land von seinen Feinden befreist. — Ferner spreche man bei der Anr.: V. 2, Ps. 88: Domine, Deus salutis meae, in die clamavi et nocte coram te (Jehova, Gott meines Heils, am Tage schreie ich und in der Nacht vor dir).
Unter s. Herrsch. st.: Gekrönte Häupter, grosse Feldherren; verleiht Sieg.
Bewirkt: offenen, tapferen Charakter, Empfindlichkeit im Ehrenpunkt, Neigung zum anderen Geschlecht.
Gegengenius: Verrat.

Siebzehnter Genius.

N.: לאויה (Lanoiah).
Attr.: Bewunderungswürdiger Gott. N. G.: Gott.
Zug. T. d. T.-Sph.: 81.—85.°.
Soll nach Fasten angerufen werden.
Bei der Anr.: V. 2, Ps. 8.: Domine, Dominus noster,

quam admirabile est nomen in universa terra (Jehova, unser Herr, wie herrlich ist dein Name auf der ganzen Erde).

Wird anger.: gegen seelischen Kummer und Traurigkeit.

Unter s. Herrsch. st.: Hohe Wissenschaft und wunderbare Entdeckungen; verleiht Offenbarungen im Traume.

Besonderes Kennzeichen: Liebe zur Musik, Poesie, Literatur und Philosophie.

Gegengenius: Atheismus.

Achtzehnter Genius.

N.: כליאל (Kaliel).

Attr.: Gott, der erhört. N. G. Boog.

Zug. T. d. T.-Sph.: 86.—90.°.

Wird anger., um rasche Hilfe zu erlangen.

Bei d. Anr.: V. 9, Ps. 7: Judica me Domine secundum justitiam meam et secundum innocentiam super me. (Urteile über mich, Jehova, nach meiner Gerechtigkeit und nach meiner Rechtschaffenheit über mich.)

Lässt die Wahrheit in Rechtshändeln erkennen und so die Unschuld triumphieren.

Besondere Kennzeichen: Gerechtigkeit, Unbescholtenheit, Wahrheitsliebe, Würde.

Gegengenius: Anstössige Rechtshändel, niedrige Menschen.

Neunzehnter Genius.

N.: לוויה (Leuviah).

Attr.: Gott, der die Sünder erhört. N. G.: Bogy.

Zug. T. d. T.-Sph.: 91.—95.°.

Ist gegen Sünden anzurufen.

Bei d. Anr.: Vers 2, Ps. 40: Expectans expectavi Dominum et intendit mihi (Fest hoffte ich auf Jehova und er neigte sich mir zu).

Wird anger.: Um die Gnade Gottes zu erlangen.

Unter s. Herrsch. st.: Gedächtnis, Intelligenz der Menschen.

Kennzeichen: Liebenswürdigkeit, Heiterkeit, Bescheidenheit, Ertragen von Widerwärtigkeiten mit Fassung.

Gegengenius: Verluste, Ausschweifung, Verzweiflung.

Zwanzigster Genius.

N.: פהליה (Pahaliah).

Attr.: Gott Erlöser. N. G.: Tios.

Zug. T. d. T.-Sph.: 95.—100.°.

Bei der Anr.: V. 2, Ps. 120: Domine, libera animam meam a labiis iniquis et a lingua dolosa (Jehova, rette meine Seele vor der trügerischen Lippe, vor der falschen Zunge).

Wird anger.: gegen Feinde der Religion, um die Völker zum Christentum zu bekehren.

Unter seiner Herrsch. st.: Religion, Theologie, Moral, Keuschheit, Frömmigkeit.

Kennzeichen: Innerer Beruf für den geistlichen Stand

Gegengenius: Religionsfeinde, Abtrünnige, Ausschweifende.

Einundzwanzigster Genius.

N.: נלכאל (Nelekael).

Attr.: Der alleinige und einzige Gott N. G.: Bueg.

Zug. T. d. T.-Sph.: 101.—105.°.

Bei d. Anr.: V. 15, Ps. 31: Ego autem in te speravi, Domine, dixi deus meus es tu, in manibus tuis sortes meae (Aber ich vertraue auf dich, Jehova; ich spreche: Mein Gott bist du!).

Wird anger.: gegen Verleumder, gegen Zauber und um böse Geister zu vernichten.

Unter s. Herrsch. st.: Astronomie, Mathematik, Geographie und alle die abstrakten Wissenschaften.

Kennzeichen: Liebe zur Poesie, Literatur und zum Studium.

Gegengenius: Unwissenheit, Irrtümer, Vorurteile.

Zweiundzwanzigster Genius.

N.: ייאל (Jeiaiel).

Attr.: Die Rechte Gottes. N. G.: Good.

Zug. T. d. T.-Sph. : 106.—110.°.

Bei d. Anr.: V. 5, Ps. 121: Dominus custodit te: Dominus protectio tua super manum dexteram tuam (Jehova ist dein Hüter, Jehova dein Schirm dir zu deiner rechten Hand).

Unter s. Herrsch. st.: Vermögen, Berühmtheit, Diplomatie, Handel, Reisen; Entdeckungen, Schutz gegen Unwetter und Schiffbruch.

Kennzeichen: Neigung zu Handel und Industrie, freiheitliche und philanthropische Gesinnung.

Gegengenius: Seeräuber, Sklaven.

Dreiundzwanzigster Genius.

N.: מלהאל (Melahel).

Attr.: Gott, der vom Übel erlöst. N. G.: Dieh.

Zug. T. d. T.-Sph.: 111.—115.°.

Bei d. Anr.: V. 8, Ps. 121: Dominus custodiat introitum tuum et exitum tuum et ex hoc nunc et in saeculum (Jehova bewahrt deinen Eingang und deinen Ausgang, von nun an bis in Ewigkeit).

Wird anger.: gegen Waffen und für Sicherheit auf Reisen.

Unter s. Herrsch. st.: Wasser, Bodenerzeugnisse und besonders Pflanzen, die für Heilung von Krankheiten notwendig sind.

Kennzeichen: Kühnes Naturell.

Gegengenius: Alles, was der Vegetation schädlich ist, Krankheiten und Seuchen.

Vierundzwanzigster Genius.

N.: ההויה (Hahuiah).

Attr.: Gott in seiner Güte an und für sich. N. G.: Esar.

Zug. T. d. T.-Sph.: 116.—120.°.

Bei d. Anr.: V. 18, Ps. 33: Ecce oculi Domini super metuentes eum et in eis, qui sperant in misericordia eius (Siehe, das Auge Jehovas sieht auf die, die ihn fürchten, die auf seine Gnade harren).

Wird anger.: um die Gnade und Barmherzigkeit Gottes zu erlangen.

Unter s. Herrsch. st.: Verbannte, flüchtige Gefangene, in ihrer Abwesenheit Verurteilte.

Bewirkt: Schutz gegen schädliche Tiere, gegen Diebe und Mörder.

Kennzeichen: Wahrheitsliebe, Aufrichtigkeit in Reden und Handlungen, Neigung zu den exakten Wissenschaften.

Gegengenius: hat schädliche Wesen unter seiner Herrschaft.

Fünfundzwanzigster Genius.

N.: נתהיה (Nith-Haiah).

Attr.: Gott, der Weisheit verleiht. N.-G.: Orsy.

Zug. T. d. Th.-Sph.: 121.—125.°

Bei der Anr.: Der Namen Gottes mit V. 2, Ps. 9: Confitebor tibi, Domine, in toto corde meo:: narrabo omnia mirabilia tua (Preisen will ich Jehova aus ganzem Herzen; erzählen alle seine Wunder).

Bewirkt Weisheit und Entdeckung der Wahrheit verborgener Geheimnisse.

Unter s. H. st.: Okkulte Wissenschaft; Offenbarungen im Traum besonders für die, die an dem Tage geboren sind, die unter der Herrschaft dieses Genius stehen. Er wirkt auf die, die weisse Magie ausüben.

Gegengenius: schwarze Magie.

Sechsundzwanzigster Genius.

N.: האאיה (Haaiah).

Attr.: Gott in seiner Verborgenheit. N.-G.: Agdi (Abdi).

Zug. T. d. T.-Sph.: 126.—130.°

Bei der Anr.: V. 145, Ps. 119: Clamavi in toto corde meo: exaudi me Domine: justificationes tuas requiram (Ich rufe von ganzem Herzen: Erhöre mich Jehova! Deine Satzungen will ich halten.)

Wird anger.: Um seinen Prozess zu gewinnen.

Wirkung: Schützt die, die nach Wahrheit streben, beeinflusst die Politik, Diplomaten und geheime Unternehmungen.

Gegengenius: Verräter, Verschwörer.

Siebenundzwanzigster Genius.

N.: ירתאל (Jerathel).

Attr.: Gott, der die Bösen straft. N.-G.: Teos.

Zug. T. d. Th.-Sph.: 131.—135.°

Bei d. Anr.: V. 2, Ps. 140: Eripe me, Domine, ab homine malo; a viro iniquo eripe me. (Errette mich, Jehova, vom bösen Menschen; vor dem gewalttätigen Mann behüte mich.)

Wird anger.: um Bösewichte und Verleumder zu überführen, und um von seinen Feinden befreit zu werden.

Unter s. Herrsch. st.: Verbreitung der Aufklärung, der Zivilisation.

Bewirkt: Friedensliebe, Gerechtigkeit, Liebe zu Wissenschaft und Kunst, Berühmtheit als Schriftsteller.

Gegengenius: Unwissenheit, Sklaverei, Unduldsamkeit.

Achtundzwanzigster Genius.

N.: שאהיה (Séeiah).

Attr.: Gott, der Du die Kranken heilst. N.-G.: Adad.

Zugeh. T. d. T.-Sph.: 136.—140.°.

Bei d. Anr.: V. 12, Ps. 71: Deus, ne elongaveris a me: Deus meus in auxilium meum respice. (Gott, sei nicht ferne von mir! Mein Gott, eile mir zu Hilfe!)

Wird anger.: gegen Übelbefinden und Donner; schützt gegen Feuersbrunst, Häusereinsturz und Krankheiten.

Unter s. H. st.: Gesundheit und Schlichtheit.

Kennzeichen: viel Urteilskraft.

Gegengenius: Katastrophen, Schlaganfälle.

Neunundzwanzigster Genius.

N.: רייאל (Reiiel).

Attr.: Der hilfreiche Gott. N.-G.: Zimi.

Zug. T. d. T.-Sph.: 141.—145.°.

Bei d. Anr.: V. 6, Ps. 54: Ecce enim, Deus adiuvat me et Dominus susceptor est animae meae. (Siehe! Gott hilft mir, der Herr ist zur Stütze meiner Seele!)

Wird anger.: gegen Frevler und Religionsfeinde; um von sichtbaren und unsichtbaren Feinden befreit zu werden.

Kennzeichen: Kraft und Eifer, die Wahrheit zu verbreiten; eifriges Bemühen, um Gottlosigkeit zu beseitigen.

Gegengenius: Fanatismus, Heuchelei.

Dreissigster Genius.

N.: ומאאל (Omael).

Attr.: Gott in seiner Geduld. N.-G.: Tusa.

Zug. T. d. T.-Sph.: 146.—150.°.

Bei der Anr.: V. 5, Ps. 71: Quoniam tu es patientia mea, Domine; Domine, spes mea a juventute mea. (Denn Du bist meine Hoffnung, Herr! Jehova, mein Vertrauen von Jugend auf.)

Wird anger.: gegen Kummer, Verzweiflung und um Geduld zu haben.

Unter s. Herrsch. st.: das Tierreich und die Zeugung; Chemiker, Ärzte, Chirurgen.

Kennzeichen: Berühmtheit in Anatomie und Medizin.

Gegengenius: Ungeheuerliche Erscheinungen.

Einunddreissigster Genius.

N.: לכבאל (Lekabel).

Attr.: Gott, der erleuchtet. N.-G.: Teli.

Zug. T. d. T.-Sph.: 151.—155.°.

Wird angerufen: um erleuchtet zu werden.

Bei der Anr.: V. 16, Ps. 71: Quoniam non cognovi literaturam; introibo in potentias Domini; Domine, memorabor justitiae tuae solius. (Weil ich die Schrift nicht kenne, will ich kommen mit den Machttaten des Herrn Jehova, will rühmen Deine Gerechtigkeit allein.)

Unter s. H. st.: Vegetation und Agricultur.

Kennzeichen: Liebe zur Astronomie, Mathematik und Geometrie.

Gegengenius: Habsucht, Wucher.

Zweiunddreissigster Genius.

N.: ושריה (Vasariah).

Attr.: Gott der Gerechte. N.-G.: Anot.

Zug. T. d. T.-Sph.: 156.—160.°.

Wird anger.: gegen die, die uns in ungerechter Weise angreifen.

Bei d. Anr.: Die angreifende Person nennen und dann citieren V. 4, Ps. 33: Quia rectum est verbum Domini et opera eius in fide. (Denn recht ist das Wort Jehovas und all sein Tun zuverlässig.)

Unter s. H. st.: Gerechtigkeit.

Kennzeichen: gutes Gedächtnis, Rednergabe.

Gegengenius: Schlechte Eigenschaften d. Geistes u. d. Körpers.

Dreiunddreissigster Genius.

N.: יחויה (Jehuiah).

Attr.: Gott, der alle Dinge kennt. N.-G.: Agad.

Zug. T. d. T.-Sph.: 161.—165.°.

Bei d. Anr.: V. 11, Ps. 33. Dominus scit cogitationes hominum, quoniam vanae sunt. (Jehova kennt die Gedanken der Menschen; sie sind eitel.)

Bewirkt Erkennen der Verräter.

Gegengenius: begünstigt Aufruhr.

Vierunddreissigster Genius.

N.: להחיה (Lehahiah).

Attr.: Gott der Milde. N.-G. Aneb.

Zug. T. d. T.-Sph. 166.—170.°.

Bei d. Anr.: V. 3, Ps. 131: Speret Israel in Domino, ex hoc nunc et usque in saeculum. (Harre, Israel, auf Jehova, von nun an bis in Ewigkeit.)

Wirkt gegen den Zorn.

Kennzeichen: Begabung und grosse Taten, vertrauensvolles und inbrünstiges Gebet.

Gegengenius: Zwietracht, Krieg, Verrat.

Fünfunddreissigster Genius.

N.: כוקיה (Kevakiah).

Attr.: Gott, der Freude gibt. N.-G.: Anup.

Zug. T. d. T.-Sph.: 171—175.°.

Wird ang.: um sich mit denen zu versöhnen, die man beleidigt hat.

Bei d. Anr.: Die betreffende Person nennen, sein Anliegen aussprechen und citieren V. 1, Ps. 116: Dilexi quoniam exaudi et Dominus vocem orationis meae. (Erwünscht war es mir, dass Jehova hörte meine Stimme, mein Flehen.) [Ist alle Tage bis zur Versöhnung zu citieren.]

Unter s. H. st.: Testamente, Erbschaften und freundschaftliche Teilungen.

Kennzeichen: liebt es mit aller Welt in Frieden zu leben und die Treue derer zu belohnen, die ihm gedient haben.

Sechsunddreissigster Genius.

N.: מנדאל (Menadel).

Attr.: Gott, der Anbetungswürdige. N.-G. Alla.

Zug. T. d. Th.-Sph.: 176.—180.°.

Wird ang.: um sich in seinem Amte zu erhalten, und um sich die Existenzmittel zu bewahren, die man besitzt.

Bei der Anr.: die Namen Gottes u. V. 8, Ps. 26: Domine, dilexi decorem domus tuae et locum habitationis gloriae tuae. (Jehova, ich liebe den Wohnort Deines Hauses und den Wohnsitz Deiner Herrlichkeit.)

Wirkt gegen Verleumdungen und um Gefangene zu befreien.

Gegengenius: schützt die, die der Gerechtigkeit zu entrinnen trachten.

Siebenunddreissigster Genius.

N.: אניאל (Aniel).

Attr.: Gott der Tugenden. N.-G.: Abda.

Zug. T. d. T.-Sph.: 181.—185.°.

Bei d. Anr.: die göttl. Namen und V. 8, Ps. 80: Deus virtutum, converte nos et ostende faciem tuam et salvi erimus. (Gott Zebaoth, stelle uns wieder her, und lass leuchten Dein Angesicht; so ist uns geholfen!)

Wird anger.: um den Sieg zu erhalten und die Belagerung einer Stadt aufheben zu lassen.

Unter s. H. st.: Wissenschaften u. Künste, Offenbarung der Naturgeheimnisse, Inspiration der Philosophen und Weisen.

Kennzeichen: grosse Gelehrsamkeit.

Gegengenius: Verkehrte Geistesrichtung, Marktschreier.

Achtunddreissigster Genius.

N.: חעמיה (Haamiah).

Attr.: Gott, die Hoffnung aller Kinder der Erde.)

N.-G.: אגלא (Agla, der dreieinige und einzigé Gott).

Zug. T. d. T.-Sph.: 186.—190.°.

Wird ang.: um alle Schätze Himmels und der Erden zu erlangen.

B. d. Anr.: V. 9, Ps. 91.: Quoniam tu es Domine spes mea; altissimum posuisti refugium tuum. (Denn Du, Jehova, bist meine Zuversicht; den Höchsten hast Du Dir gemacht zum Schutz.)

Wirkt gegen Trug, gegen Waffen, wilde Tiere und höllische Geister.

Unter s. H. st.: alles, was sich auf Gott bezieht.

Gegengenius: Lüge.

Neununddreissigster Genius.

N.: רהעאל (Rehael).

Attr.: Gott, der die Sünder aufnimmt. N.-G.: Goot.

Zug. T. d. T-Sph.: 191.—195.°.

Bei der Anr.: V. 11, Ps. 30: Audivit Dominus et misertus est mei: Dominus factus est meus adiutor. (Gott hat mich erhört und sich meiner erbarmt: Jehova ist mein Helfer geworden.)

Wird anger.: zur Heilung von Krankheiten.

Unter s. H. st.: Gesundheit und Langlebigkeit.

Wirkt auf die väterliche und kindliche Liebe.

Gegengenius: Totes oder verdammtes Land; er macht Kinder- und Verwandtenmörder.

Vierzigster Genius.

N.: ייזאל (Ieiazel).

Attr.: Gott, der sich freut. N.-G. Goed.

Zug. T. d. T.-Sph.: 196.—200.°.

Bei der Anr.: Die göttl. Namen und V. 15, Ps. 88: Ut quid Domine repellis orationem meam, avertis faciem tuam a me? (Warum, Jehova, verstössest Du mein Gebet, birgst Dein Antlitz vor mir). [Dieser Psalm hat wunderbare Wirkungen.]

Bewirkt Befreiung von Gefangenen, Erlangung von Trost und Befreiung von Feinden.

Unter s. H. st.: Druck und Buchhandel.

Kennzeichen: Gelehrte und Künstler.

Gegengenius: Wirkt auf Melancholische und Menschenscheue.

Einundvierzigster Genius.

N.: ההחאל (Hahahel).

Attr.: G o t t i n d r e i P e r s o n e n. N.-G : Gudi.

Zug. T. d. T.-Sph.: 201.—205.°.

Bei d. Anr.: 2. V., Ps. 120.: Domine libera animam meam a labiis iniquis et a lingua dolosa (Jehova, rette meine Seele vor der trügerischen Lippe, vor der falschen Zunge).

Wirkt gegen Frevler und Verleumder.

Unter s. H. st. d. Christentum.

Kennzeichen: Seelengrösse, Energie, Aufopferung im Dienste Gottes.

Gegengenius: Abtrünnige, Renegaten.

Zweiundvierzigster Genius.

N.: מיכאל (Mikael).

Attr.: T u g e n d G o t t e s, H a u s G o t t e s, G o t t ä h n l i c h. N.-G.: Biud.

Zug. T. d. T.-Sph.: 206.—210.°.

Bei d. Anr.: Namen Gottes und V. 7, Ps. 121: Deus custodit te ab omni malo: custodiat animam tuam Dominus. (Gott bewahrt Dich vor allem Bösen; Jehova bewahre deine Seele.)

Wird anger.: um sicher zu reisen; um Verschwörungen zu entdecken.

Kennzeichen: Beschäftigung mit Geschäften der Politik, diplomatische Begabung.

Gegengenius: Verrätereien, falsche Nachrichten, Übelwollen.

Dreiundvierzigster Genius.

N.: ווכיח (Veubiah).

Attr.: K ö n i g H e r r s c h e r. N.-G.: Solu.

Zug. T. d. T.-Sph.: 211.—215.°.

Bei d. Anr.: V. 14, Ps. 88: Et ego ad te, Domine, clamavi, et mane oratio mea praeveniet te. (Darum schreie ich zu Dir, Jehova, und frühe kommt mein Gebet vor Dich.)

Wird ang.: um den Feind zu vernichten und von Sklaverei befreit zu sein.

Kennzeichen: Liebe zum Soldatenstand und Kriegsruhm.

Gegengenius: Zwietracht unter Fürsten.

Vierundvierzigster Genius.

N.: יההיהל (Ielahiah).

Attr.: Gott der Ewige. N.G.: Bosa.

Zug. T. d. T.-Sph.: 216.—220.°.

Wird anger., um ein nützliches Unternehmen gelingen zu lassen.

Bei d. Anr.: V. 108, Ps. 119: Voluntaria oris mei bene placita fac, Domine, et iudicia tua doce me. (Die freiwilligen Opfer meines Mundes lass Dir gefallen, Jehova, und Deine Gesetze lehre mich.)

Wird anger.: zum Schutze der Behörden, bei Prozessen.

Wirkt gegen Waffen, verleiht Sieg.

Kennzeichen: liebt Reisen, um sich zu unterrichten; alle Unternehmungen gelingen; Auszeichnung durch militärische Talente und Tapferkeit; Berühmtheit.

Gegengenius: Kriege.

Fünfundvierzigster Genius.

N.: סיהאל (Sealiah).

Attr.: Beweger aller Dinge. N.-G.: Hoba.

Zug. T. d. T.-Sph.: 221.—225.°.

Bei der Anr.: V. 18, Ps. 94: Si dicebam: motus est pes meus: misericordia tua, Domine, adiuvabat me. (Wenn ich sprach: Mein Fuss wankt, so stützte mich, Jehova, Deine Gnade.)

Bewirkt die Überführung und Demütigung von Bösewichten und Hoffärtigen, die Erhebung Erniedrigter und Gefallener.

Unter s. Herrsch. st.: die Vegetation.

Kennzeichen: Geschicklichkeit und Neigung, sich zu unterrichten.

Gegengenius: herrscht über die Atmosphäre.

Sechsundvierzigster Genius.

Name: עראל (Ariel).

Attr. Gott Offenbarer. N.-G.: Piur.

Zug. T. d. T.-Sph.: 226.—231.°.

Wird anger.: um Offenbarungen zu erhalten.

Bei d. Anr.: Namen Gottes und V. 9, Ps. 145: Suavit Dominus universos et miserationes eius super omnia opera eius. (Gütig ist Jehova gegen Alle, und sein Erbarmen erstreckt sich über alle seine Werke.)

Wird anger.: um Gott für das Gute zu danken, das er uns schickt.

Bewirkt Entdeckung verborgener Schätze, Enthüllung der grössten Naturgeheimnisse, Erblicken gewünschter Gegenstände im Traume.

Kennzeichen: starker feiner Geist, weise Ideen, erhabene Gedanken, Umsicht.

Gegengenius: geistige Verwirrung.

Siebenundvierzigster Genius.

N.: עשליה (Asaliah).

Attr.: G o t t d e r G e r e c h t e, d e r d i e W a h r h e i t v e r k ü n d i g t. N.-G.: Xana.

Zug. T. d. T.-Sph.: 231.—235.°.

Bei der Anr.: V. 24, Ps. 104: Quam magnificata sunt opera tua, Domine! Omnia in sapientia fecisti, impleta est terra possessione tua. (Wie gross sind Deine Werke, Jehova! Alle hast Du mit Weisheit gemacht! Voll ist die Erde Deiner Güter!)

Wird anger.: um Gott zu loben und sich zu ihm zu erheben, wenn er uns Erleuchtung schickt.

Unter s. Herrschaft steht die Gerechtigkeit, das Erkennen der Wahrheit in Prozessen .

Kennzeichen: Angenehmer Charakter, der leidenschaftlich darauf ausgeht, Verborgenes zu entschleiern.

Achtundvierzigster Genius.

Name: מיהאל (Mihael).

Att.: G o t t, e i n s i c h e r e r V a t e r. N.-G.: Zaca.

Zug. T. d. T.-Sph.: 236.—240.°.

Bei d. Anr.: V. 2, Ps. 98: Notum fecit Dominus salutare suum, in conspectu gentium revelavit iustitiam suam. (Kund tat Jehova seine Hilfe, vor den Augen der Völker offenbarte er seine Gerechtigkeit.)

Wird anger.: um den Frieden und die Eintracht zwischen Gatten zu bewahren.

Bewirkt Schutz für die, die seine Hilfe anrufen, gibt Ahnungen und Inspirationen betreffs des Zukünftigen.

Unter s. H. st.: die Zeugung.

Kennzeichen: leidenschaftlich in der Liebe, vergnügungssüchtig.

Gegengenius: Luxus, Unfruchtbarkeit, Unbeständigkeit.

Neunundvierzigster Genius.

N.: והואל (Vehuel).

Attr.: Der grosse und erhabene Gott. N.-G. Mora.

Zug. T. d. T.-Sph.: 241.—245.°.

Bei Anr.: V. 3, Ps. 145: Magnus Dominus et laudabilis nimis et magnitudinis eius non est finis. (Gross ist Jehova und sehr lobenswürdig, und seine Grösse ist unerforschlich.)

Wird anger.: gegen Kummer und seelische Unruhe.

Bewirkt Erhebung zu Gott, um ihn zu preisen und zu verherrlichen.

Kennzeichen: Empfindliches und edles Gemüt. Unter s. H. st.: Literatur, Jurisprudenz, Diplomatie.

Gegengenius: Egoismus, Hass, Heuchelei.

Fünfzigster Genius.

N.: דניאל (Daniel).

Attr.: Das Zeichen der Barmherzigkeit. Der Engel der Geständnisse. N. G.: Pola.

Zug. T. d. T.-Sph.: 246.—250.°.

Bei d. Anr.: V. 8, Ps. 103; Miserator et misericors Dominus, longanimis et misericors (Barmherzig und gnädig ist Jehova, langmütig und von grosser Güte).

Wird anger.: um die Gnade Gottes zu erlangen und um Trost zu haben.

Unter s. H. st.: Gerechtigkeit und Advokaten; gibt Zögernden die richtigen Entschlüsse ein.

Kennzeichen: Betriebsam und energisch in Geschäften; Neigung zur Literatur und Rednergabe.

Gegengenius: Industrie-Ritter.

Einundfünfzigster Genius.

N.: ההשיה (Hahasiah).

Attr.: Gott in seiner Verborgenheit. N. G.: Bila.

Zug. T. d. T.-Sph.: 251.—255.°.

Bei d. Anr.: V. 31, Ps. 104: Sit gloria Domini in saeculum; laetabitur Dominus in operibus suis. (Der Ruhm Jehovas währe ewig, Jehova freue sich seiner Werke!)

Wird anger.: um die Seele zu erheben und die Mysterien der Weisheit zu entschleiern.

Unter s. H. st.: Chemie und Physik; er offenbart die Geheimnisse der hermetischen Wissenschaft.

Kennz.: Neigung zur abstrakten Wissenschaft, aber auch dazu, Eigenschaften und Kräfte der Tiere, Pflanzen und Steine kennen zu lernen; Ruhm als Arzt.

Gegengenius: Marktschreier.

Zweiundfünfzigster Genius.

N.: עממיה (Imamiah).

Attr.: Der über alle Dinge erhabene Gott.

N. G.: Abag.

Zug. T. d. T.-Sph.: 256.—260.°.

Bei d. Anr.: V. 18, Ps. 7: Confitebor, Domine, secundum justitiam eius et psallam nomini Domini altissimi (Ich will preisen Jehova nach seiner Gerechtigkeit; und singen dem Namen Jehovas, des Höchsten).

Wird anger.: zur Vernichtung der Macht der Feinde und zu ihrer Erniedrigung.

Unter s. H. st.: Reisen, Schutz der Gefangenen, die ihn um Hilfe anflehen, die er Mittel finden lässt, um ihre Freiheit zu erhalten.

Kennzeichen: starkes und lebhaftes Temperament, Ertragen von Widerwärtigkeiten mit Geduld und Mut, Arbeitsliebe.

Gegengenius: Stolz, Lästerung, Bosheit.

Dreiundfünfzigster Genius.

N.: ננאאל (Nanael).

Attr.: Gott, der die Stolzen demütigt. N. G.: Obra.

Zug. T. d. T.-Sph.: 261.—265.°.

Bei d. Anr.: V. 75, Ps. 119: Cognovi Domine quia aequitas iudicia tua et in virtute tua humiliasti me (Ich weiss, Jehova, dass gerecht sind deine Gerichte, und mit Treue du mich demütigtest).

(Dieser Psalm zerfällt in 22 gleiche Teile, die den 22 hebräischen Buchstaben und den 22 heiligen Namen Gottes entsprechen. Die Kabbalisten behaupten, dass sie die heilige Jungfrau alle Tage recitierte).

Unter s. H. st.: Die höhere Wissenschaft.

Kennzeichen: Melancholie, Neigung zu beschaulicher Ruhe, zur Meditation; Vorliebe für die abstrakten Wissenschaften.

Gegengenius: Unwissenheit.

Vierundfünfzigster Genius.

N.: ניתאל (Nithael).

Attr.: König der Himmel. N. G.: Bora.

Zug. T. d. T.-Sph.: 266.—270.°.

Bei d. Anr.: V. 19, Ps. 103: Dominus in coelo paravit sedem suam: et egnum ipsius omnibus dominabitur (Jehova hat im Himmel errichtet seinen Thron und sein Reich herrschet über alles).

Wird anger.: um die Gnade Gottes zu erlangen und lang zu leben.

Unter s. H. st.: Kaiser, König und Fürst.

Kennzeichen: Berühmtheit als Schriftsteller und Redner, grosses Ansehen unter den Gelehrten.

Gegengenius: Sturz der Reiche.

Fünfundfünfzigster Genius.

N.: מבהיה (Mebaiah).

Attr.: Gott der Ewige. N. G.: Alai.

Zug. T. d. T.-Sph.: 271.—275.°.

Bei d. Anr.: V. 13, Ps. 102: Tu autem, Domine, in aeternum permanes et memoriale tuum in generationem (Du aber, Jehova, bleibst ewig, und dein Name auf Geschlecht und Geschlecht).

Wirkt um Trost zu verschaffen, und für die, die Kinder haben wollen.

Unter s. H. st.: Moral und Religion.

Kennzeichen: Durch Wohltätigkeit und Frömmigkeit ausgezeichnet.

Gegengenius: Feinde der Tugend.

Sechsundfünfzigster Genius.

N.: פויאל (Poiel).

Attr.: Gott, der das Universum erhält. N. G.: Illi.

Zug. T. d. T.-Sph.: 276.—280.°.

Bei d. Anr.: V. 14, Ps. 145: Allevat Dominus omnes, qui corruunt, et erigit omnes elisos (Jehova stützt alle, die fallen, und richtet auf alle Gebeugten).

Wird anger.: um das zu erlangen, was man braucht.

Unter s. H. st.: Ansehen, Vermögen und Philosophie.

Kennzeichen: Allgemeine Wertschätzung infolge bescheidenen und angenehmen Auftretens.

Gegengenius: Ehrgeiz, Stolz.

Siebenundfünfzigster Genius.

N.: נממיה (Nemamiah).

Attr.: Gott des höchsten Lobes würdig. N. G.: Popa.

Zug. T. d. T.-Sph.: 281.—285.°.

Bei d. Anr.: V. II, Ps. 115: Qui timent Dominum, speraverunt in Domino; adiutor eorum et protector eorum est (Die ihr Jehova fürchtet, vertrauet auf Jehova; ihre Hilfe und ihr Schild ist er).

Wird anger.: um in irgend welchen Dingen Erfolg zu haben und um Gefangene zu befreien.

Unter s. H. st.: Feldherren.

Kennzeichen: Liebe zum Kriegerstand, Energie, mutiges Ertragen von Strapazen.

Gegengenius: Verrat.

Achtundfünfzigster Genius.

N.: יילאל (Jeialel).

Attr.: Gott, der von Geschlecht zu Geschlecht erhört. N. G.: Para.

Zug. T. d. T.-Sph.: 286.—290.°.

Bei d. Anr.: V. 4, Ps. 6: Et anima turbata est valde; sed tu Domine esque quo? (Und meine Seele zittert sehr; ach, du Jehova, wie lange?)

Wird anger.: gegen Kummer, zur Heilung von Krankheiten, insbesondere gegen Augenübel.

Wirkt besonders auf alles, was aus Eisen ist, und auf die, die damit Handel treiben.

Kennzeichen: Tapfer, aufrichtig, leidenschaftlich in der Liebe.

Gegengenius: Zorn, Bosheit, Mord.

Neunundfünfzigster Genius.

N.: הרהאל (Harahel).

Attr.: Gott, der alle Dinge kennt. N. G.: Ella.

Zug. T. d. T.-Sph.: 291.—295.°.

Bei d. Anr.: Namen des Genius mit seinen Attributen und V. 3, Ps. 113: A solis ortu usque ad occasum, laudabile nomen Domini (Vom Aufgang der Sonne bis zu ihrem Untergang sei gerühmt der Name Jehova!).

Wird anger.: gegen die Unfruchtbarkeit der Frauen und um die Kinder ihren Eltern gehorsam zu machen.

Unter s. H. st.: Schätze, Bankwesen, Druckerei, Buchhandel.

Kennzeichen: Lernbegierigkeit, Börsengeschäfte.

Gegengenius: Betrügerischer Bankerott, finanzieller Ruin.

Sechzigster Genius.

N.: מצראל (Mizrael).

Attr.: Gott, der den Unterdrückten Erleichterung gewährt. N. G.: Gena.

Zug. T. d. T.-Sph.: 296.—300.°.

Bei d. Anr.: V. 17, Ps. 145: Justus Dominus in omnibus viis suis, et sanctus in omnibus operibus suis (Gerecht ist Jehova in allen seinen Wegen, und gnädig in allen seinen Werken).

Wird anger.: um geistige Krankheit zu heilen und um von denen befreit zu werden, die uns verfolgen.

Kennzeichen: Tugendhaftigkeit, Langlebigkeit.

Gegengenius: Ungehorsam, Widersetzlichkeit.

Einundsechzigster Genius.

N.: ומבאל (Umabel).

Attr.: Der über alle Dinge erhabene Gott. N. G.: Sila.

Zug. T. d. T.-Sph.: 301.—305.°.

Bei d. Anr.: V. 2, Ps. 113: Sit nomen Domini benedictum ex hoc nunc et usque in saeculum (Der Name Jehovas sei gepriesen von nun an bis in Ewigkeit).

Wird anger.: um die Freundschaft einer Person zu erlangen.

Kennzeichen: Neigung zu Reisen und ehrbaren Vergnügungen, empfindliches Gemüt.

Gegengenius: Ausschweifungen, widernatürliche Laster.

Zweiundsechzigster Genius.

N.: יההאל (Jah-hel).

Attr.: Höchstes Wesen. N. G.: Suna.

Zug. T. d. T.-Sph.: 306.—310.°.

Bei d. Anr.: V. 159, Ps. 119: Vide quoniam mandata tua dilexi, Domine; in misericordia tua vivifica me (Sieh, dass deine Gebote ich liebe; Jehova! Nach deiner Gnade erhalte mich).

Wird anger.: um Weisheit zu erwerben.

Unter s. H. st.: Philosophen, Erleuchtete.

Kennzeichen: Liebe zu Ruhe und Einsamkeit, Bescheidenheit, Tugendhaftigkeit.

Gegengenius: Ärgernis, Schwelgerei, Unbeständigkeit, Ehescheidung.

Dreiundsechzigster Genius.

N.: עודאל (Anianuel).

Attr.: G o t t, d e r u n e n d l i c h G ü t i g e. N. G.: Miri.

Zug. T. d. T.-Sph.: 311.—315.°.

Bei d. Anr.: Namen Gottes und V. 11, Ps. 2: Servite, Domino, in timore; et exaltate ei cum tremore (Dienet Jehova mit Furcht, und frohlocket mit Zittern).

Wird anger.: um die Völker zum Christentum zu bekehren. Der Genius schützt gegen Unfälle und heilt Krankheiten.

Unter s. H. st.: Handel, Bankwesen.

Kennzeichen: Ein erfinderischer, scharfer Verstand, rastlose Tätigkeit.

Gegengenius: Wahnsinn, Verschwendungssucht.

Vierundsechzigster Genius.

N.: מהיאל (Mehiel).

Attr.: G o t t, d e r a l l e D i n g e e r h ä l t. N. G.: Alli.

Zug. T. d. T.-Sph.: 316.—320.°.

Bei Anr.: Namen Gottes und V. 18, Ps. 33: Ecce, oculi Domini super metuentes eum; et in eis, qui sperant super misericordia eius (Siehe! Das Auge Jehovas sieht auf die, die ihn fürchten, die auf seine Gnade harren).

Die Anr. ist gut gegen Widerwärtigkeiten.

Bewirkt Schutz gegen Raserei und wilde Tiere.

Unter s. H. st.: Gelehrte, Professoren, Redner und dergl.

Kennzeichen: Literarische Berühmtheit.

Gegengenius: Scheinbar Weise, Kritiker.

Fünfundsechzigster Genius.

N.: דמביה (Damabiah).

Attr.: G o t t, d e r B r u n n e n d e r W e i s h e i t. N. G.: Tara.

Zug. T. d. T.-Sph.: 321.—325.°.

Bei d. Anr.: V. 13, Ps. 90: Convertere, Domine, et usque qua? Et deprecibilis esto super servos tuos (Kehre zurück, Jehova! ach wann? Und habe Mitleid mit deinen Knechten).

Wird anger.: gegen Zauberei, ferner, um Weisheit zu erlangen und für die Ausführung nützlicher Unternehmungen.

Unter s. H. st.: Meere, Flüsse, Quellen und Seeleute.

Kennzeichen: Seemann; Anhäufen beträchtlichen Reichtums.

Gegengenius: Sturmwetter, Schiffbruch.

Sechsundsechzigster Genius.

N.: מנקאל (Manakel).

Attr.: G o t t, d e r a l l e D i n g e b e w a h r t u n d e r h ä l t. N. G.: Pora.

Zug. T. d. T.-Sph.: 326.—330.°.

Bei d. Anr.: V. 22, Ps. 38: Ne derelinquas me, Domine; Deus meus, ne discesseris a me (Verlass mich nicht, Jehova! Mein Gott, sei nicht ferne von mir).

Wird anger.: um den Zorn Gottes zu besänftigen und fallende Sucht zu heilen.

Unter s. H. st.: Vegetation, Wassertiere; Träume.

Kennzeichen: Milder Charakter.

Gegengenius: schlechte physische und moralische Eigenschaften.

Siebenundsechzigster Genius.

N.: איעאל (Eiaiel).

Attr.: G o t t, d i e W o n n e d e r M e n s c h e n - k i n d e r. N. G.: Bogo.

Zug. T. d. T.-Sph.: 331.—335.°.

Bei d. Anr.: Namen Gottes und V. 4, Ps. 37: Delectare in Domino et dabit tibi petitiones cordis tui (Vergnüge dich an Jehova, er wird dir geben, was dein Herz wünscht).

Wird anger.: um Trost in Widerwärtigkeiten zu haben und um Weisheit zu erlangen.

Wirkt auf die okkulte Wissenschaft; lässt diejenigen, die ihn anrufen, bei ihren Arbeiten die Wahrheit erkennen.

Kennzeichen: Geistige Erleuchtung von Gott, Liebe zur Einsamkeit, wissenschaftliche Berühmtheit.

Gegengenius: Irrtum, Vorurteil.

Achtundsechzigster Genius.

N.: הבויה (Habuiah).

Attr.: Gott, der freigebig schenkt. N. G.: Deos (ΔΕΟΣ)

Zug. T. d. T.-Sph.: 336.—340.°.

Bei d. Anr.: V. 1, Ps. 106: Confitemini Domino, quoniam bonus, quoniam in saeculum misericordia eius (Preiset Jehova, denn er ist gütig, ja, ewig währet seine Gnade).

Wird anger.: um Gesundheit zu erhalten und Krankheiten zu heilen.

Unter s. H. st.: Ackerbau und Fruchtbarkeit.

Kennzeichen: Liebe zu Landbau, Jagd, Gärtnerei und dergl.

Gegengenius: Unfruchtbarkeit, Hungersnot, Pest, schädliche Insekten.

Neunundsechzigster Genius.

N.: ראהאל (Rochel).

Attr.: Gott, der alles sieht. N.-G.: Deos (Δηος).

Zug. T. d. T.-Sph.: 341.—345.°.

Bei d. Anr.: V. 5, Ps. 16: Dominus pars hereditatis meae et calicis mei; tu es, qui restitues hereditatem meam mihi. (Jehova ist mein Erbteil und mein Becher; Du wirst mir mein Erbteil zurückerstatten.)

Wird anger.: um verlorene oder gestohlene Gegenstände wiederzuerlangen, und die Person, die sie entwendet hat, ausfindig zu machen.

Kennzeichen: Berühmtheit als Advokat.

Gegengenius: Recht, Testament.

Siebenzigster Genius.

N.: יבמיה (Jabamiah).

Attr.: Das Wort, das alle Dinge erzeugt. N.-G.: Aris.

Zug. T. d. T.-Sph.: 346.—350.°.

Bei d Anr.: Namen Gottes und V. 1 d. Genesis: Im Anfang schuf Gott Himmel und Erde.

Unter s. H. st.: Zeugung und Naturphänomene.

Bewirkt Schutz für die, die sich kräftigen wollen. Kennzeichen: Berühmtes Genie; eine der grossen Leuchten der Philosophie. Gegengenius: Atheismus.

Einundsiebenzigster Genius.

N.: היואל (Haiel).

Attr.: Gott, der Herr der Welt. N.-G.: Zeut.

Zug. T. d. T.-Sph.: 351.—355.°.

Bei der Anr.: V. 30, Ps. 109: Confitebor Domino nimis in ore meo et in medio multorum laudabo eum. (Ich will Jehova preisen recht sehr mit meinem Munde; und in der Mitte vieler ihn rühmen.)

Bewirkt die Überführung von Bösewichten und Befreiung von denen, die uns unterdrücken wollen. Der Genius schützt die, die ihre Zuflucht zu ihm nehmen. Er wirkt auf alles Eiserne.

Kennzeichen: Tapferkeit.

Gegengenius: Zwietracht, Verrat, Berühmtheit als Verbrecher.

Zweiundsiebenzigster Genius.

N.: מומיה (Mumiah).

Attr.: Ω N.-G.: Kalo.

Bei d. Anr.: den Namen Gottes: α und ω citieren sowie V. 7, Ps. 116: Convertere, anima mea, in requiem tuam: quia Dominus benefecit tibi. (Kehre, meine Seele, zu deiner Ruhe: denn Jehova hat Dir Gutes getan.)

Es ist auf die eine Seite des Talismans stets der betreffende Namen Gottes auf die andere der des betreffenden Genius zu schreiben; das soll nach den Tabellen geschehen, die wir vor der Besprechung der Genien erwähnten. Der 72. Genius besonders schützt nach der Meinung der Kabbalisten bei solchen mystischen Operationen und lässt alle Dinge gelingen. Unter seiner Herrschaft stehen Chemie, Physik und Medizin; er wirkt auf Gesundheit und Langlebigkeit.

Kennzeichen: Doktor und Arzt; Gegengenius: Verzweiflung und Selbstmord.

Vierter Teil.[1])

Bibliographie der Kabbala.

Erstes Hauptstück.

Einführung in die Bibliographie der Kabbala.

§ 1. — Vorwort.

Es besteht — unseres Wissens wenigstens — keine besondere Bibliographie der Kabbala in deutscher Sprache. Man findet wohl in den landläufigen Handbüchern Verzeichnisse von Werken, die in dieses Fach eingereiht werden, aber diese sind ordnungslos, ohne Richtschnur entworfen und unvollständig. Dieselben Bemerkungen gelten von den in den Nachschlagebüchern der Kabbala gewidmeten Aufsätzen, wie auch von einigen Werken, auf die verwiesen wird, abgesehen von dem Artikel, der in dem Dictionnaire des Sciences philosophiques (Nachschlagewerk der philosophischen Wissenschaften) dieser Frage gewidmet wird.

Es war daher für ernste Forscher eine sehr empfindliche Lücke vorhanden, eine Lücke, die wir nach dem schwachen Masse unserer Kräfte auszufüllen versuchten. Unser Ziel ist also, weniger eine endlose Liste von blindlings am Wege aufgelesenen Werken aufzustellen (was immerhin von irgend einem Nutzen wäre), als gewisse Einteilungen in diesem Verzeichnisse vorzunehmen, und weiter, den Philosophen und Geschichtschreibern lange Nachforschungen zu ersparen, die nach den Arbeiten A. Francks über die Kabbala und nach denen anderer hervorragender Kritiker über die Schule der

---

[1]) Zu besonderer Freude gereicht es mir, an dieser Stelle meinem Freunde Karl Mandel für seine verdienstvolle Mitarbeitschaft bei der Übertragung dieses bibliographischen Teiles danken zu können, umsomehr, als sich im französischen Original zahlreiche Druckfehler eingeschlichen hatten. (Julius Nestler.)

Alexandriner und über die neuplatonischen Lehren diese Fragen immer mehr zu ergründen suchen.

Wir müssen zuerst die hauptsächlichsten Bibliographien des Auslandes und die der letzten Jahrhunderte über die Kabbala an unserem Auge vorbeiziehen lassen. Wir werden die Eigenart eines jeden dieser Werke, seine Vor- oder Nachteile festzustellen haben.

Zu diesem Zwecke werden wir die verschiedenen Quellen angeben, aus denen wir geschöpft haben; denn die erste Pflicht des Schriftstellers ist, „dem Kaiser zu geben, was des Kaisers ist"; mag man auch dadurch ein wenig an Ansehen verlieren, um destomehr an moralischer Befriedigung zu gewinnen.

Hierauf können wir mit einigem Erfolge eine eigentliche Bibliographie zustande bringen, indem wir die Bücher nach den Sprachen, in denen sie verfasst, dann nach den behandelten Stoffen einteilen und endlich eine kleine Liste der unumgänglichsten Werke zusammenstellen. Wir werden es uns angelegen sein lassen, in den Haupteinteilungen andere Untereinteilungen, wie die Unterscheidung zwischen rein wissenschaftlichen Werken über die Kabbala und zwischen den von Mystikern und Kabbalisten verfassten vorzunehmen. Wir hoffen so am besten unseren Zweck zu erreichen, der vor allem darin besteht, der Sache zu nützen und es jenen zu erleichtern, die, massgebender als wir selbst, die Ergebnisse unserer Bemühungen benützen mögen.

§ 2. — Die wichtigsten kabbalistischen Bibliographien.

Eine ins einzelnste gehende Abhandlung über jeden der Schriftsteller, die sich mit der Bibliographie der Kabbala befassten, erforderte für sich allein ein Buch. Man kann von uns eine vollkommene Untersuchung jeder dieser Arbeiten nicht erwarten. Wir werden uns damit begnügen, den Charakter der wichtigsten dieser Bibliographien zu kennzeichnen und verweisen den auf umfassendere Ausführungen begierigen Leser auf die „Bibliothèque Nationale" in Paris, aus der wir Katalognummern anführen werden, was die Nachforschungen erleichtern und abkürzen wird.

Jean Buxtorf.

Jean Buxtorf ist das Haupt einer Familie, die sich während zweier Jahrhunderte auf dem Gebiete des hebräischen

Schrifttums rühmlich hervortat. (1) Er wurde am 25. Dezember 1564 in Kamen in Westfalen geboren und starb in Basel am 13. September 1629. Er lehrte in dieser Stadt 38 Jahre hindurch Hebräisch.

Johan Buxtorfi. — De Abreviationibus hebraicis liber novus et copiosus cui accesserunt operis talmudici brevis recensio, cum ejusdem librorum et capitum Indici item „Bibliotheca rabbinica" novo ordine alphabetico disposita, Basilea, typis Conradi Waldkirchi, impensis Ludovici König, 1613, in —8°. (Bib. Nat. A. 7505)

Dieser kleine Band von 335 Seiten hat, obzwar unvollständig, einen sehr grossen Wert, denn es ist die erste ernst aufgefasste Arbeit. Sie wurde durch die späteren Arbeiten des Verfassers und seines Sohnes vervollständigt.

Sie ist von rechts nach links gedruckt, also nicht nach der bei uns üblichen Art. Die folgende Arbeit ist indessen noch vollständiger.

Bartolocci.

Wenn auch nicht der Zeit, so doch der Wichtigkeit nach ist die erste grosse, die Kabbala betreffende Bibliographie jene des Bartolocci.

Bartolocci (Julius) war ein italienischer Mönch des Sct. Bernhardordens. Er verbrachte den grössten Teil seines Lebens mit dem Unterricht in der hebräischen Sprache am Collegium Sapientiae in Rom. Er wurde 1613 in Celano, in den Abruzzen geboren und erlag am 1. November 1687 einem Schlaganfall.

Bibliotheca magna Rabbinica. — De scriptoribus et scriptis rabbinicis, ordine alphabetico hebraice et latine digestis, auctore D. Iulio Bartoloccio de Celleno, Congreg. S. Bernardi Reform. Ord. Cisterc. et S. Sebastiani ad Catacumbes Abbato, 4 vol., Rom, 1678—92. (Bib. Nat. A. 764).

Diese Bibliographie ist auf alphabetischer Grundlage aufgebaut. Die vier Bände in-folio, aus denen sie besteht, sind zweispaltig gedruckt; der Anfang des Bandes ist, wie meistens bei den hebräischen Büchern, beim Öffnen rechts; die meisten der hebräischen Stellen, die angeführt werden, sind ins Lateinische übersetzt und zahlreiche, peinlich angelegte Verzeichnisse erlauben, sich in der ungeheueren Menge der behandelten Stoffe zurechtzufinden.

Man findet über jeden Gegenstand eine Bibliographie

---

[1]) Biographie universelle, t. VI. (Allgemeine Biographie, Bd. VI.)

nicht nur der hebräischen Werke, sondern auch noch aller der diese Frage betreffenden Abhandlungen. So sieht man beispielsweise auf der Seite 166 des ersten Bandes eine Studie über die „Punkte", begleitet von bibliographischen Hinweisen auf 23 hebräische und 7 lateinische Werke.

Jeder dieser Hinweise ist samt Kapitel- und Seitenzahlen angebracht, was die Gewissenhaftigkeit kennzeichnet, die bei der Herausgabe dieser bewundernswerten Abhandlung obwaltete. (1).

Das Werk Bartoloccis wurde durch das folgende fortgesetzt und vervollständigt.

Imbonatus. — Bibliotheca latina-hebraica sive de scriptoribus latinis qui ex diversis nationibus, contra Judaeos, vel de re hebraica utcumque scripsere: additis observationibus criticis, et philologico-historicis, quibus quae circa patriam, aetatem, vitae institutum, mortemque auctorum consideranda veniunt, exponuntur, auctore et vindice P. Carolo Joseph Imbonato Mediolanensi, Cong. S. Bernardi Ord. Cisterc. Monacho, Rom, 1694, in-folio (Bib. Nat. A. 765).

Man findet hier dieselben Vorzüge wie in der „Bibliotheca Rabbinica".

* *
*

Wir finden nun ferner, immer der Lebenszeit nach angeführt:

Basnage. — Geschichte der Juden seit Jesus Christus bis zur Gegenwart. Rotterdam, 1707, in —12°, 5 vol. (Bib. Nat. H. 6947—52).

Diese Abhandlung enthält ein Verzeichnis der darin erwähnten Verfasser, aus dem man wertvolle bibliographische Hinweise entnehmen kann.

* *
*

Wir gelangen endlich zu einem jener, die am meisten zur Verbreitung dieser Forschungen beigetragen haben:

Wolf.

Wolf (Johann Christoph) ist am 21. Februar 1683 in Wernigerode in Sachsen geboren. Er starb am 25. Juli 1739, 56 Jahre alt.

---

[1]) Es werden im Verlaufe dieser wichtigen Arbeit ungefähr 4000 in hebräischer Sprache geschriebene Werke angeführt.

Christoph Wolf. — Bibliotheca hebraea, sive notitia tum auctorum hebraicorum cujuscumque aetatis, tum scriptorum, quae vel hebraice primum exarata, vel ab aliis conversa sunt, ad nostram aetatem deducta, Hamburg u. Leipzig, 1715, 4 vol., in — 4°, Bib. Nat. (Invent. A. 2967).

Der erste Band enthält 2231 hebräische Verfasser vermerkt; der zweite die bibliographischen Nachweise aller gedruckten Werke oder Handschriften, die sich auf das Alte Testament beziehen, auf die Mashora, den Talmud und die hebräische Sprachlehre, die jüdische und vorjüdische Bibliographie, die Angabe der chaldäischen Übersetzungen, der die Kabbala betreffenden Bücher und endlich der anonymen Schriften der Juden. Die beiden letzten Bände umfassen die Berichtigungen und Ergänzungen.[1])

Das Werk Wolfs ist ohne Spalteneinteilung von links nach rechts gedruckt. Es enthält auch die Abhandlung Gaffarels über die Handschriften, deren sich Picus von Mirandola bediente: accedit in calce Jacobi Gaffarelli index codicum cabbalistic. mss. quibus Jo. Picus Mirandulanus comes usus est.

Die vier Bände Wolfs, zwar auf der Arbeit Bartoloccis fussend, aber mit zahlreichen Beifügungen von viel jüngeren Werken als die Magna Bibliotheca rabbinica, dürften ein fast vollkommenes Ganzes bilden — ohne eine Eigenheit, die viele Werke des Verfassers schädigt. Diese Eigenheit besteht darin, die Namen der Werke und der Verfasser — welche immer es seien — ins Lateinische rückzuübersetzen, auch die der deutschen Autoren, deren Namen wohl ins Lateinische übersetzt, deren Werke aber in der Ursprache erwähnt werden. Daraus erwächst eine bedauernswerte Verwirrung im Kopfe des Nachsuchenden und Schwierigkeiten, die man in einer bibliographischen Auslese vermeiden sollte. Wir raten also, jederzeit vorzugsweise auf das Werk Bartoloccis zurückzugreifen, ausser bei den neuen Autoren. Um dem Leser ein Beispiel in Wolfs Art zu bieten, genügt es, sich in die Listen zu vertiefen, die wir nach ihm bieten.

* *
*

Führen wir — um zu schliessen — als die allerjüngsten die zwei folgenden Werke an, deren letztes wir leider nur dem Namen nach kennen.

---

[1]) Weiss, Biograph. univ., t. XLV.

Fürst. — Bibliotheca Judaïca: Bibliographisches Handbuch, umfassend die „Druckwerke der jüdischen Literatur", einschliesslich der über Juden und Judentum veröffentlichten Schriften nach alphabetischer Ordnung der Verfasser bearbeitet. Mit einer Geschichte der jüdischen Bibliographie sowie mit Indices versehen und herausgegeben, von D. Julius Fürst, Lehrer an der Universität zu Leipzig, Verlag von Wilhelm Engelmann, 1863 (Bib. Nat., Q. 5139, 5140, 5141).

An dieser Arbeit ist nichts Besonderes zu bemerken, höchstens das hebräische Wörterbuch, das ans Ende des dritten Bandes gesetzt und wie unsere Wörterbücher, das heisst, von links nach rechts gedruckt ist.

Catalogue of hebraica and iudaica in the library of the corporation of the City of London, London 1891, gr. in —8 pag. 231.

§ 3. — Unsere Quellen.

Ausser den vorhergehenden Werken haben wir die Verzeichnisse von Büchern benutzt, die am Ende der Aufsätze über die Kabbala in den meisten der Nachschlagebücher und Lexika angebracht sind.

So führen wir insbesondere die „Grande Encyclopédie" (Aufsatz des Herrn Isidore Loeb), die „Encyclopédie des Sciences religieuses" von Lichtenberger (Aufsatz des Herrn Nicolas ‚Kabbale'), das „Dictionnaire de la conversation", das „Dictionnaire encyclopédique" von Larousse, die „Encyclopédie" Diderots (Aufsatz ‚Kabbale' des Abtes Pestré, gefolgt von einer Bemerung d'Alemberts; dieser Aufsatz ist einer der besten der über diese Frage veröffentlichten), die „Biographie universelle" von Michaud (Aufsatz des Herrn Tabaraud) an.

Und unter den Ausländern, — die „English cyclopedia", die „Encyclopedia Britannica" und die „Bibliotheca britannica" von Watt, eine von verschiedenen Gesichtspunkten sehr bemerkenswerte Bibliographie.

* *
*

Unter den Werken, die uns bei der Aufstellung unserer Bibliographie von sehr grossem Nutzen waren, nennen wir in allererster Reihe jenes des Herrn Ad. Franck über die Kabbala, das die einzige französische Zusammenstellung bildet, in der man eine gute Bücherschau über diesen Stoff vorfindet.

Wir werden nicht noch einmal Basnage, Bartolocci, Buddeus, Buxtorf, Imbonatus, Isid. Loëb, Molitor, Wolf und Watt anführen, von denen wir einiges entlehnt haben.

Die Sammlungen der „Bibliothèque Nationale", die Kabbala betreffend, haben uns gleicherweise einige Nummern unserer Liste geliefert.

Endlich können wir nicht schliessen, ohne zu sagen, von welchem Nutzen uns die Spezialbibliothek unseres Freundes Stanislaus de Guaita, — des mit Recht als Kabbalisten Geschätzten, — für den Katalog der mystischen Werke über diese Fragen war.

Die Anordnung unserer Bibliographie.

1. Reihenfolge.

Wir haben die Werke einerseits nach den Sprachen, andererseits nach den behandelten Stoffen eingeteilt.

Die Einteilung nach Sprachen wurde in der Reihenfolge unserer Nachforschungen getroffen.

Die Einteilung nach Stoffen wurde nach der von den Katalogen der Bibliothèque Nationale übernommenen Reihenfolge durchgeführt. Wir haben daselbst einige Rubriken eingefügt, die unserer Haupteinteilung der sich auf die hebräische Tradition beziehenden Werke entnommen wurden.

2. Quellen. — Eigenart jedes Werkes.

Jedem der erwähnten Werke geht eine Ordnungszahl voran. Zwischen dem Verfassernamen und dem Werktitel oder davor, wenn das Werk namenlos erschienen, findet man einen Buchstaben, der die Quelle anzeigt, aus der die Anzeige des genannten Werkes geschöpft wurde.

Am Ende der bibliographischen Angaben findet man besondere Bezeichnungen:

(SCT). Wenn die Eigenart des Werkes durchaus „rein wissenschaftlich" genannt werden kann, wenn es sich um eine belehrende oder bibliographische Abhandlung handelt.

(MYS). Wenn das Werk okkultistischen oder mystischen Ursprunges, beziehungsweise solcher Tendenz ist.

(PHIL). Wenn das Werk durchwegs philosophisch ist.

3. Alphabetische Verzeichnisse.

Um schliesslich dem Forscher die grösstmöglichste Erleichterung zu bieten, haben wir unserer Bibliographie zwei alphabetische Verzeichnisse beigefügt, eins mit den Namen der Autoren und eins nach den Titeln der Werke.

Man ersieht aus all diesen Einzelheiten, dass wir versuchten, vor allem ein nützliches Werk zu schaffen und weiter, das Herumtappen zu ersparen, das wir selbst bei diesen Nachforschungen genossen; unser lebhaftester Wunsch ist nun, möglichst oft zum grössten Vorteile der Forschung benützt zu werden. Wir würden es gern sehen, dass diese unvollständige Bibliographie durch einen ausschlaggebenderen Autor, als wir selbst, verbessert und erweitert würde.

Frankreich und Deutschland würde dann ein Werk haben, das durch diesen Versuch kaum in seinen Grundzügen angedeutet wurde, ein Werk, das augenblicklich zu unternehmen, uns unsere zahlreichen Beschäftigungen verwehren. Wir haben den Boden urbar gemacht. Wer wird ihm wohl Früchte entlocken?

Verzeichnis der Quellen unserer Bibliographie:

(B). Basnage.
(BC). Bartolocci.
(BD). Buddeus.
(BN). Bibliothèque Nationale.
(BX). Buxtorf.
(DV). Verschiedene Autoren.
(F). Ad. Franck.
(G). Bibliothèque des Herrn de Guaita.
(I). Imbolatus.
(L). Isidore Loëb.
(M). Molitor.
(P). Papus.
(W). Wolf.
(Wt). Watt.

Eigenart jedes Werkes.

(SCT). Wissenschaftlich. (Bibliographien, belehrende Studien usw.)
(MYS). Mystisch. (Beeinflusst durch die okkultistische Wissenschaft und myst. Tendenzen).
(PHIL). Philosophisch. (Zwischenglied zwischen den vorhergehenden Arten).

Zweites Hauptstück.

Einteilung nach den Sprachen.

§. 1. — Werke in französischer Sprache.

1. Ad. Franck (P), Die Kabbala, Paris, 1843, in —8°. (SCT).
2. Richard Simon (F), Kritische Geschichte des alten Testamentes (SCT).
3. Burnet (F), Philosophische Altertumskunde. 4. Kap. (SCT).
4. Hottinger (F), Philosophische Theorie (SCT).
5. Basnage (F), Geschichte der Juden (SCT).
6. E. Amelineau (F), Versuch über den ägyptischen Gnostizismus, seine Entwicklung und seinen ägyptischen Ursprung. 1. Band in —4°, 1887 erschienen. (Bib. Nat. o[8] A 690) (SCT).
7. Paul Adam (P), Sein. Roman (MYS).
8. Amaravella (P), Die Zusammenstellung des Mikrokosmos. (Lotos-Revue) (MYS).
9. F. Ch. Barlet (P), Versuch über die Entwicklung des Gedankens. 1891 in —18° (SCT und PHIL).
10. Berthelot (P), Anfänge der Alchimie. Paris 1887 in —8° (SCT).
11. von Brière (P), Versuch über den alten Symbolismus der Völker des Orients. Paris 1854 in —8 (SCT).
12. René Caillié (P), Der Stern, die Revue der hohen Studien. (Verschiedene Aufsätze.) Avignon, 1889—92 (MYS).
13. Augustin Chaboseau (P), Versuch über die buddhistische Philosophie. p. 156 und 157, Paris, 1891, in —8° (PHIL).
14. P. Christian (P), Der rote Mann der Tuilerien. Paris, 1854 in —8° (MYS).
15. (Verschiedenes) (P), Spiritistischer Kongress von 1889, 1. Band in —8 p. 70, 89 ff. (MYS).
16. Kurt von Gébelin (P), Werke (Phil.).
17. Heinrich Delaage (P), Die Wissenschaft des Wahren. Paris, 1884 in —18 (PHIL).
18. Ludwig Figuier (P), Die Alchimie (PHIL und SCT).
19. Paul Gibier (P), Analyse der Dinge (MYS).
20. Eliphas Levi (P), Glaubenssatz und -brauch der hohen Zauberkunst. Paris 1854 in —8. Der Schlüssel grosser

Geheimnisse. Geschichte der Zauberkunst. Fabeln und Symbole (MYS und SCT).

21. Fabre d'Olivet (P), Die wiederhergestellte hebräische Sprache. Paris 1825 2 vol. in —4 (PHIL und SC).

22. S. de Guaita (P), An der Schwelle des Geheimnisses. Paris 1890 in —8 (SCT und MYS).
Die Satansloge. Paris 1891 in —8 (MYS).

23. Albert Jhouney (P), Das Königreich Gottes. Paris 1888 in —8 (MYS).

24. H. C. Agrippa (P), Okkultistische Philosophie. 2 vol. Haag 1727 in —8 (SCT und MYS).

25. Lacour (P), Die Eloim oder die Götter d. Moses. Bordeaux 1839 in —8 (MYS).

26. Lacouria (P), Daseinsharmonien in Zahlen ausgedrückt. Paris 1853 in —8 (MYS).

27. Léonce de Larmandie (P), Eoraka. Roman. Paris 1891 in —8 (MYS).

28. Julien Lejay (P), Die Geheimwissenschaft. Paris 1890 in —8 (MYS und PHIL).

29. Lenain (P), Die kabbalistische Wissenschaft. Amiens 1823 in —8 (MYS).

30. Julius Lermina (P), Zum Verbrennen. Novelle. Paris 1889 in —8 (MYS).

31. Emil Michelet (P), Der Esoterismus in der Kunst. Paris 1891 in —18 (MYS).

32. Molitor (P), Die Philosophie der Überlieferung. Paris 1834 in —8 (MYS).

33. Georg Montiere (P), Der Fall Adams. Paris 1890. (Revue „Die Einweihung") (MYS).

34. Papus (P), Elementarabhandlung über die okkultistische Wissenschaft. Paris 1887 in —8 (MYS).
Der Tarot der Zigeuner. Paris 1889 gr. in —8 (MYS und PHIL).
Methodische Abhandlung über den Okkultismus. Paris 1891 gr. in —8 (PHIL und SCT).

35. Josef Peladan (P), Der lateinische Verfall. 11 vol. Paris 1884—91 in —18 (MYS).

36. Albert Poisson (P), Theorien und Symbole der Alchimisten. Paris 1891 in —8 (PHIL).

37. Duchesse de Pomar (P), Semitische Theosophie. Paris 1887 in —8 (MYS).

38. Abt Roca (P), Neue Himmel, neue Erde. Paris 1889 in —8 (MYS).

39. R. H. Esprit Sabathier (P), Der Idealschein der Weltweisheit. 1679 (MYS und PHIL).
40. L.-C. de Saint-Martin (P), Das Krokodil. Paris. II. Jahrg. in —8 (Bib. Nat. Ye 10,272) (MYS).
41. Ed. Schuré (P), Die grossen Initierten. Paris 1889 in —8 (MYS und PHIL).
42. Saint-Yves d'Alveydre (P), Sendung der Juden. Paris 1884 gr. in —8 (SCT und PHIL).
43. J. A. Vaillant (P), Die Romen, wahre Geschichte der wahren Zigeuner. Paris 1854 (MYS).
44. G. Vitoux (P), Der wissenschaftliche Okkultismus. Paris 1891 in —8 (MYS und PHIL).
45. Wronski (Hoené) (P), Messianismus oder gründliche Neugestaltung des menschlichen Wissens. Paris 1854 in — folio (PHIL).
46. (P), Von der übersinnlichen Zauberkunst und den Heilweisen im Talmud (MYS).
47. (P), Die Jakobsleiter. Lyon 1693 in —8 (MYS).
48. Lagneau (P), Mystischer Einklang. p. 1636 in —8 (MYS).
49. Abraham le Juif (G), Die göttliche Weisheit. Seinem Sohne Lamech gewidmet. Handschrift des 18. Jahrhunderts. 2 vol. kl. in —8. (Übersetzung einer deutschen Handschrift) (MYS).
50. Gaffarel (G), Unerhörte Seltenheiten (MYS).
51. Jérome Gardan (G), Von der Feinfühligkeit (MYS).
52. Sieur de Salerne (G), Die Geomantie und Neomantie der Alten, die kabbalistische Neomantie in — 16, 1669 (MYS).
53. von Eckartshausen (G), Die Wolke über dem Heiligtum oder etwas, worüber die hochmütige Philosophie unseres Jahrhunderts nicht nachdenkt (MYS).
54. M.P.R.Q.D.G. (G), Die Physik des Schreibens, in —8 (MYS).
55. Keleph ben Nathan (G), Die göttliche Philosophie, im natürlichen, magischen, astralen, übernatürlichen, himmlischen und göttlichen Lichte oder unwandelbare Wahrheiten, die Gott aus sich offenbarte und in seinen Werken in dem dreifachen analogen Spiegel der Welt, des Menschen und des Jahres. 1793 in —8 (MYS).
56. Quantius Auclerc (G), „Threicie" oder der einzige Weg der göttlichen und menschlichen Wissenschaften, des wahren Kultes und der Moral. Paris. VII. Jrg. (MYS).

57. L. Grassot (d. m. m.) (G), Die himmlische Philosophie. Bordeaux IX. Jrg. (1803) kl. in —8 (MYS).

58. F. Vidal Comnèm (G), Die Harmonie der Welt, wo sie von Gott und dem Naturwesen bewirkt wird, Paris 1671 in —12 (MYS).

59. Peter Fournié (geweihter Geistlicher) (G), Was wir gewesen, was wir sind und was wir werden. London. 1861 in —8 (MYS).

60. Drach (G), (Le Chevalier Drach, ein ehemaliger Rabbiner), Von der Harmonie der Kirche und Synagoge. Paris 1844 2 vol. gr. in —8 (MYS).

61. Adolf Bertet (G) (reiner Kabbalist, Schüler des Eliphas Lévi), Dr. jur. u. theol., Advokat des Gerichtshofes zu Chambéry. Die Apokalypse des heiligen Johannes. (Kabbala und Tarot auf allen Seiten.) Paris. Arnold de Vresse. 1861 in —8 (MYS).

62. Goulianof (G) (Ritter von) Versuch über die Hieroglyphen des Horapollon und einige Worte über die Kabbala. Paris. 1827 in —4 (MYS).

63. Anonymus (G) Cabala magica tripartita, das heisst drei kabbalistische Tafeln . . ., mit ihrer Erklärung und ihrer Gebrauchsanweisung usw. S. L., 1747 in —8. (deutsch und französische Übersetzung) (PHIL und MYS).

64. Isaak Orobio (G), Das gerächte Israël oder natürliche Erklärung der hebräischen Prophezeiungen, die die Christen Jesus, ihrem vermeintlichen Messias, zuzählen. London. 1770 kl. in —8 (PHIL & MYS).

65. Alexander Weill (G) הוקיכזונסתרתאחבה (Gesetze und Geheimnisse der Liebe) nach den Rabbinern und der Kabbala, übersetzt aus einem hebräischen Messbuch. Paris. Dentu 1880 kl. in —8 (PHIL & MYS).

66. Lodoik (Graf von Divonne S. I.) (G) Der Weg der göttlichen Wissenschaft (Übersetzung aus dem Englischen des Law, eines Schülers Böhms) vorangehend: Die Stimme, die in der Wüste schreit. Paris. 1805 in —8 (MYS).

67. Lopoukine (Russe, mystischer Kabbalist) (G), Einige Züge der inneren Kirche. Moskau 1801 (mit Bildern) in —8 (MYS).

68. Munck (L), Vermischtes aus der jüdischen und arabischen Philosophie. Paris 1859 p. 275 und 490 (SCT); (L) Palaestina p. 520 und 521 (SCT).

69. Herzog (DV) Encyclopédie. Band VII p. 203, 205 und 206 (SCT).

70. Marquis Le Gendre (WT), Abhandlung über die Anschauung. ch. VII (SCT).
70. bis. Malfatti de Montereggio (D). (P), Mathèse. Übersetzt von Ostrowski. Paris 1839 in —8 (MYS)[1]).
70. ter. S. Karpe, Zohar. Paris. Alcan. 1900 in —8.

§ 2. — Werke in lateinischer Sprache.

71. Raimund Lullus (F) Werke, 10 vol. in-folio, Mainz 1721 (PHIL).
72. Pic de Ma Mirandola (F) Conclusiones cabalisticae. Rom 1486 (PHIL).
73. Reuchlin (F) De Arte cabbalistica (Phil).
74. De Verbo Mirifico. (PHIL).
75. H. C. Agrippa (F) De occulta philosophia. (SCT & MYS).
76. Postel (F) Abscunditorum a constitutione mundi clavis. Basel, 1547, in —4 und Amsterdam 1646 in —12 (MYS).
77. Pistorius (F) Artis cabalisticae scriptores. Basel 1587 in-folio (PHIL &MYS).
78. Kircher (F), Oedipus Aegptiacus. Rom. 1623 in-folio (SCT & PHIL).
79. Knorr de Rosenroth (F), Kabbala denudata. (SCT & PHIL).
80. Ricci (F), De celesti agricultura (MYS & PHIL).
81. Josef Voysin (F), Disputatio cabalistica. (MYS).
82. Georg Wachter (F), Concordia rationis et fidei, sive Harmonia philosophiae moralis et religionis christianae. Amsterdam 1692 in —8 (MYS).
83. Elucidarius cabalisticus Rom. 1706 in —8 (PHIL).
84. Tholuck (F), De Ortu Cabbalae. Hamburg. 1837 (MYS).
85. Brucker (Johann Jakob) (F), Institutiones philosophiae. Leipzig 1747 in —8, umgearbeitete und mit Anmerkungen versehene Ausgabe von Friedrich Born. Leipzig 1790 (SCT & MYS).
86. Paracelsus (F), Opera.
87. Heinrich Morus (F), Psycho-Zoia oder das Leben der Seele. 1640—47 in —8, Übersetzung. 3 vol. in-folio. 1679 (MYS).

---

[1]) Während des Druckes empfangen wir ein neues Werk von Eugen Nus. Auf der Suche nach der Bestimmung, wo ein ganzes Hauptstück der Kabbala gewidmet ist. 1. vol. in Paris 1897.—70.ter.

88. Robert F l u d d (F), Werke. 5 vol. in-folio (MYS).
89. Van H e l m o n t (Vater, J.—B.) (F), Ortus medicinae, Amsterdam, 1648—52 in —4 Venedig 1651 in-folio (PHIL).
90. Mercure van H e l m o n t (F), Alphabeti vere naturalis hebraice brevissima delineatio. Sulzbach 1607 in —12 (PHIL).
91. Jakob B o e h m (F), Aurora. 1612 (MYS).
92. De tribus principiis. 1619 (MYS).
93. B a r t o l o c c i (F), Magna bibliotheca rabbinica 4 vol. in-folio (SCT).
94. B u d d e u s (F), Introductio ad Historiam philosophiae Hebraeorum. 1702 und 1721 in —8 (SCT).
95. Abias M o n t a n u s (B), Antiquitatum Judaicarum (PHIL).
96. B a r t e n o v a e (B), Commentarii in Misnam. (SCT).
97. B o o e c i u s (B), De testid. templo Rabbinorum. B. I, in-folio Amsterdam (MYS).
98. C a r p z o v i i (B), Introductio ad Theologiam Judaicam. (PHIL).
99. C h a i m (B), Comment. in Siphra Zeunitha et Synodos Cabb. denudatae. in —4 (SCT).
100. C o c h (B) oder C o c c e i u s (Johann), Duo tituli Thalmudici, Sanhedrim et Maccoth. (SCT).
101. D r u s i i (B), Questiones Hebraicae. (PHIL).
102. F r è y (Ludor) (B), Excerpta Aharonis Plrush al Attorah explicationis Pentateuchum. in —4 Amsterdam 1705. (PHIL).
103. H o o g t h (B), Prefatio in Biblia hebraica in —8 2 vol. Amsterdam 1705 (SCT).
104. L e u s d e n (B) Prefatio ad Bibliothecam hebraicam. in 2 vol. Amsterdam 1680 (SCT).
105. L o r i a e (Isaak) (B), Cabbala recentior. (SCT & PHIL).
106. M a i m o n i d e s (B), Commentarii in Misnam. Amsterdam 1760 in folio. (SCT).
107. M i s n a h (B), sive totius Hebreorum Juris Rituum, Antiquitatum systema cum Maimonidès et Bartenovae Commentariis integris, quibus accedunt variorum Auctorum Notae ac Versiones Latine donavit et notis illustravit Guillemus S u r e n h u s i u s , in-folio 6 vol. Amsterdam 1760 (SCT).
108. M o r i (Henrici) (B), Fundamenta cabbalae Actopaedomelissae (PHIL).

109. Mosis Nachmanidis (B), Disputatio apud Wagenseilii Tela ignea Satanae. (MYS).
110. Naphtali Hirtz (B), Introductio pro meliori intellectu libri Zohar (Kabbala denudata, p. 3) (PHIL).
111. Othonis (Johann Henrici) (B), Historia doctorum misnicorum (PHIL).
112. Peringeri (B), Praefatio ad Tract. Arodah Zarah in Misnae. B, V. (PHIL).
113. Relandi (Hade) Analecta Rabbinica in —8 Ultraj 1702 (SCT).
114. Ursini (Gorgio) (B) Antiquitates hebraicae Scholasticae Academiae in —4 Hasnia. 1702 (SCT).
115. Wagenseilii (B), Tela ignea Satanae. 2 vol. 1681 in —4 in Misna, p. 911, editionis Amstel. (MYS).
116. Paracelsus (BD), Isagoge (PHIL).
117. Peti Gassendum (BD) Marc Mersennum, Werke. (PHIL).
118. Khunrath (BD) Amphitheatrum Sapientiae Aeternae (MYS).
119. Gaffarel (BD) Codicum Kabbalisticorum manuscriptorum. (MYS).
120. Chentophori Stebii (BD) Coelum Sephiroticum Ebreorum per portas intelligentiae Moysi Revelatum. 1679 in-folio (MYS)
121. Jul. Sperberus (BD) Isagogae in veram Dei naturaeque cognitionem (PHIL).
122. Michaelis Ritthaleri (BD) Hermathena philosophica theologia. 1684 (PHIL & MYS).
123. Franciscus Mercurius Helmontis (BD) Seder olam (PHIL).
124. Iac. Boehmius (BD), Opera (MYS).
125. Joachimus Hopperus (BD), Seduardus sive de vera jurisprudentia. 1656 (PHIL).
126. Jonas Conradus Schrammius (BD), Introductio ad dialecticam Kabbalorum. 1703 (PHIL).
127. Jordano Bruno (P), De Specierum scrutneo; de lampade combinatoria Lulliana; de progressu et lampade venatoria logicorum (PHIL & MYS).
128. Valerius de Valeriis (G), Aureum opus in arborem scientiarum et in artem generalem. (MYS).
129. Burgonovo (Archangelus de) (G), I. — Apologia pro defensione doctrinae Kabbalae. (PHIL). II.—Conclusiones Cabalisticae, Nr. 71. secundum Mirandulam. (PHIL). (Diese Conclusiones sind verschieden von

jenen, die im Pistorius vorkommen, obgleich sie vom selben Autor und unterm selben Titel erschienen. — St. de Guaita) 1 vol. in —16 viereckig. Bononiae. 1564.

130. Galatini (G), De Arcanis catholicae veritatis. Buch XII. 1 vol. in-fol. 1612 (MYS).

131. Joannes Frankius (G), Systema ethices divinae und mehrere andere Abhandlungen desselben Brandenburg-Mecklenburgers, 1724 kleines Form. in —4 (MYS).

132. Vuolfgangus Sidelius (G), De Templo Salomonis Mystico, prope Maguntiam. 1548 in —12 (MYS).

133. Trithemius (G), De Septem Secundeis. Coloniae. 1567 in —12 (MYS).

134. (G) Veterum Sophorum Sigilla et Imagines Magicae, cui accessit catalogus Rariorum magico-cabbalisticorum. (MYS & SCT).

135. (Anonymus) (G) Trinuum magicum, sive secretorum magicorum opus (MYS).

136. Christophorus Wagenseilius (G), Tela ignea Satanae, enthaltend die hebräischen Werke mit folgender lateinischer Übersetzung oder solchen Kommentaren (MYS) & PHIL).

137. Lipmann, Carmen memoriale.
(Anonym), Liber nizzachon vetus.

138. Rabbi Jechiel, Acta disputationis cum quodam Nicolao.

139. Rabbi Moses Nachmanides, Acta disputationis cum fratre Paulo Christiani et fratre Raymundi Martini.

140. Rabbi Isaaci, Sepher Chissuk Emuna (Munimen fidei).

141. (Anonym), Sepher Toladoth Jeschuak (Liber Generationum Jesu).

142. Relandi (Hadrian) (G) Antiquitates sacrae veterum hebreorum breviter delineatae, trajecti ad Rhenum. 1741 in —4 (SCT).

143. Heinius (J. Philipp) (G) Dissertationum sacrorum libri duo. Amsterdam 1736 in —4 (PHIL).

144. F. Burneth (G) — I. Telluris Theoria sacra. — II. Doctrina Archeologiae philosophicae (Ein recht grosses Kapitel über die Kabbala), Amstelodami, apud Joannem Wolters, 1699 in —4 (Titelblatt und Bilder) (MYS).

145. Robert Fludd (DV) — 1. Utriusque cosmi metaphysica, physica atque technica historia, Oppenheim 1617 in —folio.

146. — 2. De supernaturali, naturali, praeternaturali et contranaturali microcosmi historia, Oppenheim 1619 und 1621.
147. — 3. De natura sinia seu technica macrocosmi historia, Francfort 1624.
148. — 4. Veritatis procenium seu demonstratio analytica, Francfort 1621.
149. — 5. Monochordon mundi symphoniacum, Francfort 1622 in —4, 1623 in —folio (diese beiden letzten Abhandlungen als Antwort an Kepler).
150. — 6. Anatomia theatrum, triplici et effigiae designatum, Francfort 1623 in —folio.
151. — 7. Medicina catholica, seu mysticum artis medicandi sacrarium, Francfort 1629.
152. — 8. Integrum morborum mysterium, Francfort 1631.
153. — 9. Pulsus, seu nova et acarnas pulsurum historia.
154. — 10. Philosophia sacra et vere christiana, seu meteorologia cosmica, Frankfurt 1629.
155. — 11. Sophiae cum Moria certamen, 1629.
156. — 12. Summum bonum, quod est verum magiae, cabalae et alchmiae verae ac fratrum Roseae-Crucis subjectum, 1629.
157. — 13. Clavis philosophiae et alchymiae Fluddanae, Francfort 1633.
158. — 14. Philosophia Mosaica, in qua sapientia et scientia creaturarum explicantur, Gouda 1638; Amsterdam, 1640, in —folio; ins Englische übersetzt London 1659 in —folio.
159. — 15. De unguento armario (Zwiegespräch in dem) Theatrum sapientiae, 1662 in —4.
160. — 16. Responsum ad Hoplocrismaspongum Forsteri, London 1631 in —4.
161. — 17. Pathologia daemoniaca, Gonda 1640 in —folio.
162. — 18. Apologia compendiaria, fraternitatem de Rosea-Cruce suspicionis et infamiae maculis aspersam abluens, Leyden 1616 in —8.
163. — 19. Tractatus apologeticus integritatem societatis de Rosea-Cruce defendens, Leyden 1647; in Deutsche übersetzt, Leipzig 1782.
164. — 20. Tractatus theologo-philosophicus de vita, morte et resurrectione, fratribus Rosea-Crucis dicatus, Oppenheim 1617 in —4.
165. B u x t o r f (DV) (Werke), Manuale hebraicum et chaldaicum. Basel 1658 in —12.

166. — Synagoga Judaica, Basel 1603 (deutsch); Hanau 1604 und 1622 in —8 (lateinisch); Amsterdam 1650 in —8 (flamländisch); Basel 1641, lateinisch (von seinem Sohne durchgesehen); Basel 1682 lateinisch (durchgesehen und ausgebessert von Jakob Buxtorf, Urenkel des Autors).
Dieses Werk beruht auf den Glaubenssätzen und -bräuchen der Juden.

167. — Institutio epistolaris hebraica cum epistolarum hebraicarum centuria, Basel 1603, 1616, 1629 in —8.
Der Verfasser gibt hier Vorschriften und Vorbilder für einen gelehrten Briefverkehr im Hebräischen.

168. — Epitome grammaticae hebreae, Leyden 1673, 1701, 1707 in —12.

169. — Epitome radicum hebraicae et chaldaicae, Basel 1607 in —8.

170. — Thesaurus grammaticus linguae hebreae, Basel 1609, 1663, et 1615 in —8.

171. — Lexicon hebraicum et chaldaicum cum brevi lexico Rabbinico, Basel 1607 in —8 und 1678 in —8.

172. — Grammaticae chaldaicae et syriacae libri tres, Basel 1615 in —8.

173. — Bibliotheca hebraea Rabbinica, Basel 1618, 4 vol. in —folio.

174. — Tiberias, Basel 1620 in —4.
Kritisch-Historische Abhandlung über die Massora, wo der Verfasser die Entdeckung der Vokalpunkte Esdras beilegt. Er bietet hier auch eine Geschichte der Akademien der Juden nach ihrer Vertreibung.

175. — Concordantiae Bibliorum hebraicae, veröffentlicht durch seine Söhne mit den chaldaischen Konkordanzen, Basel 1632 in —folio; wiedergedruckt 1636, Basel, wovon von Chrétien Ravius in Frankfurt a. O. 1676 ein Auszug vorhanden ist; Berlin 1677 in —8, unter dem Namen „Foss Sion"; dies ist eins der besten Werke Buxtorfs.

176. — Lexicon chaldaicum thalmudicum et rabbinicum, Basel 1639 in —folio.
Dieses Werk, das er nach 20jähriger Arbeit unvollendet liess, kostete seinem Sohn noch zehn Jahre, bevor er imstande war, es zu veröffentlichen.

177. — Disputatio Judaei cum Christiano, Hanau 1604, 1622 in —8.

178. Buxtorf (DV) Epistolarum hebraic, decas (hebräisch und lateinisch), Basel 1603 in —8.

179. Kircher (P), Vollständiger Plan seines Werkes über die Kabbala der Hebräer im „Edipus Egyptiacus“.

Die Kabbala der Hebräer.

Zur Kenntnis: über die allegorische Weisheit der alten Hebräer, parallel gestellt mit der ägyptischen und Hieroglyphenkabbala, die neue Quellen zur Erklärung der Lehre von den Hieroglyphen zeigt und die Anfänge dieser abergläubischen Wissenschaft und ihre Widerlegung darlegt.

Hauptstück 1. Ableitung und Einteilung der Kabbala.

§ 1. Beispiel der Gematria.
§ 2. — „ Notaria.
§ 3. — „ Themura (oder Ziruph).

Hauptstück 2. Über den Ursprung der Kabbala nach der Meinung der Kabbalisten.

Hauptstück 3. Von der ersten Grundlage der Kabbala: dem Alphabet und der mystischen Reihenfolge seiner Zeichen.

Hauptstück 4. Namen und Beinamen Gottes.

§ 1. Der göttliche, tetragrammatische Name יהוה oder der 4buchstabige.
§ 2. Geheimnisse des Namens יהוה
§ 3. Vom göttlichen Zwölfbuchstaben-Namen oder dem dodekagrammatischen.
§ 4. Vom göttlichen Zweiundzwanzigbuchstaben - Namen, mit dem die Priester, beziehungsweise die Rabbiner das Volk zu segnen pflegten.
§ 5. Vom göttlichen 42 Buchstaben-Namen.

Hauptstück 5. Von der Tabelle Ziruph oder die Zusammensetzungen des hebräischen Alphabetes.

§ 1. Wie der göttliche Name von 42 Buchstaben aus der Tabelle Ziruph gewonnen wird.
§ 2. Namen der 42 Engel, die von den 42 Buchstaben des göttlichen Namens abzuleiten sind mit Erklärungen.

Hauptstück 6. Vom göttlichen 72 Buchstaben-Namen und seiner Anwendung.

Die 72 Verse, den verschiedenen Psalmen entnommen, in denen die Namen Gottes und die Namen der Engel enthalten sind, gesammelt nach verschiedenen rabbinischen Werken.

---

[1]) Vgl. auch Fig. 3 u. 4 des vorliegenden Werkes.

§ 4. Von der kabbalistischen, aegyptischen, pythagoräischen Zauberkunst und ihrer Vergleichung.

§. 3. — Werke in deutscher Sprache.

180. Epstein (E), Mikad minot haychondim, Beiträge zur jüdischen Altertumskunde, Wien 1887 (SCT).
181. Kleuker (F), Von dem Wesen und dem Ursprung der Inkarnationslehre bei den Kabbalisten. Riga 1786 in —8 (deutsch) (PHIL).
182. Freystad (F) Kabbalismus und Pantheismus. Königsberg 1832 in —8 (PHIL).
183. Wachter (F) Der Spinozismus im Judentume. Amsterdam 1699 in —8 (deutsch) (PHIL).
184. Zunz. (L), Gottesdienstliche Vorträge. Berlin 1832 K. IX und XX (SCT).
185. Landauer (L), Literaturblatt des Orients von Fürst, 1845 Band VI p. 178 (SCT).
186. Graetz (L), Geschichte der Juden, B. V. p. 201—8 B. VII, das Wort Kabbala, (SCT).
187. Hamburger (L) Real-Encyclopaedie f. Bibel u. Talmud, 2. Teil 1874—83, Artikel: Geheimlehre, Kabbala, Mystik, Religionsphilosophie und im Anhang die Aufsätze „Kleinere Midraschim" und „Sohar" (SCT).
188. Steinschneider (L), Jüdische Literatur in der Encyklopaedie von Ersch und Gruber (SCT).
189. H. Joel (L), Die Religionsphilosophie des Sohar. Leipzig. 1849 (PHIL).
190. Ad. Jellinek (L), Moses ben Schemtob von Leon und sein Verhältnis zum Sohar. Leipzig 1851 (PHIL).
191. Id. (L) Beiträge zur Geschichte der Kabbala. Leipzig 1852 (SCT).
192. Graetz (L), Gnostizismus und Judentum. Krotoschin. 1846 (PHIL).
193. M. Joel (L), Blicke in die Religionsgeschichte, Breslau 1880 I. Band p. 103—170 (SCT).
194. Gudemann (L), Geschichte des Erziehungswesens der Juden. Leipzig 1800 Band I. p. 153 (Deutscher Mystizismus) u. p. 67 (Mystizismus in Frankreich im XIII. Jahrhundert.) (SCT).
195. D. Kaufmann (L) in der Jubelschrift zum 90. Geburtstage des Dr. L. Zunz, Berlin 1884 p. 143 (SCT).
196. Karl du Prel (P), Philosophie der Mystik, Leipzig 1887 (PHIL u. MYS).
197. (G.) Kabbala, Spiegel der Kunst in Kupperstück (MYS).

§ 4. — Hauptsächlichste Abhandlungen in der hebräischen Sprache.

MASSORA.

198. Majer Halein (M), M'sorah siag l'Thorah. (Die Massora eine Fessel für das Gesetz.) XIII. Jahrh.

MISCHNA und GEMURAH.

199. (M), M'sachta sophrim, Beschreibung der äusseren Form der Bibel.
200. Nasi Juda Hakadosh, (M) Mischnah.
201. Maimonides (M), Die mächtige Hand.
202. Josef Karo (M), Gedeckter Tisch. 4 vol. 1550.

Das vollständigste Kompendium der hebräischen Wissenschaft.

KABBALA.

203. Abraham Akibah (?) Sepher Jetzirah (Buch der Schöpfung) Mantua, 1552.
204. Moses (?) (M) M'eine Hachochinch (Die Quellen der Weisheit) Raja M'chimnah (der treue Hirte).
205. Rab Juda ben Betheira (M), Sepher Habethachum (Das Buch des Vertrauens).
206. Rab. N'chuniah (M) 40 vor J. Chr. Das Buch Ha-Bahir (das Licht in den Finsternissen) Amsterdam 1651 Berlin 1706.
207. — (M), Hamiuchad (Das Geheimnis des Namen Gottes)
208. — (M) Iggered Hasovoth (Der Brief über die Geheimnisse) (erstes Jahrhundert nach J.-C.).
209. Rab. Samuel, Sohn des Eliséus. (M) Sepher Kanah (Die Tempelfragmente).
210. Paraphrastes Onkelos (M) verschiedene Midraschim Mei haschiluach (Die langsam fliessenden Gewässer). (120 nach J.-C.)
211. Rab. Simon, Sohn des Jochai, Schüler des Akibah (M), Sohar (Der Glanz des Lichtes).

Sohar-Fragmente.

212. — Sithrei Thorah (Die Geheimnisse der Thorah).
213. — I'muka (Das Kind).
214. — P'Kuda (Die mystische Erklärung des Gesetzes).
215. — Midrasch Hanelam (Die geheimnisvolle Untersuchung).
216. — Maimer tha chasi (Komm und sieh).
217. — Idra Rabba (Die grosse Versammlung).

218. — Idra Suta (Die kleine Versammlung).
219. — Siphra D'zeniutha (Das Buch der Geheimnisse).
Soharausgaben: Mantua, 1560 in —4. — Dublin, 1623 in —folio. — Konstantinopel, 1736. — Amsterdam, 1714 und 1805. Die beste ist die vom Jahre 1714.

Wichtigste Werke seit dem Sohar bis zum XII. Jhdt.

220. — Rab. Juda Hanasi, 215 nach J. Chr. (M): 1. Das Buch der süssen Früchte.
221. — 2. Das Buch der Punkte.
222. — 3. Ein Diamant in Urim und Thumim.
223. — 4. Das Buch der Zierde.
224. — 5. Das Buch des Paradieses.
225. — 6. Das Buch der Erlösung.
226. — 7. Das Buch der Einheit.
227. — 8. Der Bund der Ruhe.
228. — 9. Das Buch der Suche.
229. — 10. Die Stimme des Herrn in seiner Macht.
230. — 11. Das Buch der Aufnahme mit verschiedenen Erklärungen über die Zahlen 42 und 72, das Gesetz und die Moral etc.
231. — 12. Die Herrlichkeit.
232. — 13. Das Buch der Erholung.
233. — 14. Das Buch des künftigen Lebens.
234. — 15. Das Geheimnis der Thorah.
235. — 16. Das Buch der heiligen Namen.
236. — 17. Der Schatz des Lebens.
237. — 18. Das Eden des Gartens Gottes.
238. — 19. Das Buch der Erlösung.

Wichtigste Erscheinungen seit 1240 bis zum XVI. Jhdt.

239. — 20. (M) Rang der Gottheit.
240. — 21. Der würzige Wein.
241. — 22. Das Buch der Seelen.
242. — 23. Das Geheimnis des Geistes.
243. — 24. Das Buch der Engel.
244. — 25. Das Buch der Beziehung der Formen.
245. — 26. Das Buch der Kronen.
246. — 27. Das Buch der heiligen Stimmen.
247. — 28. Das Buch der Geheimnisse der Einigkeit und des Glaubens.
248. — 29. Das Buch der Pforten des göttlichen Verstandes.
249. — 30. Das Geheimnis der Finsternis.

250. — 31. Das Buch der Einheit des göttlichen Wesens.
251. — 32. Der innere Garten.
252. — 33. Der Heilige der Heiligen.
253. — 34. Der Schatz des Ruhmes.
254. — 35. Die Pforte der Geheimnisse.
255. — 36. Das Buch des Glaubens.
256. — 37. Der Brunnen des Lebenswassers.
257. — 38. Das Haus des Herrn.
258. — 39. Urim und Thumim.
259. — 40. Die Wohnung des Friedens.
260. — 41. Die Flügel der Taube.
261. — 42. Die Quelle des Gartens.
262. — 43. Der Saft der Granate.
263. — 44. Was die Augen leuchten macht.
264. — 45. Das Tabernakel.
265. — 46. Das Buch des Glaubens.
266. — 47. Das Buch der Zehn.
267. — 48. Das Buch der Anschauung.
268. — 49. Das Buch der Geheimnisse des Herrn.
269. — 50. Der Sinn des Gebotes.
270. — 51. Abhandlung über die zehn Sephiroth.
271. — 52. Erklärung der Thorah.
272. — 53. Das Aromapulver.
273. — 54. Das Licht Gottes.
274. — 55. Der Goldaltar.
275. — 56. Das Tabernakel.
276. — 57. Das Buch des Masses.
277. — 58. Das Licht der Vernunft.
278. — 59. Das Geheimnis der Thorah.
279. — 60. Das Buch der Angst.
280. — 61. Die Pforte des Lichtes.
281. — 62. Der Baum des Lebens.
282. — 63. Der Ast des Lebensbaumes.
283. — 64. Der Weg, um zum Baume des Lebens zu gelangen.
284. — 65. Die Schätze des Lebens.
285. — 66. Das Buch des Erbarmens.

§ 5. — Werke in englischer Sprache.

286. H. P. Blavatsky (P), Isis Unveiled, New-York, 1875 3 vol. in —8 (MYS).
Vielfach Kompilation französischer Schriftsteller, besonders in allem, was auf die Kabbala Bezug hat. — Keine Methode.

287. (P), The secret Doctrine, London 1889, 2 vol. gr. in —8 (MYS).
Es gilt dieselbe Bemerkung, wie bei dem Vorhergehenden.
288. Dr. C. du Prel (P), Philosophy of Mysticism, transl. P. C.-C. Massey (PHIL und MYS).
289. A. Edw. Waite (P), Lives of Alchemystical Philosophers (MYS).
290. S. Liddell Macgregor Mathers (P); The key of Salomon the King (clavicula Salomonis).
291. — The Kabbalah, Unveiled (SCT).
292. Franz Hartmann (P), Magic, White and Black (MYS).
293. The Literature of Occultism and Archeology (MYS).
294. A. E. Waite (P), The Mysteries of Magic (MYS).
295. (DV) Supernatural religion a inquiry into the reality of divine revelation. 3 vol. London 1875. (PHIL).
296. Henry Morus (WT), A conjectural essay of interpreting the mind of Moses, according to a threefold Cabala, London in —8, 1654 (PHIL und MYS).
297. Smith (DV), Dictionary of Christian Biography (Vgl. Artikel Cabbalah) (PHIL).
298. Ginsburg (DV), The Kabbalah, its Doctrines Developement and Litterature (PHIL).
299. Azariel (DV), Commentary on the Doctrine of the Sephiroth, Varsau 1798; Berlin 1850 (PHIL).
300. — (DV), Commetary on the Song of Songs. Altona, 1763 (MYS).
301. Mackay (P), Memory of extraordinary populars delusions. London 1842 in —8 (Charakterbilder von J. Dée, Paracelsus und Cagliostro) (PHIL).
302. Barrett (P), Magus a celestial intelligence. London 1801 in —4 ill. (MYS).
303. Ainsworth (Heinrich) (B), Annotations upon the five bocks of Moses in —folio, London 1639 (PHIL).
304. Cudworth (B), The true intellectual system of the Universe in —folio. London 1678 (MYS).
304. bis. — Anna Kinsfort (D), The perfect Way, London, in —8, 1887.

§ 6. — Werke in spanischer Sprache.

305. Castillo (P), Historia y magia natural. Madrid, 1692 in —4 (MYS).

306. Abendana (P), Cuzari, libro de grande sciencia y mucha doctrina, traducido por Abendana. Amsterdam 5423 (Bib. Nat. A 2954) (PHIL und MYS).

307. Cardoso (B), Las Excellencias de los Hebreos, y las Calonias de los Hebreos, in —4. Amsterdam 1679 (PHIL).

308. Dr. José A. Alvarez de Peralta (P), Iconografia Simbolica de los Alfabetos Fenicio y hebraico. Madrid, Baillère, 1898 (PHIL).

Drittes Hauptstück.

Reihenfolge nach Stoffen.

§ 1. — Abhandlungen über die Mischna.

(Bibliothèque Nationale.)

310. R. Moses Maimonides und R. Oradia Bartenovae, Mischnat, traditiones. Sabionet, 1563 2 vol. in —4 (A 828).
R. Judae Sancti. Venetiis, 1606 in-folio (A 829).
Siehe auch Nr. 830 und 834. — Alle diese Werke sind hebräisch.

311. Guilliemus Surenhusius, Mischna, sive totius Hebraeorum juris, rituum antiquitatum ac legum oralium systema, cum Rabbinorum MAIMONIDES et BARTENOVAE commentariis integris; quibus accedunt variorum auctorum notae ac versiones in eos, quos ediderunt codices: omnia a Guilielmo Surenhusio latinitate donata, digesta et notis illustrata. Hebraice et latine, Amstelodami. Girard und Jakob Borstius. 1698 6 vol. in —folio (A 834).
Siehe weiter Nr. 835 bis 840.

MISCHNA (bessere Kommentare).

312. Moses Maimonides und Obadia Bartenova, Bib. nat. A 673. fol. Gedruckt in Neapel 1490—92, lateinischer Text, herausgegeben durch Surenhusius, 6 vol. Amsterdam 1698—1703 (A 674).

313. Mischna spanisch. Venedig 1606.

314. — deutsch. Von Rabe, Onolzbach, 1761.

315. — hebräisch. Berlin, 1834.

§ 2. — Abhandlungen über TARGUM.

(Bibliothèque nationale.)

316. Paulus Fagius et Onkelus, Thargum, 1546, in —fol. (A 824).
317. Uziel, Targum, Basel 1607, in —fol. (A 825).
318. Uziel von Franciscus Taylerus, London, 1649 in —4° (A 826).
319. R. Jacob, F. Bunam, Basel, in —4° (A 827).
320. Siehe weiter Nr. A 435, A 786, A 2—332.

[Abandlungen über die Massora]

(Bibliothèque nationale.)

321. Buxtorf, Tiberias (A 822, 823).

§ 3. — Abhandlungen über den Talmud.

(Bibliothèque nationale.)

322. 1. Talmud von Jerusalem, R. Jochanan, Talmud Hierosolymitanum, divisum in quatuor ordines. Venetiis, Daniel Bomberg, in —fol. unter dem Zeichen: (A 840); andere Ausgabe, Krakau, Isaac, Aron, 1607—1609, in —folio; 2. Talmud von Babylon.
323. Rab. Asche, Talmud Babylonicum integrum, ex sapientum scriptis et responsis compositum a Rab. Asche, centum circiter annis post confectum Talmud Hierosolymitanum, additis commentariis R. Salomonis Jarchi et R. Mosis Maimonidis, Venetiis, Daniel Bomberger, 1520, 1521, 1522, 1523; 15 vol. in —fol. (A 842).
    Siehe weiter Nr. A 843 bis 857.
324. Über die Auszüge aus dem Talmud. Nr. 857 bis 879.
325. Über die Kommentare des Talmuds. Nr. 879 bis 914.
326. Über die Abhandlungen über den Talmud. Nr. 915 bis 917.
    Insgesamt besitzt die Bibliothèque nationale in ihrem alten Kataloge 124 Werke über den Talmud, deren grösster Teil sehr beachtenswert ist.

§ 4. — Abhandlungen über die Kabbala im allgemeinen.

(Bibliothèque nationale. Wolf.)

I. 1°. Einführung in die Kabbala.

327. R. Joseph Cornitolis, Schaace Hedek portae perlicia (hebräisch), Ruca, 1461 in —4° (A 964).

328. R. Joseph Gecatilia, Gan egiz, hortus lucis, sive introductio in artem cabalisticam (hebräisch), Hanovae, 1615 in —fol. (A 965).

2°. Allgemeine Abhandlungen über die Kabbala.

329. R. Akiba, Sepher Jesira (hebräisch), Mantua, 1562, in —4 (A 966).
330. Rittangelius, Sepher Jesirah (hebräisch) Amstelodami 1642 in —4 (hebräisch und lateinisch) (A 957).
331. R. Schabtai Schephtel Horwitz, Schepha Tal über Sephantal (hebräisch) Hanoviae 1612 in —fol. (A 968).
332. Knorr de Rosenroth, Kabbala denudata (A 969) (lateinisch).
333. Pistorius, Artis cabalisticae scriptores (lateinisch) Basileae 1587 in-folio (A 970).
334. Siehe weiter die Abhandlungen in hebräischer Sprache Nr. 970 bis 978.
335. Joseph de Voysin. Uebersetzung aus dem Hebräischen ins Lateinische.
    R. Israel filii R. Mosis, Disputatio cabalistica de anima, et opus rhytmicum R. Abraham Abben Ezrae. De modis quibus Hebraei legem solent interpretari, adjectis commentariis ex Zohar, aliisque rabbinorum libris, cum iis quae ex doctrina Platonis convenere, Parisiis, Tussanus du Bray, 1658 in —8° (A 978).
336. Aggripa (Hen.-Com.) Phil. Occulta, (libri III); De Vanitate Scientiarum (Kapitel LXVII).
337. Alberti (Fried.-Christian), Werke.
338. Altingius (Jacob), In Dissert. de Cabbala Scriptuaria.
339. Andreae (Samuel), In Examine generali Cabbalae philosophicae, Henri Mari, Herborn, 1670 in —4.
340. Bartoloccius (Julius), rabbinica Bibliotheca (passim), 1694, 5vol. Rom 1675—93, 4 vol. in-folio.
341. Bashuysen (Hen.-Jac. Van), Disputationes II de Cabbala vera et falsa, Hanov. 1710.
342. Basnage (Jakob), Historia Judaica, lib. III, cap. X und ff.
343. Berger (Paul), In Cabbalismo Judaico Christiane, Viemberg. 1707 in —4.
344. Buscherus (Friedr.-Christianus), In Mensibus Pietisticis (mense IV).
345. Buddeus (Joh. Franc.), In observationibus Halensibus salutis, B. I, observ. 1 und 16 und in Introductio in philosoph. Hebraeorum.

346. De Burgonovo (Archangelus), Ordinis minorum, Pro defensione doctrinae Cabbalae, Basil., 1600, in —8° (p 53 und 54).
347. Ejusdem, Cabbalistarum selectiora obscurioraque dogmata illustrata, Venetiis, 1569 in —8; Basil. 1587 in-f.
348. Carpyiorius (Joh.-Benedictus), Introductio in Theologiam Judaicam, c. VI.
349. Colberg (Ehregott. Daniel), In Christianismo Hermetica Platonica.
350. Collangel (Gabriel), In Dissert. de Cabbala, cum ejusdem polygraphia Galliae edita, Paris, 1561.
351. Dickinson (Edmund), In physica vetere et vera, cap. IV und XIX.

???

353. Disenbach (Martinus), In Judaeo convertendo, p. 94, et converso, p. 145 sqq.
354. Duretus (Claudius), In der Geschichte des Ursprunges der Sprachen, c. VII.
355. Fludd (Robertus), in Philosophia mosaica, et alibi, passim.
356. Gaffarellus (Jac.), Abdita divinae Cabbalae mysteria contra Sophistarum Logomachiam defensa, Paris, 1623, 4 teste Leone Allatio de Apibut.
— Urbanis. Ejusdem tractatum de Cabbala, et in eum Mersenni notae M. S. S. in Biblioth. Peirescii memora, Colomesius in Gallia Orientali, p. 154. Promisit et Cribrum Cabbalisticum.
357. Galatinus (Pet.), lib. I, De Arcanis Cathol. Veritat., c. VI.
358. Garzia (Pet.) Vide supra Archangelus Burgononensis.
359. Gastalus (Thom.) In libris de Angelica potestate passim de Cabbala Judaica egit, eamque confutavit,. teste Kirchero in Edipo Egyptiaco, t. II, part. I, qui passim ad eum provocat.
360. Gerson (Christian), In Compendio Talmudis, Teil I, c. XXXI.
361. Glassius (Salomon), In Philologia Sacra lib. II, Teil 1, p. 302.
362. Hackspanius (Theodoricus), In Brevi Expositione Cabbalae Judaicae, Miscellaneis ejus Sacris subjuncta, p. 282 sqq., qui speciatim, p. 341 sqq. fuse de usu Cabbalae in Theologio differit.
363. Hebenstreitius (Jo.-Bat.), In dissertat. de Cabbala Log. Arithmo-Geometro-Mantica, spargi nuper coepta, Ulm 1619 in —4°.

364. Henningius (Jo.) In Cabbalologia sive Brevi Institutione de Cabbalâ cum veterum Rabbinorum Judaica, tum Poetarum Paragrammatica, Lipsi, 1683 in —8.

365. Hoornbeckius (Jo.), In libris VIII pro convincendis et convertendis Judaeis, lib. I, c. II, p. 89 sqq.

366. Hottingerus (Jo. Hen.), in Thesauro Philolog., lib. I, c. III, sect. V.

367. Hottingerus (Jo. Henres) Nepos, In notis ad discursum Gemaricum de Incestu, Creatione et opere Cursus, p. 41 sqq.

368. Kircherus (Athanas.), In Aedipo Aegyptiaco t. II, p. 1.

369. Knorr (Cristianus), a Rosenroth, in Cabbala denudata, t. I, Solisbac, 1677 und 1678; t. II, Francof. ad Moen, 1684, in —4°. Vide Buddei Introduct., p. 281 sqq.

370. Langius (Joach.), In Medicina Mentis, p. 151, sqq.

371. Langius (Jo. Mich.) In Dissert. de Charactere primaevo Bibliorum Hebr. et in Comment. de Genealogiis Judaicis.

372. Leusdenius (Jo.), In Philolog. Hebr. Dissert. XXVI.

373. Loescher (Valent. Ernestus), In Praenotionibus Theologicis, p. 288, sqq.

374. Lobkovitz (Jo. Caramuela), Cabbalae Theologicae Excidium, qua stante in tota S. Scriptura ne unum quidem verbum esset de Deo, Vide Imbonati Biblioth. Lat. Heb., p. 96.

375. Ejusdem, Specimen Cabbalae Grammaticae, Bruxellis, 1642, in —12.

376. Mirandulanus (Vid. Picus).

377. Morestellis (Pet.), Academia Artis Cabbalist., Paris, 1621, in —8 edita prorsus huc non pertinet, quippe quae tantum de Arte Lulliana exponit.

378. Morus (Henr.), In scriptis variis, de quibus diligenter exponit Rev. Jo. Franc. Buddeus in Introduct. in Philos. Hebraeorum.

379. Mullerus (Jo.), In Judaismo Prolegom. VI.

380. Neander (Michael), In calce Erotematum L. Hebr., p. 514, sqq.

381. Pastritius (Jo.) Cujus tractatum M. S. de Cabbala eiusque divisione et auctoritate laudat Imbonatus in Bibl. Hebraeo-Latina, p. 126.

382. Picus (Jo.) Mirandulanus, LXXII Conclusiones Cabbalisticae et alia in Operibus ejus legenda. Conclusiones illae integrae exstantin Rev. Buddei Introduct., p. 230 sqq. Conf. Archangelus Burgonov.

383. Pistorius (Jo.) Nidanus, in tomo I. Scriptorum Artis kabbalist., Basileae, 1587, in-folio, quo continentur Pauli Ricii lib. IV, de coelesti Agricultura, et opuscula nonnulla ejus alia: R. Josephi Castiliensis Porta lucis, Leonis Ebraei de amore Dei dialogi tres: Jo. Reuchlini lib. III de Arte kabbalistica; item lib. III de verbo mirifico: Archangeli Burgonoviensis Interpretationes in selectiora obscurioraque Cabbalistarum dogmata; et Abrahami liber Jezira, Lege de hac collectione Buddeum in Introduct. ad Histor. Philos. Hebr., p. 221. Rich. Samaneni in Bibliotheca Selecta, t. I, p. 322, sqq. et Pet. Baelium in Dictionario edit. recentiss., t. III, p. 2315, sqq.

384. Reimannus (Jac. Frider.), In conata introduct. in Historiam Theolog. Judaicae, lib. I, c. XV.

385. Reuchlinus (Jo.), In libris III de Arte Cabbalist. Hagenoae 1517, in —4. Basile, 1550, et cum Galatino. Francef. 1672 in-folio, item in Pistoris Scriptoribus Cabbalist., Basil., 1587.

386. Riccius (Paulus), In libris IV de coelesti Agricultura et alias, vide Teil I, Nr. 1817. Conf. Pistorius.

387. Rittangelius (Jo. Steph.), In notis ad lib. Jezira, et libro de Veritate Religionis Christianae.

388. Rosenroth (V. Christianus Knorr).

389. Scherzer (J. Adamus), In Trifolio Orientali, p. 109, sqq.

389. bis. Schickardus (Guilielmus), In Bechinath Happeruschim, Diss. IV.

390. Schottus (Casp.), In Technica Curiosa, lib. XII, de Mirabilibus Cabbalae.

391. Schudt (Jo. Jac.), In Memorabilibus Judaicis, part. II, lib. VI, cap. XXXI, p. 188 sqq.

392. Sennertus (Andr.) Dissert. peculiari de Cabbala, Vitembe., 1655 in —4, quae recusa est in Heptade II. Exercitat. Philolog. num. III.

393. Sperberus (Julius), Isagoge in veram triunius Dei et naturae cognitionem, concinnata an. 1608, nunc vero Primum publici juris facta, in qua multa quoque praeclara de materia lapidis Philosophici ejusque mirabilissimo continentur, Hamburgi 1674. Hunc puto esse

tractatum, in quo probasse sibi videtur, artem kabbalisticam omnium artium esse nobilissimam. Vide praefationem ejus ad Preces Cabbalisticas.

393. bis. Ejusdem Kabbalisticae Precationes, Latine Amstelod., 1675 in —8, et German eodem anno Amstelod., et Francofurti. Conf. Godefredi Arnoldi Histor. Haeresiologic., part. III, p. 16 sqq.

394. Voisinius (Jos.), In notis ad proem, in Raym. Martini Pugionem Fidei, et ad R. Israel, fil. Mosis, Disputat, Cabbalist.

395. Wachter (Jo. Georg.), In Spinosismo Judaismi, Amstelod., 1799 in —8 et Elucidario Cabbalistico, Rostoch., 1706, in —8.

396. Walther (Jo.), in Officina Biblica, p. 523, sqq.

397. Waltonus (Brianus), In Prolegom. VII ad Biblia Poliglotta, § 30, 38.

398. Zieroldus (Joh. Wilhelmus), In Introduct. ad Hist. Ecclesiast. cap. III. Ex Judaeis, qui historice de Cabbala praeceperunt, potiores sunt Elias Levita in Tisbi voce, R. Moses Corduere in R. Nephthali in praefat. et Menasse ben Israel in Conciliatione super Exodum, quaest. CXXV, p. 249, sqq., edit Hispanicae.

§ 5. — Abhandlungen über die Sephirot.

(Wolf.)

399. Aevolus (César) (der Neapolitaner), im Buche der „Zehn Sephiroth", Venedig, 1589, in —4.

400. Aquinas (Philipp), Erklärung des kabbalistischen Baumes, mit dem Bilde von diesem Baume, Paris, 1625 in —8⁰ französisch (Bib. nat. A. 7. 730), gefolgt von „Codices manuscripti cab. Gaffarel."

401. Basnage (Jacob), Jüdische Geschichte, Buch II, Kap. XIV.

402. Buddeus (Jean-Francisque), Einführung in die Geschichte der hebräischen Philosophie, p. 277 ff. 356 ff. letzte Ausgabe.

403. Burneus (Thomas), Philosophische Altertumskunde, I. Buch, Kap. VII.

404. Carpzovius (Jean-Bened.), Einführung in die jüdische Thologie. (int., p. 82, et Dissertatio de Vacca Rusa. part. II., p. 56 et sqq. 1706, p. 161 et seqq. 170—177.

405. Gundlingius (Nikolaus Hieron.), Geschichte der Moralphilosophie. I. Teil Kap. VII, p. 95.

406. Heumannus (Christoph. Augustus) Acta philosophica, t. II, Nr. 2.
407. Hinckelmannus (Abraham), Detectio fundamenti Boehmiani, p. 20 ff.
408. Kircherus (Athanas.), Oedipus Aegyptiacus, t. II, I. Teil, p. 214 ff., 290 ff.
409. Losius (Jean-Juste), Bega dissertationum Gressae, 1706, in —4.
410. Meyerus (Johann), Dissert. theologica de mysterio SS. Trinitatis ex foliis V. T. libris demonstrato, Harderonii, 1712, in —4.
411. Morus (Henricus) In operibus philosophiae, p. 429 ff.
412. Olearius (Gottfried), In observationibus sacris super Matth., VI., p. 221 ff.
413. Pfeiffer (August), In Critica sacra, p. 214 ff.
414. Rittangelius (Jean-Stephanus), In notis ad lib. Iezirah et in lib. de Veritate religionis christianae.
415. De Rosenroth (Christianus Knorr), In Cabbala denudata, passim.
416. Stendnerus, De mysterio Dei triunius, p. 294 ff.
417. Vitringa (Campegnis), Liber I observat. sacrarum, cap. X et XI.
418. Voisinius (Josef), In notis ad praemium Pugionis fidei, p. 71 ff.
419. Wachterus (Jean-Georges), In Elucidario cabbalistico, cap. III.

§ 6. — Abhandlungen über Sepher Jesirah.

(Bibliothèque Nationale.)

422. Sepher Jesirah (hebräisch) Mantua 1562 in —4 (A 996).
423. Artis cabalisticae sriptores ex biblioth. Pistorii 1587 in —folio (A 970).
424. Abrahami patriarchae liber Jesirah ex hebraeo versus et commentariis illustratus a Guillelmo Postello. (1552) (A. Réserve. 6590).
425. Cuzari, libro de grande ciencia y mucha doctrina, traducido por Abendana. Amsterdam 5423 (A 1100).
426. Liber Jesirah qui Abrahamo patriarchae adscribitur, una cum commentario Rabbi Abraham. Amstelodami. 1662 (A 967).
427. Mayer Lambert, Kommentar zu Sepher Jesirah. Paris 1891 in —8°.

§ 7. — Abhandlungen über die praktische Kabbala.

(Bibliothèque Nationale.)

428. Schemamphoras, Mss. 14—785. 14—786. 14—787.
429. Siegel Salomonis. Mss. 25—314.
430. Clavicula Salomon. Mss. 24. 244—24. 245.

Anhang.

Zeitschriften,

die sich mit der Kabbala befassen oder befasst haben.

Frankreich (französisch).

L'Initiation (Einweihung), Leiter Papus, Monatl. Revue von 100 Seiten, seit 15. Oktober 1888 regelmässig erscheinend, Paris, 5, rue de Savoie.

Rosa Alchemica, 43, Quai des Grands Augustins, Paris.

Bulletin de la Société d'Etudes psychiques, (Bericht der Gesellschaft der Seelenforschung) in Nancy, 25, Faubourg Saint-Jean.

Bulletin du Centre d'Etudes Psychiques des Marseille, (Bericht des Zentrums der Seelenforschung) von Marseille, 41, rue de Rome.

La Résurrection, (Die Auferstehung) zu St.-Raphaël (Dep. Var).

Englische Zeitschriften.

Light, 110, Saint-Martin, S. Lane, W. C. London.

Star of the Magi, 617, La Salle avenue, Chicago (U. S. A.).

Psychic et Occult Views et Reviews, 239, Supérior Street, Toledo, Ohio.

The Progressive Thinker, Chicago, 111 (U. S. A.).

Deutsche Zeitschriften.

Psychische Studien, Lindenstrasse 4. Leipzig.

Die Übersinnliche Welt, Eberswalder-Str., Berlin 16.

Spanische Zeitschriften.

Revista Internaional de Ciencias hiperfisicas, plaza de Santo Domingo, 12, 2, Madrid.

Holländische Zeitschriften.

Het Toekomstig Leven, Utrecht, Hollande.

Alphabetisches Verzeichnis

der

in dieser Bibliographie angeführten Verfasser.

(Die Ziffern beziehen sich auf die Ordnungszahlen vor jedem Werke.)

Alphabetisches Verzeichnis

der

in der Bibliographie zitierten Werke.[1])

(Die Ziffern beziehen sich auf die Ordnungszahlen vor jedem Werke.)

[1]) Während in dem vorausgehenden Teile der Bibliographie die Titel, die in fremden Sprachen gegeben sind, übersetzt wurden, sind hier absichtlich die fremdsprachigen Titel beibehalten, um demjenigen, der diesen vielfach seltenen Büchern nachspüren will, das Finden zu erleichtern (J. Nestler).

Bibliographie

der die Kabbala betreffenden Werke.

Von Dr. Markus Haven.

Vorwort.

Die Bibliographie, die wir hier den Studierenden und Forschenden bieten, bedarf einer kurzen Vorbemerkung. Wer die Kabbala nicht erfolglos durchforschen will, muss zuerst das Hebräische erlernen, die Gebräuche, die Sitten, die Religion des jüdischen Volkes, seine Geschichte und jene der religiösen Sekten, die bei diesem Volke der Gottesgelehrten, Gottesdiener und Weltweisen aufeinander folgten, kennen lernen. Viele Bücher sind über diesen Stoff in allen Sprachen und zu allen Zeiten geschrieben worden, zu viele, als dass wir sie hier alle anführen könnten, und übrigens betrachten wir ja diese Studie nur als einen vorläufigen Versuch. Eine Bibliographie der Kabbala soll sich nicht auf die Anführung aller auf diese Gegenstände bezüglichen Werke ausdehnen; wir haben daher absichtlich hier alles ausgelassen, was sich auf die Sprachforschung (Sprachlehre, Wörterbücher etc.), auf die Geschichte, Volkskunde, auf das Recht, die exoterische Religion der Juden (Ritual und Kommentar) bezieht und selbst die Flut der Talmudliteratur, in der oft ausgezeichnete Belehrungen auftauchen, nur wenig beachtet. Wir haben nur Werke angezeigt, die den Leser in die Theorie der Kabbala selbst einweihen können.

Man wird uns vorwerfen können, dass wir die angeführten Bücher nicht nach der Zeit geordnet, oder sie nicht nach den Sprachen, in denen sie verfasst, oder nach den Stoffen, die sie behandeln, zusammenfassten, aber da unser Ziel nur ist, jenen, die sich unterrichten wollen, die Titel der Werke anzugeben, die sie sich bei einiger Geduld und Anstrengung selbst verschaffen und in den verschiedenen Verzeichnissen verfolgen können, haben wir unsere Anordnung nach der gewöhnlichen Gepflogenheit der Buchhändler gegeben: nach alphabetischer Reihenfolge der Autornamen.

Bei jedem Buche haben wir nur eine Ausgabe angegeben, nämlich die zuerst erschienene. Wenn einige Bücherfreunde vollkommenere Hinweise (edit. princeps) oder etwa Schätzungen des Handelswertes dieses oder jenes Werkes wünschen, stellen wir uns ihnen — soweit wir es vermögen — zur Verfügung, um ihnen diese noch mangelnden Einzelheiten zu bieten. Die bibliographischen Verzeichnisse, denen wir diese wenigen Seiten entnommen haben, sind vollständig genug, um uns das zu erlauben. Ebenso können wir von gewissen seltenen Werken, die wir selbst von der Bibliothèque Nationale in Paris verlangten, die bezüglichen Signaturen und Nummern angeben; wir fordern die Forscher, die Gelegenheit haben werden, in der „Nationale" zu arbeiten, dazu auf, das Gleiche zu tun und sorgfältig Nummern und Register der Bücher über die Kabbala, die sie erlangen können, aufzubewahren: das heisst, jenen, die ihnen nachfolgen, einen nützlichen Dienst leisten, der immer grösseren Umfang und Wert gewinnen wird.

Ein letztes Wort über die Handschriften: die zahlreichen Handschriften in hebräischer Sprache, in Rollen- oder Buchform, die seltenen kabbalistischen Handschriften, deren einzige Exemplare sich vereinzelt in den öffentlichen oder in einigen seltenen Privatbibliotheken vorfinden, wie z. B. die wunderbare Sammlung unseres Bruders Stanislaus von Guaita es ist, brauchen nicht in einer für Studierende bestimmten Bibliographie angeführt zu werden, da diese sie weder sich beschaffen noch auch nur überfliegen könnten. Wir wollen daher solche Raritäten nicht erwähnen.

Dr. M. H.

Bibliographie.

Archangelus de Burgonovo. — Apologia pro defensione Cabalae. — Bosson, Al. Benaceius, 1564, in —16.

— Dechiaratione sopra il nome di Giesu secundo gli hebrei cabalisti. — Ferrara, Rossi, 1557, in —8.

— Cabalistarum selectiora Dogmata. — Venetia 1569, in —8.

Agrippa, H. C. — De Incertitudine et Vanitate scientiarum. — Antw., 1530, in —4 (französische Übersetzung von Johann Durand, Genf, 1582, in —8).

— De occulta philosophia. — Libri tres, Luga, Bernigos, 2 vol. in —8 (französische und englische Übersetzung).

— Vom Adel und Vorrang des weiblichen Geschlechtes. — Französische Übersetzung des Gueudeville, Leiden, 1726 in —12.

J. H. Alsted, — Physica harmonica, — Herbornae, Nassor. 1616, in —12. Azariel. — Commentary on the doctrine of Sephiroth.-Varsch. 1798. — Commentary on the song of songs. — Altona, 1763. Andreas S. — Examen generale Caballae Henrici Mori. — Herborn, 1670, 1 vol. in —4.

Aevolus Caesar, — De decem Sephirotis. — Venedig, 1589, in —4.

Abraham Akibah, — Sepher Jetzirah. — Mantua, 1552, 1 vol. in —4.

Ph. d'Aquin, — Interpretation de l'arbre de la Cabale. — Paris, 1625, in —8.

— Explanatio verborum primi psalmi.

Isaak Abrabanel. — Rosch Emana. — Constant, 1505, in —4.

— Mirhobet Mamischne. — Sabbionella, 1551, in —fol.

— Pirusch na torah. — Venedig, 1579, in —fol.

— Zerah Pesach. — Const., 1505, in —4.

— Pirusch al nebum. — S. L. 1641 und 1646, in —fol.

Asulai, Ch. — Schem Hagadolim. — Wien, 1852.

Alcazar (R. P. L.) Vestigatio arcani sensus Apocalypsis. — Lugd, 1618, in —fol.

Ahron de Karitene. — Kabbalistischer Kommentar des Simon Ostropoli. Amst., 1765, in —4.

Ange Pechmeja. — Das Ei von Kneph. — Bukarest, 1804, in —8.

Amelineau. — Versuch über den ägyptischen Gnostizismus, 1887, in —4.

Abraham Aben Dacud. — Sepher hakabalah. — Amst., 1697, in —12.

Akiba Beer. — Maasse haschem. — Amst., in 4—.

Ahron ben Elia. — Kether Thora. — Goslow, 1867, 5 vol. in —8.

Jacob Abendana. — Leket Schoch. — Amst., 1685, in —fol.

Ad. Bertet. — Offenbarung des heiligen Johannes. — P., 1861, in —8.
Buxtorf, J. — Dissertationes philologo-theologicae. — Basil, 1662, in —4.
— Synagoga judaica. — Basel, 1603.
— Exercitationes ad historiam arcae Foederis. — Basil, 1659, in —4.
Buddeus. — Introductio ad historiam philosophiae Ebraeorum. — Halle, 1702.
Beer, P. — Geschichte aller Sekten der Juden und der Cabbalah. — Brünn, 1822, in —8.
Bachimius. — Pansophia enchiretica. — Norib, 1682, in —16.
Berger. — Cabbalismus judaico-christianus. — Witemb., 1707, in —4.
Bashuysen. — Disputationes II de Cabbala. — Hannov., 1710.
Bechoü ben Asher. — Sepher Semlhan arba. — Venedig, 1546, in —folio.
S.-J. Baird. — The Elohim revealed in the Creation. — Philad., 1860, in —8.
Bungus. — Numerorum mysteria. — Berg., 1585, in —4.
Beroaldus. — Symbola Pythagorae. — Bonon, 1502, in —4.
Jord. Bruni. — Opera omnia. — Fiorentino, Napoli, 1879 sqq.
Campanella. — De Sensu rerum et magia. — 1620, in —4.
— De Monarchia Messiae. — Aesu, 1633.
— Pronromus philosophiae instaurandae. — Francf., 1617, in —4.
— Atheismus triomphatus. — Romae, 1631, in —4.
Cudworth. — The true intellectual System of the Universe. — Lond., 1678, in —folio.
G. de Collanges. — Clavicula der fünf Bücher der Polygraphie. — in —4. 1561.
Jo. Craig. — Theologiae mysticae principia mathematica. — Lond., 1699, in —4.
Ciacconius. — De Vi trium verborum: Mane, Thecel, Phares. — Mediol., 1814, in —8.
Moses von Cordoba. — Or Neherav. — Venezia, 1554, in —4.
Chaüun, N. Ch. — Dibre Nechemja. — Berlin, 1713, in —4.

Chiquivilla, J. — Schaare Tsedek. — Koretz, 1785, in —4.
Drach (Chevalier). — Von der Übereinstimmung der Kirche und der Synagoge. — Paris, 1844, 2 vol. in —8.
— Briefe eines bekehrten Rabbiners an seine Brüder, die Israeliten. — P., 1825, in —8.
— Die Kabbala der Hebräer. — Rom, 1846, in —12.
— Das Buch Yaschar. — Paris, 1858.
— Die hebräische Inschrift des heiligen Kreuzes. — Rom, 1831, in —8.
Didymi. — De Pronunciatione divini nominis quatuor litterarum. — Parmae, 1799, in —4.
A. Dillmann. — Das Buch Henoch. — Leipzig, 1853.
Eisenmenger. — Entdecktes Judentum. — S. I., 1700, in —4.
Elias (Pandochaeus). — Cf. O. Postel.
Eleutherii, Aug. — De Arbore mali et boni. — Mathusii, 1561, in —8.
Eleasar ben Jehuda. — Sepher Rasiel. — Amst., 1701, in —4.
Emden, Jacob. — Migdal Os. — Warschau, 1886.
Freystadt. — Philosophia cabbalistica. — Regim., 1832 in —8.
Marsile Ficin. — Opera. Bas., H. Petri, 1561, in —folio.
R. Fludd. — (De Fluctibus.) (Alle seine Werke.) Insbesondere:
— Tractatus theologico-philosophicus. — Oppenh., 1607 in —16.
— Summum Bonum. — Francf., 1629, in —fol.
— Philosophia moysaica. — Gondae, 1638, in —fol.
Franck. — Orientalische Studien. — Paris 1861, in —8.
— Die Kabbala. — Paris, 1843, in —8.
Foucher de Careil. — Leibnitz und die Kabbala. — Paris, 1861, in —8.
Rabbi Gedaliah. — Schol scheleth haquabalah. — Amst. in —16.
Rabbi Jose Gekatiliah. — Schaare aoura. — (Übersetzung in der Sammlung des Pistorius.)
— Ganoth Egoz. — Hanau, 1615, in-fol.
— Schaare Tsedek. — 1461, in —4.
Rabbi Oriel Goronensis. — Sepher Sodoth.
De Goulianef. — Abhandlung über die Hieroglyphen des Horapellons und einige Worte über die Kabbala. — Paris, 1827, in —8.

Gaffarel, J. — Abdita divinae cabalae mysteria. — Bei Jerome Blageart. — Paris, 1625, in —4, 50 pp.
— Unerhörte Neuigkeiten über die Talismanschnitzerei. — S. I., 1650, in —12.
— Codicum kabbalisticorum manuscriptorum. — Bei Jerome Blageart, Paris, 1602, 50 pp.
Galatinus. — De Arcanis catholicae veritatis contra Judeos. (Mit „De Cabala" von Reuchlin.) — Francf., 1612, in-fol.
L. Grassot. — Die himmlische Philosophie. — Bordeaux, Jahrg. IV, in —16.
Georgius Venetus. — De Harmonia mundi. — Venet., B. de Vitalibus, 1525 in-fol.
Ginsburg. — The Kabbalah.
Gastaldus. De Angelica Potestate.
Geiger Abr. — Biographische Studien über einige kabbalistische Rabbiner. — Breslau, 1856 bis 1864.
Rabbi Gersonides (Levi ben Gerson). — Milchemot haschem. — Rio di Trento, 1561, in-fol.
Gra.etz. — Gnostizismus und Judentum. — Berlin, 1846. — — Frank und die Frankisten. — Breslau, 1868.
Gaffarel, J. — Tom Adonoi. — De fine mundi de R. Elcha ben Daoud. — Paris, 1629, in —16, von 39 + 24 pp.
— Mariales Gemitus. — Paris, 1638, in —4.
— Nihil, fere nihil, minus nihilo. — Venet., 1634, in —8.
— Die traurigen Gedanken der Tochter Sion. — Paris, 1624, in —12.
Gerondi Jona ha Hassid. — Schaare Teschubah. — Fano, Soncino (um 1505) in —4.
Meir ibn Gabbai. — Tolaat Jacob. — Krakau, 1616, in —4.
— Awodat Nakodesch. — Krakau, 1578, in-fol.
Gerson ben Salomo. — Schaare haschamain. — Venedig, 1547, in —4.
Ghazzati Nath. — Chemdath Hajanim. — 4 vol. in —4, Venedig, 1763.
Stanislaus de Guaita. — Auseuil du Mystère, — in —8, Paris, Carré, 1890.
— Der Tempel des Satans. — In —8, Chamuel, 1891.
— Der Schlüssel der schwarzen Zauberkunst. — In —8, Chamuel, 1897.
Habermann, J. — Magia und Weisheit des sechsten Buches Mosis. — S. I., 1460, in —16.

Hackespan. — Exercitatio de Cabala judaica. — Altdorf, 1660.

F. M. Van Helmont. — Seder Olam. — 1693. s. I., in —16, 108 pp.

— Alphabeti hebraici delineatio. — Salzb., 1667, in —12.

Hebenstreitius, J. — B. — De Cabbala. — Ulm, 1619, in —4.

Henningius. — Cabballologia. — Lipsiae, 1683, in —8.

Hottingerus. — Discursus gemaricus de Incestu creationis et opere currus. — 1660, in —4.

Sam. Hirsch. — Religionsphilosophie der Juden. — Lpz., 1842.

Abr. Herrera. — Schaare haschamain. — Beth. Elohim. — In —4, Amst., 1665.

H. Hoschke. — Jalkut Reubein. — In-fol., Amst., 1780.

Horowitz S. — Megillath Sedarim. — Prag, 1793, in —8.

H. Joel. — Religionsphilosophie des Sohar. — Lpz., 1849.

Jellinek. — Beiträge zur Geschichte der Kabbalah. — Lpz., 1852.

— Moses ben Schemtob von Leon. — Lpz., 1851.

— Moses ben Nachman. — Lpz., 1853.

R. Isaac Luriah. — Etz Chaim. — 1572, in —4.

Jamblichus. — De Mysteriis. — Oxon, 1678, in-fol.

— De Vita pythagorica. — Lpz., 1815, in —8.

Jacob ben Ascher. — Hoschen hamischpath, 1559, in-fol.

Josef de Tvani. — Tsaphenoth phaneah. — Venedig, 1648 in-fol.

Isaac Israeli. — Iesod Olam. — Berl., 1848, in —4.

Jedaja ben Abraham. — Bechinat Olam. — Soncino, 1484, in —8.

Ischudah ha Levi. — Kuzari. — Hebräische Uebersetzung von Juda ben Tibbon. — Fano-Soncino, 1506, in —4.

— Zahlreiche deutsche, lateinische, französische, spanische Übersetzungen.

Isaac bar Elia. — Meah Schaarim. — Venedig, Soncino, 1539, in —4.

De Janduno. — Questiones de physico auditu Helie Hebrei Cretensis. — Venet., 1501, 1 vol. in —fol.

R. Issachar Baer. — Kommentar zum Schir haschirim (in Sepher mequor Hochmah). — Prag, 1610. — Übersetzung in der „Bibliothèque rosicrucienne“, Paris, 1897.

Jaquelot. — Dissertation über den Messias. — Haag, 1699, in —8.
Joseph ben Chalef'a. — Seder Olam rabba vezuta. — Basel, 1578, in —4.
R. Iachjia ibn Gedaliah. — Schelscheleth hakabbalah. — Amst., 1697, in —4.
Israel Iafé. — Aor Israel. — Frif., 1702, in-fol.
Iungendres. — Specimen . . . theologiae mythicae Judeorum. — 1728, in —4.
Alber Jhouney. — Das Königreich Gottes. — Gr. in —8, Paris, Offizin der Ausgabe.
H. Khunrath. — Amphitheatrum sapientiae verae. — Hanau, 1609, in-fol.
— De igne magorum. — 1783, in —16, 109 pp.
— Wahrhaftiger Bericht vom philosophischen Athanor. — Leipz., 1783, 58 p.
Kurtz. — Das mosaische Opfer. — Mitau, 1842, in —8.
Kircher. — Werke. — Insbesondere:
— Oedipus aegyptiacus. — 3 vol. in-fol., Rom, 1652—54.
— Arithmologia seu de abditis numerorum mysteriis. — Rom, 1665, in —4.
Knorr de Rosenroth. — Kabbalah denudata. — 3 vol., Salzb. und Frankf. in —4, 1677 und 1684.
Is Karo. — Commentarium in Pentateuchum. — Riva di Trento, 1558, in —4 118 p.
Kleuker. — Über das Wesen und die Grundlage der Inkarnation bei den Kabbalisten. — Riga, 1786 (deutsch).
Moise Kimchi. — Maalach Schebilé Hadaath. — Venedig, Bornberg, 1546, in —8.
A. Kohut. — Über die jüdische Angeolologie und Demonologie. — Leipz., 1866.
Lévi ben Gerson. — Milchamoth haschem. — Rio di Trento, 1560, in —fol. 75 pp.
Kommentar zu Job. — Ferrara, 1477, in —4, 119 pp.
Isodore Loeb. — Aufsatz „Kabbala" in der Grande Encyclopédie.
— Le taxo de l'Assomption de Moise. — Paris, 1879, in —8.
Raymundi Lulli. — Arbor scientiae. — In —4, 1636.
— De Auditu kabbalistico. — Venet., Paul de Vitalibus, 1518, in —12.
Lacour. — Aelohim oder die Götter Mosis. — Bordeaux. 1839, 2 vol. in —8.
Léon l'Hebreu (Aharbanel). — Dialogi de amore. — Rom, 1535, in —4.

— Französische Übersetzung des Sieur du Parc. — Paris, 1556, in —16.
Lopackine. — Einige Züge der inneren Kirche. Moskau, 1801, in —8.
Lodoik (Graf von Divonne). — Der Weg der göttlichen Weisheit. — Paris, 1805, in —8.
Lacuria. — Harmonien des Seins, ausgedrückt durch die Zahlen. — Paris, 1853, 2 vol. in —8.
Lenain. — Die kabbalistische Wissenschaft. — I vol. in —8, Amiens, 1832.
Eliphas Lévy. — Werke.
Lobkowitz. — Specimen Caballae grammaticae. — Brüssel, 1642, in —16.
Le Feure. — Das Geheimnis und Mysterium der Juden bis heute verborgen. — Paris, in —8. 1562.
Phil. a Limbborch. — De Veritate religionis christianae amica collatio cum erudito Judaeo. — Gondae, 1627, in —4.
Liharzik, Fr. — Das Quadrat in der Natur, 57 Tafeln der Tetragramme. — I vol. in —4, Wien, 1865.
Leon. — Rabbinische Legenden. — Wien, 1821.
Leusden. — Quaestiones hebraicae. — Basil., 1739, in —4.
Lornei, Michael Angelo. — La sacra scrittura illustrata. — Roma, 2 vol. in —4, 1827.
D. Luria. — Kadmoth sepher hazoar. — Warsch., 1884.
M. Ch. Luzzatto. — Chokar ve Mikubal. — Leipzig, in —16, 1840.
— 138 Regeln über die Kabbala. — Krakau, 1880.
Landauer. — Jehova und Elohim. — Stuttgart, 1866.
Latif, Is. — Zuratha Olam. — Wien, 1860.
— Kebuzat CHachamin. — (Wörterbuch schwieriger Worte zum Erklären des Sohar), Wien, 1860.
Levinsohn. — Schorsche Lebanon. — Wilna, 1841.
Is. Loeb. — Die Kette der Überlieferung im Pirke Aboth. — Paris, 1889.
— Das Leben der Metaphern in der Bibel. — Paris, 1891, Gesammelte Werke im Besonderen.
R. Moses ben Maimon. — More Nevouchim. — Lateinische Übersetz. Buxtorf. Basel. 1629, in —4, Franz. Übersetz. Munh. P. 1856—66, 3 vol.
Porta Mosis. — Ed. Pockock. — Oxoniae, 1655, in —4.
R. Moses de Cordoba. — Pardes Rimonim, und Thamar Deborah. — Mantua, 1623, in-fol.

R. Moses ben Nachman. — Pirusch al hathorah. — Pesaro Soncico, 1513, in —4 (mit dem Zohar hamor.)
— Ozar Nechmad. — Pressburg, 1837, in —4.
— Wiknach Ramban. — (Ausgabe Steinschneider.) Berlin, 1860.
H. Mordatham. — Aureum speculum redivivum. — In-fol. 1785.
Heinrich Morus. — Psychozoia. — In —8, 1640—47. (Cf. opera varia in Knorr de Rosenroth.)
— A conjectural essay. — London, 1654, in —8.
Molitor. — Philosophie der Überlieferung. — Französische Übersetzung, Paris, 1834, in —8.
Siméon de Muis. — In psalmum XIX, trium rabbinorum commentarii. — Paris, Lébert, 1620, in —8.
Malfatti de Monteregio. — Die Mathese. — Paris, 1839, in —8.
S. Munk. — Vermischtes über die jüdische und arabische Philosophie, 1859, in —8.
Montecuccoli. — De Cabbala. — Mutinae, 1612, in —c.
Meir ben Gabai. — Meoroth Elohim. — Venedig, Juan Grifo, 1567, in-fol.
Menasseh ben Israel. — Mekoe Israel. — Amsterd., 1697, in —32.
— Mishaioth. — Amst., 1633, kl. in —á.
— De Creatione problemata XXX. — De Resurectione mortuorum. — Amst., 1635 und 1636, in —16.
— Nischmath Chaijm. — Amst., 1652, in —4.
A. Margaritha. — der ganz jüdische glaub . . . Leipz., 1531, in —4.
Misurachi. — Della Venuta del Messia. — Modana, Cassiani, 1826. I vol. in—4.
J. — Fr. Meyer. — Ausgabe, Kommentar und Glossar des Sepher Jezirah (deutsch). — Leipzig, 1830, in —4.
Michel Spacherus St. — Cabbala speculum artis naturae in alchymia. Augustae. — Schmidt, 1667, in —4.
— Voarchadumia. — Venetiis, April 1530, in —4.
I. O. Müller. — Des Juden Philo Buch von der Weltschöpfung. — Berlin, Reimer, 1841, 1 vol. in —8.
Mises, Fab. — Kabbala und Chassidismus. — Breslau, 1866.
Molcho, Sal. — Sepher Hamphoar. — Amst., 1709, in —4.
Mordechou ben Loew. — Eschel Abraham. — Fürth, 1701, in-fol.
R. N. Chuniah. — Sepher Habahir. — Amst., 1651, in —4.
— Soa haschem. — Amst.

— Brief über die Geheimnisse. Ins Lateinische übersetzt durch Paul Heredia.
Nieremberg (J. E.) — Curiosa y occulta philosophia. — Madrid, 1643, in —4.
Otto, T. C. — Vali Razia. — Stettin, 1613, in —4.
Le P. Olivier. — Alphabet des Cadmus. — Paris, 1755, gr. in —4.
Pistorius. — Artis cabbalisticae . . . Scriptorum tomus unus. — Basil. 1587, in-fol. bei Henricus Petrus, 26 fl., 979 pp.
Pfeiffer. — Antiquitates ebraicae — Leipz., 1685, in —12.
— Critica sacra. — Leipz., 1688, in —16.
Picus Mirandula, J. Fr. — Werke und insbesondere:
— Cabbalistarum selectiora dogmata . . . — Venedig, 1569, in —4.
— Conclusiones 900. — S. L., 1532, in —8.
Guill. Postel. — Werke. Insbesondere:
— Clavis absconditorum . . . — Basel. 1547, in —4.
— De rationibus Spiritus Sancti, II. II. — Paris, 1543, in —8.
— Liber de nativitate mediatoris ultima. —(Gegen 1547, ohne Ursprungsort), in —4.
— Liber Jesirah seu de formatione. — Paris, 1552, in —16.
Papus, — Werke und insbesondere:
— Das Tarot. — Paris, I vol. in —4, 1893, carré.
Patricius. — Magia philosophica. — 1 vol. in —16, 1640?
Philo Judaeus. — Opera. — Griechische Ausgabe, Turnebus, 1552, in —fol. (zahlr. Übersetzungen).
Reuchlin. — De Arte cabbalistica II. III. — Hagen, 1517, in —fol.
— De Verbo mirifico II. III. — Coeln, 1632, in —12. (Befinden sich in der Sammlung des Pistorius.)
P. Riccius. — Isagoge in Cabbalistarum eruditionem. 1515. in —4.
— Philosophica, prophetica ac talmudica disputatio. — 1514, in —fol.
— Compendium . . . apostolicae veritatis . . . — Paviae, 1507, in —8.
— Sol foederis contra Judaeos. — Paviae, 1507, in —4.
P. Riccius. — De coelesti Agricultura, II, III. — Augustae. Staymer, 1541, in —fol.
— De mosaicis Edictis.
— De tertrino doctrinarum ordine. — 1510, in —4.
(Diese drei Werke befinden sich in der Sammlung des Pistorius einzig und allein.)

Riederer. — Die bedenkliche und geheimnisreiche Zahl DREY in Theologicis, Historicis und Politicis. — Francf., 1732.

Roccha (Ant. della). — Libro della pace e armonia. — Venetia, 1536.

Relandi. — Analecta rabbinica. — Ultraj., in —8, 1702.

— Antiquitates sacrae. — Traj. Bat., 1708, in —8.

Reggio, J.-I. — Bechinath hakabbala. — Breslau, 1856.

— Torat Eloim. Wien, 1818.

R. Scabtai Scheptel. —, Schepha-Tal. — Hanau, 1612, 1 vol., in —fol.

R. Simeon ben Jochai. — Der Zohar (ihm zugeschrieben) enthaltend: Morach Hanelam; — Maimer tha Chasi; Idra Rabba et Idra Suta; — Siphra Dzinoutha; — Sithrei Thorah; — I'Mukah; — P'Kudah.

Salomon ben Melek. — Michlof Tofi. — Amst., 1685, in —fol.

Salwigt. — Opus magokabbalisticum. — Francf., 1719.

R.-P. Esprit Sabathier. — Das Idealbild der Weltweisheit. in —16, 1679. (Eine Wiederauflage in der Bibliotheque Rosicrucienne, Paris 1897.)

Steebus, J.-Chr. — Coelum sephiroticum. — Mogunt., 1679, in —fol.

Jul. Sperberus. — Isagoge in veram Dei naturaeque cognitionem. — Hamb., 1674.

— Kabbalisticae precationes. — Amst., 1675, in —8.

J.-C. Schrammius. — Introductio ad dialecticam Kabbalorum. — 1703.

W. Sidelius. — De templo Salomonis mystico. — Moguntiae, 1548, in —12.

Smith. — Aufsatz Cabbalah, in Dict. of Christian Biography.

Scherzer. — Trifolium orientale. — Leipz., 1663, in —4.

Schott. — Technica curiosa. — 1 vol. in —4, Herbip., 1659.

Sennertus. — Dissertatio de Cabbala. — Vitemb., 1655, in —4.

Schickardus. — Mischpath hamelek. — In —4. Tüb., 1628.

— Bechinath hapiruschim. — in —4.

R. Samuel ben Abraham. — Keli hemda. — Venedig, 1594—96, in —fol.

Strozae. — De dogmatibus Chaldaeorum. — Rom, 1617, in —4.

Sonnenburg. — Arithmonomia naturalis. — Dresden, 1838.

Schultetus. — Imago tetrametallos Danielitica. — Witteb., 1670, in —4.
Saadia Gaon. — Kommentar zu Sepher Jetzirah. — Warsch., 1873 (Französische Übersetzung von M. Lambert Paris 1893).
R. Salomon ibn Gebirol. — Mibchar hapeninim. — Soncino. 1484, in —4.
R. Salomon b. Abraham b. Adred. — Arasba Teschuvoth — S. A., in —4. Romae.
R. Samuelis. — Epistola de adventu Messiae. — Nurimb. 1498, in —4.
R. Salomon Pariel. — Or Ainim. — Soncino, 1516—1518, in —8.
Sommer. — Specimen theologiae Soharicae. — Gotha, in —4. 1734.
Sohar. — 3 vol. in —4, Lublin, 1883. — Amst., 1805 (ben Jochai) cf. Siméon.
Steudner, J. — Jüdische Abcschul vom Geheimnis des dreieinigen Gottes. Spruch Rabi Botril über das Buch Jesirah. — Augspurg, 1665.
Trithemius, J. — Werke und insbesondere: De septem secundeis. — Köln, 1567, in —12. — Französische Übersetzung in der Sammlung des Rosenkreuzes. Paris, 1897.
— Quaestiones VIII ad Maximilianum. — Oppenheim, 1515, in —4.
Tholuck. — De Ortu Cabbalae. — Hamb., 1837, in —8.
— Peufismus seu Theosophia Persarum. — Berlin, 1821, in —12.
— Die spekulative Trinitätslehre des späteren Orientes. — Berlin, in —8, 1826.
Thubjana, Abr. — Eschel Abraham. — Livorno, in —fol., 1683.
Vanim, J. C. — Amphitheatrum aeternae providentiae. — Lugd., 1615, in —8.
— De admirandis naturae . . . Arcanis. — Lutet., 1616, in —8.
Vincent, P. E. — Beziehungen der anthropologischen Begriffe basar, rouach, nephesch, sebh im alten Testamente. Paris, 1884.
Josef Voisin. — Disputatio cabbalistica. — Paris, 1658, in —8.
Veneti, Fr. Gr. — De Harmonia mundi totius cantica tria. — Venet., 1525, in —fol.

R. David Vidal. — Kether Thorah. — Constantin, Soncino, 1536, in —4.
Vital, Ch. — Hagilgulim. — Wilna, 1886, in —8.
— Hagoralat. — Edit. J. Sapit, Jerusalem, 1863.
Virgulti (L. Ph.). — La vera idea del Messia. — Rome, 1730, in —8.
Valverdii (Barch). — In Salomonis Alphabetum mysticae et spirituales expositiones. — Rom, 1589, in —4.
Wagenseil. — Tela ignea Satanae. — Altdorf, 1681, in —4.
Wachter, G. — Concordia rationis et fidei. — Amst., 1692, in —8.
— Der Spinozismus im Judentum. — Amst., 1699, in —8.
— Elucidarium cabbalisticum. — Rostock, 1706, in —8.
Witsii. — Ägyptiaca . . . — Amst., 1683, in —4.
O. Weil. — Gesetze und Geheimnisse der Liebe. Paris, 1880, in —16.
Zeller. — Vacca rufa. — Amst., in —18.
Anonym. — Somnia Salomonis regis filii David. — Venedig. Bei J. B. — Sesa, 1501, in —4.

Dr. Marc Haven.

Die Kabbala der Hebräer
von Chevalier Drach.

Brief des R. P. Perrone an den Autor.

„Sig. Cavalière

„E stato per me di vera soddisfazione il leggere i preziosi fogli che a Lei piacque comunicarmi. Non solo in essi vi ho trovato una piena confutazione dell' impugnatore delle sane dottrine sotto il velo della recondita Cabbala, non ben conosciuta dal volgo de' lettori, ma inoltre una feconda e non comune erudizione in pruova della verità. Gliene faccio, Sig. Cavaliere, le mie più sincere congratulazioni, e mi auguro il piacere di poter altra volta godere di un simile favore. Mi dico con sincera stima,

„di V. S.

„Collegio Romano 30 Gen. 1864.

„Umo devmo affmo
„G. Perrone d. C. d. G.

Übersetzung des Briefes.

Herr Chevalier,

Mit grosser Befriedigung habe ich die wertvollen Blätter gelesen, die Sie mir gütigst zukommen liessen. Ich habe darin nicht nur eine vollständige Widerlegung des Autors gefunden, der die wahre Lehre unter dem Deckmantel der geheimnisvollen Kabbala angreift, die der Mehrzahl der Leser so wenig bekannt ist, sondern auch eine fruchtbare und seltene Erudition beim Erforschen und Erweisen der Wahrheit. Hierfür mache ich Ihnen, Herr Chevalier, mein aufrichtigstes

Kompliment und ich hoffe noch öfter, die gleiche Freude und Auszeichnung zu geniessen. Ich verbleibe mit aufrichtiger Hochachtung

Ew. Gnaden

gehorsamster, ergebenster und
wohlgeneigtester
J. Perrone de C. de J.

Collegio Romano, 30. Jänner 1864.

Seiner Exzellenz,
Reverendissime Monsignore
Pierre Lacroix,
Apostolischer Protonotar,
Kämmerer Seiner Heiligkeit, Papst Pius IX.
Ritter der Ehrenlegion,
Mitglied mehrerer Akademien und gelehrter Gesellschaften,
in grösster Ehrfurcht vor den priesterlichen
und bürgerlichen Tugenden Sr. Exzellenz
gewidmet
von dero ergebenstem und dankbarstem
Diener,
dem Autor.

Was die Hebräer über ihre Kabbala und deren Alter lehren. Die bedeutendsten Lehrer dieser esoterischen Wissenschaft. Die erst in späterer Zeit erfolgte schriftliche Fixierung der Kabbala, die anfangs nur mündlich sich fortpflanzt. Bücher dieser Redaktion, die uns erhalten sind. Ungläubige haben ihren wahren Sinn zu entstellen gesucht.

§ 1. Die schriftliche und die mündliche Gesetzgebung, deren eine sich auf die Gesetze, die andere auf die Mystik oder Kabbala bezieht.

Das Wort Kabbala, das im Hebräischen „empfangene Überlieferung“ bedeutet, (קבלה vom Verbum קבל), deutet schon an und für sich an, dass diese Wissenschaft von den Rabbinen als überlieferte Lehre betrachtet wurde. Nach diesen besteht sie aus Überlieferungen, die in die allerältesten Zeiten zurückreichen, auf Moses, sogar bis auf Adam. Wie sie sagen, hat der Gesetzgeber des hebräischen Volkes von Gott nicht nur das geschriebene, sondern auch ein mündliches

Gesetz empfangen, d. h. eine Auslegung, die zugleich eine juridisch-talmudische und eine mystisch-kabbalistische ist. Und wirklich war es den Israeliten auch niemals erlaubt, das Wort Gottes anders als nach der von den Alten gelehrten Überlieferung auszulegen, nur in zweifelhaften Fällen nach der Entscheidung des jedesmaligen Hohepriesters. Das ist aus Deuteronom. XVII, 8 u. ff. ersichtlich.

Diese beiden Teile des mündlichen Gesetzes setzen sich also nur aus Überlieferungen zusammen und aus logischen Deduktionen, die von diesen veranlasst werden, um ihren wahren Sinn festzustellen. Zweifellos hatten sich nun viele apokryphe oder entstellte Überlieferungen eingeschlichen, auf Grund welcher die Pharisäer den Sinn des heiligen Gesetzes fälschten, was von Christus streng verurteilt wurde. Und hier ist es angezeigt an die Regel zu erinnern, die ich an mehreren Stellen meiner Werke angeführt habe: jede Überlieferung, die das Gepräge der wahren Religion an sich trägt reicht, wie es der heilige Augustinus mit anderen Worten sagt,[1]) bis an die Wiege des Menschengeschlechtes zurück, ist zweifellos authentisch. Sicherlich sind nicht blosse Erfindung der Rabbinen die Lehren, die in der Gottheit ein dreifaches höchstes Licht[2]) annehmen, verschieden und doch untrennbar in einem einzigen Wesen der absolutesten Einheit vereinigt; die sagen, dass der Erlöser Israels zugleich wahrer Gott und wahrer Mensch sein musste;[3]) die predigen dass der Messias sich geopfert hat, um die Sühnung aller Sünden der Menschen auf sich zu nehmen;[4]) die uns dar-

[1]) Res ipsa, quae nunc christiana religio nuncupatur, erat et apud antiquos, nec defuit ab initio generis humani, quousque ipse Christus veniret in carne. Unde vera religio, quae jam erat, coepit appellari christiana. Retract. I, XIII, 3. (Das, was jetzt christliche Religion heisst, bestand schon bei den Alten, und fehlte seit Anfang des Menschengeschlechtes bis zur Menschwerdung Christi nicht. Von da ab aber begann die wahre Religion, die schon bestand, die christliche genannt zu werden.

[2]) Man übersetzt „Sephira“, ספירה, mit „Numeration“ und mit „Licht“ oder „Glanz“. Die Auszüge aus kabbalistischen Schriftstellern, die ich später folgen lasse, beweisen, dass die letztere Bedeutung die richtige ist. Ich erinnere daran, dass ich in meinem Werke „Harmonie“ Antoritäten zitiere, nach denen dieses grosse Mysterium der Dreieinigkeit das Geheimnis nur weniger Erwählter, סגולהליחידי bleiben und vor der Ankunft des Messias nicht allgemein bekannt werden sollte.

[3]) Vgl. Drach, „Harmonie“, Bd. I, p. 70 bis 107, Bd. II, p. 387 bis 485.

[4]) Zohar, 2. Teil, Col. 379, 380: „Der Messias erscheint und ruft: Alle Leiden, alle (seelischen) Krankheiten Israels mögen über mich

legen, dass das Schilo, שילה, das vom Patriarchen Jakob versprochen wurde, wirklich der Messias ist:[5]) alles übrigens Dinge, die die Lehrer der modernen Synagoge hartnäckig leugnen. Kein Rabbiner der neueren Zeit würde es sich einfallen lassen, die folgende Interpretation, die mit der des Evangeliums Matth. 11, 4, 5 übereinstimmt, in den Zohar aufzunehmen: „Der Arme,[1]) der auf einem Esel reitet, geweissagt vom Propheten Zacharias, 9, 1 ist der Messias, der Sohn Davids.“ [2])

§ 2. Die Lehrer der Kabbala. Der Zohar.

Es ist der berühmte Simeon-ben-Jochai, ein Rabbi im zweiten Jahrhundert der christlichen Ära, der ein kabbalistisches Lehrsystem hatte und eine grosse Zahl ausgezeichneter Schüler heranbildete. Der Dialekt, dessen er sich bediente, ist der bei den Juden dieser Epoche gebräuchliche, der syrisch-jerusalemitische, in den schon griechische und lateinische Worte einzudringen begannen. Simeon-ben-Jochai

---

kommen!“ — Sie kommen alle über ihn. Und hätte er Israel nicht von ihnen entlastet, um sie auf sich zu nehmen, wäre kein Mensch im Stande gewesen, die Leiden zu ertragen, die Israel für die Übertretung des heiligen Gesetzes verdiente. So sagt es der Prophet (Jesaias LIII, 4): ‚Er aber trägt in Wahrheit unsere Leiden, und unsere Schmerzen hat er auf sich genommen.‘ — Es gibt noch einen Beweis dafür, dass dieses Kapitel vom Messias handelt. Medrasch-Jalkut enthält betreffs des Kap. LX, Jesaias Nr. 359, eine lange Stelle aus dem alten Buche „Peciqta-Rabba,“ die von einer Unterredung des Messias mit Gott-Vater erzählt. Der Messias nimmt mit freudigem Herzen die Sühnung der Sünden aller Kinder Adams für Vergangenheit, Gegenwart nnd Zukunft auf sich. Das ist nicht der Messias, wie er heute von vielen Juden erwartet wird, der sie in ihrer Zerstreuung sammeln, ihnen Jerusalem zurückgeben, dort den Tempel wieder errichten und die übrigen Völker der Erde unterwerfen soll.

[5]) Zohar, 1. Teil, col. 504: „Das Wort Schilo, wie es hier Genesis XLIX, 10 שילה, heisst, bedeutet, dass der erhabenste heilige Name der Gottheit in ihm sein wird. Das ist das hier angekündigte Mysterium. Ebenso erklärt auch Rabbi Salomon Yarhhi diesen Namen mit „Messias“, in Übereinstimmung mit den drei chaldäischen Paraphrasen, von Onkelos, Jonathan-ben-Uziel und der von Jerusalem. Der Talmud sagt im Traktat Sanhedrin, fol. 98 verso: „Schilo ist der Name des Messias; denn so heisst es in der Prophezeiung des Jakob.“

[1]) Das Hebräische und die Vulgata des Zacharias haben „pauper“ und nicht „mansuetus“. Der heilige Justinus zitiert diesen Vers, ohne Zweifel bloss dem Gedächtnis nach, wie wenn zu lesen wäre: *καὶ πραΰς καὶ πτωχός.*

[2]) Zohar, 1. T., col. 505; 2. T., col. 171 u. Talmud, Trakt. Sanhedrin, fol. 98 recto, zitieren diesen Vers des Zacharias als Anspielung auf den Messias.

lehrte, wie er es selbst verkündete, die Überlieferung und die Lehre der Meister, die ihm vorangegangen waren, und er führt einen grossen Teil davon auf den Propheten Elias, auf Moses, der im Zohar „der treue Hirt“, ועיאמהימנא, genannt wird, und auf den Engel Metatron zurück. Seine Schüler und deren Schüler wiederum gingen erst später daran, seine Lehren schriftlich zu fixieren und daraus ein einheitliches Werk zu bilden, das den Namen Zohar, , d. h. „Glanz“ erhielt. Die Redaktion dieses Werkes hat sicherlich mehrere Jahrhunderte in Anspruch genommen, da es während eines langen Zeitraumes Zugaben zu seinem Inhalt erfuhr, ferner Mischna und Gemara darin zitiert sind, die einer viel späteren Zeit angehören,[1]) und sogar von dem falschen Propheten Mahomet darin die Rede ist.[2])

Die jüdischen Historiker versichern, dass nur ein kleiner Teil dieser Sammlung auf uns gekommen ist. Rabbi Ghedalia

[1]) Der Autor der „Kabbala Denudata“, Knorr Baron von Rosenroth, sagt B. II, pag. 5 der Vorrede: „Anod [Zohar] nec Gemara, nec ullius libri talmudici ullibi faciat mentionem.“ Das ist ein offenkundiger Irrtum. Der Zohar erwähnt den Talmud und seine verschiedenen Abteilungen an mehreren Stellen, z. B. 1. T., col. 347; 2. T., col. 357; 3. T., col. 45, 49, 290, 540, 541. Knorr selbst hat in seinem B. I. die lateinische Übersetzung des Buches מערידהורה des Rabbi Josef Ghikatilia gegeben, das eine Stelle aus dem Zohar bringt, an der von drei Traktaten des Talmud die Rede ist, von Baba-gamma, Baba-metzia und Baba-batra. Vgl. „Kabbala denudata,“ B. I, p. 184. — An anderer Stelle, p. 7 der Vorrede, sagt Knorr: „Adde, quod etiam contra Christum in toto libro [d. h. im Zohar] ne minimum quidem effutiatur, prout in recentioribus Judaeorum scriptis plerumque fieri solet.“ Gleichfalls ein Irrtum. Im Zohar findet sich T. 3, col. 546 eine Schmähung gegen Jesus. Vgl. „Harmonie“, B. II, p. 27 der „Notice sur la cabale des Hébreux.“ In einigen Ausgaben des Zohar, besonders in solchen, die einer christlich-kirchlichen Zensur unterworfen wurden, ist diese Stelle leer gelassen oder mit einem Stern bezeichnet, um anzudeuten, dass einige Worte zu ergänzen sind. Frank, der den Zohar wohl nur in der Übersetzung von Rosenroth studiert hat, die nur mit grosser Vorsicht zu benutzen ist, wiederholt diesen Irrtum in einer Weise, wie wenn er sich von der Tatsache überzeugt hätte. Er sagt S. 106 und S. 107 seiner „Kabbala“: „Und nicht ein einziges Mal findet man im Zohar den Namen des Christentums oder seines Gründers.“ Da aus der „Kabbala Denudata“ des Barons von Rosenroth alle diejenigen schöpfen, die die rabbinischen Texte selbst nicht zu lesen verstehen, ist es wohl notwendig, auf die Mängel dieses Werkes hinzuweisen: 1. In beiden Bänden sind die mit hebräischen Buchstaben gedruckten Stellen durch zahlreiche Druckfehler entstellt; 2. die lateinische Übersetzung dieser Texte ist oft ungenau; 3. die Verweisungen auf den Zohar sind meistens unrichtig angegeben; 4. oft ist der Text durch neue Absätze im Druck unterbrochen, wo doch nur derselbe Satz fortgeführt wird.

[2]) Zohar, 3. T., col. 546.

schreibt in seiner Chronik „שלשלת הקבלה, Kette der Überlieferung", fol. 23 recto, Edition von Solkwo: „Ich habe durch mündliche Überlieferung erfahren, dass dieses Werk so umfangreich ist, dass sein Gewicht, wenn man es vollständig finden würde, eine Kameellast betragen müsste."

§ 3. Ergänzungen zum Zohar.

Wie wir den Text des Zohar heute besitzen, umfasst er mehrere Traktate, die zu verschiedenen Zeiten eingefügt wurden. Unter diesen Traktaten ist besonders zu erwähnen ספר הבהיר, „Das herrliche Buch". Es stammt aus der Zeit vor R. Simeon-Ben-Jochai, da es R. Nehhunia-ben-Haqqané zum Autor hat, der dreissig bis vierzig Jahre vor der Geburt Christi lebte. In besonderen Ausgaben existieren noch als Ergänzungen zu der kabbalistischen Sammlung: 1. תקונו הזהר Supplemente zum Sohar; 2. זהר חדש der neue Zohar; 3. der Zohar zum Hohen Lied, zum Buche Ruth und zu den Klageliedern. Unter den kabbalistischen Büchern darf man auch ספר יצירה „Das Buch der Schöpfung", und mehrere andere alte Bücher nicht vergessen, die sich teils überhaupt nicht mehr auffinden lassen, teils sich unter den Manuskripten verschiedener Bibliotheken verbergen. Der kabbalistische Kommentar zum Pentateuch, ילקוט רואבני gibt Auszüge aus vielen dieser jetzt verlorenen Bücher. Zu den wichtigen kabbalistischen Büchern rechnet man auch יספר רזיאל, das Buch Raziel; doch ist das eher ein theurgischer Traktat.

§ 4. Wie der Zohar zu zitieren ist.

Bevor wir weiter gehen, wollen wir noch die Art und Weise besprechen, wie der Zohar zu zitieren ist. Dieses Werk zerfällt in allen Ausgaben in drei ziemlich gleich umfangreiche Teile. Der erste Teil behandelt die Genesis, der zweite Teil das zweite Buch Moses, Exodus, der dritte Teil das Buch Leviticus und die beiden folgenden Bücher des Pentateuch. Man unterscheidet ferner nach den verschiedenen Ausgaben den grossen Zohar, זהר הגדול, und den kleinen Zohar, זהר הקטון Die Ausgabe von Kremona, die eine Folio-Ausgabe ist, kann für den grossen Zohar als massgebend für die Paginierung gelten. Sie ist nach Folios und Kolumnen, von denen zwei auf einer Seite sind, zu zitieren. Für die Ausgabe von Lublin gilt das Gleiche. Für den kleinen Zohar ist die Quartausgabe von Mantua massgebend. Man gibt hier nur die Folios an, da die Seiten nicht in Kolumnen geteilt sind. Die drei Oktav-Ausgaben von Amsterdam entsprechen in der Paginierung der letztgenannten Ausgabe. So bezieht sich die Verweisung auf Kolumnen, die ein Nachsuchen sehr erleichtert, stets nur auf den grossen Zohar. Die Ausgabe von Sültzbach trägt am Rande die Angabe der Folios und Kolumnen des grossen und des kleinen Zohar.

Die wahre Kabbala. Ihre Anwendung in der Synagoge.

Ich will hier darlegen, was die jüdische Kabbala in Wirklichkeit ist, und ich unterbreite furchtlos meine Darlegungen allen, die guten Glaubens sind und ein klares Urteil besitzen. Man wird erkennen, dass nach der Grundanschauung der Kabbala das Universum eine Schöpfung ex nihilo der unendlichen Macht Gottes ist.

Doch soll jedes Wissen einen praktischen Zweck haben. Welchen hat die Kabbala? Der Zohar, dieser Kodex der Kabbala (T. 2, Kol. 362), und mit ihm alle Kabbalisten antworten, der Zweck der Kabbala bestehe darin, zu lehren, wie man im Gebete seine Wünsche Gott vorbringen soll; an welchen „Glanz", oder an welches „Attribut" Gottes man besonders in dieser oder jener Notlage sein Anliegen zu richten hat;[1]) welche Engel man anrufen kann, um ihr Einwirken unter gewissen Umständen zu erzielen; endlich durch welche Mittel man sich gegen böse Geister schützt.

Um eben diese Gebete und Formeln ganz genau anzugeben, hat Rabbi Jesaias Hurwitz, einer der gelehrtesten Kabbalisten des XVII. Jahrhunderts, ein umfangreiches kabbalistisches Werk über die in der Synagoge gebräuchlichen Gebete verfasst; es hat den Titel שער השמים, „Die Pforte zum Himmel". Als natürliche Folge ergibt sich, dass die Kabbala den Glauben an einen persönlichen Gott lehrt, an den wir unsere Gebete zu richten haben, während sich die Pantheisten selbst zu Gott machen. Sie sagen mit einem gekrönten Philosophen Ägyptens: Meus est fluvius meus, et ego feci memetipsum (Ezech. XXIX, 3).

Ich habe Rabbiner gesehen, die, als sie zum erstenmal hörten, man behaupte, die Kabbala enthalte atheistische Prin-

[1]) So wenden sich auch die Christen je nach dem Gegenstand ihrer Bitte ganz besonders an eine der göttlichen Personen der heiligen Dreieinigkeit.

zipien, vor Schrecken und Staunen ganz starr waren. So sind wir manchmal, wenn man uns unversehens mit einer ganz ungereimten Behauptung angreift, ganz sprachlos. Eine ganze Menge von Antworten drängt sich uns auf die Lippen, so dass wir nicht wissen, mit welcher beginnen. Diese Rabbiner konnten nur ausrufen: „Das ist doch nicht möglich! Das ist Torheit und Unsinn! Wie, unsere frommen Kabbalisten sollten die Existenz Gottes leugnen! כופרים בעיקר!"

Dagegen befürchten die Lehrer der Synagoge in neuerer Zeit eine ganz andere Gefahr von der Verbreitung der kabbalistischen Wissenschaft. Mehrere unter ihnen wollen die in Acht und Bann tun, die kabbalistische Bücher veröffentlichen. Rabbi Jéhuda Arié, unter dem Namen Leon von Modena bekannt, schrieb in einem seiner Werke, das הרי נהם „Der brüllende Löwe", heisst: „Ich zweifle, dass Gott jemals denen verzeiht, die solche Bücher haben drucken lassen." Und wirklich wurden Israeliten, die ebenso durch ihre Bildung als durch ihre soziale Stellung ausgezeichnet waren, nur durch die Lektüre kabbalistischer Bücher dazu gebracht, sich dem katholischen Glauben anzuschliessen. Mehrere sind in dem Werke des Chevalier Drach „Harmonie", B. 2, S. 32 bis 35, genannt. Ein Schüler des Rabbi Arié, Samuel Ben Nahhmias, der einer reichen jüdischen Familie in Venedig entstammte, empfing unter dem Namen Julius Morosini am 22. Nov. 1649 die Taufe in seiner Vaterstadt. Dieser Morosini ist der Verfasser eines umfangreichen und gelehrten Werkes in italienischer Sprache. Der Weg zum Glauben für die Hebräer, Rom, Druckerei der Propaganda 1683, 2 B. in —4°.

§ 1. Die Emanation der Kabbala und die zehn Sephiroth oder Herrlichkeiten. Die drei obersten Herrlichkeiten.

Die Anhänger des Pantheismus haben es versucht, sich auf die Kabbala zu berufen, weil in ihren Lehren soviel von Emanation die Rede ist. Indem sie missbräuchlich sich dieses Ausdruckes bedienten, haben sie gar viele betört. Und es ist doch gerade diese Emanationslehre, die der Kabbala ihren eminent christlichen Charakter verleiht, den niemand, der guten Glaubens ist, darin verkennen kann. Nichts ist leichter als das zu beweisen.

Die Kabbala teilt alles, was existiert, in vier einander untergeordnete Welten ein; 1. die Welt Aziluth (Welt der Emanation); 2. die Welt Briah (die Welt der Schöpfung);

3. die Welt Jesira (die Welt der Ausgestaltung); 4. die Welt Asia (die reale, sichtbare Welt). Die drei letzten sind, wie schon der Name der zweiten Welt andeutet, Schöpfungen „ex nihilo" der göttlichen Macht, und keineswegs Emanationen der Wesenheit Gottes. Die Texte, die ich weiter unten anführen werde, sprechen ganz ausdrücklich dafür.

Die Emanation bleibt konzentriert in der ersten Welt, die allein unerschaffen ist. Es ist von Bedeutung, darzulegen, was diese erste Welt nach den Lehren der Kabbala ist. Die Welt Aziluth umfasst die zehn Sephiroth (ספירופ), d. h. Herrlichkeiten. Die erste ist die höchste Krone (כתרעליון), auch das Unendliche (אין סוף) genannt. Aus dieser emaniert der zweite Abglanz oder die zweite Herrlichkeit, die Weisheit (חכמה). Sie ist auch der Protoadam (אדם קדמון), so genannt, um einen Unterschied gegenüber dem Namen des ersten Menschen zu machen. Es ist gleichzeitig auch darauf hinzuweisen, dass der heilige Paulus diesen fleischgewordenen Abglanz Adam novissimus nennt, 1. Cor. XV, 45. Aus ihr emaniert unter Beihilfe des obersten Glanzes die dritte Herrlichkeit, Intelligenz (גינה) genannt.

Dies sind nach den Lehren der Kabbalisten die drei höheren oder vielmehr höchsten Herrlichkeiten (עילאין). die auch die intellektuellen Herrlichkeiten heissen (שכלידהת ספירות). Obwohl voneinander verschieden, bilden sie doch eine einzige Krone (אהתעטרה); sie sind eins, ein Absolutes, unum absolutum (יהיד המיוהד). Deshalb stellt man sie durch diese drei konzentrischen Kreise dar, und deshalb symbolisiert man den dreimal heiligen Gott(קדשקדשקדש) durch drei Yod, die in Dreieckform angeordnet und in einem

Kreise eingeschlossen sind. (Vgl. Drachs „Harmonie", B. I, S. 309.)

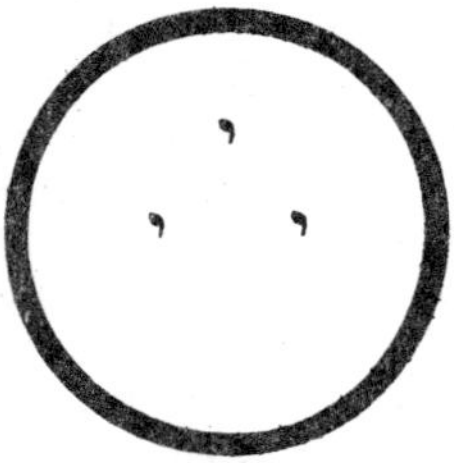

Man müsste blind sein, um es nicht zu sehen, oder ganz verstockt, um es nicht zugeben zu wollen, dass diese drei Herrlichkeiten die heilige und unteilbare Dreiheit der Personen in der göttlichen Wesenheit sind, und doch die absoluteste Einheit. Die Kabbala verkündigt diese Wahrheit mit denselben Worten wie die katholische Theologie,[1]) wie man aus den weiter unten folgenden Auszügen ersehen wird. Doch will ich hier noch eine bedeutsame Stelle erwähnen, die ich nicht etwa einem jüdischen Kabbalisten, sondern der Abhandlung „De natura Deorum" Ciceros (B. I, § 21 [Nr. 28 in der Leipziger Quart-Ausgabe]) entnehme: „Parmenides hat sich etwas vorgestellt, das die Gestalt einer Krone hat.[2]) Er nennt ‚stephane' (στεφάνη, Krone) einen zusammenhängenden Lichtkreis, der den Himmel einschliesst, und den er Gott nennt." Sind das nicht die drei höchsten Herrlichkeiten, die eine einzige Krone bilden? Und, wohl gemerkt, die erste Herrlichkeit umschliesst das Ganze in ihrem zusammenhängenden, unauflöslichem Kreis. Aber Cicero verstand die erhabene Lehre, die der Metaphysiker von Elea wohl nach einer alten Überlieferung wiederholte, nicht und fügt mit eingebildetem Besserwissen hinzu: „Es dürfte wohl niemand sich denken können, dass ein Kreis die Gestalt der Gottheit sei oder dass er Empfindung habe." [3]) Der Römer hätte wissen müssen, dass die Ägypter und andere durch ihre Weisheit berühmten Völker des Altertums die höchste ewige Gottheit, das אין סוף, ‚absque fine', der Kabbalisten, durch eine kreisförmig einge-

[1]) So oft die Lehre der Synagoge mit der der Kirche in Übereinstimmung steht, ist es stets im katholischen Sinne. So sehen wir hier das „filioque" der Katholiken gegenüber dem Schisma des Photius."

[2]) Stephanem appellat continentem ardore lucis orbem, qui cingit coelum, quem appellat Deum.

[3]) In quo (sc. orbe) neque figuram divinam neque sensum quisque suspicari potest.

rollte Schlange, die sich in den Schwanz beisst, darzustellen pflegten.

Die sieben anderen Herrlichkeiten, von denen jede aus dem vorangehenden Ganzen emaniert, sind:

die vierte, die Grösse (גדולה), auch Güte (חסד) genannt;
die fünfte, die Stärke (גבורה), auch strenge Gerechtigkeit (מידת הדין) genannt;
die sechste, die Schönheit (תפארת);
die siebente, der Sieg oder die Ewigkeit (נצח);
die achte, der Ruhm (הוד);
die neunte, die Grundlage oder Basis (יסוד);
die zehnte, das Reich (מלכות).

Diese sieben Herrlichkeiten bilden unter der allgemeinen Bezeichnung der Erkenntnis (דעת) eine besondere Klasse für sich. Die Erkenntnis, sagt R. Josef Ghikatilia in seiner Abhandlung שערי אורה (die Tore des Lichtes), ist die Existenzform der göttlichen Offenbarungen, die nach בינה (der Glanz Intelligenz) kommen, ohne dass diese [Erkenntnis] an und für sich einen besonderen „Abglanz", eine besondere ספירה bildete.

§ 2. — Die sieben Herrlichkeiten, die unter der Bezeichnung Erkenntnis zusammengefasst werden, oder die göttlichen Attribute.

Es ist wohl klar, dass, wenn die drei ersten Herrlichkeiten, ספירות, Gott in seinen drei Personen sind in der Aufeinanderfolge, wie sie der katholische Glaube lehrt, die sieben folgenden Herrlichkeiten, wie es auch die Kabbalisten ausdrücklich erklären, die Attribute Gottes,[1]) oder vielmehr

---

[1]) Man teilt die göttlichen Attribute in relative und absolute ein. Die ersten sind die Beziehungen der göttlichen Personen zueinander infolge der immanenten Aktion der Zeugung und Entwicklung. Doch die Bezeichnung „relativ" charakterisiert nicht hinreichend die nicht absoluten Attribute. Die katholischen Theologen verstehen darunter die, die sie Eigentümlichkeiten (proprietates), Beziehungen (relationes) und Begriffe (notiones) nennen, d. h. die Eingeborenheit, die Vaterschaft, die Sohnschaft, die „spiratio activa" und die „spiratio passiva" nennen. Nun gibt es vier „Proprietates": Die Eingeborenheit, die Vaterschaft, die Sohnschaft und die Entwicklung oder das Hervorgehen (processio). Die drei letzteren sind „proprietates personales". Fügt man noch die „spiratio activa" dazu, so erhält man die vier „relationes".

Es wäre überflüssig, hier dazulegen, wie diese „formalitates" (gestaltende Eigenschaften) sich sogar mit den gleichen Bezeichnungen, wie sie die christliche Theologie anwendet, in der Kabbala und in der sonstigen rabbinischen Literatur wiederfinden. Die später folgenden

Gott in seinen Attributen sein werden. Und wirklich umfassen sie alle die Vollkommenheiten der Gottheit. Diese Herrlichkeiten sind gleichfalls Emanationen, denn die göttlichen Attribute sind untrennbar von der Gottheit, und bilden eine vollkommene Einheit unter einander und in Gott.

Dass die zehn Herrlichkeiten, im Hebräischen Sephiroth, nur die Gesamtheit des göttlichen höchsten Wesens sind, das beweisen auch die göttlichen Namen, die einer jeden von ihnen zugeteilt sind:

die erste hat den Namen אהיה, „ich bin, der ich bin";
die zweite hat den Namen יה (Abkürzung von Jehovah);
die dritte hat den Namen יהוה mit den Vokalpunkten des göttlichen Namens Elohim, אלהים;
die vierte hat den Namen אלוה, oder אל, Gott;
die fünfte hat den Namen אלהים, Gott;
die sechste hat den Namen יהוה, Jehova;
die siebente hat den Namen יהוה צבאות, Jehova der Mächte;
die achte hat den Namen אלהים צבאות, Gott der Mächte;
die neunte hat den Namen אלהי, lebendiger Gott;
die zehnte hat den Namen ארכי, Adonai.

Die göttlichen Attribute sind der Gottheit inhaerent, wie es auch die Philosophie und die christliche Theologie lehren. So sagt z. B. R. P. Peronné, eine der Koryphäen unter den modernen Theologen: „Admitti nequit ulla realis distinctio inter Deum eiusque attributa, sive absoluta sive relativa, neque inter attributa absoluta ipsa. Si enim eiusmodi daretur distinctio, admitti in Deo deberet realis compositio atqui haec compositio in Deum cadere non potest, qui est omnino simplex;

Auszüge beweisen das. Man wird dort den „Pater ingenitus" unter der Bezeichnung erster Glanz, das Unendliche (אינסוף, absque fine), in dem Sinne „das, was keinen Anfang hat", die „causa procatarchica" unter der Bezeichnung „Ursache aller Ursachen", עלהכלהעלות, usw. wiedererkennen.

Unter der Benennung „absolute Attribute" versteht man alle die Vollkommenheiten, die der Gottheit eigentümlich sind. Die Theologen teilen sie ein in positive und negative, „quiescentes" oder „immanentes", operative oder transitive, primitive und abgeleitete, metaphysische, moralische, mitteilbare, nichtmitteilbare, eigentliche, metaphorische usw.

Die sieben letzten Herrlichkeiten umfassen diese absoluten Attribute; alle die letzteren kann man darin wiederfinden; ebenso kann man in den drei obersten Herrlichkeiten die relativen Attribute oder die fünf „Notiones" erkennen.

excludi igitur a Deo debet omnis realis distinctio, sive inter Divinitatem eiusque attributa absoluta ac relativa, sive inter attributa absoluta ipsa." (Praelect. theol., De Dei simplicitate, Prop. IV.) D. h.: „Irgend ein tatsächlicher Unterschied zwischen Gott und seinen Attributen kann nicht zugegeben werden u. s. w." ·

Und damit man nicht sage, dass diese Philosophie eines Geistlichen sich eben in dem alten Geleise der Theologie bewegt, will ich die Ansicht eines Philosophen zitieren, der gewiss nicht im Verdacht steht, den christlichen Ideen allzu sehr geneigt zu sein. Bayle sagt: „Hoc primum tene, nihil esse in Deo, quod non sit Deus atque adeo attributa divina non esse qualitates seu perfectiones ab Essentia divina distinctas, nisi secundum nostrum concipiendi modum." (Systema totius philosophiae. Metaphysicae specialis, cap. III, art. 3.)

Doch der Evangelist braucht nur ein Wort, um diese Wahrheit auszudrücken, dass die Attribute Gottes ihrem Wesen nach in Gott sind. „Gott ist die Liebe" (Deus charitas est), sagt er (Johann. 1, Ep. 4, 16).

§ 3. — Die sieben Geister der Apokalypse I, 4.

Der Jünger, den er lieb hatte, der so glücklich war, sein Haupt an dem geheiligten Herzen Jesu ruhen lassen zu können (recumbens in sinu Jesu), hat aus dieser göttlichen Quelle die Erkenntnis der tiefsten und erhabensten Geheimnisse geschöpft. Ich trage kein Bedenken, zu behaupten, dass ich die zehn Herrlichkeiten deutlich in dem berühmten Verse seiner Apokalypse I, 4 bezeichnet finde: „Gratia vobis et pax ab eo qui est et qui erat et qui venturus est, et a septem Spiritus qui in conspectu throni eius sunt." Diese drei Zeiten des Verbums esse „sein", dann „venturus est", ἐρχόμενος, entspricht dem hebräischen Futurum, sind eigentlich nur eine Übersetzung des göttlichen Namens Jehova, יהוה,[1]) der in seinen Elementen in wunderbarer Weise das Geheimnis der heiligen Dreieinigkeit andeutet. Ernste Kommentatoren haben schon dargelegt, dass der heilige Apostel durch diese drei Zeitformen des Verbums der Existenz die drei Personen des einen Gottes bezeichnet; (und Chevalier Drach hat in seiner „Harmonie" diese Bedeutung des Tetragrammaton ausführlich dargelegt). So wären also die drei obersten Herrlichkeiten in diesem Verse bezeichnet. Es sind aber auch die „septem Spiritus", die sieben Geister

---

[1]) Vgl. S. 79 u. ff. u. S. 114.

dieses Verses, wirklich die sieben anderen Herrlichkeiten, d. h. Gott in seinen absoluten Attributen.

Die Ansicht derer, die diese sieben Geister für Engel halten, scheint aus mehreren Gründen nicht haltbar. Denn Gott allein, und kein Geschöpf, mag es einen noch so hohen Rang in der himmlischen Hierarchie einnehmen, hat das Recht und die Macht, diesen Stand der geistigen Gnade zu verleihen, der „gratia et pax" genannt wird, eine wörtliche Übersetzung des hebräischen אהןושום. Diese zwei biblischen Worte drücken mit voller Deutlichkeit die beglückende Vereinigung der Seele mit Gott aus.

Übrigens unterscheidet das fünfte Kapitel die sieben Geister so klar von den Engeln, dass man sie nicht miteinander verwechseln kann. (Vgl. V. 6 und 11.) Nirgends werden in der Apokalypse die Engel Geister genannt. Diese Begrüssung „gratia et pax" wiederholt der heilige Paulus in fast allen seinen Briefen,[1]) die die Grundlage der christlichen Theologie bilden. Und auch dieser Apostel spricht von diesem göttlichen Gnadengeschenk nur in Verbindung mit Gott selbst: Gratia et pax a Deo Patre nostro et Domino nostro Jesu Christo. Man muss also daraus schliessen, dass der heilige Johannes in diesem Verse der Apokalypse den sieben Kirchen Asiens die Gnade und den Frieden der Seele seitens der gesamten Gottheit wünscht, seitens aller ihrer Personen und Attribute.

Die Konjunktion et, *καὶ*, vor den Worten „a septem Spiritus" unterscheidet diese sieben Geister keineswegs von dem Vorausgehenden. Schon Grotius hat mit seinem Scharfblick bemerkt, dass hier die Figur vorliegt, die im Griechischen und Hebräischen so gewöhnlich ist, das *ἐν διὰ δυοῖν*, d. h. es wird ein Begriff in zweifacher Weise ausgedrückt. Er erklärt in seinem Kommentar, dass die sieben Geister die göttliche Vorsehung sind, die sich in verschiedener Weise kundgibt und später, Kap. V, 6, die Augen Gottes genannt wird: „Et oculos septem, qui sunt septem spiritus Dei, missi in omnem terram," sagt der heilige Johannes. („Und die sieben Augen, die die sieben Geister Gottes sind, geschickt auf die ganze Erde.") Grotius fügt hinzu: „Et sic erit *ἐν διὰ δυοῖν*; optatur enim pax a Deo et septem Spiritibus, id est, a Deo per hos septem modos operante." (So ist es ein Hendiadyoin; es wird nämlich Friede von Gott und den sieben Geistern gewünscht, d. h. von Gott, der in dieser

[1]) Nur der Brief an die Hebräer bildet eine Ausnahme.

siebenfachen Art wirkt.) Der Apostel des Wortes (In principio erat Verbum) erklärt auch in seiner Apokalypse, dass das Wort Gott ist, und dass deshalb die sieben Geister diesem ebenso inhärieren wie dem Vater. Das sagt er auch in dem fünften Briefe, den er im Auftrage Christi schreibt: „Haec dicit qui habet septem spiritus Dei." (Das sagt der, der die sieben Geister Gottes hat.)

Ein gelehrter Jesuit, Pater Alcaçar, der Verfasser eines umfangreichen Kommentars zur Apokalypse,[1]) hat deutlich erkannt, dass diese sieben Geister nichts anderes sind als die sieben absoluten göttlichen Attribute. Cornelius a Lapide fasst in folgender Weise seine Erklärung zusammen: „Alcaçar hat diese sieben Geister als sieben Kräfte Gottes aufgefasst, oder als Attribute, aus welchen in ihrer Gesamtheit die Vorsehung besteht. Diese Kräfte sind in Gott und sind dem Wesen nach Gott selbst, daher erfleht Johannes von ihnen Frieden und Gnade. Diese Kräfte Gottes sind unendlich und ohne Grenze; daher werden sie Geister genannt, während Johannes die Engel in der Apokalypse Engel und nicht Geister nennt."

§ 4. — Die sieben Lichter in der Apokalypse IV, 5 und die sieben Augen Jehovas in Zacharias IV, 10.

Dass diese sieben Geister wirklich die sieben Herrlichkeiten der Kabbalisten sind, wird noch unbestreitbarer durch Kap. IV, V. 5 erwiesen. Hier wird ausdrücklich gesagt, dass die sieben Geister strahlende Leuchten vor dem himmlischen Throne sind: Et de throno procedebant fulgura et voces et tonitrua, et septem lampades ardentes ante thronum, qui sunt septem spiritus Dei.

Diese Leuchten, Attribute und Wirkungsweisen der göttlichen Vorsehung werden in Zacharias IV, 10 die sieben Augen Jehovas genannt, die sich über die ganze Erde ergehen. (Septem isti oculi sunt Domini [Jehovae d. h. des dreieinigen Gottes], qui discurrunt in universam terram). Der heilige Johannes wiederum erklärt, dass diese „Augen" die „Geister" Gottes sind: et oculos septem (Agni occisi des getöteten Lammes), qui sunt septem spiritus Dei, missi in omnem terram. Dem zitierten Text des Zacharias entsprechend, sagen die Kabbalisten, dass die sieben Herrlichkeiten durch

---

[1]) Aus diesem Kommentar hat Bossuet geschöpft.

die sieben Arme des goldenen Leuchters im Tempel dargestellt wurden, dass diese auch die sieben Planeten bedeuten, durch deren Einfluss nach rabbinischer Lehre die göttliche Vorsehung sich in der niederen Welt (עילם התהתון) offenbart. — Noch ein Umstand ist zu erwähnen, der vollends bestätigt, dass dies die wahre Bedeutung der vom heiligen Johannes erwähnten sieben Geister ist. Nachdem er sie im Kap. V der Apokalypse dem Lamm zuerkannt hat, um so das „Deus erat verbum“ seines Evangeliums zu bekräftigen, gibt er im Vers 12 eine genaue Aufzählung der sieben Herrlichkeiten: 1. Virtus; 2. Divinitas; 3. Sapientia; 4. Fortitudo; 5. Honor; 6. Gloria; 7. Benedictio.

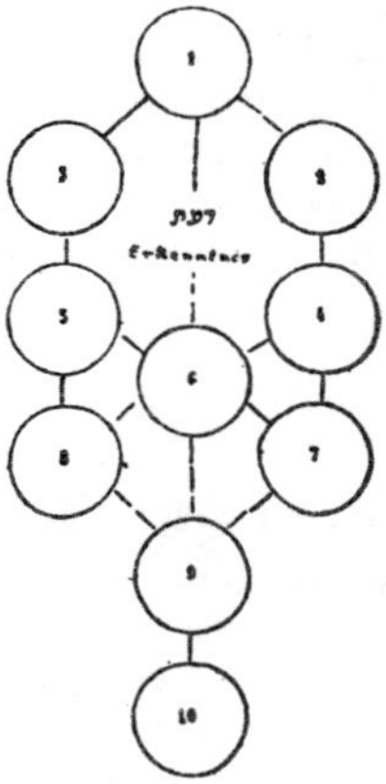

So haben also die Kommentatoren das Richtige getroffen, die in den sieben Geistern die göttlichen Attribute erkannten. Eichhorn, der im 18. Jahrhundert mit wertvollen Arbeiten über die Bibel hervorgetreten ist, hat in seiner „Einleitung zum neuen Testament“ den letzten Schritt getan. Im ersten Band, S. 347, zögert er nicht zu erklären, dass die sieben Geister der Apokalypse dem Sephiroth-System der Kabbala angehören: „Kabbalistisch sind die sieben Geister Gottes.“

Das ist also die Aziluth-Welt der Kabbalisten, die allein unerschaffene Welt, d. h. Gott mit seinen relativen Attributen (bezüglich der drei Personen) und mit seinen absoluten Attributen (den Vollkommenheiten des einen Gottes). Die zehn Sephiroth sind demnach ein unteilbares Ganze. „Geheimnis der Geheimnisse des Alten der Tage," sagt der Zohar, „das nicht einmal den Engeln der Höhe anvertraut wurde." (Zohar, T. 3, col. 243.) Es ist das „Deum nemo vidit unquam" des heiligen Joh., Kap. I, Vers 18; nicht einmal die Engel schauen das, sagen die Kirchenväter; es handelt sich hier um das, was die Theologen „visio comprehensiva" nennen.

§ 5. — Der kabbalistische Baum und das „Nolito tangere".

Die gewöhnlichste Figur, unter der man die zehn Sephiroth darstellt, ist die nebenstehende, die unter dem Namen „kabbalistischer Baum" bekannt ist.

Die verschiedenen Welten, die Hierarchien der Engel, der guten und der bösen, welch letztere „Schalen", קליפית, genannt werden, werden ihrerseits in zehn „Sephiroth" eingeteilt. Jede Sephira hat wieder zehn Untersephiroth. So ergibt sich eine unbegrenzte Zahl kabbalistischer Bäume. Das wird nun auch der Obstgarten, פרדס, genannt, und deshalb lehren die Kabbalisten, dass derjenige, der sich erkühnt, Irrlehren aus diesem System zu entnehmen, die Pflanzungen zerstört, קוצץ בלטיעות; und die erhabenen Mysterien erforschen wollen, heisst in den Obstgarten eindringen, לפרדסכרלס.

Der Talmud, Traktat Ilhaghiga, fol. 14 verso, nennt eine Vierzahl von denen, die es gewagt haben, in den Obstgarten einzudringen. Der erste wurde von einem plötzlichen Tode ereilt, der zweite von geistiger Umnachtung; der dritte zerstörte die Pflanzungen, und trotz seines grossen Wissens in der heiligen Lehre, wurde er gottlos und starb unbussfertig; der vierte zog sich rechtzeitig zurück und entkam ungefährdet. Wir erinnern hier an die Worte des bewunderungswürdigen Buches von der Nachahmung: „Si non intelligis nec capis, quae infra te sunt, quomodo comprehendes, quae supra te sunt?" (Wenn du nicht verstehst und erfasst, was unter dir ist, wie willst du verstehen, was über dir ist?)

Die rabbinischen Kabbalisten des Mittelalters wichen nicht immer vor diesen warnenden Beispielen der Bestrafung zurück. Sie wagten es, ebenso seltsame als gefährliche Probleme zu behandeln. So z. B. stellen sie die Frage: Da Gott den ganzen Raum erfüllt hat, wo hat die höchste Krone die Ursache der Ursachen, eine andere Sephira aus sich emanieren können, z. B. die erste? Das ist, wie wenn man fragen wollte, welchen Raum die Unermesslichkeit und Allgegenwart des Vaters dem Wort habe geben können. Sie antworten dass das Unendliche auf sich selbst mit einer Art Zusammenziehung gewirkt habe, צמצום; es zog sich in sich selbst zurück, ohne dass dadurch der Raum seiner leuchtenden Ausstrahlung beraubt worden wäre. Man muss wohl zugeben, das heisst auf das kühnste „in den Obstgarten eindringen", und wenn man sich mit solchen Fragen befasst, ist man nicht weit davon entfernt, „die Pflanzungen zu zerstören". Übrigens waren diese Kabbalisten zu sehr rabbinisch, um zu verstehen, dass in der atziluthischen Wesenheit Gottes die Existenz der „Ursache der Ursachen" und die Erzeugung oder Entwicklung der Ursachen „causatorum," koeternell, ohne Anfang und ohne Ende sind: „nihil prius aut posterius."

„Gloria sanctissimae et individuae Trinitati, Patri et Filio et Spiritui Sancto; sicut erat in principio et nunc et semper, et in saecula saeculorum. Amen."

§ 6. Auszüge aus den kabbalistischen Büchern.

Einleitung.

Diese Auszüge sind nur Werken entnommen, die eine unbestreitbare Autorität geniessen. Es hätte sich leicht daraus allein ein umfangreiches Buch machen lassen, aber das, worauf ich mich beschränke, genügt, um die hier ausgesprochenen Ansichten zu beweisen. Die Texte der Kabbalisten des Mittelalters enthalten öfters dunkle Stellen, die ich in meiner Übersetzung, die von skrupulöser Genauigkeit sein sollte, nicht immer ganz verständlich machen konnte. Indessen habe ich mir erlaubt, manchmal einige Worte beizufügen, die den Sinn erklären sollen. Die rabbinischen Autoren bedienen sich auch öfters einer Ausdrucksweise, die katholischen Theologen nicht angenehm klingt: man muss sich eben gegenwärtig halten, dass, wenn auch der eigentliche Inhalt der alten mündlichen Überlieferung angehört, der Stil doch das Werk der rabbinischen Autoren ist, die diese mündliche Überlieferung schriftlich fixierten.

Der erste Band des Werkes „Harmonie" (Chevalier Drach) enthält eine grosse Zahl von Texten, die sich auf unseren Gegenstand beziehen. Ich begnüge mich daher, darauf zu verweisen.

I. Zohar, T. 3, col. 307: „Es gibt zwei, mit denen sich eins vereinigt, und es sind drei; und wenn sie drei sind, sind sie nur eins! Die zwei sind die zwei Jehova des Verses: „Höre, o Jsrael, u. s. w. (Deut. VI, 4). Eohenu (unser Gott) ist hier vereinigt. Und das ist die Prägung des Siegels Gottes: Wahrheit. Und miteinander vereinigt, sind sie eins in einziger Einheit.“ Das ist das „Unissime“ des heiligen Bernard.

II. Zohar, T. 2, col. 236: „Jehova, Elohenu, Jehova ist einer. Von einer einzigen Einheit, von einem einzigen Willen, ohne irgendeine Teilung.“

III. Zohar, T. 2, col. 286: „Der erste Jehova ist der höchste Punkt, das Prinzip aller Dinge. Elohenu ist das Geheimnis der Ankunft des Messias. Der zweite Jehova vereinigt das, was zur Rechten und was zur Linken ist, in einer einzigen Gesamtheit.“

IV. Zohar, T, 3, col. 116: „Komme und überlege das Geheimnis dieses Namens Jehova. Es gibt drei Stufen, und jede dieser Stufen ist verschieden, und doch ist es eine einzige Gesamtheit, in Einheit miteinander verbunden, von einander untrennbare Stufen.“

Die Kabbala verwendet oft den Ausdruck „Stufe“ statt „Hypostase“ oder „Person“, wie es unserer Theologie geläufig ist. Dieser Ausdruck findet sich auch bei den Kirchenvätern. Tertullian z. B. sagt: „Drei sind es, nicht dem Zustande, sondern der Stufe nach; es ist ein Gott, von dem auch diese Stufen sind, Gestalten und Formen, im Namen des Vaters und des Sohnes und des Heiligen Geistes.“ („Tres autem, non statu, sed gradu; quia unus Deus, ex quo et gradus isti, et formae et species, in nomine Patris et Filii et Spiritus Sancti.“ Adv. Praxeam, cap. II.)

V. Zohar, T. 3, col. 131: „Die verborgenen Wege, die unergründlichen Lichter, die zehn Worte entstehen alle aus einem Punkt, der unter dem Aleph (א) ist. Die Sephiroth emanieren aus dem freien Willen Gottes. Die Sephiroth sind nicht Kreaturen — absit! —, sondern Begriffe und Strahlen des Unendlichen, deshalb ewig wie das Unendliche selbst.“

Es ist wohl überflüssig zu bemerken, dass „Wege, Lichter, Worte“ hier wie auch sonst in der Kabbala dasselbe wie Sephiroth bedeuten. Der Buchstabe Aleph ist ganz besonders das Symbol des Unendlichen. Der Zohar wiederholt das oft.

VI. Zohar, T. 3, col. 302: „Der Hochheilige, gelobt sei er, besitzt drei Welten, wo er sich verborgen hält. Die erste ist die höchste Welt (Aziluth), die geheimnisvollste, die nur von dem gesehen und gekannt wird, der sich darin verborgen hält. Die zweite ist die, die sich an die höchste Welt anschliesst (Beriah). Die dritte ist die, die unter den beiden ersten steht und von ihnen durch einen gewissen Abstand getrennt ist. Das ist die Welt, wo sich die Engel der Höhe aufhalten (Jesira).“

Etwas weiter unten sagt der Zohar betreffs der vierten Welt (Asia): „Komm und erwäge, dass, wenn der Mensch nicht gesündigt hätte, er nicht in dieser niedrigen Welt im Augenblick der Erhebung zu den höheren Welten vom Tod gekostet hätte; aber da er gesündigt hat, muss er den Tod überstehen, bevor er sich zu diesen Welten erhebt. Der Geist trennt sich vom Körper, der in dieser unteren Welt bleibt; und der Geist wird dann entsprechend seiner Verschuldung gereinigt. So gelangt er ins irdische Paradies. Er wird hier mit einem Lichtkleide bekleidet, das aber in Gestalt und Form demjenigen ähnelt, das er in dieser Welt hatte.“ [1]) Diese Stelle würde auf ein Fegefeuer hindeuten. Im 3. T., col. 557 lehrt der Zohar die Ewigkeit der Strafen, die diejenigen Sünder erleiden, die unbussfertig gestorben sind. „Diejenigen, die in den Schrecken hinabsteigen, werden Gott nicht loben (Ps. CXV, 2); denn diejenigen die in den Schrecken hinabsteigen, verbleiben für immer in der Hölle (wörtl.: in gehenna permanebunt).“

VII. Suppl. zum Sohar: „Der bewunderungswürdige und verborgene Künstler, der [für unsere Erkenntnis] nicht ist (אין), begreift in sich die drei höchsten Sephiroth. Das א ist die Krone, das י die Weisheit, das ן die Intelligenz.“

Der Kabbalist Rabbi Schabathi erklärt diese Worte in folgender Weise: „Auf Grund der Erklärungen, die wir in den vorausgehenden Kapiteln gegeben haben, kann man sich eine Vorstellung von dem Geheimnis machen, das die Lehrer der Kabbala lehren: Die drei ersten (Sephiroths) werden nur als eine einzige betrachtet. Man könnte fragen: Warum sagen sie: „werden als eine einzige betrachtet“ und nicht: „sind eine einzige“? Antwort: Weil die drei ersten, Krone, Weisheit und Intelligenz, gleichsam drei Gehirne sind, und obwohl sie sich als ein einziger, einfacher Punkt offenbaren, haben sie doch nicht gewollt, dass man sie verwechsle, weil jedes dieser Gehirne verschieden von den beiden andern ist. Das, was in den sieben letzten Sephiroth ist, findet sich in den drei Gehirnen, (den drei ersten Sephiroth) und das, was in den drei Gehirnen ist, findet sich in der Einheit des Punktes, und was in der Einheit des Punktes ist, findet sich im Unendlichen, so dass es keinen Unterschied zwischen den Sephiroth gibt.“

VIII. Im Zohar T. 1, col. 27, T. 3, col. 376 und an anderen

---

[1]) Diese Ansicht stimmt ganz wohl mit der katholischen Lehre überein. Denn die Bibel lehrt uns, dass die Wiederauferstandenen nicht mehr, wie in diesem Leben, grobmateriellen Bedürfnissen unterworfen sein werden, sed erunt sicut angeli Dei, Matth. XXII, 30.

Stellen vergleicht der Autor das Geheimnis der Sephiroth mit den Bestandteilen eines Baumes, die in ihrer Gesamtheit doch nur ein einziges Individuum bilden. Der Autor fährt dann fort: „Die Krone, das Geheimnis des Punktes, ist die verborgene Wurzel, die drei Gehirne sind der Stamm; sie sind in dem Punkte vereinigt, der ihre Wurzel ist. Die sieben anderen Sephiroth, die die Äste sind, sind mit dem Stamm vereinigt, den die drei Gehirne bilden; und alle zusammen sind mit dem Punkt vereinigt, der ihre Wurzel ist. Deshalb wird auch die Gesamtheit, der Punkt, die drei Gehirne und die sieben Sephiroth, eine absolute Einheit, eine einzige Einheit genannt: אחדות אחד . Deshalb haben auch die Lehrer der Kabbala die zehn Sephiroth in der Gestalt eines Baumes dargestellt, weil sie einem Baume gleichen, wie wir es erklärt haben. Und wenn jemand die Sephiroth voneinander trennen wollte, so haben dieselben Lehrer gesagt, dass dieser Mensch die „Pflanzungen zerstören" würde, denn es wäre dasselbe, wie wenn jemand unseren Baum in Stücke schneiden wollte.

IX. Supplemente zum Zohar, fol. 17, recto (Ausgabe von Livorno). Was in gesperrten Lettern gedruckt ist, wird dem Propheten zugeschrieben, das Übrige gehört dem Kommentator an.

Rede des Propheten Elias: Du bist es, o Herr der Welt, der Du die zehn Vollkommenheiten erzeugt hast. D. h., das Unendliche, gelobt sei es, hat die zehn Vollkommenheiten aus seiner eigenen Wesenheit ausströmen lassen, die zehn Sephiroth, die Werkzeuge seiner Vollkommenheiten zur Vollendung der Welten. Denn durch sie schafft, bildet und macht er alles, was er erschaffen hat. Die briatische (schöpferische) Welt bildet die Jesira-Welt (die Welt der Ausgestaltung) und schafft die (wirkliche) Welt Asijah. Und es ist gemeint, dass die zehn Sephiroth im Unendlichen sind wie ein Werkzeug in der Hand des Künstlers, damit er, sich ihrer bedienend, alle seine Werke vollende. — Und wir nennen sie Sephiroth. D. h. die Vollkommenheiten, die er aus seiner eigenen Wesenheit hat emanieren und entstehen lassen, nennen wir Sephiroth. Die Absicht des Elias, sein Andenken sei gesegnet, ist es, uns vor dem Irrtum zu bewahren, dass die zehn Vollkommenheiten von Ihm getrennt seien wie das Werkzeug vom Künstler. Wenn der Künstler arbeiten will, nimmt er das Werkzeug, und wenn er seine Arbeit beendet hat, legt er es bei Seite, bis er es wieder braucht; denn das Werkzeug ist nicht untrennbar in fortwährender ewiger Verbindung mit der Hand des Künstlers vereinigt. Du könntest in den Irrtum verfallen, dasselbe von den Sephiroth zu denken, dass sie Werkzeuge sind, die man willkürlich bei Seite legt, dass sie etwas ausserhalb des Unendlichen sind. Absit! Deshalb lehrt uns Elias, dass dem nicht so ist. Die zehn Vollkommenheiten, die wir behandeln, werden von uns Sephiroth genannt, was im Hebräischen „strahlende Lichter" bedeutet. Sie erstrahlen von der gleichen Wesenheit wie das Unendliche selbst; sie befinden sich darin und haften daran wie das Feuer an der glühenden Kohle. Das Feuer ist in der glühenden Kohle und könnte ohne sie nicht bestehen. Ebenso ist es mit den Sephiroth; sie sind geheiligte Flammen, heilige Schätze der Wesenheit des Unendlichen. Sie sind alle verknüpft, verbunden mit dem Unendlichen durch eine unaufhörliche, ewige Vereinigung und Verbindung; und sie selbst sind miteinander untrennbar für die ganze Ewigkeit verbunden. Elias nennt sie Sephiroth, d. h. Leuchten. Die Wurzel ספר dieses Wortes bedeutet leuchten, glänzen, wie es die Stellen Exod. XXIV, 10 und Iob IV, 7 beweisen. Das liegt auch in den Worten des Elias: Um durch sie die verborgenen Welten zu erleuchten, die nicht sichtbar sind, und die Welten, die sichtbar sind.

Unter diesen verborgenen, okkulten Welten ist ausser Aziluth zunächst Besiah, die 2. Welt, zu verstehen, auch „Thron seiner Herrlichkeit" genannt, mit zehn Thronstühlen, zehn briatischen Welten. Ihre Beschaffenheit und die Art ihrer Existenz ist unserem Verständnis nicht fassbar. Dasselbe gilt von den Jesirawelten, die zehn Welten von Engeln bilden. Auch diese sind okkulte Welten, die dem materiellen Auge verborgen sind.

Die beiden Welten Briah und Jesirah heissen „Welten, die nicht sichtbar sind." Sie dienen ihrerseits dazu, nicht nur durch ihre Vermittlung, sondern auch durch ihre eigene Substanz die sichtbaren Welten, die für die Sinne wahrnehmbar und für die Intelligenz materieller Wesen fassbar sind, also die Sphären der Welt Asiah, der vierten Welt, zu erleuchten und zu schaffen. Asiah umfasst auch zehn Welten oder Sphären. Und unsere Lehrer lehren, dass diese Sphären voneinander um 500 Jahre abstehen.[1])

---

[1]) Der Talmud, Tractat Hhaghiga, fol. 12 verso, gibt die hebräischen Namen dieser zehn Sphären. Der Abstand zwischen diesen zehn Sphären ist im Buche Jesira angegeben, wo es aber nur „fünfhundert" heisst, aber der Talmud fügt im gleichen Traktat, fol. 13 recto, hinzu: Jahre.

Elias sagt dann weiter: „Und durch sie (die Sephiroth) verbirgst Du Dich den Kindern der Menschen. D. h.: da das Unendliche alle seine Handlungen durch die Vermittlung der Sephiroth ausführt, und sich gewissermassen in der Handlung verbirgt, verbirgt und versteckt es sich hinter ihnen, wie ein Mensch, der sich den Blicken entzieht, indem er seine ganze Person in ein langes Gewand hüllt, so dass nur sein Gewand allein sichtbar ist. Gott gibt sich nur durch seine Handlungen zu erkennen, und diese vollziehen sich durch die Sephiroth, die sein Gewand sind.

Elias sagt dann weiter: „Und Du bist es, der sie vereinigt und miteinander verknüpft.“ D. h., obwohl die Sephiroth allein sich offenbaren, indem sie auf alle die Welten wirken, so ist ihre Tätigkeit doch nicht unabhängig vom Unendlichen. Man darf nicht meinen und sagen, dass die Sephiroth allein wirken und dass das Unendliche ihrer Wirksamkeit fremd gegenüber steht. Sie wirken nur kraft seines allmächtigen Einflusses, der sie verbindet und in einer vollkommenen, absoluten Einheit vereinigt. Sie gehören ihm an, wie das Feuer der glühenden Kohle angehört. Es ist die Quelle und die Triebfeder ihrer ganzen Wirksamkeit.

„Und da Du ihr Kern und ihr Herd bist, würde jeder, der die 10 Sephiroth voneinander trennen würde, ebenso schuldig sein, als wenn er Dich selbst, o Herr der Welt, in einzelne Teile zerreissen und zerlegen wollte. Das Unendliche ist das Innere der Flammen, in welchen die Sephiroth erstrahlen. Derjenige also, der die einzelnen Sephiroth voneinander trennen und scheiden wollte, würde die grosse Sünde begehen, die einheitliche Wesenheit des Unendlichen, — es sei gelobt — zu trennen und zu scheiden. Das ist der Abgrund, das Verderben, der Tod und das Feuer der tiefsten Hölle für den, der es wagen würde, sich dieser Sünde schuldig zu machen“.

X. Das kabbalistische System des Buches Jesira, das die rabbinischen Autoren dem Patriarchen Abraham zuschreiben, beruht völlig auf dem Dogma der göttlichen Dreieinigkeit. Es unterscheidet in Gott einen dreifachen Glanz, die Sephiroth, die in dem höchsten Glanz verschmelzen und zusammen nur eine einzige Wesenheit bilden:

1. Das Unendliche oder die höchste Krone;
2. Die Weisheit;
3. Die Klugheit (Intelligenz).

Die drei höchsten Herrlichkeiten heissen in den kabbalistischen Büchern auch die drei Wege, die drei Stufen, die drei höchsten Äste (des kabbalistischen Baumes), die drei Säulen. So heisst es im Buche Jesira: Der erste Weg heisst unfassbare Intelligenz, höchste Krone. Sie ist das übersinnliche Urlicht; die erste Verklärung, unfassbar für alle geschaffenen Menschen.

Der Kommentar des R. Abraham-ben-David, kurzweg Raabad genannt, fügt hinzu:

„Das Geheimnis dieses Weges ist angedeutet durch den Buchstaben Aleph, א. Die Buchstaben, aus denen sich der Name dieses Zeichens zusammensetzt, א,ל,פ, bilden auch das Wort פלס was „der Wunderbare“ bedeutet. Diese Bezeichnung gehört dem ersten Wege an, denn es steht geschrieben: „Und man wird ihn den Wunderbaren nennen, den Ratgeber, den starken Gott. (Ies. IX, 6)“.

Diese Stelle aus dem Kommentar Raabads ist bemerkenswert. Er erkennt damit an, dass das Kapitel IX des Iesaias sich auf den Messias bezieht, und dass der Messias wirklich Gott, menschgewordener Gott, ist. „Parvulus enim natus est nobis, et filius datus est nobis; et vocabitur nomen eius admirabilis.“

Der zweite Weg ist die erleuchtende Intelligenz. Sie ist die Krone der Schöpfung, der Abglanz der Einheit. Sie ist über alle Dinge erhaben. Die Meister der Überlieferung bezeichnen sie als zweite Verklärung.

Ein anderer rabbinischer Autor, Rabbi Saul, spricht vom zweiten Wege in ähnlichen Ausdrücken, und Rom. I, 159. heisst es: „Novissime diebus istis locutus est nobis in Filio, per quem fecit et saecula; qui cum sit splendor gloriae, et figura substantiae eius, sedet ad dexteram majestatis in excelsis.“

Der dritte Weg heisst heilige Intelligenz; sie ist die Grundlage der Urweisheit, auch unerschütterlich treuer Glaube genannt. Amen ist die Wurzel der Eigenschaft dieses Glaubens. Dieser Weg ist der Vater des Glaubens, denn der Glaube entströmt der Kraft, d. h. der Macht, die darin ist. Die Kirche lehrt, dass der Glaube eine der Früchte des dritten Weges Gottes, des heiligen Geistes sei.

Wir haben schon gesehen, dass der Ausdruck Stufe nicht ausschliesslich den kabbalistisch-rabbinischen Autoren angehört. Der kabbalistische Ausdruck Weg geht auch auf ein hohes Alter zurück. Er ist völlig christlich. Als der heilige Thomas Jesu fragte: „Herr, wie können wir den Weg wissen?", antwortete er: „Ich bin der Weg". Sechs Jahrhunderte vorher kündigte Jesaias, der evangelische Prophet, im Kapitel XXXV, wo er die Ankunft des Messias prophezeit, an, dass es dann den heiligen Weg auf Erden geben werde. (Et erit ibi semita et via, et via sancta vocabitur.)

XI. Moses Nachmanides sagt in seinem Kommentar über den ersten Vers der Genesis: Die Lehre unserer Meister ist, dass das Wort Bereschit, בראשית, (das „am Anfang" bedeutet) andeutet, dass das Universum durch Vermittlung der zehn Sephiroth geschaffen worden ist, und es bezieht sich besonders auf die Sephira, die Weisheit genannt wird, (die zweite Person der höchsten Dreieinigkeit. Sie ist die Grundlage unserer ganzen Textstelle, denn es steht geschrieben: „Jehova hat die Erde durch die Weisheit begründet." (Prov. III, 19.) Das Wort Bereschit bezeichnet also die Weisheit. Sie ist in Wahrheit die zweite in der Reihe der Sephiroth, aber sie ist die erste, die sich offenbarte.[1]) Sie ist in Wahrheit der Anfang aller Anfänge. Daher übersetzen die Targum des Jonathan und der jerusalemitische Text: Durch die Weisheit schuf Jehova: בחיכמא בראיי.

XII. In der Erläuterung zu dem Kommentar des gleichen Moses Nachmanides zum Anfang der Genesis sagt der Kabbalist R. Jesaias Hurwitz in seinem Buche Schelah, fol. 27., verso: „Der Aller-Heiligste, sein Name sei gelobt, hat alle Kreaturen geschaffen, indem er sie aus dem absoluten Nichts hervorzog. Und wir haben in der heiligen Sprache keinen anderen Ausdruck als ברא (creavit), um das auszudrücken: aus dem Nichts zum Sein hervorgehen lassen. Und es gibt nichts ober und unter der Sonne, das nicht einen Anfang seiner Existenz gehabt hätte. Gott hat aus dem absolutesten Nichts ein äusserst feines, für unsere Sinne nicht wahrnehm-

---

[1]) Die letzten Worte stehen in dem berühmten Buch Pardes des Kabbalisten Moses von Cordoba. Ebenso sagt der heilige Johannes, dass die Sephira, die die zweite in der Reihe ist, sich den Menschen offenbarte, und sie die erste Sephira kennen lehrte, die sich niemals gezeigt hat. (Joan. I, 18 Deum nemo vidit unquam. Unigenitus Filius, qui est in sinu Patris, ipse enarravit,) Ebenso erinnern die Worte des rabbinischen Autors an die des gleichen Apostels, V. 3. „Omnia per ipsum facta sunt, et sine ipso factum est nihil, quod factum est.

bares Element gewonnen, eine produktive Kraft, insofern sie fähig ist, wahrnehmbare Formen anzunehmen. Es ist dies das produktive Element, das die alten griechischen Philosophen ὕλη nannten. Nach ὕλη hat er nichts mehr geschaffen; aber aus diesem Element hat er alle Dinge herausgezogen, gebildet und gestaltet, indem er sie mit Formen bekleidete, wie es für den Zweck geeignet war, zu dem er jedes bestimmt hatte. Und wisse, dass die Himmel mit allem, was sie enthalten, aus Materie sind; auch die Erde und alle irdischen Dinge sind Materie. Der Allerheiligste hat Beides aus dem Nichts geschaffen. Diese Materie (ὕλη) heisst im Hebräischen thohu (תהו), und die Form, mit der diese Materie bekleidet ist, heisst im Hebräischen bohu (בהו). Daran dachten unsere Lehrer bei der Stelle im Buche Jesira: Er hat alles gebildet aus thohu, und machte aus dem Wesenheit, was nichts war. So erklärt sich der Text ganz natürlich im buchstäblichen Sinne. Im Anfang schuf Gott die Himmel. Er zog ihre Materie aus dem Nichts hervor. Und die Erde. Er zog ihre Materie aus dem Nichts hervor. Und bei dieser Schöpfung wurden alle Kreaturen der Himmel und der Erde geschaffen.

XIII. R. Menachem de Recanati sagt: Die drei ersten Sephiroth heissen שכליות, intellektuell, Begriffe, und nicht דעת. Erkenntnis, Attribute (wie die sieben folgenden).

XIV. R. Meir, Sohn des Todros von Toledo sagt: Die drei höchsten Sephiroth, die höchste Krone, die Weisheit und Intelligenz, sind die intellektuellen begrifflichen Sephiroth; und die sieben anderen Sephiroth heissen im Buche Jesira ספור, attributive Herrlichkeiten.

XV. R. Abraham Irira [1]) sagt, in seinem Buche השמים שער, „das Tor des Himmels": Gott in den zehn Sephiroth teilt seine Natur nicht den drei Welten Beria, Jesira und Asia mit . . . Die Sephiroth emanieren dem Ur-Unendlichen, aber so, dass sie sich niemals von ihm trennen. Die Sephiroth sind nichts anderes als die determinierte Gottheit. Die Welten Beria, Jesira und Asia sind Schöpfungen ex nihilo. Anders ist es mit den Sephiroth. Diese sind keineswegs aus dem Nichts hervorgegangen, sondern sie emanieren ewig aus der Wesenheit des Ur-Unendlichen; und dieses, ihre unmittelbare Entstehungs-Ursache, verspürt deshalb keine Ab-

---

[1]) So sprechen die Rabbiner den Namen אירירא; oder der wahre Name dieses berühmten Kabbalisten ist Herrera. Er war ein Spanier aus der Stadt Herréra.

schwächung, ebensowenig wie eine Kerze, an der eine andere Kerze entzündet wird. Die Sephiroth sind von der gleichen Wesenheit wie das Ur-Unendliche, mit dem einzigen Unterschied, dass das Ur-Unendliche durch sich selbst existiert — est a se ipso, causa sine causa —, während die Sephiroth aus ihm emanieren; sie sind die causata der ersten Ursache.

Ich glaube, man wird aus den angeführten Stellen ersehen, dass man diese Kabbala nicht zu Gunsten des Pantheismus anrufen darf.

Nachwort.

Brief des Herrn Adolf Franck an den Verfasser.

Paris, 23. Oktober 1891.

Sehr geehrter Herr!

Mit grösstem Vergnügen nehme ich die Widmung Ihres Werkes über die Kabbala an, das nicht ein Versuch ist, wie Sie es zu nennen belieben, sondern ein Buch von der grössten Bedeutung.

Ich konnte es bis jetzt nur flüchtig durchsehen, aber doch kenne ich es jetzt schon hinreichend, um Ihnen sagen zu können, dass es meiner Ansicht nach die bedeutendste, lehrreichste und gelehrteste Publikation ist, die bis heute über diesen so dunklen Gegenstand erschienen ist.

Ich finde nichts daran zu tadeln als die allzuschmeichelhaften Ausdrücke des Briefes, den Sie an mich richten und Ihrem Werke vorangehen lassen.[1])

Sie fragen mich besonders bezüglich des bibliographischen Teiles um meine Meinung.

Ich würde es nicht wagen zu behaupten, dass in der Bibliographie absolut nichts fehlt, denn der Rahmen der kabbalistischen Wissenschaft kann unendlich variieren, aber eine so vollständige bibliographische Arbeit wie die Ihrige habe ich noch nirgends gefunden.

Nehmen Sie, geehrter Herr, mit meinen Glückwünschen und meinem Dank auch die Versicherung

meiner vorzüglichen Hochachtung

Ad. Franck.

---

[1]) Vgl. den folgenden Brief.

Herrn Adolf Franck,
Mitglied des Instituts,
Professor am Collège de France,
Präsident der „Ligue nationale gegen den Atheismus"

Verehrter Meister!

Wollen Sie mir gestatten, Ihnen diesen bescheidenen Versuch zu widmen, den ich heute über die Kabbala publiziere, ein Problem, dessen Klärung für die Philosophie so bedeutungsvoll ist?

Sie sind der erste, nicht nur in Frankreich sondern auch in Europa gewesen, der eine so bedeutungsvolle Arbeit über die „Religionsphilosophie der Hebräer" veröffentlicht hat. — Dieses Werk, das Sie allein zu einem guten Resultate bringen konnten, dank Ihrer vollkommenen Kenntnis der hebräischen Sprache einerseits und der Geschichte der philosophischen Doktrinen andererseits, ist seit seinem Erscheinen eine Autorität geworden und hat die Übersetzungen und Nachahmungen verdient, die ihm gefolgt sind. Die Wiederausgabe von 1889 hat nur den Erfolg der Ausgabe von 1843 bekräftigen können.

Aber wenn wir alle, die wir uns heute mit diesen Fragen beschäftigen, Ihnen tiefen Dank als unserem Altmeister schulden, wie muss ich persönlich Ihnen noch dafür danken, dass Sie erklärten, wenn Sie auch nicht Mystiker wären, würden Sie die junge Generation lieber mit diesen Forschungen beschäftigt sehen als mit den verzweifelnden, unphilosophischen und, wagen wir es nur, es zu sagen, unwissenschaftlichen Lehren des materialistischen Positivismus!

Jetzt, wo wir die Schilderhebung des intellektuellen Kampfes gegen den Materialismus begannen, wo alle Anhänger des Materialismus an den medizinischen Fakultäten, in der Presse und in allen Klassen der Gesellschaft uns als Dilettanten, als Klerikale oder als Narren bezeichnen, hat uns der Präsident der „Ligue nationale gegen den Atheismus" allen Sarkasmen zum Trotz, mit seiner unbestreitbaren und unbestrittenen Autorität als tiefgründiger Philosoph, als eifriger Verteidiger des Spiritualismus gedeckt!

Sie haben uns dargelegt, dass diese Gelehrten, die meistens sich auf dem Gebiete analytischer Entdeckungen auszeichnen, eben durch ihre Spezialisation genötigt sind, der Philosophie nur ein sehr flüchtiges Studium zu widmen. Daher erklärt sich auch ihre Geringschätzung für einen Zweig des menschlichen Wissens, der allein ihnen die Synthese des Wissens geben könnte, nach deren Besitz sie so sehr streben; daraus erklären sich auch ihre materialistischen Schlussfolgerungen, alle ihre verschiedenen Formeln, die nur die Trägheit eines Geistes beweisen, der zu ernsten Anstrengungen unfähig ist.

Seite an Seite mit der offiziellen Strömung, den religiösen und profanen Hochschulen, den Akademien und Fakultäten hat stets eine unabhängige, im allgemeinen wenig bekannte und daher ziemlich gering geschätzte Bewegung bestanden, der Forscher angehörten, die oft allzusehr mit Philosophie durchtränkt, allzusehr vom Mystizismus erfasst, aber doch überaus beachtenswert und interessant waren!

Diese Adepten der Gnosis, diese Alchemisten, diese Schüler Jakob Boehmes, Martinez Pasqualis oder Saint-Martins sind doch die einzigen, die das Studium der Kabbala niemals vernachlässigten, bis endlich Ihr Werk erschien und bewies, dass sie in der Person eines der hervorragendsten Mitglieder der akademischen Kreise einen Gönner und Freund gefunden hatten.

So nehme auch ich als Bewunderer und Schüler Saint-Martins und seiner Lehren mir die Freiheit, Ihnen im Namen dieser „Unabhängigen“ zu danken, zu danken für die wertvolle Stütze, die sie in Ihrer Person gefunden haben, und wenn ich es wagen darf, an Sie die Bitte zu richten, für sie bei den massgebenden Häuptern unserer Universität Fürsprache einzulegen.

Es gibt in den Werken Saint-Martins, Fabre d'Olivets, Wronskis, Lacurias und Louis Lucas eine Reihe von Studien, die ich für sehr wertvoll halte, die aber wenig bekannt sind und die Psychologie, die Moral und die Logik betreffen.

Es wäre nun sicherlich nützlich, in den Lehrplan unserer höheren Schulen die „Abhandlung über Symbole und Ideen“ von Saint-Martin, die „Missionen“ von Saint-Ives d'Alveydra oder die „Goldenen Verse des Pythagoras“ von Fabre d'Olivet sowie dessen „System der Psychologie“, das die Einleitung zu seiner „Philosophischen Geschichte des Menschengeschlechtes“ bildet, aufzunehmen, ganz abgesehen von der „Neuen Medizin“ oder dem „Alchimistischen Roman“ von Louis Lucas und der „Schöpfung der absoluten Realität“ von Wronski, die vielleicht allzu abstrakt ist.

Man wird mir einwerfen, dass diese Autoren „Mystiker“ sind; aber auch ein Mystiker kann beanspruchen, dass man ihn zuerst liest und nachher kritisiert, wäre es auch nur, um sich Rechenschaft über die verschiedenen Entwicklungsmöglichkeiten des menschlichen Geistes zu geben.

Welcher auch immer der Erfolg meiner Bitte sein mag, ich werde Ihnen, verehrter Meister, stets für alles dankbar sein, was Sie für unsere Sache tun.

Nicht ohne Mühen und Kämpfe haben wir Fortschritte gemacht und wir werden unseren Weg fortsetzen, wie wir ihn begonnen haben, indem wir durch Arbeit und neue Werke auf alle die Angriffe antworten, mit denen man unsere Arbeiten und unsere Persönlichkeiten überhäuft. Und wirklich bleibt jedes Werk, das in gutem Glauben geschrieben ist, noch lange wirksam; was bleibt aber nach wenigen Jahren auch von den perfidesten Verleumdungen übrig? Ein wenig Bitterkeit und Leid im Herzen der Opfer, die schlimmsten Gewissensbisse in der Seele der Verleumder — sonst nichts.

Gestatten Sie mir, verehrter Meister, die Versicherung meiner vorzüglichsten Hochachtung.

Papus.

An den

Herrn Marquis von Saint-Ives d'Alveydra.

Verehrter Meister!

Ich gehe daran, eine neue Ausgabe meiner Arbeit über die Kabbala zu veranstalten, einer sehr bescheidenen Studie im Vergleich zu den grossen Arbeiten, auf Grund derer Sie aus den Trümmern das ganze Gebäude der alten synthetischen Wissenschaft der Patriarchen rekonstruiert haben.

Wenn ich aber an den schmerzensreichen und trauervollen Pfad denke, den der Herr zu Ihrem Lebensweg gemacht hat, so finde ich, dass es gar viel kostet, eine Zeit mit göttlichem Lichte zu erleuchten, da fast kein anderer Weg zum Heile übrig bleibt.

Was aber die Kabbala betrifft, so möchte ich mich an den Archeometer [1]) wenden, um eine seit Jahrhunderten so umstrittene Frage zu lösen, die, wie so viele andere aller Art, Ihre bewunderungswürdige Meisterschaft endgültig entscheiden wird.

Es handelt sich um die Orthographie des Wortes, die auch genau den Sinn und Ursprung der geheimen Tradition der Kabbala wiedergeben würde, deren leuchtende Säulen Sepher Jesira und der Zohar sind. Erlauben Sie mir, in

---

[1]) Vgl. S, 177, Anm. 2.

meiner Unbescheidenheit noch weiter zu gehen und den Archeometer zu bitten, mir ausser der genauen Erklärung des Wortes Cabala (Kabbala oder Quabbala) noch Angaben über die zehn Zahlen zu machen, die die Pythagoräer zur Grundlage ihres Systems ausbildeten. Dank für alles, was Sie mir — zur grösseren Ehre unseres Herren — antworten wollen.

Papus.

Über die kabbalistische Tradition.

Lieber Freund!

Es ist mir wirklich ein Vergnügen, Ihren werten Brief beantworten zu können. Ich habe Ihrem trefflichen Buch über die jüdische Kabbala nichts hinzuzufügen. Schon durch die so verdiente und auszeichnende Beurteilung, die es durch Herrn Franck erfahren hat, die anerkannteste Autorität auf diesem Gebiete, ist es als ein Werk ersten Ranges gekennzeichnet worden. Ihr Werk ergänzt das seinige, besonders was Bibliographie und Exegese der Tradition betrifft, und ich glaube, dass dieses schöne Werk für immer massgebend bleiben wird.

Meine persönlichen Forschungen haben das allgemeine Prinzip aufgesucht, dem diese Dokumente des Altertums entstammen, und die Gesetze, die diese Phänomene des menschlichen Geistes motivieren können.

Von den Chaldäern kam die Kabbala durch Daniel und Esdras zu den Juden.

Den Israeliten vor der Zerstreuung der zehn Stämme war sie durch Moses von den Ägyptern vermittelt worden.

Bei den Chaldäern und Ägyptern bildete die Kabbala das, was die Hochschulen der alten Welt die Weisheit nannten, d. h. die Synthese der Wissenschaften und Künste, die auf ihr gemeinschaftliches Prinzip zurückgeführt werden. Dieses Prinzip war das „Wort“ (Verbum).

Ein wertvoller Zeuge des patriarchalischen vormosaischen Altertums erklärt diese Weisheit schon um 3000 vor Christi Geburt für verloren oder zerstört. Dieser Zeuge ist Job und das Alter dieses Buches ist durch die darin erwähnten Gestirnkonstellationen verbürgt; da heisst es: „Was ist aus der Weisheit geworden, wo ist sie?“

Bei Moses ist der Verlust der früheren Einheit, die Zerreissung der einheitlichen Patriarchen-Weisheit unter dem Namen der Sprachen-Verwirrung und der Ära Nimrod angedeutet. Dessen Zeit entspricht der Lebenszeit Jobs.

Ein anderer Zeüge des patriarchalischen Altertums ist der Brahmanismus. Er hat alle Traditionen der Vergangenheit konserviert, übereinander geschichtet wie die verschiedenen geologischen Schichten der Erde. Alle, die ihn studiert haben, waren erstaunt über seinen Reichtum an Dokumenten und über die Unmöglichkeit, diese vom chronologischen oder wissenschaftlichen Standpunkt aus zu klassifizieren. Ihre Einteilung in Brahmanisten, Vischnuiten und Schivaiten erhöht nur noch diese Verwirrung.

Doch ist es wahr, dass die Brahmanen von Népal die Zerreissung der alten Universalität und der ursprünglichen Einheit der Lehre auf den Anfang des Kaly-Yuga verlegen. Diese ursprüngliche Synthese trug, lange vor dem Namen Brahma, den des Ischva—Ra — — Jesus-König: Jesus Rex Patriarcharum, sagen unsere Litaneien.

Auf diese ursprüngliche Synthese spielt der heilige Johannes am Anfang seines Evangeliums an; aber die Brahmanen sind weit davon entfernt, zu vermuten, dass ihr Isoua-Ra unser Jesus ist, der König des Universums als schöpferisches Wort und Prinzip des menschlichen Wortes. Sonst wären sie ja Christen.

Das Vergessen der Patriarchen-Weisheit datiert aus der Zeit Krischnas, des Begründers des Brahmanismus und seiner Trimurti. So ergibt sich auch hier die Übereinstimmung zwischen den Brahmanen, Job und Moses, sowohl was die Tatsache als auch was die Zeitbestimmung betrifft.

Seit dieser babylonischen Zeit hat kein Volk, keine Rasse, keine Hochschule mehr die alte Gesamtheit der Erkenntnis Gottes, des Menschen und der Natur in ihrem Prinzip: Verbum-Jesus anders als in Bruchstücken besessen. Der heilige Augustin bezeichnet diese ursprüngliche Synthese des Verbums mit dem Namen „Religio vera“.

Die rabbinische Kabbala, deren heute vorliegende Redaktion relativ jung ist, war in ihren schriftlichen oder mündlichen Quellen den jüdischen Adepten des ersten Jahrhunderts unserer Zeitrechnung gründlich bekannt. Sie barg sicherlich kein Geheimnis mehr für einen Mann von der Fähigkeit und dem Wissen Gamaliels, ebensowenig aber auch für seinen ersten und hervorragendsten Schüler, den heiligen Paulus, der der Apostel des wiedererstandenen Christus wurde.

Paulus sagt im ersten Brief an die Korinther, Kap. II, Vers 6, 7, 8: „Wir predigen die Weisheit der Vollkommenheit, nicht die Weisheit dieser Welt, noch die der Fürsten dieser Welt, die zu Grunde gehen;
sondern wir predigen die Weisheit Gottes, die in seinem Mysterium enthalten ist; die Weisheit, die verborgen war, die Gott vor allen Zeiten zu unserem Ruhme vorherbestimmt und vorbereitet hatte;
die keiner der Fürsten dieser Welt erkannt hat; denn hätten sie sie erkannt, hätten sie niemals den Herrn der Herrlichkeit gekreuzigt."

Jedes dieser Worte ist gewichtig und wertvoll wie Gold und Diamant, und jedes von ihnen ist unendlich kostbar. Sie verkünden die Unvollständigkeit der jüdischen Kabbala.

Nachdem ich so die allgemeine Bedeutung der Frage, die sie interessiert, erörtert habe, wollen wir das trotzdem sehr wertvolle Bruchstück der alten Weisheit, das die jüdische Kabbala darstellt, näher beleuchten.

Vor allem wollen wir die Bedeutung des Wortes Kabbala feststellen. Dieses Wort hat eine doppelte Bedeutung, je nach dem, wie man es schreibt: entweder nämlich, wie die Juden, mit Q, d. h. dem 20. Buchstaben des assyrischen Alphabets, der der Zahl 100 entspricht, oder mit C, dem 11. Buchstaben desselben Alphabets, der der Zahl 20 entspricht.

Im ersten Fall bedeutet der Name Übertragung, Überlieferung, und so bleibt die Sache ungeklärt; denn der Wert der überlieferten Sache richtet sich nach dem Wert des Überlieferers.

Wir glauben, dass die Juden sehr treu, was sie von den weisen Chaldäern erhielten, in ihrer Schrift und durch die Bearbeitung der alten Bücher seitens Esdras, der von dem Grossmeister der Hochschule der Magier in Chaldäa, Daniel, geleitet war, überliefert haben. Halten wir uns daran, so bedeutet Ca—Ba—La die Macht (La) der XXII, da C = 20, B = 2 ist.

So ist die Frage dann entschieden, da es sich nur um die Bedeutung handelt, die im Patriarchen-Zeitalter mit den Alphabeten der 22 Zahl-Buchstaben verknüpft war.

Soll man aus diesen Alphabeten das Eigentum einer Rasse machen, indem man sie semitische nennt? Nur dann, wenn sie wirklich ihr Eigentum sind.

Nach meinen Forschungen über die alten Alphabete der Ca—Ba—La, der XXII Buchstaben, ist das geheimnisvollste, das sicherlich nicht nur allen anderen derselben Art, sondern auch den vedischen Zeichen und Sanskrit-Buchstaben als Vorbild gedient hat, ein arisches Alphabet. — Es ist dasjenige, das ich so glücklich war, Ihnen mitteilen zu können, und ich selbst habe es von hervorragenden Brahmanen, die niemals daran gedacht haben, mich um sein Geheimnis zu befragen.

Es unterscheidet sich von den sogenannten semitischen dadurch, dass seine Buchstaben morphologisch sind, d. h., dass sie schon durch ihre Gestalten sprechen, was einen einzig dastehenden Typus aus ihnen macht. Aber noch mehr, ein aufmerksames Studium liess mich entdecken, dass dieselben Buchstaben auch die Typen der Tierkreis- und Planeten-Zeichen enthalten, was auch von grosser Bedeutung ist.

Die Brahmanen nennen dieses Alphabet Vattan; es scheint der ältesten menschlichen Rasse anzugehören, denn in seinen streng geometrischen 5 Grundformen bezeichnet es Adam, Eva und Adamah.

Moses scheint es im Vers 19 des 2. Kapitels seines Sepher Barashith anzudeuten. Ferner schreibt man dieses Alphabet von unten nach oben und seine Buchstaben gruppieren sich derart, dass sprechende Bilder entstehen. Die indischen Pandits (Gelehrten) schreiben es aber auch von der Linken zur Rechten, wie das Sanskrit, und wie wir Europäer zu schreiben pflegen. Dieses Alphabet nun, das das Vorbild für alle Kaba-Lim ist, gehört der arischen Rasse an.

Man kann aber die Alphabete dieser Art nicht mehr semitische nennen, da sie durchaus nicht Eigentum der Rassen sind, die man, berechtigt oder unberechtigt, so zu nennen pflegt.

Aber man kann und soll sie schematische nennen. Denn Schema bedeutet nicht nur Zeichen des Wortes, sondern auch Ruhm oder Herrlichkeit. Diese doppelte Bedeutung muss man beachten, wenn man die oben erwähnte Stelle des heiligen Paulus liest.

Sie existiert übrigens auch in anderen Sprachen, wie z. B. im Slavischen. Die Etymologie des Wortes „Slave" ist „slovo" und „slava", die Wort und Ruhm bedeuten.

Das Wort Kabbala, wie wir es verstehen, bedeutet also das Alphabet der XXII Mächte oder die Macht der XXII Buchstaben dieses Alphabets. Diese Alphabete haben nun ein arisches oder japhetisches Vorbild. Es kann auch mit vollem Recht als das Alphabet des Wortes oder des Ruhmes bezeichnet werden.

Wort und (Ruhm) Herrlichkeit! Warum stehen diese

beiden Ausdrücke in den beiden alten, so verschiedenen Sprachen, wie es das Slavische und das Chaldäische sind, einander so nahe? Das hängt mit der ursprünglichen Konstitution des menschlichen Geistes zusammen, die auf einem gemeinsamen, zugleich religiösen und wissenschaftlich erkennenden Prinzip beruhte: dem Verbum, dem kosmologischen Wort und seinen Äquivalenten.

Jesus wirft in seinem letzten, so geheimnisvollen Gebet ein entscheidendes Licht auf das historische Mysterium, das uns hier beschäftigt:

„O Vater, kröne mich mit der Herrlichkeit, die ich besessen habe, bevor die Welt bestand!"

Das fleischgewordene Wort bezieht sich damit auf sein Werk, auf seine unmittelbare Schöpfung als schöpferisches Wort; eine Schöpfung, die mit dem Namen göttliche und ewige Welt der Herrlichkeit bezeichnet wird und der astralen und zeitlichen Welt als Vorbild diente, nach welchem diese von den Alahim geschaffen wurde.

Das ganze Altertum stimmt darin überein, dass das schöpferische Prinzip das Wort sei. Sprechen und Schaffen sind beinahe in allen Sprachen synonym.

Bei den Brahmanen zeigen die Schrifttexte, die älter sind als der Kult des Brahman, JSOu—Ra, Jesus Rex, als schöpferisches Wort.

Bei den Ägyptern sagen die Bücher des Hermes Trismegistos dasselbe; und OShJ—Ri ist auch Jesus-Rex.

Bei den Thrakern hat Orpheus, der um dieselbe Zeit wie Moses in die ägyptischen Mysterien eingeweiht wurde, ein Buch geschrieben, das „Das göttliche Wort" heisst.

Was Moses selbst betrifft, so ist das Prinzip (der Uranfang) das erste Wort und der Gegenstand des ersten Satzes in seinem Sepher. Es handelt sich dabei nicht um Gott in seiner Wesenheit, JHOH, der erst am siebenten Tage genannt wird, sondern um Sein Wort, den Schöpfer der göttlichen Hexade: Ba—Ra—Shith. — Bara bedeutet sprechen und schaffen, Shith bedeutet Hexade. Im Sanskrit haben wir dieselbe Bezeichnung: Ba—Ra—Shath.

Dieses Wort Ba—Ra—Shith hat zu zahllosen Diskussionen Anlass gegeben. Der heilige Johannes stellt es ebenso wie Moses an die Spitze seines Werkes und sagt im Syrischen, der kabbalistischen Sprache der XXII Buchstaben: „Der Anfang ist das Wort. Jesus hatte gesagt: Ich bin der Anfang."

Der genaue Sinn ist so durch Jesus selbst festgestellt, der die ganze vormosaische Einheit und Universalität bestätigt. So wird es begreiflich, dass die Hochschulen des Altertums das schöpferische Wort als Hauptstrahl betrachteten, von dem das menschliche Wort nur die genaue Buch strahlung sei, wenn der alphabetische Prozess die Planisphäre des Kosmos zusammenfüge.

Der alphabetische Prozess mit seinen Äquivalenten stellt also die ewige Welt der Herrlichkeit dar; der kosmische Prozess stellt die Welt der Sternenhimmel dar.

Deshalb sagt der königliche Prophet, das Echo des Patriarchen-Altertums: „Coeli enarrant Dei Gloriam", d. h. die Sternenwelt erzählt von der Welt der göttlichen Herrlichkeit. Das unsichtbare Universum spricht durch das Sichtbare.

Es bleiben noch zwei Dinge zu betrachten: 1. Der kosmische Prozess der Schulen des Altertums; 2. der der entsprechenden Alphabete.

Bezüglich des ersten Punktes gibt es: III Grundformen: Zentrum, Radius und Kreis; XII involutive Zeichen; VII evolutive Zeichen.

Bezüglich des zweiten Punktes, dem die Alten den ersten Rang zuerkannten, gibt es: III konstruktive Buchstaben; XII involutive; VII evolutive.

In beiden Fällen ist

III + XII + VII = XXII = Ca Ba,

d. h. C = 20, B = 2, zusammen 22.

Die Alphabete mit 22 Buchstaben entsprachen einem solaren oder solaro-lunaren Zodiacus mit einer evolutiven Siebenheit.

Das waren die schematischen Alphabete.

Die übrigen, die die gleiche Methode befolgten, wurden mit 24 Buchstaben die horaren [1]) der vorausgehenden; mit 28 Buchstaben ihre lunaren, mit 30 ihre monatlichen solarolunaren, mit 36 ihre dekanalen etc.

Betreffs der Alphabete mit 22 Buchstaben war der Königliche, der Aussender und Rücksender, das I oder Y oder J; und auf das gleichzeitige Dreieck gestellt musste er mit den beiden anderen den Namen des Wortes, d. h. Jesus IShVa-(Ra), OShI (Ri) bilden.

Alle Völker aber, die sich dem naturalistischen und lunaren Schisma anschlossen, nahmen als Königlichen den Buchstaben M, der das zweite elementare Dreieck beherrscht.

Das ganze vedische, dann auch das brahmanische

---

[1]) hora, d. h. Stunde.

System wurde so durch Krishna am Anfang des Kaly-Juga geregelt. Das ist der Schlüssel zum „Buch der Kriege Jeve's", der Kriege zwischen dem Königlichen I oder Y gegen den Usurpator M.

Sie, mein lieber Freund, haben die modernen Beweise, d. h. die einfache Beobachtung und wissenschaftliche Erprobung gesehen, durch die ich die älteste Tradition wiederhergestellt und erwiesen habe. Ich will daher hier nur das Allernotwendigste sagen, um die historische Tatsache der Kabbala zu erklären.

Nach den Patriarchen, die ihnen vorausgingen, haben die Brahmanen die menschlichen Sprachen in zwei grosse Gruppen eingeteilt: 1. Devanagari, Sprachen der himmlischen Stadt oder der Zivilisation, die sich auf das kosmologisch-göttliche Prinzip zurückführen lassen; 2. Prakrit, Sprachen wilder Zivilisation oder anarchische. Das Sanskrit ist eine Devanagari-Sprache von 49 Buchstaben, ebenso der Veda mit seinen 80 Buchstaben oder Zeichen, die vom Punkt AUM, d. h. vom Buchstaben M abgeleitet sind.

Diese beiden Sprachen sind in ihrem System kabbalistisch und der Buchstabe M bildet bei ihnen Ausgangs- und Rückkehrs-Punkt. Aber sie waren von ihrem Ursprung an bis heute nach einer Tempelsprache von 22 Buchstaben artikuliert, deren Königlicher ursprünglich das I war.

Alle Berichtigungen werden jetzt möglich und leicht durch diesen Schlüssel und gereichen zu grösserem Triumph und Ruhm Jesu, des Wortes Jeves, der ursprünglichen Synthese der ersten Patriarchen. Heute schreiben die Brahmanen ihrem Alphabet von 22 Buchstaben eine magische Kraft zu, aber dieses Wort hat für uns nur die Bedeutung von Aberglaube und Unkenntnis.

Aberglaube und Verfall archäologischer Elemente und mehr oder minder entstellter Formeln, die aber ein tieferes Studium, wie es hier der Fall ist, zu einer alten, wissenschaftlichen Lehre zusammenfügen kann, die eigentlich weder metaphysisch noch mystisch ist.

Es zeigt sich aber auch mehr oder minder Unkenntnis der Tatsachen, der Gesetze und des Prinzips, die diese ursprüngliche Lehre bedingten.

Übrigens ist die lunare vedobrahmanische Schule nicht die einzige, wo die Wissenschaft und ihre solare Synthese, die Religion des Wortes, zur Magie entarteten. Man braucht sich nur nach der babylonischen Zeit ein wenig umzusehen, um zu bemerken, wie eine Epoche wachsenden Verfalls den alten Alphabeten einen abergläubischen und magischen Charakter verleiht.

Von Kaldäa bis nach Thessalien, von Scythien bis nach Skandinavien, von den Kuas des Fo-Hi und den Musnads des alten Arabiens bis zu den Runen der Varäger kann man die gleiche Degeneration beobachten.

Doch die Wahrheit ist hier, wie überall, unendlich wunderbarer als der Irrtum, und Sie, lieber Freund, kennen diese bewunderungswürdige Wahrheit.

Da aber ebensowenig in der irdischen Menschheit wie im Kosmos etwas verloren gehen kann, so ist noch immer das vorhanden, was einst war, und bezeugt die alte Universalität, von denen der heilige Augustinus in seinen „Retractationes" spricht.

Die Brahmanen kabbalisieren mit ihren achtzig vedischen Zeichen, mit den 49 Buchstaben des Sanskrit Devanagari, mit den 19 Vokalen, Halbvokalen und Diphtongen, d. h. es ist die Massora des Krischna, die von ihm dem Vattan- oder Adam-Alphabet hinzugefügt wurde. Die Araber, die Parsen, die Subbas kabbalisieren mit ihren lunaren Alphabeten von 28 Buchstaben, und die Marokkaner mit dem ihrigen oder dem koreischitischen.

Die Mandschu-Tataren kabbalisieren mit ihrem monatlichen Alphabet von 30 Buchstaben. Das gleiche kann man bei den Tibetanern, den Chinesen usw. sehen, und man muss auch hier den gleichen Vorbehalt bezüglich der Entstellung der alten Wissenschaft der kosmologischen Äquivalente des Wortes machen.

Es blieb noch übrig festzustellen, in welcher Ordnung diese XXII Äquivalente ihrer Funktion nach auf der Planisphäre des Kosmos zu verteilen sind. Sie haben, lieber Freund, das Modell des Archeometer vor Augen.

Sie wissen, dass mir die Schlüssel zu diesem Präcisions-Instrument[1]) für höhere Studien durch das Evangelium, durch gewisse ganz bestimmte Aussprüche Jesu unter Beiziehung solcher des heiligen Paulus und des heiligen Johannes gegeben worden sind.

Doch will ich mich hier nur ganz kurz fassen.

---

[1]) Vgl. S. 177, Anm. 2.

Alle die religiösen Hochschulen Asiens und Afrikas mit ihren kosmologischen Alphabeten, seien sie solar, solaro-lunar, horar, lunar oder monatlich, bedienen sich ihrer Buchstaben in kabbalistischer Manier.

Mag es sich um reine Wissenschaft, um Poesie, die die Wissenschaft interpretiert, oder um göttliche Inspiration handeln, alle alten Bücher, die in Devanagari- und nicht in Prakrit-Sprachen geschrieben sind, können nur mit Hilfe der Kabbala dieser Sprachen verstanden werden.

Aber die einen müssen auf die XXII schematischen Äquivalente, die anderen auf ihre genauen kosmologischen Positionen zurückgeführt werden.

Die Kabbala der Juden ist durch die ganze ursprüngliche Konstitution des menschlichen Geistes motiviert, aber sie muss archeometrisiert, d. h. mit ihrem Regulations-Prinzip gemessen, an dem Präcisionsinstrument des Wortes und der ursprünglichen Synthese kontrolliert werden.

Ich weiss nicht, lieber Freund, ob diese Seiten ihrer Erwartung entsprechen werden; ich musste hier ganze Kapitel in einigen Zeilen zusammenfassen. Wollen Sie gütigst darin nur den Beweis meines guten Willens und meiner alten Freundschaft sehen.

Saint-Yves.

10. Jänner 1901.

Ende.